Klettersteigführer
Dolomiten - Südtirol - Gardasee

Alle lohnenden Klettersteige in den Dolomiten, in Südtirol, am Gardasee und in der Brenta

ISBN: 978-3-902656-02-5
EAN: 978-3-902656-02-5

1. Auflage 2009

Übersetzungen: Inga Rodermund, Dieter Wissekal u. Andreas Jentzsch

Alpinverlag

Alpinverlag Jentzsch-Rabl GmbH
Osterndorf 137
A-6323 Bad Häring

www.alpinverlag.at
info@alpinverlag.at

Wenn Sie Ergänzungen oder Fragen zu den in diesem Buch vorgestellten Touren haben, so bitten wir Sie, sich direkt mit dem Verlag in Verbindung zu setzen. Über Klettersteig-Informationen würden wir uns sehr freuen - sie werden in zukünftigen Auflagen berücksichtigt!

Danke für die Unterstützung an: Peter Schlögel, Sebastian Gebennus, Wolfgang Kuhlmann, Martin Kiefer, Michiel Steendam, Judith Perathoner, Josef Melchart, Bruno Deluca, Paolo de Zorzi, Daniela Kengyel, Erich Uplasnik, Irene Werner, Martina Rabl, Erika Krafft-Jentzsch und Helga Jentzsch.

Haftungsausschluss: Das vorliegende Buch und alle darin beschriebenen Tourenvorschläge, Techniken und Sicherungsformen wurden sorgfältig erarbeitet. Dennoch erfolgen alle Angaben ohne Gewähr. Weder Autor noch Verlag können für eventuelle Unfallfolgen, Schäden oder Nachteile, die bei der Durchführung der im Buch vorgestellten Touren bzw. bei der Anwendung der im Buch vorgestellten Techniken und Informationen entstehen, eine Haftung übernehmen. Die Autoren und der Verlag weisen darauf hin, dass die Durchführung der beschriebenen Touren und die Anwendung der Techniken und Sicherungsformen nur unter fachkundiger Anleitung erlernt werden kann.

Via delle Bocchette Centrale - Brenta

Tourenübersicht Klettersteige

Tourenübersicht Klettersteige

	Gesamtanspruch / Total demand (3 2 1)		Diff.	Hm		Seite/ Page
B Ampezzaner Dolomiten						
B5 Strada Sanmarchi	2,6	12½ Std.	B	2200 Hm	1100 Hm	80
B6 Via ferrata Michielli A. Strobel	1,7	5 Std.	C, I+	1050 Hm	450 Hm	84
B7 Passeggiata di Croda	1,7	5½ Std.	B I	1000 Hm	500 Hm	87
B8 Via ferrata Ettore Bovero	1,7	5 Std.	C/D, I-	870 Hm	220 Hm	88
B9 Via ferrata Formenton	2,2	4½ Std.	B/C	290 Hm	300 Hm	92
B10 Ferrata Giuseppe Olivieri/Gianni Aglio	2,5	9½ Std.	D	1250 Hm	580 Hm	96
B11 Sentiero Giuseppe Olivieri	1,3	4¼ Std.	B	800 Hm	280 Hm	100
B12 Via ferrata Giovanni Lipella	2,3	7½ Std.	C/D	1500 Hm	780 Hm	102
B13 Scala d. Menighel/Grotta d. Tofana	1,3	5½ Std.	B/C (B)	820 Hm	70 Hm	106
B14 Ferrata Averau, Ferrata Gusela	1,5	4 Std.	A/B (B)	520 Hm	140 Hm	108
C Fanesgruppe						
C1 Vie ferrate Cascata Rio di Fanes	1,6	4 Std.	B/C	440 Hm	60 Hm	112
C2 Via ferrata Furcia Rossa	2,1	7-8 Std.	C	1250 Hm	300 Hm	114
C3 Via ferrata Vallon Bianco	1,3	8 Std.	A/B	1100 Hm	200 Hm	118
C4 Via ferrata della Piramide	1,7	3 Std.	C/D	580 Hm	330 Hm	120
C5 Via ferrata und Tunnel Lagazuoi	1,5	4¼ Std.	A	700 Hm	670 Hm	124
C6 Via ferrata Cesco Tomaselli	2,4	5¾ Std.	D	1050 Hm	400 Hm	128
C7 Via ferrata Luigi Veronesi	2,1	6½ Std.	B/C	800 Hm	200 Hm	132
C8 Heiligkreuzkofelsteig u. Zehner-Ferrata	1,6	7 Std	A/B (B/C)	1030 Hm	770 Hm	136
C9 Neunerspitzensteig	1,9	7 Std	A/B	1420 Hm	100 Hm	140
C10 Conturinessteig/Tru Dolomieu	2,2	8 Std.	A/B	1410 Hm	100 Hm	141
D Pragser Dolomiten/Ahrntaler Berge						
D1 Olanger Klettersteig	1,6	5 Std.	B	1200 Hm	90 Hm	142
D2 Pursteinwand Klettersteig	1,5	3 Std.	D	300 Hm	230 Hm	144
E Marmoladagruppe						
E1 Via Eterna – Brigata Cadore	2,9	8½ Std.	D	1200 Hm	900 Hm	150
E2 Via ferrata Sass da Rocia	1,0	¾ Std.	B/C	100 Hm	50 Hm	153
E3 Via ferrata d' Trincee	2,0	6¼ Std.	D	700 Hm	380 Hm	154
E4 Westgrat Klettersteig	2,6	6 Std.	B	1000 Hm	450 Hm	158
E5 Via ferrata dei Finanzieri	1,8	4¼ Std.	C	720 Hm	530 Hm	162
E6 Ombrettarunde - Ferrata Vernale	2,0	8½ Std.	B/C	1600 Hm	230 Hm	164
E7 Kaiserjäger Klettersteig	2,0	5¼ Std.	D/E	800 Hm	290 Hm	166

Tourenübersicht Klettersteige

	3 2 1 Gesamtanspruch Total demand		Diff.	Hm		Seite/ Page
E Marmoladagruppe						
E8 Via ferrata Paolin Piccolin	1,8	7¾ Std.	C/D	1380 Hm	340 Hm	170
E9 Via ferrata Bepi Zac	1,2	5½ Std.	B	1150 Hm	350 Hm	174
E10 Via ferrata Franco Gadotti	1,5	7 Std.	B/C	1400 Hm	470 Hm	178
E11 Via ferrata Bruno Federspiel	1,3	8 Std.	A/B	1640 Hm	400 Hm	181
F Sellagruppe/Langkofelgruppe						
F1 Pisciadù Klettersteig	1,6	4½ Std.	C	650 Hm	530 Hm	182
F2 Boèseekofel Klettersteig	1,9	3½ Std.	C/D	400 Hm	200 Hm	186
F2 Boèseekofel Normalweg	1,2	2½ Std.	A/B	715 Hm	300 Hm	188
F3 Vallon Klettersteig	1,6	4¼ Std.	C	650 Hm	100 Hm	190
F3 Lichtenfelserweg	1,5	4¼ Std.	A	650 Hm	300 Hm	190
F4 Via attrezzata Cesare Piazzetta	2,2	5½ Std.	D, I-	950 Hm	320 Hm	194
F5 Pößnecker Klettersteig	2,6	6½ Std.	C/D 2	1040 Hm	660 Hm	198
F6 Rodella Klettersteig	1,5	1½ Std.	C	310 Hm	100 Hm	202
F7 Oskar Schuster Steig	2,3	6½ Std.	B, I+	780 Hm	420 Hm	204
G Geisler-/Puez-Gruppe						
G1 Kleine Cirspitze	1,1	2 Std.	B/C	430 Hm	100 Hm	210
G1 Große Cirspitze	1,0	2 Std.	A, I-	500 Hm	150 Hm	210
G2 Sassongher	1,3	5 Std.	A/B	1040 Hm	200 Hm	213
G3 Via ferrata Sandro Pertini	2,1	5 Std.	C/D	870 Hm	500 Hm	214
G4 Sass Rigais - Überschreitung	2,0	5-6 Std.	B/C	1000 Hm	500 Hm	218
G5 Günther-Messner-Steig	1,5	6 Std.	A/B, Var. C	1200 Hm	100 Hm	222
H Rosengarten-Gruppe						
H1 Maximilian Klettersteig	1,9	6 Std.	B, I	1000 Hm	300 Hm	224
H2 Laurenzi Klettersteig	2,7	9 Std.	D, I-2	1200 Hm	300 Hm	226
H3 Kesselkogel Überschreitung	1,7	7 Std.	B, I-	1180 Hm	350 Hm	230
H4 Santnerpass Klettersteig	2,2	5¼ Std.	B, 2	800 Hm	440 Hm	234
H5 Masaré Klettersteig	1,9	4¾ Std.	C	1100 Hm	350 Hm	238
H6 Rotwandklettersteig	1,5	4¾ Std.	A/B, (B)	700 Hm	250 Hm	242
I Latemargruppe						
I1 Latemartürme-Klettersteig	1,3	6 Std.	C	960 Hm	160 Hm	244
I2 Sentiero attrezzato Attilio Sieff	1,2	3¼ Std.	B	550 Hm	80 Hm	248

Tourenübersicht

Tourenübersicht Klettersteige

Tourenübersicht Klettersteige	Gesamtanspruch Total demand (3 2 1)	Zeit	Diff.	Hm	Hm	Seite/ Page
O Brentagruppe						
04 Sentiero di Val Gelada	1,7	6½ Std.	B/C	420 Hm	100 Hm	335
05 Sentiero SOSAT	1,6	3 Std.	B	300 Hm	160 Hm	336
06 Sentiero Osvaldo Orsi	1,5	5½ Std.	A/B, I-	1140 Hm	120 Hm	339
07 Sentiero Alfredo Benini	1,7	4 Std.	B	650 Hm	360 Hm	340
08 Sentiero Bocchette Alte	2,6	6 Std.	C	860 Hm	490 Hm	344
09 Via delle Bocchette Centrale	2,3	4-5 Std.	B	820 Hm	150 Hm	348
010 Sent. Brentari/Sent. dell'Ideale	2,6	5-7 Std.	C	750 Hm	200 Hm	352
011 Via ferrata Ettore Castiglioni	1,6	2½ Std.	C	450 Hm	160 Hm	356
P Gardaseeberge						
P1 Via ferrata Rino Pisetta	2,5	5 Std.	E	715 Hm	430 Hm	360
P2 Via ferrata Ernesto Che Guevara	2,6	7½ Std.	C, I-	1400 Hm	1200 Hm	364
P3 Via ferrata Giulio Segata	1,5	4½ Std.	D/E	600 Hm	80 Hm	368
P4 Via ferrata Rio Sallagoni	1,5	2 Std.	C	200 Hm	180 Hm	370
P5 Sentiero attrezzato Colodri	1,2	2¾ Std.	B/C	310 Hm	190 Hm	374
P6 Sentiero Scaloni /Sent. dell' Anglone	1,1	3½ Std.	A	390 Hm	200 Hm	377
P7 Via dell' Amicizia	2,0	6 Std.	B/C, I-	1220 Hm	640 Hm	378
P8 Via ferrata Susati	1,2	5¾ Std.	B, I-	400 Hm	150 Hm	382
P8 Via ferrata Foletti	1,0	5¾ Std.	B	100 Hm	60 Hm	382
P8 Sent. dei Camminamenti	1,0	5¾ Std.	A/B	850 Hm	200 Hm	382
P8 Sent. delle Laste	1,0	5 Std.	A/B	400 Hm	130 Hm	382
P9 Via attrezzata Monte Albano	2,2	3½ Std.	D, 2+	510 Hm	210 Hm	386
P10 Via ferrata Gerardo Sega	2,0	6 Std.	B/C	1320 Hm	360 Hm	390
P11 Ferrata della Spigolo Bandiera	1,4	4 Std.	C/D	710 Hm	80 Hm	394
P11 Ferrata E. Franco	1,4	4 Std.	D	710 Hm	20 Hm	394

Via attrezzata Cesare Piazzetta - Sella

KAMMERLANDER
BERGFÜHRER | MOUNTAIN GUIDE
ROMAN.it

Vorwort Hans Kammerlander

Die Begehung eines Klettersteigs ist der große Wunsch vieler erfahrener Bergfreunde und stellt oft den ersten versicherten Schritt in die Welt der Vertikalen dar.

In meinem Heimatland Südtirol werden die Klettersteige in der zweiten Landessprache italienisch Vie Ferrate genannt und das Angebot an herrlichen Eisenwegen ist bei uns unvergleichbar groß und vielseitig. Gerade die schroffen und senkrecht aufsteigenden Felsformationen der Dolomiten bilden ein ideales Umfeld für diese traditionelle Spielart des Bergsteigens. Die Palette reicht vom versicherten Höhenweg bis zum extrem schwierigen Klettern auf einen 3000er hinauf.

Viele unserer Eisenwege erinnern aber auch an ein dunkles Kapitel unserer Weltgeschichte. Im ersten Weltkrieg wurde an der Dolomitenfront erbittert gekämpft und oft waren die Schauplätze für die kriegerischen Auseinandersetzungen schwer zugängliche Bergregionen. Dabei wurden zahlreiche Versorgungssteige in den Fels gesprengt und mit Eisensicherungen versehen. Viele dieser Kriegssteige sind heute noch erhalten und wurden zu richtigen Klettersteigen ausgebaut. Gerade diese Erinnerung und die nun wieder in Frieden ruhende Natur in Südtirol ermöglichen uns, die schönen Stunden am Berg noch intensiver zu genießen.

Durch die verbesserte Ausrüstung ist heute vieles einfacher geworden. Der große Reiz liegt nicht mehr nur allein in der Besteigung eines Berggipfels, sondern für erfahrene Klettersteiggeher in der Begehung eines schwierigen Klettersteiges. Für ein solches Unternehmen ist jedoch eine sehr gute Vorbereitung wichtig. So gesehen war es an der Zeit, dass in einem Führer die Eisenwege auch mit Toposkizzen und GPS Koordinaten (vor allem für die Zu- und Abstiege) beschrieben werden.

Ziele sind wichtig, aber man sollte sie nur versuchen zu verwirklichen, wenn die Verhältnisse stimmen. So wünsche ich uns allen viel Freude bei so großen Unternehmungen, wie sie auf den nachfolgenden Seiten beschrieben sind, stets eine glückliche Hand bei der Auswahl der Touren und eine gesunde Rückkehr.

Herzlichst
Ihr Hans Kammerlander

Steiler Leiternaufstieg - Sentiero Detassis, Brenta

Tourenplanung

Ein wesentlicher Popularitätsfaktor beim Klettersteiggehen ist die Unkompliziertheit einer derartigen Tour, man braucht nur ein Klettersteigset und es kann losgehen. Die meisten der in diesem Führer beschriebenen Touren befinden sich aber in alpiner Umgebung, die auch die Einhaltung gewisser Spielregeln verlangt. Für viele Bergsteiger ist der Klettersteig der erste Einstieg in die vertikale Welt der Berge. Sie wissen nicht, dass auf einem nassen Schrofenband der Tod lauert und es deshalb gewisser Vorsichtsmaßnahmen bedarf. Insbesondere für diese Gruppe wollen wir auf einige Regeln genauer eingehen, und vielleicht gelingt es uns auch, beim gestandenen Klettersteiggeher den Blick für die eine oder andere Vorsichtsmaßnahme zu schärfen.

Routenauswahl

Natürlich sind Schwierigkeit, Routenlänge und Schönheit die wichtigsten Merkmale, anhand derer wir uns für die eine oder andere Tour entscheiden. Daneben gibt es aber auch noch weitere wichtige Elemente, die einen Klettersteigtag erfolgreich machen.

Tourenlänge

Wir schreiben hier bewusst Höhenmeter und nicht die tatsächlichen Klettermeter, unter Berücksichtigung der angegeben Gesamtzeit kann man sich ein Bild vom Umfang der Tour machen. Die zusätz-

Eine der längsten Dolomitentouren - Ferrata G. Costantini

Meist eine heiße Angelegenheit - Ferrata E. Che Guevara, Gardasee

lich angegebene Klettersteiglänge (in Höhenmetern) und die reine Steigbegehungszeit erleichtern die Auswahl.

Ausrichtung der Wand

Die Ausrichtung der Wand gewinnt in Verbindung mit der Meereshöhe und der Jahreszeit stark an Bedeutung. Nordwände sind im Frühjahr oft länger feucht und haben am Wandfuß auch bis in den Sommer hinein Altschneefelder. Die Nordseite ist auch nur zeitweise in der Sonne und bleibt nach Regenfällen länger nass.

Tipp Bei hochgelegenen Touren immer eine leichte Jacke mitnehmen. Diese stört beim Klettern kaum und wärmt im Notfall enorm.

Auch Südwände sind nicht unbedingt zu jeder Jahreszeit zu empfehlen. Im Hochsommer bieten diese Wände keinen Schutz vor der Sonne und machen aus der Traumtour manchmal eine Hitzeschlacht.

Zu- und Abstieg

Die Zu- und Abstiege sind bei Klettersteigen in der Regel einfach, es gibt aber auch Ausnahmen. Man sollte die Zu- und Abstiegszeiten und das Zustiegsgelände (z.B. bei der Marmolada Westgrat Ferrata)

Bei Blankeis wird der Zustieg zum Problem - Marmolada Westgrat Ferrata

Bin ich noch auf dem richtigen Weg?

bei der Tourenauswahl berücksichtigen und nicht unterschätzen. Das Gelände wird bei einigen Klettersteigen, vor allem im Einstiegs- und Ausstiegsbereich, recht alpin und ist bei Nässe mit absoluter Vorsicht zu genießen. Wenn man die gesamte Wand bzw. den Berg sieht (bei der Anfahrt oder beim Zustieg), sollte man sich den Abstieg möglichst genau einprägen, weil man bei einem Wetterumschwung mit Regen und Nebel den richtigen Weg finden muss.

Tipp: Schon bevor man unterhalb der Wand steht bzw. sich im Einzugsbereich von Steinschlag befindet, den Helm aufsetzen!

Zeitplanung

Die Zeitplanung wird vom Wetter und Tageslicht bzw. von der Schwierigkeit und Tourenlänge beeinflusst. Bei extrem langen Touren, wie z.B. der Ferrata degli Alleghesi, trifft man sich schon um 8.30 Uhr am Einstieg, und hat um diese Zeit bereits die Zustiegsstunden in den Beinen. In der Regel schafft man die hier beschriebenen Touren an einem Tag.

Erfahrung und Selbsteinschätzung

Die Lebensversicherung beim Klettersteiggehen ist Erfahrung und die richtige Einschätzung der eigenen Fähigkeiten. Viele Klettersteigneulinge kommen das erste Mal ins Gebirge und müssen erst

Wie lange geht es da noch hinauf? Ferrata Ernesto Che Guevara

Eine der längsten im Buch vorgestellten Touren - Sentiero C. Costanzi, Brenta

Erfahrung sammeln. Hinsichtlich Selbsteinschätzung empfehlen wir, die Sache ganz gemach anzugehen und nicht gleich in die längste und schwerste (in diesem Buch beschriebene Tour) einzusteigen.

Tipp: Klettersteigneulinge sollten sich langsam an die Routenlängen und Zustiege gewöhnen, die alpine Umgebung genießen und erste Erfahrungen sammeln.

Eine 50 m-Tour in der in Hüttennähe kann bereits mit den ersten alpinen Gefahren (z.B. Steinschlag) verbunden sein. Das kumulierte Gefahrenpotenzial einer Ferrata Costantini, bestehend aus einem Zustieg, einer extrem langen, alpinen Tour und einem noch längeren Abstieg über eine Ferrata, kann erst dann bewältigt werden, wenn man mit den einzelnen Gefahren gut umgehen kann.

Nie alleine im Steig

Klettersteige kann man grundsätzlich alleine begehen, denn die fixierten Seile ermöglichen eine einfache Selbstsicherung. Bei fast keiner anderen extremen Spielart des Alpinismus (Klettern, Eisklettern, Hochtouren etc.) kann man auf den Kletterpartner verzichten und das ist gut so. Denn der Partner ist es, der im Ernstfall die Erstversorgung vornimmt und Hilfe holt! Für manche Steige (z.B. Pößnecker Klettersteig in der Sellagruppe) ist evtl. die Mitnahme eines Sicherungsseiles und Partners ohnehin erforderlich, weil es kein durchgehendes Sicherungs-Stahlseil gibt.

So viele sollten aber nicht dabei sein :-)

Beispiele der benötigten Ausrüstung

Goldene Regel: Gehe nie alleine einen Klettersteig und verlasse dich nicht darauf, dass du dort andere Klettersteiggeher antreffen wirst.

Noch einmal für jene, die sich für gute und erfahrene Klettersteiggeher halten: Sie wollen als Letzter und alleine zu Mittag noch schnell die Via ferrata Sandro Pertini „hinaufrennen" und werden zufällig von einem mittelgroßen Stein getroffen – Sie stürzen und hängen hilflos in der Sicherung. Wer holt Hilfe, stoppt die Blutung und beatmet Sie – die Klettersteiggeher, die am nächsten Tag vorbeikommen?

Ausrüstung

Frei nach dem Motto „Es gibt kein schlechtes Wetter, sondern nur schlechte Ausrüstung" werden wir hier die zeitgemäße Klettersteigausrüstung näher beschreiben:

Entsprechendes Schuhwerk
Klettersteigset
Hüftgurt (evtl. Brust- und Sitzgurt)
Kurze Bandschlinge u. Karabiner
Klettersteighandschuhe
Kletterhelm

Ergänzende Ausrüstung: Rucksack, Erste Hilfe, Jacke, Biwaksack, Seil, Pickel, lange Bandschlinge, Handy, GPS, Stirnlampe und Verpflegung.

Ablegen der Ausrüstung - Tabaretta Klettersteig, Ortler

Heikler Schnee-Abstieg - Ferrata Alleghesi, Civetta

Schuhwerk

Gerade dem Schuhwerk kommt bei zunehmender Steigschwierigkeit erhöhte Bedeutung zu, da die Tritte kleiner werden. In der Literatur wird oft zu Reibungskletterschuhen geraten; das sind leichte profillose Kletterschuhe. Wir schließen uns dieser Meinung nicht an: Abgesehen davon, dass man für den Zu- und Abstieg ohnehin „Zweitschuhe" durch die Tour tragen muss, können mit profillosen Schuhen große Probleme auftreten, besonders dann, wenn in der Tour erdige, nasse Stellen bzw. Geröll oder Schneefelder zu bewältigen sind.

Wir empfehlen für schwere Klettersteige einen Leichtbergschuh mit guter Profilsohle, der bei manchen Modellen sogar nur an der Spitze profillos (also glatt) ist. Damit kann man auf kleinen Tritten stehen und sich auch im nicht felsigen Gelände sicher bewegen.

Schuhe sollten passen und bequem sein

Minirucksack und Hüftgurt - Via dell' Amicizia, Gardasee

(Hüft)gurt

Nur Hüftgurt, Kombigurt oder Brust-/Hüftgurtkombination? Eine viel diskutierte Frage, bei der nur sicher ist, dass ein Brustgurt alleine nicht ausreicht. Ob die weit verbreitete Verwendung eines komfortabel gepolsterten Hüftgurtes ohne Brustgurt beim Klettersteiggehen ausreicht, ist umstritten. Gegen die alleinige Verwendung des Hüftgurtes spricht unserer Meinung nach Folgendes:

- Das Sturzgelände ist in der Regel unfreundlich (nicht frei von Gegenständen wie Klammern oder Felsen) und der Sturz ist hart.
- Oft klettert man am Klettersteig mit Rucksack, was die Schleudergefahr erhöht.
- Klettersteiggeher haben in der Regel (anders als Sportkletterer) keine Sturzerfahrung und stürzen unkontrolliert und
- es sind auch durchaus weite Stürze möglich (im leichteren Gelände).

Durch einen unkontrollierten, weiten Sturz könnte der Oberkörper nach hinten kippen, was zu Schädel- und Wirbelverletzungen führen kann. Demgegenüber steht als Vorteil des Brustgurtverzichtes nur die erhöhte Beweglichkeit des Oberkörpers. Wir geben hier bewusst keine Empfehlung ab, merken nur an, dass die Kombigurte nicht gepolstert sind und man den Hüftgurt mit dem Brustgurt mittels Schlauchband verbinden muss.

Rucksack, Brust- und Sitzgurt - Ferrata C. Tomaselli, Fanes

Klammern in der gr. Schlucht - Latemartürme

Klettersteigset

Es besteht aus zwei Klettersteigkarabinern, die in der Regel eine Verschlusssicherung haben und zwei Seile (oder Schlingenstücke) mit Klettersteigbremse zum Auffangen des Fangstoßes. Einige Modelle haben bereits eine kurze zusätzliche Bandschlinge (Kurzfixierung) zum Rasten oder für Quergänge integriert. Bewährt haben sich auch die Gummizüge, diese passen die Distanz zum Stahlseil automatisch an und erleichtern das Handling.

Abbildungen: Fünf Klettersteig-Sets, alle mit genähtem Shockabsorber (von li.: Petzl Scorpio Eashook, Black Diamond Easy Rider, Austrialpin Superleicht, Salewa Premium Attac und Edelrid Cabel KiT).

Nimm auch Rücksicht auf die Natur!

Ein verbeulter Helm - Civetta

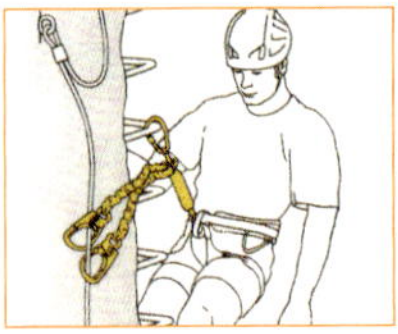

Kurze Bandschlinge und Karabiner (Kurzfixierung)

Sollte die kurze Bandschlinge nicht schon im Klettersteigset eingebaut sein, so wird diese auch direkt in den Gurt eingebunden. Verwendung siehe Klettersteigset. Abb.: Rast mit eingehängter Kurzfixierung (Grafik von Petzl).

Kletterhelm

Es gibt unzählige Modelle, die alle geprüft und auch belüftet sind (wenn möglich keine Fahrradhelme verwenden). Den Helm unter der Wand gleich aufsetzen und bis zum Ausstieg bzw. Verlassen von möglichen Gefahrenzonen aufbehalten.

Abb.: Petzl Elios Helm und der Edelrid Falthelm Madillo

Klettersteighandschuhe

Sie sind bei schweren Steigen ein Muss und schützen die Hände vor schadhaften Sicherungsseilen. Sie sollten eng, robust und im Idealfall an den Fingerspitzen frei sein. **Abb.:** Salewa Climbing Glove

Handschuhe am Klettersteig

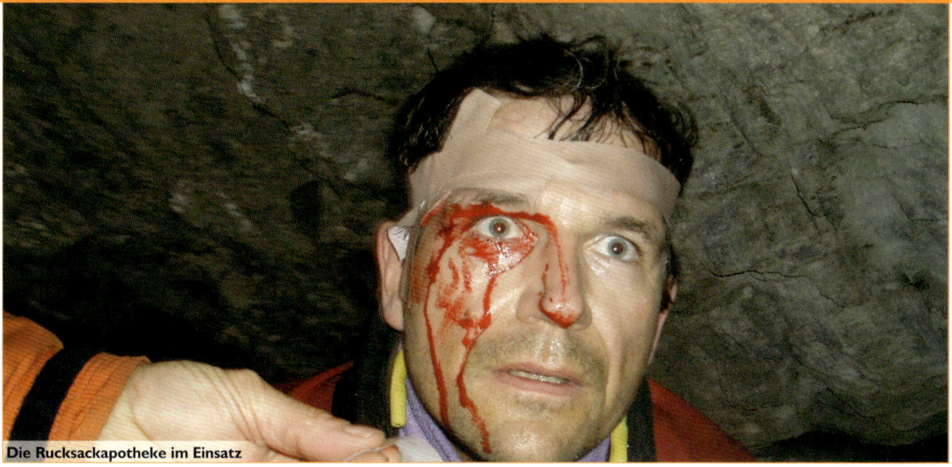
Die Rucksackapotheke im Einsatz

Rucksack

In der Regel reicht ein 30 – 35 Liter großer Rucksack aus. Er sollte nicht zu viele Außentaschen und einen Bauch- und Brustgurt haben, damit er im steilen Gelände nicht weghängt.

Erste Hilfe

Die Rucksackapotheke gehört zu jeder Bergsteigerausrüstung dazu und sollte Verbandszeug, Pflaster und Rettungsdecke beinhalten.

Jacke und Leichtüberhose

Mit einer leichten, funktionellen Softshelljacke und einer leichten Überhose übersteht man so manche Wetterkapriole und kommt relativ trocken ins Tal.

Abb.: Salewa Four Seasons Jacke und Plaisir GTX Pants

Biwaksack

Ein Muss bei den langen alpinen Steigen. Ideal ist ein Zwei-Personen-Biwaksack in dem man sich in einer kalten Biwaknacht zusammenkuschelt.

Der Biwakplatz sollte geschützt sein

Einer in der Gruppe hat ein Seil (dafür den Helm vergessen) - Bocchette Centrale, Brenta

Seil

Für den Notfall oder zur Sicherung von schwächeren Klettersteiggehern kann ein Kletterseil mitgeführt werden. Dies setzt aber zumindest vom erfahreneren und stärkeren Kletterer das Beherrschen der entsprechenden Sicherungstechniken voraus! Die Sicherungstechnik kann man in Kursen bei Bergsteigerschulen und beim Alpenverein schnell und unkompliziert lernen.

Tipp: Sollte im Frühjahr das Sicherungsseil unter dem Schnee oder Eis vergraben sein, so ist das Kletterseil die einzige Sicherungsmöglichkeit, die bei Überwindung dieser oft sehr heiklen Passagen auch dringend anzuraten ist.

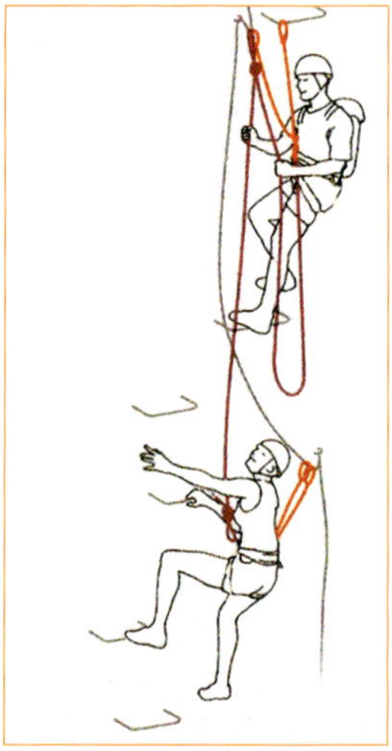

Abb.: Ablauf beim Sichern an einem Klettersteig. Oben ist der „Sichernde" an zwei Fixpunkten fixiert (mit seinem Klettersteig-Set). Unten klettert der „Seilzweite" (im Regelfall der Schwächere), trotz der Seilsicherung mit eingehängten Klettersteigkarabinern ganz normal hinauf. Das Seil reduziert die mögliche Sturzhöhe im Falle eines Sturzes (ersetzt aber nicht das KS-Set). Grafik von Petzl.

Heikle, vereiste Passage (mit Seil) - Sent. dell'Ideale, Brenta

Nicht optimal angeseilt! (Marmolada)

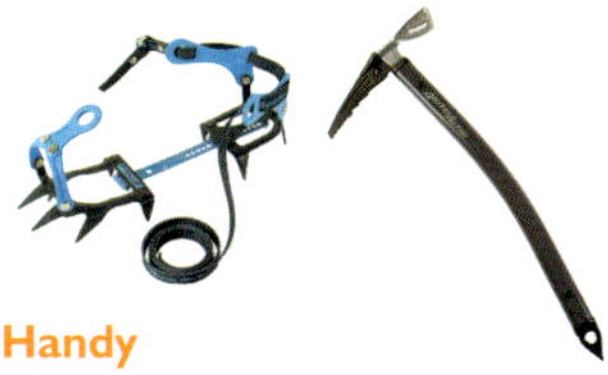

Pickel und Steigeisen

Die Mitnahme eines Leichtpickels und Leichtsteigeisens kann im Frühjahr zur sicheren Überwindung von Altschneefeldern oder bei Gletscherüberquerungen (Seilsicherung) erforderlich sein.

Abb.: Leichtsteigeisen „Trekking" und Pickel „g-light" von Austrialpin

Handy

Ein bereits unverzichtbarer kleiner Retter im Gebirge. Siehe dazu auch Notruf bei „Alpine Gefahren"

Karte, Kompass, GPS

Die Mitnahme derartiger Orientierungshilfen ist insbesondere bei langen, alpinen Steigen ratsam (Nebel, Wetterumschwung und evtl. falsche Markierung). Teilweise gibt es schon recht gute Karten, die man sich auf das GPS-Gerät laden kann.

Abb.: Oregon 400t von Garmin (Infos unter www.garmin.at oder www.garmin.de)

Kartenstudium - Brentadurchquerung

Mit Lampen im Lagazuoi-Tunnel

Stirnlampe

Ein wichtiges Ausrüstungsstück bei vielen Dolomitensteigen ist die Stirnlampe. Die Vorteile sind der deutlich geringe Stromverbrauch und die handliche Größe. Die Kleinste hat locker in jeder Brusttasche Platz. **Abb.:** Petzl Zipka Plus; 65g.

Verpflegung

Je nach Tourlänge sollte auch auf die regelmäßige Zufuhr von Flüssigkeit (mind. 1 Liter) geachtet werden. Man sollte bereits zu Beginn der Tour regelmäßig mit dem Trinken beginnen. Hinsichtlich Essen hat jeder seine Präferenzen.

Am Klettersteig

Endlich hat man den lästigen Zustieg hinter sich und die Versicherungen sind schon zu sehen. Dann beginnt der eigentliche Teil der Tour, bei dem einige Dinge beachtet werden müssen.

Bevor es losgeht

Wie bereits erläutert, sofort den Helm aufsetzen, noch bevor man unter der Wand ist. Dann noch einmal trinken und sich schließlich einbinden. Wir empfehlen, wie beim Klettern einen so genannten

Partnercheck vor dem Einstieg

Anlegen der Ausrüstung - Innerkoflersteig Sextener Dolomiten

Partnercheck durchzuführen, bei dem man gegenseitig überprüft, ob das Klettersteigset richtig in den Gurt geknüpft ist.

Anmerkung Das Klettersteigset wird in der Regel mit einer vorhandenen Seil- oder Schlingenschlaufe mittels Ankerstich direkt in den Gurt und zwar in den so genannten Sicherungsring geknüpft.

Handschuhe anziehen, zuletzt noch darauf achten, dass die Schuhsohlen nicht erdig sind und dann kann es losgehen.

Richtig Steigen

Wie beim Klettern liegt das Erfolgsgeheimnis im sauberen Steigen unter optimaler Ausnützung der vorhandenen Tritte. Man versucht dabei, das Gewicht möglichst auf die Füße zu bringen und sich nicht nur am Seil hochzuziehen. Kleine Schritte erleichtern dieses Vorhaben ungemein.

Krafteinteilung und Tempo

Ein Blick auf das Topo bezüglich der Steiglänge sollte die Frage der Krafteinteilung wesentlich beeinflussen und - wie z.B. in der Ferrata G. Olivieri/G. Aglio (Tofana), wo die schwerste Stelle erst relativ weit

Das Tempo hängt vor allem vom persönlichen Trainingszustand ab - Sent. Buzzati, Palagruppe

Das richtige Umhängen am Klettersteig (Grafik Petzl)

oben kommt, zu ökonomischem und kontinuierlichem Klettern veranlassen. Denn jede Showeinlage und eine „stop and go fast“ Technik kosten jene Kraft, die ganz oben am Steig gebraucht wird.

Karabinerhandling

Ein ganz zentraler Punkt, bei dem man viel Zeit und Sicherheit gewinnen kann. Hinsichtlich der Sicherheit ist Folgendes zu beachten:

Ins Sicherungsseil werden stets beide Karabiner eingehängt. An den Verankerungen wird zuerst der erste, dann erst der zweite Karabiner umgehängt (nie gleichzeitig)! Dadurch ist immer eine sichere Verbindung zwischen dem Kletterer und dem Drahtseil garantiert.

Es sollten auch immer beide Karabiner eingehängt sein, weil im Falle eines Sturzes die Gefahr eines Karabinerbruchs besteht, die durch die Verwendung zweier Karabiner gesenkt wird.

Bei ungesicherten Gehpassagen sind die Karabiner so einzuhängen, dass die Seilschlaufen nicht zu tief hängen, weil man sonst leicht darüber stolpern kann. Ideal ist der Brustgurt des Rucksackes oder eine andere hochgelegene Rucksackschlaufe (einfach über die Schulter werfen ist nicht unbedingt zu empfehlen).

Die Begehungszeit wird auch durch das intelligente Mitführen der Karabiner bestimmt, wobei es hier zwei Methoden gibt:

Karabiner beim Gehen hoch eingehängt - Ferrata Lipella

Das Nachziehen der Karabiner - Sentiero attr. Colodri

- Das Nachziehen, bei dem die Hände sich ungestört dem Kraftakt am Sicherungsseil widmen können. Der Nachteil ist, dass die Karabiner oft bei den Verankerungen des Stahlseiles hängen bleiben.
- Beim Vornewegschieben werden die Karabiner vor den Händen am Sicherungsseil geschoben, was ein Hängen bleiben am Seil verhindert und bei ganz schweren Stellen den optimalen Krafteinsatz stört.

Der Erfolg liegt darin, die Karabiner stets im Auge zu behalten, um ein Hängen bleiben durch richtiges Ein- und Umhängen und/oder rechtzeitiges Nachziehen zu vermeiden.

Sturz und Abstand

Ein Sturz sollte tunlichst vermieden werden, denn dieser ist im Gegensatz zum Sportklettern, wo Stürze regelmäßig zur Tagesordnung gehören, (lebens-)gefährlich. Sollte man merken, dass einen die Kräfte verlassen, MUSS man rechtzeitig bei einer Verankerung rasten und darf nicht bis zur völligen Erschöpfung weiterklettern. Sollte man so erschöpft sein, dass man nicht mehr weiter kann, so ist zusätzlich (falls vorhanden) ein Sicherungsseil zu verwenden. Dabei geht der stärkere Partner voraus und sichert den Schwächeren nach. Sollte kein Seil vorhanden sein, so ist - bevor man einen Sturz riskiert - die Bergrettung zu alarmieren (siehe unter Notruf). Auch sollte man auf den nötigen Abstand

Stahlseil mit Gummipuffer - Ferrata d. Piramide, Fanes

Überholen auf einem Band - Bocchette Centrale, Brenta

achten, damit der Vorauskletternde bei einem Sturz nicht auf den Nachkommenden fällt. Es sollte sich auch nur EIN Kletterer zwischen zwei Ankerpunkten befinden!

Tipp: Sollte in der Wand Steinschlaggefahr durch Schuttbänder oder loses Gestein herrschen, so empfiehlt es sich für die Nachkommenden möglichst zu den Vorgängern aufzuschließen, da so die Fallhöhe der Steine reduziert wird.

Überholen

Ist gut möglich, sollte aber nach gegenseitiger Absprache und unter Berücksichtigung der Abstandsproblematik geschehen. Am besten wartet der zu Überholende einfach bei einer Verankerung, bis der untere Kletterer überholt hat.

Rasten

Das Sprichwort „Wer rastet, der rostet" gilt nur für die Verankerungen und nicht für den Klettersteiggeher. Eine taktische Rast auf dem Band vor einer schwierigen Wandstelle ist oft goldeswert und sollte unbedingt zum Trinken genutzt werden.

Massenandrang und Stau auf der Ferrata d. Piramide, Fanes

Umdrehen oder weitergehen? Schwierige Verhältnisse auf dem Sent. dell'Ideale, Brenta

Rückzug

Was ist, wenn man nicht mehr weiter kann? Ein Rückzug am Klettersteig ist ein extrem unangenehmes Unterfangen. Hat man kein Kletterseil dabei, so bleibt nur der Rückabstieg, der manchen sogar etwas leichter fällt. Dieser sollte jedoch tunlichst vermieden werden, da er auch viel Kraft erfordert. Wichtiger ist, sich auf dem Topo die Notausstiege einzuprägen, um rechtzeitig über diese abzusteigen. Eine Abseilfahrt ist für Profis bei den Verankerungen problemlos möglich, für Unerfahrene jedoch eine große Gefahr!

Kinder und Jugendliche

Einige der in diesem Buch beschriebenen Klettersteige sind aufgrund der hohen Schwierigkeiten für Kinder und Jugendliche nicht geeignet bzw. ist bei den Touren das empfohlene Alter angeführt.

Alpine Gefahren

Wetter

Je länger die Klettersteigtour, desto stabiler muss das Wetter sein. Neben Schnee und Regen ist das Gewitter der größte Feind der Klettersteiggeher, denn der Steig verwandelt sich im Nu in einen

Stabiles Wetter ist ein entscheidender Faktor! (Brenta)

Nebel bei der Via ferrata Stella Alpina

überdimensionalen Blitzableiter. Man sollte daher nicht in ein Gewitter kommen. Sollte es dennoch passieren, so verlässt man den Steig am besten auf einem gr. Band und nimmt 15 Meter von den Felswänden entfernt unter dem Biwaksack eine Kauerstellung ein (auf den Rucksack setzen und die Füße geschlossen halten).

Wetterberichte:
- Südtirol/Gardasee: Wettervorhersage unter www.provinz.bz.it/wetter
- Alpine Auskunft AVS (Alpenverein Südtirol). Wettervorhersage, Schutzhütten und Unterstützung bei der individuellen Tourenplanung.
  Tel. +39 0471 999955
  Fax +39 0471 980011 E-Mail: alpineauskunft@alpenverein.it

Nässe

Nässe macht den Steig unter Umständen um einen Grad schwerer. Klammern und Seile sind dann sehr rutschig und man findet kaum Halt. Erschwerend sind erdige (gatschige) Passagen. Auch sollte man beachten, dass bei den sog. Schluchtklettersteigen ein Wettersturz fatale Folgen haben kann. Der Bach schwillt an und ein Weiterkommen ist unmöglich bzw. können gewaltige Wassermassen die Sicherungsseile auch komplett überdecken. Einige Bäche schwellen am Nachmittag deutlich an (Schnee bzw. Gletscherschmelze im Hochgebirge!).

Wassermassen bei der Ferrata G. Barbara - Tofana

Ausstieg Ferrata Tissi - Civetta

Schnee

Er bildet für den Klettersteiggeher eine ganz besondere Herausforderung, da dieser in der Praxis oft nicht mit Steigeisen und Pickel ausgerüstet ist. Bis spät in den Sommer hinein trifft man bei den Zustiegen (z.B. Oskar Schuster Klettersteig) auf Altschneefelder, die insbesondere am Morgen noch gefroren und somit ohne Steigeisen unpassierbar sind. Später am Tag sind die Schneefelder oft schon etwas aufgeweicht und mit der nötigen Vorsicht zu passieren. Sollte man einmal ins Rutschen kommen, so nimmt man die Bauchlage ein und bremst mit von sich gestemmten Armen und Beinen.

Am Steig selbst wird es dann spannend, wenn das Seil einmal tief unter dem harten Schnee steckt. Scheitert ein Ausgrabungsversuch, so kann man die Schneepassage - wenn man ein Kletterseil dabei hat - mittels Gefährtensicherung überwinden. Die Überwindung derartiger Schneefelder ist bei hartem Schnee und ohne Seil extrem gefährlich und sollte vermieden werden.

Wer im Winter auf Teilbereichen von Klettersteigen unterwegs ist, sollte unbedingt die Wechten am Grat und für den Zu- und Abstieg die aktuelle Lawinensituation berücksichtigen.

Steinschlag

Lauert dem Bergsteiger fast überall auf, besonders in Rinnen und am Wandfuß, ausgelöst durch vorangehende Kletterer, Gämsen, Schneeschmelze oder starken Wind. Wenn die ersten Steine fliegen,

Oft liegen auch recht große, lose Steine herum - Ferrata Gianni Costantini

Einer der „Höhepunkte" im Buch - Ferrata Alleghesi, Civetta

heißt es Augen auf (von wo kommt was) und das mögliche Aufschlaggebiet sofort verlassen, was beim Klettersteig nur bedingt möglich ist. Man sollte daher sofort Deckung bei der Wand suchen. Das heißt mit dem Körper möglichst nahe zur Wand bzw. unter einen Vorsprung. Ein Helm ist daher ein absolutes Muss auf Klettersteigen.

Gefahren der Höhe

Ab einer Höhe von 2500 Metern über dem Meeresspiegel kann man höhenkrank werden, vor allem dann, wenn man mit Auto oder Seilbahn unterwegs ist und deshalb zu schnell in größere Höhen vorstößt. Die Symptome sind Kopfweh, starke Müdigkeit, erhöhter Ruhepuls. Sie verursachen Schwäche, falsche Entscheidungen, Trittunsicherheit und Erschöpfung. Diese Faktoren haben natürlich negative Auswirkungen auf die Begehungszeit und Sicherheit und können bei Menschen, die zur Höhenkrankheit tendieren auch einen lebensbedrohlichen Zustand auslösen (Lungenödem). Da die in diesem Buch beschriebenen Touren nur etwas über der 3000er Grenze kratzen, genügt es, diese Zusatzzeit einzukalkulieren und auf seinen Körper zu hören. Sollten die Symptome stark auftreten, muss man unverzüglich absteigen.

Notruf: Notruf Rettungsdienst: 118 Europäische Notrufnummer: 112

Ein aufgeladenes Handy sollte man mit dabei haben

Die Flugrettung holt einen Verletzten

Tipp: Hat man mit dem eigenen Netzbetreiber keinen Empfang, sollte man die internationale Notrufnummer 112 probieren. Diese geht in allen erreichbaren Netzen (auch in ausländischen). Es funktioniert übrigens auch ohne SIM-Karte im Handy und auch, wenn kein Guthaben auf einem Wertkartenhandy vorhanden ist. Der Anruf landet dann bei einer Notrufzentrale, gegebenenfalls wird die Bergrettung verständigt.

Alpines Notsignal

Ich brauche Hilfe: 6 x in der Minute ein akustisches oder sichtbares Zeichen geben.

Antwort vom Retter: 3 x in der Minute ein akustisches oder sichtbares Zeichen geben.

Zeichen für Flugrettung

Yes /Ja
Wir brauchen Hilfe!

No /Nein
Wir brauchen keine Hilfe!

Toureninfos im Web

bergsteigen.at

Klettersteig Atlas.de

www.bergsteigen.at – die Webseite mit sehr umfangreichen Klettersteiginformationen (immer sehr aktuell; inkl. Topos!). Derzeit wird auch an einem neuen Klettersteigportal - **www.klettersteigatlas.de** intensiv gearbeitet (geplanter Start: Mitte 2009).

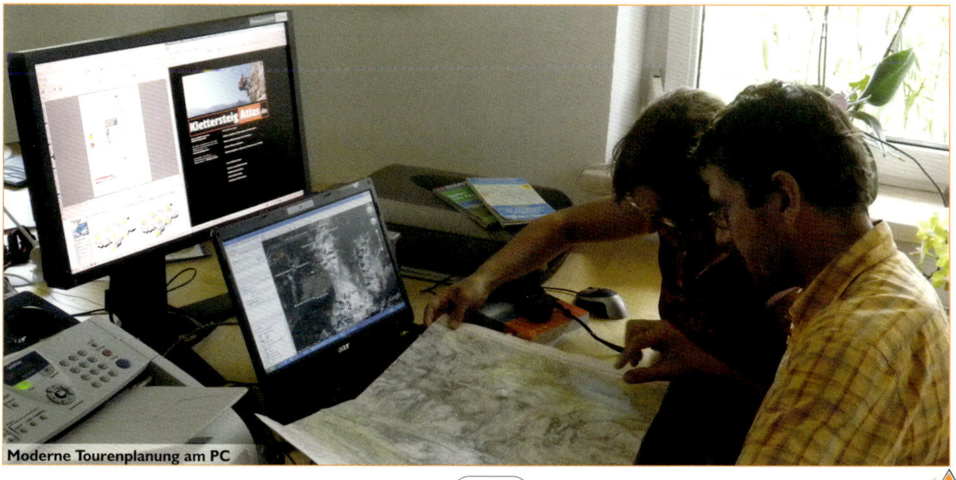

Moderne Tourenplanung am PC

Leitern sind zwar ausgesetzt, aber nicht immer schwer - Leiternsteig

Schwierigkeit

Die Gesamtschwierigkeit eines Klettersteiges setzt sich aus der reinen (kletter)technischen Schwierigkeit und dem Gesamtanspruch zusammen. Ein mit E bewerteter Klettersteig an der Civetta mit 1000 m Aufstiegslänge (bis auf knapp 3000 m) und einem langen Zu- und Abstiegsklettersteig stellt sehr hohe Gesamtanforderungen an den Begeher. In kurzen, talnahen Sportklettersteigen (z.B. Pursteinwand) zählt hingegen nur die Bewältigung der schweren Einzelstelle.

(Kletter)technische Schwierigkeit: A - E bzw. 1 - 6

Derzeit gibt es noch keine international einheitlich verwendete Schwierigkeitsbewertung für Klettersteige. Im Ostalpenraum finden wir neben der Bewertung „leicht", „mittelschwer", „schwer" und „sehr schwer" und der „deutschen" KS-Bewertung (1 - 6) insbesondere die österreichische Buchstabenskala (A - E). Zwischenstufen bei der Buchstabenskala werden mit z.B. C/D oder auch, wie bei Klettertouren mit + (plus) oder - (minus) angegeben. In diesem Führer verwenden wir die Buchstabenskala und auch die Zwischenstufen (z.B. C/D).

A = **leicht** (deutsche K bzw. KS-Bewertung 1): Oft eine Wanderung, die an exponierten Stellen mit längeren flachen oder ganz kurzen, senkrechten Leitern, Geländer oder Stahlseilsicherung versichert ist. In der Regel ist noch keine Sicherung erforderlich und untrainierte, trittsichere Wanderer können derartige Routen problemlos meistern.

B = **mäßig schwierig** (deutsche K bzw. KS-Bewertung 2): Bereits steileres Felsgelände mit Trittstiften, Stahlseilen und Ketten. Die Leitern werden länger und steiler; Seilbrücken erfordern etwas Geschicklichkeit. Einige Stellen verlangen bereits gewisse Armkraft. Auch routinierte Klettersteiggeher verwenden auf diesen Steigen die Selbstsicherung. Für Kinder und Anfänger sollte man bereits ein Sicherungsseil dabei haben.

C = **schwierig** (deutsche K bzw. KS-Bewertung 3 - 4): Da wird es bereits ernst. Steiles bis sehr steiles Felsgelände mit längeren senkrechten Passagen und sogar leicht überhängenden kurzen Leitern. Trittstifte und Klammern haben etwas weitere Abstände und erfordern viel Kraft. Seilbrücken sind nur mit großer Kraftanstrengung und Konzentration zu überwinden. Absolute Sicherungspflicht. Für Anfänger und Kinder nicht mehr geeignet.

D = **sehr schwierig** (deutsche K bzw. KS-Bewertung 5) Fast durchgehend senkrechter Fels mit wenigen Rastpunkten. Oft nur ein Drahtseil, Trittstifte

English Version

The total difficulty of a route consists of the fixed-rope-route difficulty, the rock climbing difficulty (if there are unsecured sections) and the demand of the route. An alpine route at Civetta with a long approach and descent and an elevation gain of 1000m is much more difficult than an E grades sport climb (i.e. Pursteinwand) in the valley.

English Version

Grade of difficulty

A: (easy): Often a trail with rope securing at exposed sections and some very short ladders. Only inexperienced mountaineers need fixed rope equipment for self-securing.

B (moderate): Steeper rock sections with ropes, aglets und tricky bridges. Also experienced climbers start to belay themselves. An additional rope for kids and absolute beginners is needed.

Schwerer, oberer Teil der Pursteinwand

und Eisenklammern. Sollten Klammern oder Stifte vorhanden sein, so haben diese weite Abstände. Komplexe Klettertechniken und Bewegungsabläufe erforderlich. Bereits sehr Kraft raubend und nur von trainierten Klettersteiggehern sicher zu bewältigen. Eine zusätzliche Bandschlinge bzw. eine kurze Karabinerschlinge von Vorteil (Kurzfixierung). Für schwächere Geher unbedingt zusätzliche Seilsicherung. Nichts für Jugendliche und Anfänger.

E = **extrem schwierig** (deutsche K bzw. KS-Bewertung 6): Lange Passagen im senkrechten, glatten Fels nur mit Sicherungsseil und große Überhänge mit Trittstiften und Klammern (selten gute Rastpunkte). Extrem Kraft raubend, technisch und mitunter auch moralisch anspruchsvoll. Nur von sehr gut trainierten Klettersteiggehern begehbar. Auch gute Bergsteiger brauchen hier tlw. ein Sicherungsseil und auf jeden Fall eine zusätzliche Kurzfixierung.

Europäische Klettersteig-Schwierigkeitsbewertung

Österreich	Deutschland	Italien	Frankreich	Farbgebung in Führern
A	K1 leicht	F facile	F facile	leicht
A/B				
B	K2 mittel	M media difficoltà	PD peu difficile	mäßig schwierig
B/C	K3 ziemlich schwierig			
C		D difficile	D difficile	schwierig
C/D	K4 schwierig			
D		MD molto difficile	TD très difficile	sehr schwierig
D/E	K5 sehr schwierig			
E	K6 extrem schwierig	ED estrema difficoltà	ED extrêmement difficile	extrem schwierig
E/F				

English Version

C (difficult): Vertical rock sections, even some small overhangs. Less aglets and cramps. Bridges require more arm power. Belaying is a must for everybody. Not appropriate for beginners.

D (very difficult): Long sections with vertical rock without any rest. Often just a fixed rope but no aglets or cramps. Much arm power and climbing techniques that require special training are needed. An additional short fix sling is recommended. Nothing for kids and beginners!

E (extremely difficult): Only vertical rock with fixed ropes or very overhanging sections with aglets. Very much power and training is required. Even experienced climbers might need an additional rope for belaying.

Freikletterschwierigkeit - Gesamtanspruch

Leichte Kletterei zu Beginn der Ferrata C. Merlone

Schwierigkeitsbewertung von Kletterstellen (UIAA Skala)

Bei den Touren werden nur die ersten drei Schwierigkeitsgrade beim Felsklettern stellenweise kurz berührt (leichte Schrofenkletterei zu bzw. zwischen den Versicherungen).

I = leicht: Geringe Schwierigkeiten. Einfachste Form der Felskletterei (doch kein leichtes Gehgelände!). Die Hände sind zur Unterstützung des Gleichgewichtes erforderlich. Anfänger müssen am Seil gesichert werden. Schwindelfreiheit ist bereits erforderlich.

2 = mäßig schwierig: Mäßige Schwierigkeiten. Hier beginnt die Kletterei, welche die Drei-Punkte-Haltung (von zwei Beinen u. zwei Händen berührt immer nur ein(e) Bein oder Hand nicht den Fels) erforderlich macht. In der Regel wird am Seil geklettert.

3 = schwierig: Mittlere Schwierigkeiten im ausgesetzten Felsgelände. Zwischensicherungen (Haken) an exponierten Stellen empfehlenswert. Senkrechte Stellen verlangen bereits Kraftaufwand. Sicherer Umgang mit Seil und Klemmkeilen erforderlich.

Gesamtanspruch

Dieser setzt sich neben der klettertechnischen Schwierigkeit aus Steiglänge, Zustiegslänge, Abstiegslänge, alpine Gegebenheiten, wie ungesicherte Kletterstellen, Eis- und Schneepassagen, Fluchtmöglichkeiten und Orientierung zusammen. Bei wenig anspruchsvollen Klettersteigen reduziert sich die Schwierigkeit auf die Kletterstellen. Bei hohem Gesamtanspruch kommt noch die konditionelle und alpinistische Komponente dazu.

1 = geringer Gesamtanspruch: Kurzer Zu- und Abstieg, geringe Steiglänge, kein unversichertes alpines (Absturz-)Gelände, gute Markierung und Tal- bzw. Hüttennähe kennzeichnen diese Stufe. Alpine Erfahrung ist nur im Bereich der Sicherungs- und Klettertechnik nötig, **z.B: Lagazuoitunnel, Sent. attrezzato Colodri und Via ferrata Averau**

2 = mittlerer Gesamtanspruch: Bereits ernstere und längere Touren, die im alpinen Gelände weiter entfernt vom Tal liegen bzw. schon heikle Passagen beinhalten. Bei Notsituationen können hier ernste Probleme auftreten. Neben der Sicherungs- und Klettertechnik braucht man auch eine alpine Grunderfahrung (z.B. Orientierung und Wetterkunde) und eine gute Grundkondition, **z.B: Via dell' Amicizia und Kaiserjäger Klettersteig.**

3 = hoher Gesamtanspruch: Sehr ernste und lange Klettersteigtour, gekennzeichnet durch sehr lange Zu- und Abstiege, evtl. mit Kletterstellen, und/oder Begehung von Eis- und Schneefeldern. In Verbindung mit einer schweren Klettersteiganlage stellen diese Faktoren hohe Ansprüche an den Begeher. Extrem gute Kondition und alpine Erfahrung erforderlich. Die gesamte Bergausrüstung darf hier nicht fehlen, **z.B: Via ferrata Costantini, Via ferrata Stella Alpina und Via ferrata Eterna**

English Version

Climbing grades:

I: Hands needed to go up. For beginners rope belay required.

2: Rock climbing starts. Everybody is belaying.

3: Vertical exposed rock. Hooks for additional protection needed.

Total demand

Beside the technical difficulties (A-E and climbing grades) this grade (1-3) shows the total seriousness of the climb, consisting of the route length, alpine surrounding (snow, ice, exposure and altitude), orientation and missing emergency exits.

Tafel beim Rino Pisetta - Gardasee

Zeichenerklärung/Sign description

- Bewertung in Farbe / Difficulty in colours
- Gesamtanspruch / Total demand 1 = low to 3 = high
- Sehr schöne Tour / Very good route
- Schöne Tour / Good route
- Mittelmäßige Tour / Mediocre route
- Schlechte Tour / Bad route
- Sehr gut versicherter Steig / Very good secured route
- Gut versicherter Steig / Good secured route
- Mittelmäßig versicherter Steig / Mediocre secured route
- Schlecht versicherter Steig / Bad secured route
- Gesamtzeit / Total time
- Gesamthöhenmeter / Total altitude diff.
- Kletterhöhenmeter/Zeit / Climbing altitude diff./time
- Zustiegszeit zur Route / Approach time to the route
- Abstiegszeit / Descent time
- Ausrichtung (Norden, Westen) / Route faces (north, west,...)
- Kindereignung mit Altersangabe / For children at the age of...
- Beste Jahreszeit / Best seasona
- Höchste Höhe der Tour / Total demand 1 = low to 3 = high
- GPS Koordinaten Parkplatz / GPS coordinates parkingplace
- GPS Koordinaten Einstieg / GPS coordinates beginning of climb
- Gehzeiten/Abschnitte / Walkingtime/sections

Karte/Map

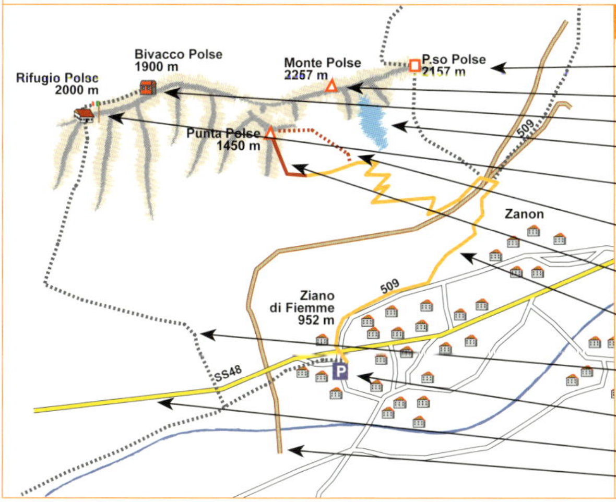

- Scharte oder Pass / Pass (not always to cross)
- Erhebung oder Gipfel / Rise or Summit
- Biwak / Bivouac
- Gletscher / glacier
- Hütte oder Gasthaus / Hut, bivouac or restaurant
- Routenverlauf leichter Klettersteig / Way of the easy fixed rope route
- Routenverlauf Klettersteig / Way of the fixed rope route
- Wander-, Zu- bzw. Abstiegsweg (markiert) / Approach or descent footpath (marked)
- Nicht benötigter Wanderweg / Marked footpath, not used
- Parkmöglichkeit / Parking possibility
- Gute Straße / Good road
- Forstweg bzw. Schotterstraße/ Bad road

Sextener Dolomiten

Dreischusterspitze, 3145 m

Die berühmten Drei Zinnen

Touristeninfo

Tourismusbüro: Sexten

Web: www.hochpustertal.info
Tourismusverein Sexten
Dolomitenstraße 45
I-39030 Sexten
Tel. +39 0474 710310
Fax +39 0474 710318
info@sexten.it

Cortina d'Ampezzo

Web: www.dolomiti.org
Fremdenverkehrsamt Cortina
Corso Italia
Tel. +39 0436 2711
Email: cortina@infodolomiti.it

Besonderheiten: Nirgendwo sonst prallen die Gegensätze so stark aufeinander wie in den Sextener Dolomiten. Auf der einen Seite die Drei Zinnen mit Massentourismus und hohen Preisen, auf der anderen Seite das Vallon Popera mit dem gemütlichen Rifugio Berti - umringt von großartigen Klettersteigen, wo die Welt für uns Bergsteiger noch in Ordnung ist. Im Zentrum des Alpinisteiges befindet sich das berühmteste Fotomotiv der Dolomiten - ein kleiner, tiefer Spalt, dessen Wände nur in Steinwurfdistanz voneinander entfernt sind. Viele der Steige in den Sextener Dolomiten sind alte Kriegssteige und erinnern mit den Stellungen, Stollen und den in den Fels geschlagenen Bändern daran, dass in diesem Gebiet in den Jahren 1915 – 1917 erbittert gekämpft wurde. Einen guten Überblick über die damaligen Kriegshandlungen kann man sich im Freilichtmuseum auf dem Wiesenplateau des Monte Piano (Hauptmann-Bilgeri-Steig, Heeresbergführersteig) verschaffen. Ein Geheimtipp, den man im Stau zur Auronzo Hütte leicht übersieht, ist die Cadini di Misurina mit dem Sentiero Bonacossa und der Ferrata Ceria Merlone. Im Vergleich zum Paternkofel ist man auf diesen Dolomitenwegen einsam unterwegs, allerdings sieht man die Zinnen nur von der unpopulären Südseite. Als Ausgangpunkte kommen Cortina d' Ampezzo für die Zinnen, Sexten für die Steige um das Rifugio Berti und auf die Sextener Rotwand in Betracht.

Stellungen am Innerkofler-Steig

Blick vom Monte Piana zum Misurinasee

Anreise mit öffentlichen Verkehrsmitteln: Mit der Bahn nach Toblach oder Innichen und weiter mit den Linienbussen der SAD (www.sad.it) zu den jeweiligen Ausgangspunkten bzw. in deren Nahbereich. Die Ziele sind auch mit dem Bus von Cortina d' Ampezzo zu erreichen (www.dolomitibus.it).

Anreise mit dem Auto: Siehe Beschreibung bei den jeweiligen Touren.

Tourenkombinationen

Zinnen – Rotwand Runde (2 Tage) ohne den Massentourismus beim Rifugio Auronzo: 1. Tag: Fischleinboden – Drei-Zinnen-Hütte – L. Innerkofler-Steig – Schartenweg – Büllelejochhütte. **2. Tag:** Büllelejochhütte – Zwölferscharte – Alpinisteig – Fischleinboden.

Giro del Gruppo Popera (2 Tage): 1. Tag: Rif. Berti - Ferrata Roghel und Ferrata Gabriella zum Rif. Carducci. **2. Tag:** Alpinisteig – Sentinellascharte - Rif. Berti, wobei gute Geher von der Sentinellascharte noch die Rotwandüberschreitung auf der Ferrata G. Zandonella und den Südostanstieg machen können, eine der großartigsten Runden in diesem Führer.

Autonome Provinz Bozen – Südtirol

Region: Trentino-Südtirol

Einwohner: ca. 496000

Fläche: ca. 7.400 km²

Berg: Ortler, 3905 m

Web: www.provinz.bz.it

Provinz Belluno

Region: Venetien

Einwohner: ca. 212000

Fläche: ca. 3.600 km²

Berg: Marmolada, 3343 m

Web: www.provincia.belluno.it

English Version

The region of contrasts. Hurly-burly and jet set at Drei Zinnen and loneliness in Vallon Popera. Many war paths remind you of the First World War (1915-1917). Starting points are Cortina d'Ampezzo and Sexten. Cadini di Misurina is also a quiet inside tip.

Tour combinations:

Zinnen – Rotwand round (2 days): Day 1: Fischleinboden – Drei-Zinnen-Hütte – L. Innerkofler-Steig – Schartenweg – Büllelejochhütte. Day 2: Büllelejochhütte – Zwölferscharte – Alpinisteig – Fischleinboden.

Giro del Gruppo Popera (2 days): Day 1: Rif. Berti – Ferrata Roghel – Ferrata Gabriella – Rif. Carducci. Day 2: Alpinisteig – Sentinellascharte – Rif. Berti – one of the best rounds in this book!

AI

Via ferrata Mario Zandonella Sextener Dolomiten

Anspruchsvoller Klettersteig-Doppelpack — **Sextener Rotwand, 2965 m**

Der Einstieg bei der alten Kaverne

schwierig 1,7

Sehr schön

Mittel

Diff. C

7½ Std.

1450 Hm

300 Hm 1½ Std.

3 Std.

3 Std.

SO

ab 14 J.

Juli - Sept.

2936 m

P N 46.63352 E 12.41834

E N 46.64206 E 12.38253

Gehzeiten/Time
Rif. Lunelli - Rif. Berti: 1 Std.
Rif. Berti - Einstieg: 2 Std.
Einstieg - Gipfel: 1½ Std.
Gipfel - Rifugio Berti: 2¼ Std.
Rif. Berti - Rif. Lunelli: ¾ Std.

Besonderheiten: Die Via ferrata Zandonella besteht genau genommen aus zwei Klettersteigen. Die beiden Varianten Süd und Südost tragen zwar denselben Namen „Zandonella", sind aber voneinander unabhängige Klettersteige ohne gemeinsame Steigabschnitte. Den beiden abwechslungsreichen Steigen gemein ist, dass sie – teilweise recht ausgesetzt – beeindruckende Ausblicke auf die faszinierende Felskulisse des Vallon Popera bieten und direkt beim Gipfelkreuz auf einem Nebengipfel (2936 m) der Sextener Rotwand enden. Wie viele Dolomiten-Klettersteige verlaufen auch diese meist auf Bändern entlang von Kriegssteigen aus dem Ersten Weltkrieg. Aufgrund der Geröllabschnitte der Variante Südost empfiehlt sich diese eher für den Abstieg. Trotz erhöhter Steinschlaggefahr durch Vorausgehende, eine insgesamt sehr lohnende Tour!

Info

Talort: Padola, 1215 m

Ausgangspunkt: Kreuzbergpass, 1636 m oder Rifugio Lunelli (Selvapiana), 1568 m

Karten: Tabacco WK 010, Sextener Dolomiten; Kompass, WK 57, Bruneck-Toblach

Anreise: Von Norden: Über Lienz oder Brixen nach Innichen. Dort nach Süden abbiegen und auf der SS52 auf den Kreuzbergpass, dann noch ca. 7 ½ km Richtung Padola.

Auf einer der steilen Eisenleitern

Der Zustieg zur Klettersteigtour

Nach den letzten Kehren rechts abzweigen und auf der schmaler werdenden Straße zum Rifugio Lunelli hinauf. Von Süden: Über Vittorio-Veneto Richtung Auronzo di Cadore und auf der SS532 nach Padola. Am Ende von Padola nach links und über Valgrande auf der schmaler werdenden Straße zum Rifugio Lunelli hinauf.

Zustieg: Auf dem Weg 101 in zahlreichen Serpentinen zum Rifugio Berti (al Popera) aufsteigen. Von der Hütte zuerst fast eben ins Vallon Popera, am kleinen Lago di Popera vorbei und ansteigend weiter Richtung Sentinellascharte. Auf ca. 2640 m zweigt rechts ein Steig ab, der in Kürze zum Einstieg der für den Aufstieg empfohlenen Variante Süd führt.

Route: Vom Einstieg bei einer alten Kaverne nach rechts (A) zu einem kleinen Überhang (B/C) queren und auf einer gestuften Rampe (B) zu einem breiten Band (zuerst A, dann gehen). Über eine Leiter (A) zu einem Aufschwung (C) und im gestuften, von Rinnen und Bändern durchzogenen Schrofengelände (A/B bis B/C) in einen Kamin (C). Auf einer Leiter (B) in eine breite Rinne (A/B bis C) und durch diese zu einer Stellungsanlage auf einem überdachten Band. Wenn man ein Stück nach links geht, kommt man zu einem tollen Aussichtspunkt. Der Klettersteig führt jedoch auf dem Band nach rechts (meist A oder

Kurz vor dem großen Band

English Version

This ferrata is strictly speaking two ferratas. The two variants south and southeast have the same name but have no shared climbing sections. Both ferratas have in common that they offer - partly quite exposed - impressing views on the fascinating rock scenery of Vallon Popera and end directly at the cross on the summit. Like many other dolomite ferratas the routes run on ledges along war paths from the Great War. Due to rubble sections at the variant southeast it is recommended rather for the descent. Despite increased danger of rock fall this is an altogether very worthwhile route!

Route: Ascend via Rifugio Berti on trail 101 towards Sentinella gap. At 2640 m turn right and ascend to the beginning of the climb. Route see topo! Descend via variant southeast.

Via ferrata Mario Zandonella Sextener Dolomiten

Bei den Stellungen auf dem Band

Rifugio Lunelli, 1568 m, privat; Mitte Juni - Ende Sept. bew. Tel: +39 0435 67171. Infos: www.cai.it

Rifugio Antonio Berti al Popera, 1950 m, CAI; Ende Juni - Mitte Sept. bew. Tel: +39 0435 67155. Infos: www.rifugioberti.it

Gehgelände) und quert einige Rinnen (Vorsicht bei Altschnee!). Durch eine mit Geröll gefüllte Schlucht (B, große Steinschlaggefahr!) in eine Scharte. Auf der anderen Seite ein Stück abklettern (A/B) und – vereinigt mit dem Sextener Rotwandsteig – in Kürze zum Gipfelkreuz (2936 m).

Abstieg: Über die **Variante Südost** abklettern: Vom Gipfel ein Stück im Gehgelände den Markierungen folgend zum Beginn der Versicherungen (A) absteigen. Über eine Platte (B) zu einer kurzen Querung (A) und durch eine kaminartige Rinne (B). Über eine Platte (B/C) in steiles Schrofengelände (B bis B/C) und steil am Rand einer Rinne (B bis B/C) zu einem kurzen Überhang (C). Unter einer Wand schräg abklettern (zuerst B/C, dann B und A/B) und durch eine Verschneidung (B/C) zu einer Scharte. Anschließend zu den letzten Versicherungen (B) queren. Weiter im Geröll bis zum Aufstiegsweg und über diesen zum Rifugio Antonio Berti absteigen. Von der Hütte steigt man dann wieder zum Rifugio Lunelli (Parkplatz) ab.

Ausrüstung: Komplette Klettersteigausrüstung, Helm.

Bemerkung: Lässt sich mit dem Sextener Rotwandsteig zu einer lohnenden Überschreitung kombinieren.

Auf dem Gipfel der Rotwand

Via ferrata Mario Zandonella

I: Ferrata Zandonella, 2: SO-Variante

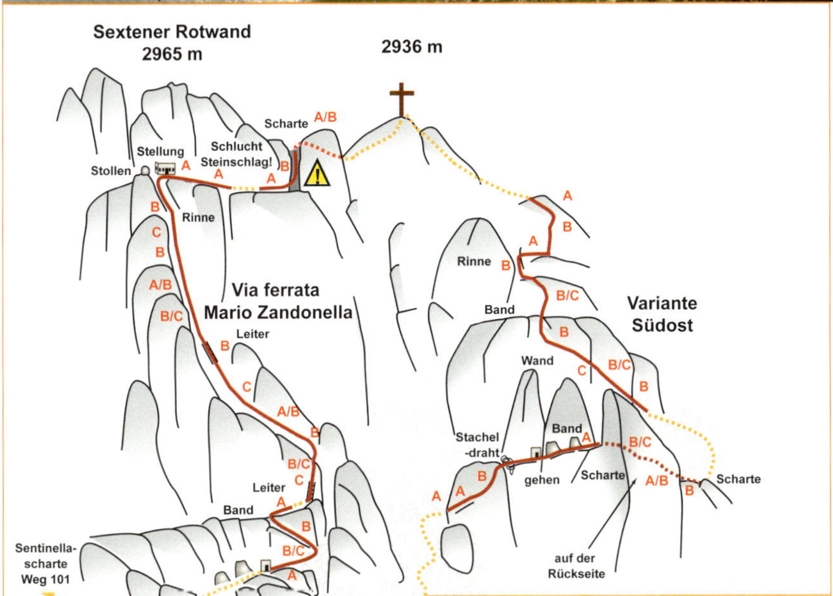

A2 Ferrata Roghel, Ferrata Gabriella

Sextener Dolomiten

Großartige Klettersteigkombination in den Sextenern

Forc. tra le Guglie, 2570 m

Erster Aufstieg Via ferrata Roghel

schwierig 2,1 (3 2 1)

Schön

Gut

Diff. C/D u. I

10¼ Std.

1400 Hm

1000 Hm
6 Std.

1¾ Std.

2½ Std.

Div.

ab 15 J.

Juli - Sept.

2570 m

P N 46.63352
E 12.41834

E N 46.62292
E 12.40141

Gehzeiten/Time
Rif. Lunelli - Einstg. Ferrata Roghel: 1¾ Std.; Ferrata Roghel - Einstg. Ferrata Gabriella: 2½ Std., Ferrata Gabriella - Rif. Carducci: 3½ Std.

Besonderheiten: Zwei großartige Klettersteige, die das Rif. Berti mit dem Rif. Carducci verbinden und sich am Folgetag mit dem Alpinisteig und der Rotwand Überschreitung zu einer der schönsten Dolomitenrunden, dem „Giro del Gruppo Popera" ausbauen lassen. Die knackigsten Passagen warten gleich im Aufstiegsteil der Ferrata Roghel. Das Gabriella Band schlängelt sich in gewohnter Dolomitenmanier um den Monte Giralba herum und bietet neben vielen Gehpassagen mit interessanten Klettersteigstellen auch tolle Fotomotive.

Info

Talort: Padola, 1215 m

Ausgangspunkt: Kreuzbergpass, 1636 m oder Rifugio Lunelli (Selvapiana), 1568 m

Karten: Tabacco WK 010, Sextener Dolomiten; Kompass WK 57, Bruneck-Toblachh

Anreise: Von Norden: Über Lienz oder Brixen nach Innichen. Dort nach Süden abbiegen und auf der SS52 auf den Kreuzbergpass, dann noch ca. 7 ½ km Richtung Padola. Nach den letzten Kehren rechts abzweigen und auf der schmaler werdenden Straße zum Rifugio Lunelli hinauf. Von Süden über Vittorio-Veneto und Auronzo di Cadore nach Padola und vor dem Kreuzbergpass zum Rifugio Lunelli hinauf.

Altschnee - Abstieg Ferrata Roghel

Band der Via ferrata Gabriella

Zustieg: Auf dem Weg 101 zum Rifugio Berti al Popera (1 Std.) und links dem Weg 152 ca. 200 m folgen, bis rechts (alte Holztafel; N46.62861 E12.40620) der Weg 109 steil über ein Geröllfeld zum Einstieg hinaufführt. Bevor es losgeht, muss man durch eine markante erdige Rinne zu den Felsen hinauf (45 Min. ab Hütte, Einstieg auf 2350 m).

Route: **Via ferrata Aldo Roghel:** Vom Einstieg (oft noch etwas Restschnee) über Platten (B) und eine mit Trittstiften gesicherte Wand (B) auf das Band unterhalb der Schlucht, die von der Forc. tra le Guglie hinunterzieht. Dann rechts der Schlucht immer schwieriger werdend (zuerst B/C, dann C/D) hinauf zu einem markanten Klemmblock, davor wieder eine glatte Wandstelle (C/D). Anschließend über leichtere Platten (B) hinauf in die Forc. tra le Guglie, 2570 m. Von der Scharte folgt man auf der Westseite einem rinnenähnlichen Band (A) hinab, bis der Weg wieder nach rechts über Plattenwände (A u. A/B) in eine Schlucht führt. Man geht nicht in die Schlucht, sondern steigt links davon über Platten (bis B) weiter ab. Zuletzt muss man in die Schlucht abklettern (I) und trifft auf steile Altschneefelder, die am Schluchtrand überwunden werden. Im Geröllkar führt der Weg anfangs waagrecht zum Talboden. Dort geht der Weg 109 hinunter zum bereits sichtbaren Biv. Battaglione Cadore, 2219 m. Man hält sich jedoch rechts und steigt auf dem Weg 110 zu den Versicherungen der **Via ferrata Cengia Gabriella** auf. Ein-

Breites Schuttband - Ferr. Gabriella

English Version

Two great fixed rope routes connecting Rif. Berti and Rif. Carducci, which together with Alpini route and Rotwand traverse can be extended to one of the most beautiful routes of the Dolomites, the so-called „Giro del Gruppo Popera" on the following day. Ferrata Roghel contains the most demanding passages. The Gabriella ledge proceeds along Monte Giralba and besides the many paths with interesting fixed rope route passages offers great motives for fotographs. Be aware of snow and rock fall when you descend on the west face!

Route: Take path 101 to Rif. Berti (1 hour) and then follow path 152 for about 200 m until path 109 leads you to the beginning of climb past a scree field. For the fixed rope route see topos. To descend take path 101 from Rif. Carducci to Fischleintal or path 103 to Ansiei valley.

Schlussabstieg Via ferrata Gabriella

Rifugio Lunelli, 1568 m, privat; Mitte Juni - Ende Sept. bew. Tel: +39 0435 67171. Infos: www.cai.it

Rifugio Antonio Berti al Popera, 1950 m, CAI; Ende Juni - Mitte Sept. bew. Tel: +39 0435 67155. Infos: www.rifugioberti.it

Rifugio Carducci, 2297 m, CAI, Mitte Juni – Ende Sept. bew. Tel: +39 0435 400 485 Infos: www.rifugiocarducci.eu

Bivacco Battaglione Cadore, 2219 m, Notunterkunft, immer offen.

stiegskoordinaten: N46.62010 E12.39318. Leicht versichert (A u. A/B) wird die Felsstufe zur Cengia Gabriella überwunden. Auf dem Band geht es über teils kurze exponierte, versicherte (A) Stellen und unter einem Überhang zu einem Wiesenabsatz mit Spalt. Auf der anderen Seite des Spalts über die Felswand (A/B) zu einem Eck und rechts durch eine steile Verschneidung (Schlüsselstelle B/C) zu einer weiteren Felswand, die man links zu einer Rinne überquert (A u. A/B). Durch die Rinne (A) auf ein weiteres großes Band, diesem ca. 600 m auf Gehgelände folgen, bis der Weg links hinunter weist (N 46.61391 E 12.38461). Im Zickzack anfangs A, später B zu einer Rinne zwischen einem vorgelagerten Felsen hinunter und durch die Rinne (Steinschlaggefahr!). Anfangs auf der linken Seite (A/B) und zuletzt über Schnee zum Ende des Steiges absteigen. Weiter auf dem Weg 110 zum Rif. Carducci, 2297 m (30 Min.).

Abstieg: Über Weg 101 ins Fischleintal oder Weg 103 ins Ansiei Tal absteigen; oder nächtigen und die Sextener Runde mit Alpinisteig und Rotwand anhängen.

Ausrüstung: Klettersteigausrüstung und Helm (evtl. Pickel und Steigeisen für die Schneefelder).

Bemerkung: In den westseitigen Schluchten und Rinnen am Ende der beiden Steige sind oft noch Altschneefelder und es herrscht Steinschlaggefahr!

Tipp: Lässt sich mit dem **Alpinisteig** zum **„Giro del Gruppo Popera“** - einer großartigen Sextener-Dolomitenrunde - verbinden. Konditionstiger können am zweiten Tag auch die Ferrata Zandonella und den Südostabstieg anhängen.

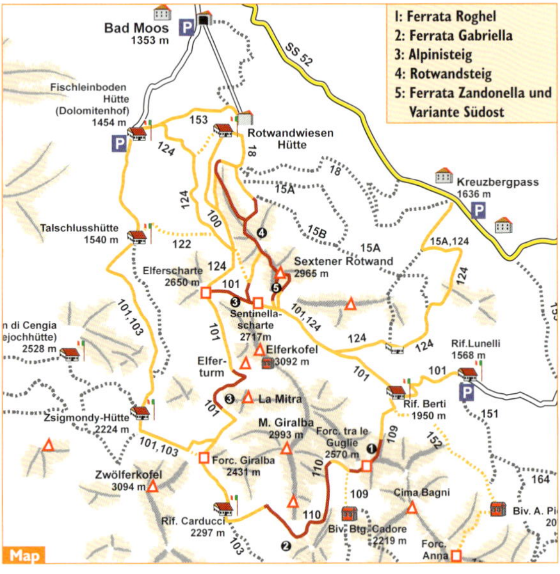

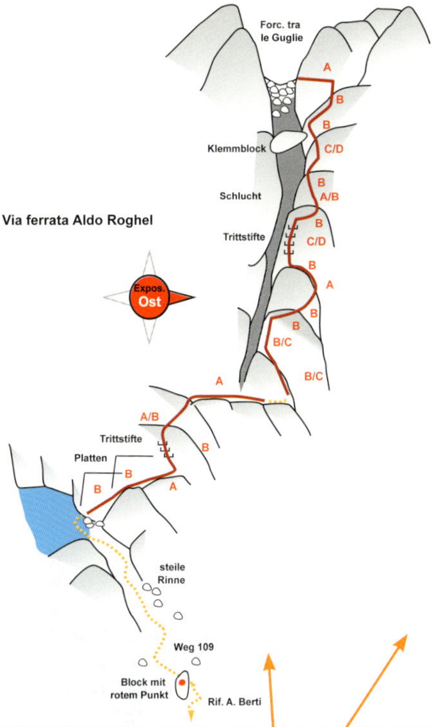

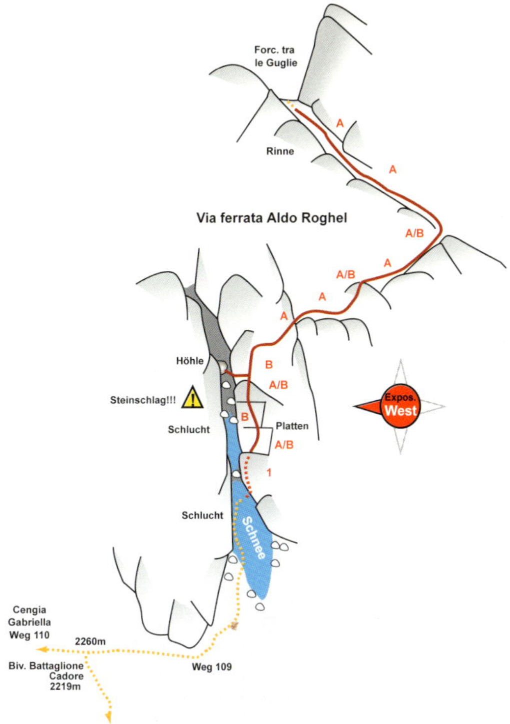

Topo

Aufstieg Ferrata Roghel

Abstieg Ferrata Roghel

Band Ferrata Gabriella

Topo

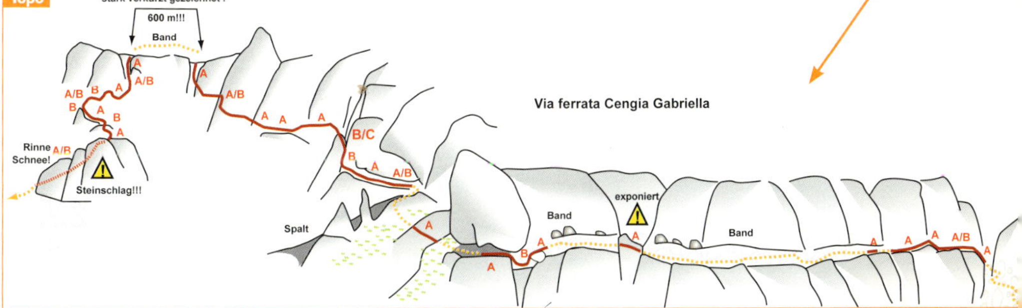

A3 Alpinisteig Sextener Dolomiten

Das berühmteste Fotomotiv der Dolomitensteige

Sentinellascharte, 2717 m

Der berühmte Spalt in der La Mitra

mäßig schwierig 1,5

- Sehr schön
- Gut (Mittel)
- Diff. A (B)
- 5 - 8 Std.
- bis 1300 Hm
- 300 Hm 3 Std.
- 2½ Std.
- 2½ Std.
- W
- ab 12 J.
- Juli - Sept.
- 2717 m

P N 46.68172 E 12.36453

E N 46.63252 E 12.37485

Gehzeiten/Time
Bergst. - Elferscharte: 2½ Std. Elferscharte. - Forc. Giralba: 2 Std.; Elferscharte - Sentinellascharte 1 Std.; Rif. Carducci - Elferscharte 2½ Std.; Sentinellascharte – Rif. Berti: 1½ Std.

Besonderheiten: Ein kleiner tiefer Spalt, dessen Wände nur in Steinwurfdistanz voneinander entfernt sind, hat den Steig berühmt gemacht. Der im ersten Weltkrieg von der italienischen Gebirgstruppe „Alpini“ erbaute Weg ist einer der Glanzpunkte der Sextener Dolomiten. Der einfachere und extrem beliebte Anstieg führt von der Rotwandbahn über die Elferscharte zur Carducci- oder Zsigmondyhütte. Wer von der Elferscharte dem Original-Alpinisteig zur Sentinellascharte folgen will, braucht aber alpine Erfahrung und etwas mehr Kraft. Der berühmte Spalt liegt zum Glück auf dem einfachen „Normalweg“. Der Alpinisteig kann in unterschiedlichsten Varianten begangen werden. a) Bergstation Rotwandbahn – Elferscharte – Zsigmondyhütte – Fischleinboden, 7 Std.; b) Fischleinboden – Elferscharte – Zsigmondyhütte – Fischleinboden, 8 Std.; c) Rif. Carducci – Elferscharte – Sentinellascharte – Rif. Berti (und umgekehrt), 5 Std..

Info

Talort: Moos, 1339 m

Ausgangspunkt: Fischleinboden, 1454 m/Bad Moos, 1353 m, Rif. Carducci, 2297 m

Karten: Tabacco WK 010, Sextener Dolomiten; Kompass WK 57, Bruneck-Toblach

Anreise: Über Lienz oder Brixen nach Innichen. Dort nach Süden abbiegen und auf der Staatsstraße 52 nach Moos. Die Hauptstraße rechts verlassen und zur Talstation der Kabinenbahn in Bad Moos bzw. durch das Fischleintal bis zum Ende der Fahrmöglichkeit beim gebührenpflichtigen Parkplatz.

Route: **a)** Von der Bergstation der Rotwand-Kabinenbahn (dorthin auch auf dem Weg 124 durch das Rotwandtal) über die Rotwandwiesen zur Bergstation des Rotwandwiesen-Schlepplifts. Rechts in den Wald und zu einem kurzen versicherten Abschnitt (auf ca. 2140 m, A) aufsteigen. Beim folgenden Wegweiser rechts (Gamssteig, Weg 100) durch das Weitental und Andertertal bis zur Elferscharte, 2650 m. Dort einige Möglichkeiten: Leicht: Auf dem Weg 101 **nicht** zur Sentinellascharte links hinauf, sondern gerade weiter Richtung Carducci-/Zsigmondyhütte über eine Geröllrampe zu den Westabstürzen des Elferturms (Beginn der Versicherungen N46.63252 E12.37485). Um den Turm herum (A) ins oft schneegefüllte Äußere Loch zu den Bändern der La Mitra. Auf schmalen Bändern (A) zum Spalt und um die Mitra herum. Ende der Versicherungen (N46.62835 E12.37229). Weiter auf einem Weg über das Innere Loch zur Forc. Giralba, 2431 m, und wenige Hm davor rechts auf Weg 101 zum Rif. Zsigmondy und zurück zum Fischleinboden oder auf Weg 103 in die Scharte aufsteigen und auf der anderen Seite in 15 Min. zum

Die Spaltpassage des Alpinisteiges

Rif. Carducci hinunter. **Variante a1: Elferscharte – Sentinella Scharte** (mittelschwer und alpin): Von der Elferscharte links Richtung Sentinella Scharte. Einem ausgesetzten Geröllband (stellenweise versichert, A, evtl. Schneereste) zu einem Block mit Leiter (B) folgen. Nach dem Block führt eine „Umleitung wegen Steinschlag" (B) nach links zu zwei Holzbretterbrücken. Dann kommt eine Wegkreuzung auf 2675 m: N46.64217 E12.37742. Dort kann man links, anfangs versichert ins Geröllkar zum Weg 124 absteigen, oder zum Rotwand Klettersteig aufsteigen. **Variante a2: Rotwandklettersteig – Sentinella Scharte:** Den Rotwand Klettersteig (siehe dort) bis ca. 250 Hm vor den Gipfel aufsteigen, rechts zur Wegkreuzung auf 2675 m und zur Sentinella Scharte (4 Std.). **b)** Wie a) nur vom Fischleinboden auf dem Weg 124 in die Elferscharte aufsteigen. **c) Carducci Hütte – Sentinella Scharte:** Wer den „Giro del Gruppo Popera" zurück zur Berti Hütte macht, beginnt mit dem Alpinisteig von der Carducci Hütte aus und kann, wenn er in der Sentinella Scharte noch Kraft und Zeit hat, die Rotwandüberschreitung (+ 3 Std.) anhängen, dann in 1½ Std. zum Rif. Berti.

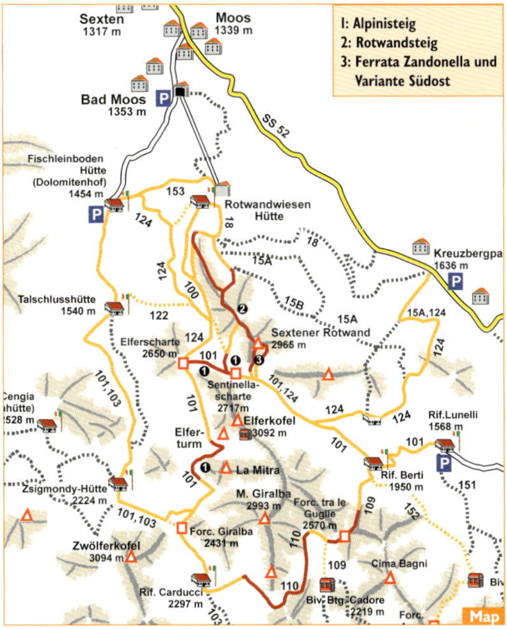

Wer diese bis in den Spätsommer oft mit viel Schnee bedeckten Abschnitte macht, unbedingt vorher bei den Hüttenwirten die Schneeverhältnisse erfragen!

Ausrüstung: Helm, für Anfänger und Kinder komplette Klettersteigausrüstung.

Bemerkung: Die Teilabschnitte Elferscharte – Sentinella Scharte, Rotwandklettersteig – Sentinellascharte sind schwieriger (B) und auch ernster (Altschneefelder, Steinschlag, 100% Trittsicherheit erforderlich)! Wer diese bis in den Spätsommer oft mit viel Schnee bedeckten Abschnitte macht, unbedingt vorher bei den Hüttenwirten die Schneeverhältnisse erfragen!

English Version

This easy war path is popular because of a small deep crevasse whose walls are only a stone throw away from each other. The other path from Elfer gap to Sentinella gap is more serious (rockfall, snow) and more difficult.

Route: From the top station of Rotwand cable car take path 100 to Elfer gap and a) go straight ahead (not to the left) past the popular crevasse (partially secured) to Zsigmondy hut and descend to Fischleinboden or b) go left to Sentinella gap and Rif. Berti (more alpine and often snowy).

Rifugio Antonio Berti al Popera, 1950 m, CAI; Ende Juni - Mitte Sept. bew. Tel: +39 0435 67155. Infos: www.rifugioberti.it

Zsigmondy Hütte (Rif. Comici), 2224 m, Mitte Juni - Ende Sept. bew. Tel: + 39 0474 710 358. Infos: zsigmondyhuette.com

Rifugio Carducci, 2297 m, CAI, Mitte Juni – Ende Sept. bew. Tel: +39 0435 400 485 Infos: www.rifugiocarducci.eu

Sextener Rotwandsteig Sextener Dolomiten

Leichter Anstieg auf die Sextener „Sonnenuhr"

Sextener Rotwand, 2965 m

Auf dem Gipfel der Sextener Rotwand

mäßig schwierig 1,3

Schön

Gut

Diff. A/B

5¾ Std.

1100 Hm

570 Hm 2 Std.

1½ Std.

2¼ Std.

N

ab 10 J.

Juni - Sept.

2936 m

P N 46.68172 E 12.36453

E N 46.65328 E 12.37633

Gehzeiten/Time
Fischleinb. - Bergst.: 1 Std.
Bergst. - Einstieg: 1½ Std.
Einstieg - Gipfel: 2 Std.
Gipfel - Bergstation: 2¼ Std.
Bergst. - Fischleinb.: ¾ Std.

Besonderheiten: Der genüsslich zu kletternde Sextener Rotwandsteig führt durch die verwinkelte Nordflanke des „Zehners" der berühmten Sextener Sonnenuhr. Der Steig wurde auf alten Frontsteigen aus dem Ersten Weltkrieg angelegt. Entsprechend viele Relikte aus dieser schrecklichen Zeit bekommt der Bergsteiger zu Gesicht. Beim Gipfelkreuz hat man eine tolle Aussicht Richtung Alpenhauptkamm und Karnische Alpen.

Info

Talort: Moos, 1339 m

Ausgangspunkt: Fischleinboden, 1454 m bzw. Bad Moos, 1353 m (mit Seilbahn)

Karten: Tabacco WK 010, Sextener Dolomiten; Kompass WK 57, Bruneck-Toblach

Anreise: Über Lienz oder Brixen nach Innichen. Dort nach Süden abbiegen und auf der Staatsstraße 52 nach Moos. Die Hauptstraße rechts verlassen und zur Talstation der Kabinenbahn in Bad Moos bzw. durch das Fischleintal bis zum Ende der Fahrmöglichkeit beim gebührenpflichtigen Parkplatz.

Zustieg: Von der Bergstation der Rotwand-Kabinenbahn über die Rotwandwiesen zur Bergstation des Rotwandwiesen-Schlepplifts. Rechts in den Wald und zu einem kurzen versicherten Abschnitt (auf ca. 2140 m, A) aufsteigen. Beim folgenden Wegweiser links („Klettersteig Rotwandspitz") halten und die Rotwandköpfe entlang zu einer Scharte. Dort ein kurzes Stück absteigen und rechts (von links kommt der **Burgstall-Klettersteig**) im Geröll zum Einstieg (roter Punkt am Fels). Der alternative Fußaufstieg verlängert den Zustieg um etwa eine Stunde.

Eine der leichten Seilpassagen

Route: Über drei Leitern (A) zu einem Kamin (A/B) und im Gehgelände durch einen Kessel zu einer Rinne (A/B). Im Gehgelände (teilweise Schrofen, eine Stelle A) an einer verfallenen Stellung

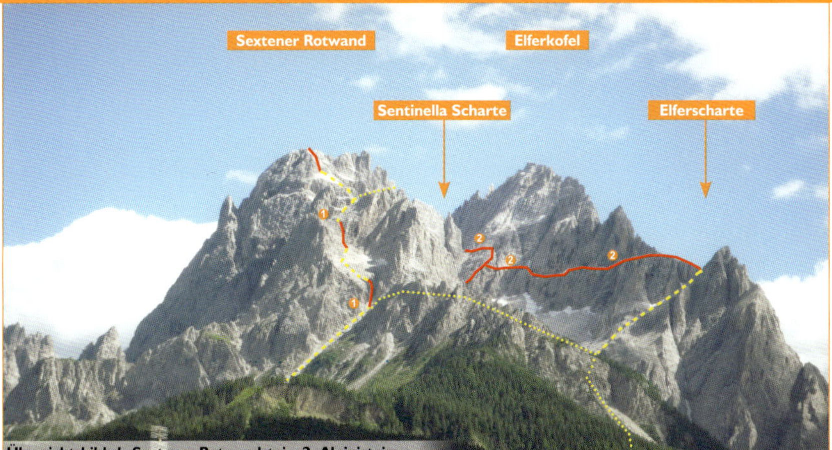

Übersichtsbild: 1. Sextener Rotwandsteig, 2. Alpinisteig

vorbei in eine Scharte mit Wegweiser. Kurz absteigen und weiter im Gehgelände zu einer Holzleiter (A). Linkshaltend im Gehgelände zu einem gestuften Aufschwung (A/B) und über diesen zum Ende der Versicherungen. Vom Ausstieg sind es noch 60 Hm bis zum Gipfelkreuz.

Abstieg: Auf dem Aufstiegsweg oder alternativ im unteren Abschnitt über den **Burgstall-Klettersteig** zurück zum Ausgangspunkt. Ohne Seilbahn etwa 45 Minuten Fußabstieg.

Ausrüstung: Helm, für Anfänger und Kinder komplette Klettersteigausrüstung.

Bemerkung: Wird nach einer Begehung der wesentlich anspruchsvolleren Via ferrata Zandonella gerne im Abstieg begangen.

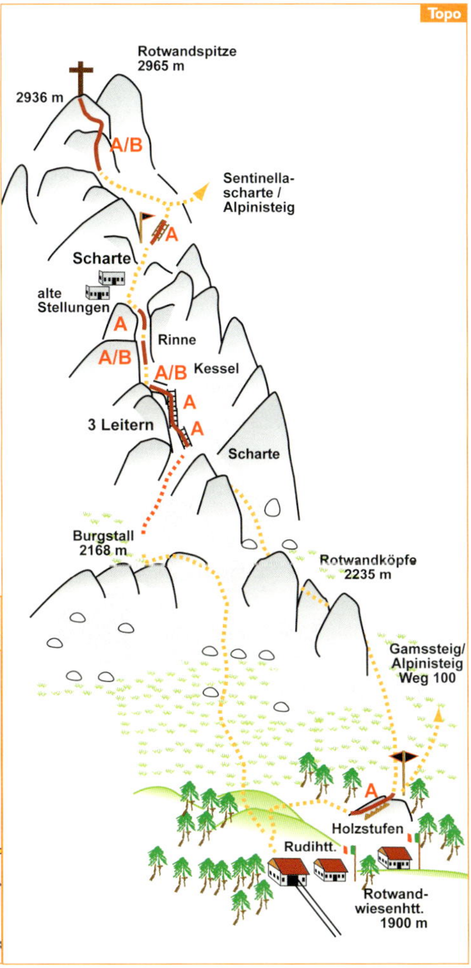

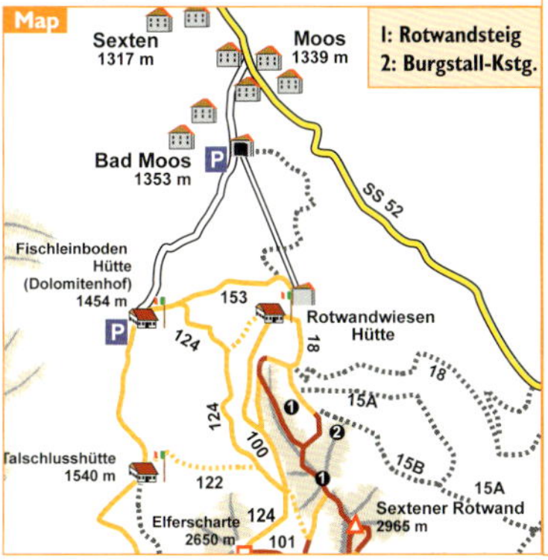

English Version

This ferrata leads through the north face of the "tenner" of "Sexten sun dial" and can be climbed with pleasure. The route was constructed along old front paths from the First World War. According to this terrible time the mountain climber catches sight of many relics. At the cross on the summit you have a mad vista towards the alpine main crest and Karnisch alps.

Route: From the mountain station ascend trail 100 along Rotwandköpfe to the beginning of the climb. Route see topo! Descend the way you ascent or via Burgstall ferrata.

Rotwandwiesenhütte, 1900 m, privat; Anfang Juni - Anfang Okt. bew. Tel: +39 0474 710651. Infos: rotwandwiesenhuette.it

Rudi-Hütte, 1914 m, privat; Juni – Anfang Okt. bew. Tel: +39 0474 712717. Infos: www.rudihuette.it

Leiternsteig Sextener Dolomiten

Der Name ist Programm

Toblinger Knoten, 2617 m

Auf einer der zahlreichen Eisenleitern

schwierig 1,4

- Schön
- Sehr gut
- Diff. C
- 4 Std.
- 760 Hm
- 100 Hm ½ Std.
- 1½ Std.
- 2 Std.
- NW
- ab 13 J.
- Juni - Sept.
- 2617 m

P N 46.61255 E 12.29616

E N 46.64248 E 12.30700

Gehzeiten/Time
Rif. Auronzo - Drei-Zinnen-Hütte: 1 Std.; Drei-Zinnen-Hütte - Einstieg: ½ Std.; Einstieg - Gipfel: ½ Std. Gipfel - 3-Zinnen-Htt.: ½ Std. Abstieg Rif. Auronzo: 1½ Std.

Besonderheiten: Der Name „Leiternsteig" kommt nicht von ungefähr: 17 Leitern führen meist direkt in einem Kamin durch die nahezu senkrechte Nordflanke des Toblinger Knotens. Österreichische Soldaten unter Feldkurat Hosp errichteten den Steig, um vom Gegner abgewandt, einen Posten am Gipfel erreichen zu können. Nach dem 1. Weltkrieg verfiel die Steiganlage nahe der Drei-Zinnen-Hütte und wurde 1979 wiedererrichtet. Teile der alten Steiganlage sind noch heute sichtbar. Gesamt gesehen ist der Leiternsteig eine historisch interessante „Leiternturnerei" mit teilweise großer Ausgesetztheit.

Info

Talort: Misurina, 1756 m

Ausgangspunkt: Parkplatz Rifugio Auronzo, 2298 m

Karten: Tabacco WK 017, Dolomiti di Auronzo; Kompass WK 57, Bruneck-Toblach

Anreise: Von Norden: Über Lienz oder Brixen nach Toblach. Dort nach Süden abbiegen und auf der SS 51 nach Schluderbach. Weiter auf der SS 48b bis zum Ortsbeginn von Misurina. Auf der Drei-Zinnen-Straße bis zum Parkplatz des Rifugio Auronzo fahren (mautpflichtig). Die stolze Maut wird nur zwischen 6.00 und 20.00 Uhr eingehoben. Von Süden: Über Vittorio-Veneto nach Cortina d'Ampezzo und weiter über den Passo Tre Croci bis zum Ortsende von Misurina. Weiter siehe oben.

Zustieg: Vom Parkplatz auf dem Weg 101 über den Paternsattel Richtung Drei-Zinnen-Hütte. Entweder direkt an der Hütte vorbei oder unterhalb der Felsstufe in nordwestl. Richtung. Westl. am Sextenerstein vorbei bis zu einem Sattel. Dort in östl. Richtung in die Nordwand zu den ersten Versicherungen queren. Alternativ vom Fischleinboden (1454 m) durch das Altensteiner Tal zusteigen (Aufstieg + 1Std., Abstieg + 30 Min.).

Die leiternbestückte Schlucht

Übersicht Leiternsteig

Route: Von einem überdachten Band zu einem Absatz abklettern (A). Der folgende steile Kamin (C) stellt gleich die Schlüsselstelle des Klettersteiges dar. Anschließend gestuft (B) zur ersten Leiter (A) und durch eine Rinne (A/B) zu einer Kombination aus einigen Leitern (A/B). Ein Flachstück führt in einen Kamin mit mehreren kühn platzierten Leitern (A bis A/B). Spreizend (B/C) zur nächsten Leiter (A/B) hinauf und um eine Kante herum in einen kleinen Kessel queren (A bis A/B). Auf zwei Leitern (B, u. A/B) durch einen weiteren Kamin und direkt an eine luftige Kante hinaus. Zuerst auf einer Leiter (A/B), dann im Fels (B) zu einem Absatz (A) und über eine Leiter (B) zum Ausstieg.

Abstieg: Über den **Feldkurat-Hosp-Steig** (A/B) auf der Ostseite abklettern und auf dem Weg zur Drei-Zinnen-Hütte absteigen.

Ausrüstung: Klettersteig-Set und Helm.

Bemerkung: Lässt sich gut mit dem Innerkofler-Klettersteig kombinieren.

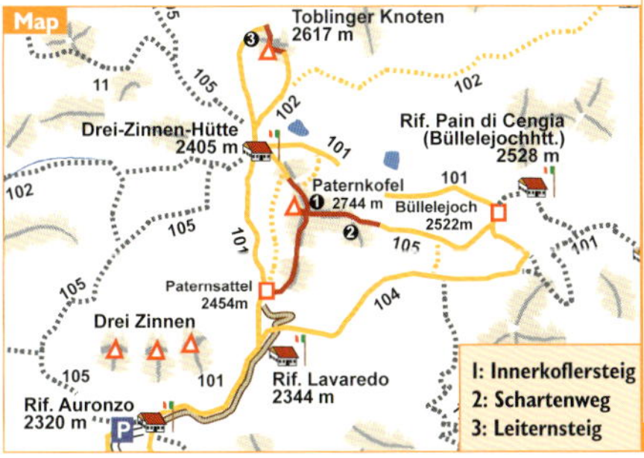

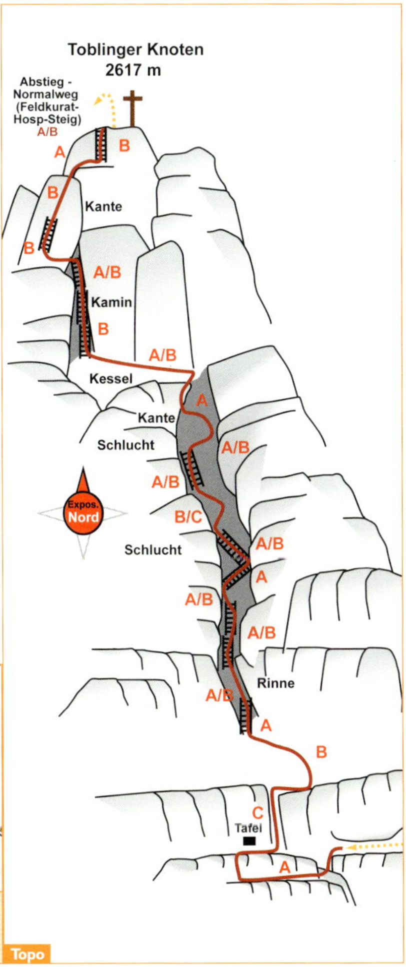

🇬🇧 **English Version**

The name „Leiternsteig" is program: 17 ladders lead through the almost vertical north face of Toblinger Knoten. Soldiers established this climb in order to be able to reach a post at the summit averted from the enemy. After the Great War the climb went ruin and was rebuilt in 1979. Parts of the old climbing path are still visible. Leiternsteig is a historically interesting partly exposed ladder climb.

Route: Hike trail 101 to Drei Zinnen hut. The climb starts at the back of Toblinger Knoten. Route see topo! Climb down Hosp path to the hut.

Drei-Zinnen-Hütte, 2405 m, CAI; Juni – Sept. bew. Tel: +39 0474 972002. Infos: www.cai.it

Rifugio Lavaredo, 2344 m, privat; Ende Juni - Mitte Sept. bew. Tel: +39 0349 6028675. Infos: www.rifugiolavaredo.com

Rif. Auronzo, 2320 m, CAI; Juni - Sept. bew. Tel: +39 0435 39002. Infos: www.rifugioauronzo.it

Innerkoflersteig u. Schartenweg

Sextener Dolomiten

Überlaufene Gipfelüberschreitung mit perfektem Zinnenblick

Paternkofel, 2744 m

Gipfelsieg mit Drei Zinnen-Blick!

mäßig schwierig 1,3

Schön

Sehr gut

Diff. B/C, I-

4¼ Std.

800 Hm

300 Hm
1½ Std.

1¼ Std.

1½ Std.

N

ab 13 J.

Juni - Sept.

2744 m

P N 46.61255
E 12.29616

E N 46.63444
E 12.31300

Gehzeiten/Time

Rif. Auronzo - Einstg.: 1¼ Std.
Einstg. - Paternkofel: 1 ½ Std.
Gamsscharte - Paternsattel: 1 Std., Gamssattel - Sent. d. Forcelle - Rif. Auronzo: 2 Std.

Besonderheiten: Großartige Gipfelüberschreitung auf einem nach einem berühmten Dolomitenkletterer benannten Kriegssteig, der zu Beginn mehrere hundert Meter in der „Galleria Paterna“ durch das Innere des Berges (teilweise stockdunkle Stollen!) hinaufführt. Vom Gipfel des Paternkofels hat man einen perfekten Ausblick auf die gewaltigen Nordwände der Drei Zinnen. Der Steig kann von der Gamsscharte mit dem Sentiero delle Forcelle (Schartenweg) zu einer schönen Rundtour ausgedehnt werden, doch auch der Abstieg über die Passportenscharte ist sehr lohnend. Der Steig ist aufgrund des kurzen Zustieges und der Zinnennähe oft völlig überlaufen.

Info

Talort: Misurina, 1756 m

Ausgangspunkt: Parkplatz Rifugio Auronzo, 2298 m

Karten: Tabacco WK 017, Dolomiti di Auronzo; Kompass WK 57, Bruneck-Toblach

Anreise: Von Norden: Über Lienz oder Brixen nach Toblach. Dort nach Süden abbiegen und auf der Staatsstraße 51 nach Schluderbach. Weiter auf der Staatsstraße 48b bis zum Ortsbeginn von Misurina. Auf der Drei-Zinnen-Straße bis zum Parkplatz des Rifugio Auronzo fahren (mautpflichtig). Die relativ teure Maut wird nur zwischen 6.00 und 20.00

Entlang der alten Stellungsanlagen

Aufwärts an der steilen Kante

Uhr eingehoben. Von Süden: Über Vittorio-Veneto nach Cortina d'Ampezzo und weiter über den Passo Tre Croci bis zum Ortsende von Misurina. Weiter siehe oben.

Zustieg: Vom Parkplatz auf dem Weg 101 (anfangs Fahrweg) über den Paternsattel (2454 m) Richtung Drei-Zinnen-Hütte (2405 m). Kurz vor der Hütte in südöstlicher Richtung vorbei am „Frankfurter Würstl" genannten Felsturm zum Stolleneingang am Nordgrad des Paternkofels (Einstieg De Luca Innerkofler-Steig genannten Steiges).

Route: Man folgt ca. 400 m dem zumeist stockdunklen Stollen über Stufen bergauf, bis dieser an der Ostseite des Grates endet. Dort kann man vor dem eigentlichen Klettersteig links unschwierig (A) zu einer Geröllhalde und den Weg Nr. 101 absteigen (Notabstieg). Der Klettersteig führt steil über eine kurze Wand (A/B) hinauf und über Gehgelände zur Rampe, die (anfangs A) in die Gamsscharte hinaufführt (kurz davor A/B). Von der Gamsscharte über eine steile Wandstufe (B/C) auf ein Band, dem man bis zum Ende der Versicherungen (A) folgt. Dann unschwierig auf Steigspuren zum Gipfel. Kurz davor eine nicht ausgesetzte Wandstelle (I-).

Abstieg: Über den Steig bis zur Gamsscharte zurück. Dort steigt man entweder über eine erdige Geröllrinne zur Passportenscharte ab, folgt dem Stollen an der Nordseite des

Bei einem der Stollenlöcher

English Version

A great summit traverse on war paths with a long drift „Galleria Paterna" (head lamp!) Combined with the Schartenweg this route offers a beautiful tour, but also the descent via Passporten gap is worth it. It is often very crowded and the drift is iced up in spring.

Route: Take path 101 to Drei-Zinnen hut passing Paternsattel. You will find the entrance of the drift on the right just before the hut at the north ridge of Paternkofel. For Innerkofler see topo. To descend from the summit return to Gams gap and then go down to Passporten gap through a channel and to Paternsattel beautiful drifts and ledges. Schartenweg: From Gams gap keep going to the left on ledges and bridges (short secured parts, max. A) to a bunker and further on to Büllejoch on easy paths. Return on path 104.

Innerkoflersteig u. Schartenweg Sextener Dolomiten

Oft ist der Steig recht gut besucht :-)

Passportenkofels zum Paternsattel und dem Weg zur Auronzohütte oder man hängt den **Sentiero delle Forcelle (Schartenweg)** an: Von der Gamsscharte führt dieser Kriegssteig über reizvolle Bänder und Brücken (kurze gesicherte Passagen, max. A/B) entlang der Südseite der Gamsspitzen in einem stetigen Auf und Ab bis zu einem Kriegsbunker, von dem man unschwierig über einen Rücken zur Forc. Laghi (danach Abkürzung über den Weg 104 möglich) und weiter südlich der Bödenknoten zum Büllelejoch, 2522 m, kommt (in wenigen Minuten von dort auch zum Rif. Pain di Cengia, 2528 m). Vom Büllelejoch auf dem Weg Nr. 104 zurück zur Lavaredohütte unter der Paternscharte und zur Auronzohütte. Man braucht für den Sent. d. Forcelle ca. 2 Stunden mehr Zeit.

Ausrüstung: Komplette Klettersteigausrüstung, Helm, Stirnlampe.

Bemerkung: Achtung, im Frühjahr ist der Stollen oft vereist! Aufgrund der Hüttennähe ist der Klettersteig auch bei unsicherem Wetter empfehlenswert und lässt sich gut mit dem Leiternsteig auf den Toblinger Knoten kombinieren.

Tipp: Wer den Zustieg etwas verkürzen will, folgt nach dem Paternsattel dem Pfad oberhalb des breiten Weges unter den Felsen bis zum Rücken vor dem Einstieg.

Drei-Zinnen-Hütte, 2405 m, CAI; Juni – Sept. bew. Tel: +39 0474 972002. Infos: www.cai.it

Rifugio Lavaredo, 2344 m, privat; Ende Juni - Mitte Sept. bew. Tel: +39 0349 6028675. Infos: www.rifugiolavaredo.com

Rif. Auronzo, 2320 m, CAI; Juni - Sept. bew. Tel: +39 0435 39002. Infos: www.rifugioauronzo.it

Rif. Pian di Cengia (Büllelejochhütte), 2528 m, privat; Mitte Juni - Ende Sept. bew. Tel: +39 337 451517. Infos: www.rogger.info

Im Mittelteil des Schartenweges

Innerkoflersteig u. Schartenweg

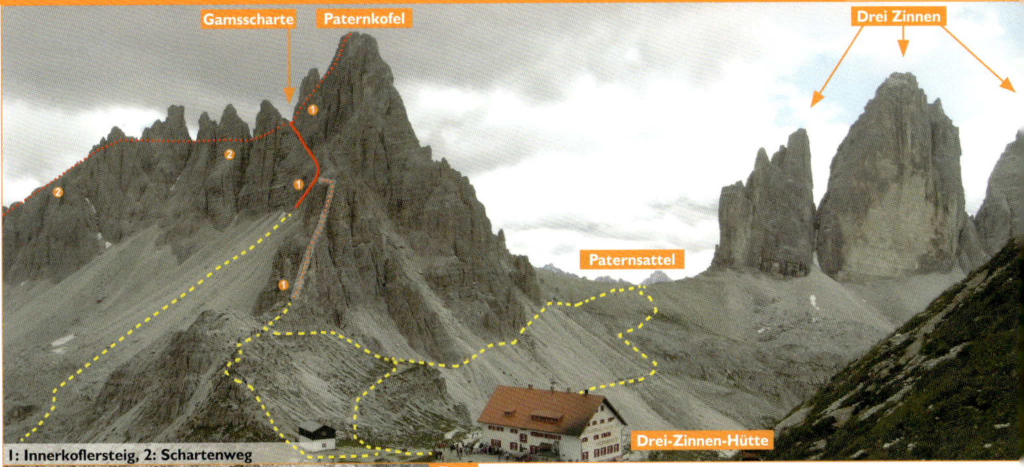

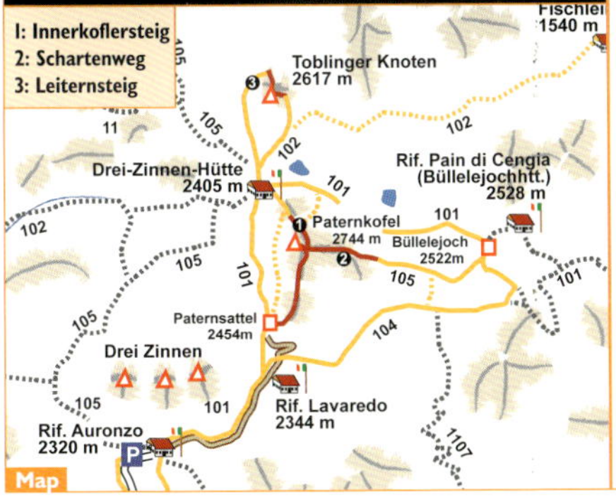

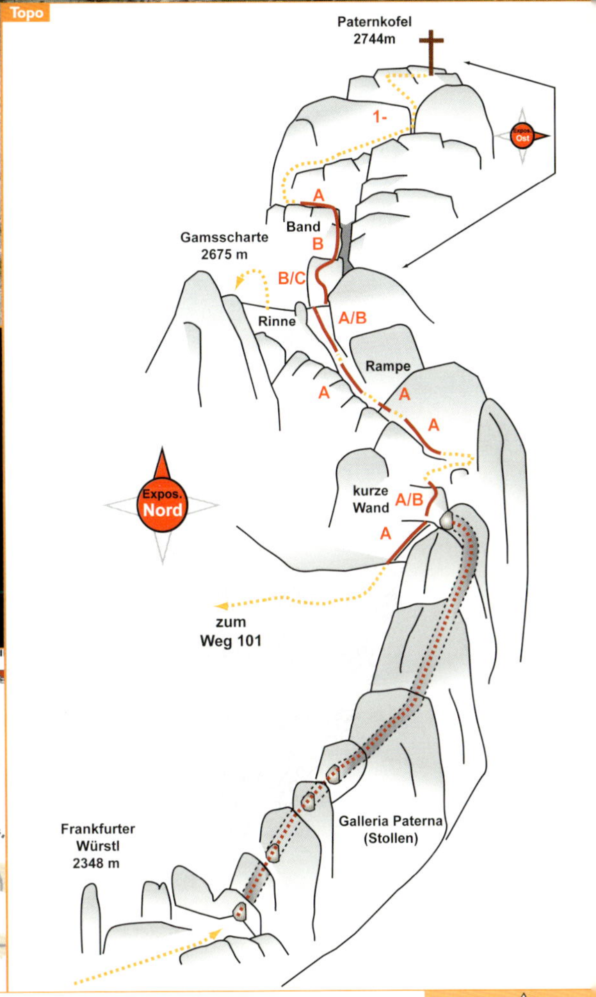

Via ferrata Ceria Merlone Sextener Dolomiten

Auf Feuerwehrleitern auf die Nordöstliche Cadinspitze — **Cima Cadin Nord-Est, 2788 m**

Leitern, Leitern, Leitern...

mäßig schwierig 1,3

Schön

Mittel

Diff. A/B, I-

5¾ Std.

1100 Hm

290 Hm
1½ Std.

1¾ Std.

2½ Std.

NW

ab 14 J.

Juni - Sept.

2788 m

P N 46.59108 E 12.26350

E N 46.58055 E 12.28818

Gehzeiten/Time
P - Rif. Fonda Savio: 1¼ Std.
Rif. F. Savio - Einstieg: ½ Std.
Einstieg - Gipfel: 1¼ Std.
Gipfel - Rif. F. Savio: 1½ Std.
Rif. F. Savio - Parkpl.: 1 Std.

Besonderheiten: Die Via ferrata Ceria Merlone ist ein umstrittenes Relikt aus den 1960er Jahren, als „künstliches Klettern" besonders beliebt war. Unzählige Leitern (insgesamt mehr als 300 Sprossen) führen sehr ausgesetzt an dem fast senkrechten Fels der zerklüfteten Nordwestflanke der Cima Cadin di Nord-Est empor. Die unorthodoxe Verankerung der Sicherungen und Leitern genügt heutigen Ansprüchen wohl nicht mehr. Um den Steinschlag aus dem Geröllfeld im obersten Steigabschnitt zu verringern, wurden Geröllsperren errichtet. Der Ausblick vom Gipfel (Drei Zinnen, Cristallo, Sorapìs, Marmolada usw.) entschädigt für die Gefahren dieses abenteuerlichen Klettersteiges.

Info

Talort: Misurina, 1756 m

Ausgangspunkt: Parkplatz Drei-Zinnen-Straße, 1806 m

Karten: Tabacco WK 017, Dolomiti di Auronzo; Kompass WK 57, Bruneck-Toblach

Anreise: Von Norden: Über Lienz oder Brixen nach Toblach. Dort nach Süden abbiegen und auf der Staatsstraße 51 nach Schluderbach. Weiter auf der Staatsstraße 48b bis zum Ortsbeginn von Misurina. Auf der Drei-Zinnen-Straße etwa einen Kilometer bis zum Parkplatz rechts der Straße fahren (mautfrei). Von Süden: Über Vittorio-Veneto nach Cortina d'Ampezzo und weiter über den Passo Tre Croci bis zum Ortsende von Misurina. Weiter siehe oben.

Zustieg: Vom Parkplatz auf Weg 115 (zuerst Forststraße, dann Wanderweg) zum Rifugio Fratelli Fonda Savio (2367 m) aufsteigen. Von der Hütte auf dem Weg 112 in Richtung Cadin del Nevaio aufsteigen. Nach wenigen Minuten den Weg nach links verlassen und auf Steigspuren (oft Altschnee) zum Wandfuß.

Vor der sehr engen Schlucht

Route: Vom Einstieg über eine Felsstufe (A) zu Schrofengelände

Übersicht Via ferrata C. Merlone

(max. I-) und auf einem Band (A) zur ersten Leiternkombination. Über zahlreiche Leitern steil und bald recht luftig (A/B) zu einer Querung (A). Über gestuftes Gelände (A) zur nächsten Leiternkombination (A bis A/B) und nach einer Querung (max. A/B) an eine Kante. Um die Kante herum in eine kleine Schlucht (A/B) und mit Hilfe von Leitern (A bis A/B) durch die Schlucht bzw. am Rand der Schlucht empor. Im Geröll- und Schrofengelände auf einem Rücken (meist Gehgelände, Abschnitte A) zu einer kurzen Rinne (I-). Durch die Rinne zum Gipfel.

Abstieg: Wie Aufstieg. **Ausrüstung:** Klettersteig-Set; für Schwächere Sicherungsseil!

Bemerkung: Die geringen technischen Anforderungen täuschen über die extreme Ausgesetztheit hinweg. Die teilweise abenteuerliche Befestigung der Leitern erfordert zusätzlichen Mut. Der Klettersteig muss auch im Abstieg geklettert werden. Unbedingt Selbstsicherung verwenden!

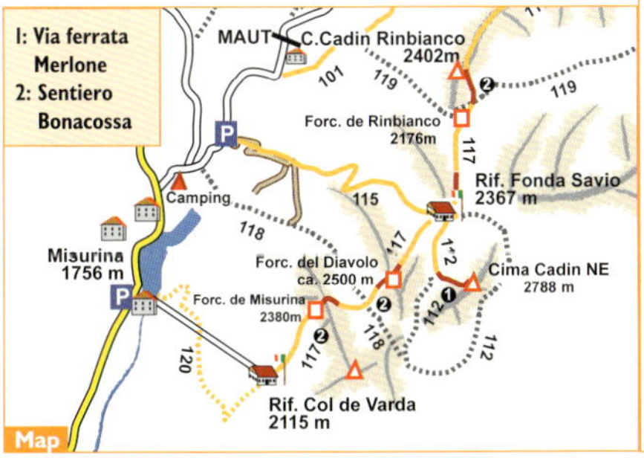

Map

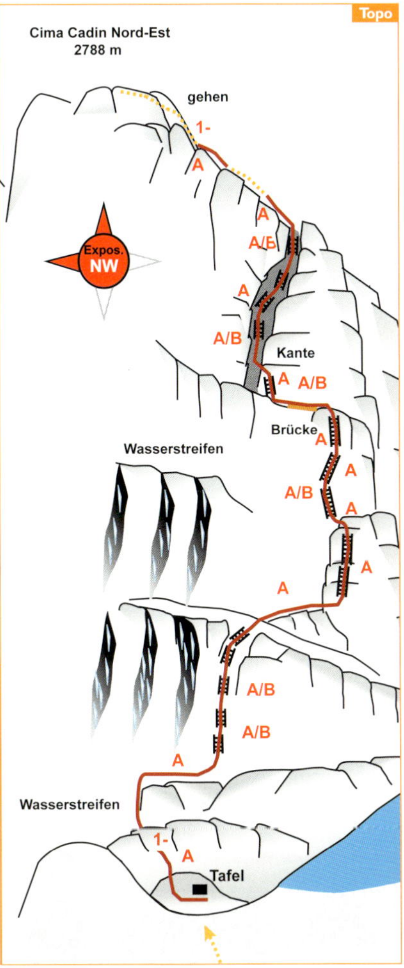

Topo

English Version

This ferrata is a debatable relic from the 60s: Innumerable ladders (altogether more than 300 rungs) lead up very exposed at that nearly vertical northwest face of Cima Cadin. The unorthodox anchorage points and ladders are probably not sufficient for today's requirements. In order to reduce the rock fall rubble barriers were built. The vista from the summit compensates for the dangers of this adventurous ferrata.

Route: Ascend to Rifugio Savio and follow a path to the foot of the rock wall. Route see topo! Descend the way you ascent.

Rifugio Fratelli Fonda Savio, 2367 m, CAI; Juni - Sept. bew. Tel: +39 0435 39036. Infos: www.cai.it

A8

Sentiero Bonacossa Sextener Dolomiten

Höhenwanderung mit schöner Aussicht durch die Cadinigruppe — **Forc. del Diavolo, 2500 m**

Abstieg nördl. hinter dem Rif. Fonda Savio

leicht I,I

Sehr schön

Gut

Diff. A

7 Std.

750 Hm

700 Hm 5 Std.

20 Min.

1½ Std.

Div.

ab 12 J.

Juli - Sept.

2500 m

P N 46.57850 E 12.25352

E N 46.57860 E 12.27312

Gehzeiten/Time

Col d. Varda - Einstg.: 20 Min. Einstieg - Rif. F. Savio: 2 Std. Rif. Fonda Savio - Auronzo Hütte: 3 Std.; Auronzo Hütte - Misurina See: 1 ½ Std.

Besonderheiten: Die Cadini di Misurina bilden als Untergruppe den südlichen Abschluss der Sextener Dolomiten. Die Gruppe wird auf dem Sentiero Bonacossa, einem Höhenpfad mit einigen versicherten, leichten Kletterstellen, von Süden nach Norden durchquert. Der Ausblick reicht von den wilden Zacken der Cadin Spitzen bis zu den Drei Zinnen. Der Nordteil ab dem Rif. Fonda Savio über die Cadin Spitzen ist etwas anspruchsvoller. Die Tour kann aber bei der Hütte problemlos abgebrochen werden.

Info

Talort: Misurina, 1756 m

Ausgangspunkt: Col de Varda, 2115 m

Karten: Tabacco WK 017, Dolomiti di Auronzo; Kompass WK 57, Bruneck-Toblach

Anreise: Von Norden: Über Lienz oder Brixen nach Toblach. Dort nach Süden abbiegen und auf der SS 51 nach Schluderbach. Weiter auf der SS48b bis Misurina und zum Parkplatz des Col de Varda Sesselliftes. Von Süden: Über Vittorio-Veneto nach Cortina d'Ampezzo und weiter über den Passo Tre Croci bis Misurina und zum Parkplatz des Col de Varda Sesselliftes.

Zustieg: Auffahrt mit dem Sessellift, der während der Öffnungszeiten vom Mitte Juni - Sept. von 9.00 bis 17.00 Uhr in Betrieb ist (zu Fuß in einer Std. von Misurina entlang des Fahrweges bzw. der Skipiste). Von der Hütte auf dem Weg 117 nach Norden über die Grave di Misurina zur Rinne der Forc. Misurina queren.

Route: Über Holzstufen mit Seilversicherung (A) in die Forc. de Misurina, 2380 m, aufsteigen und auf der anderen Seite (einmal kurz versichert, A) ins Kar der Cadin della Neve absteigen. Das Kar überqueren (nicht rechts zur Geröllscharte aufsteigen) und in Serpentinen zur Forc. del Diavolo, ca. 2500 m, hinauf. Davor wird eine Felswand durch eine Rinne mit Leitern und Seilen überwunden.

Traumhafte Kulisse im Nordteil

Nordteil des Sentiero Bonacossa

Von der Scharte nordseitig ins Geröllkar hinab und unter der Cima Cadin NW zum Rif. Frattelli Fonda Savio queren. Dort kann man die Tour unschwierig über den Weg 115 zum Misurinasee abbrechen, 1 ½ Std.. Der Nordteil des Sent. Bonacossa beginnt mit dem Abstieg über eine Felsrampe in die südlichsten Ausläufer des Val della Campedelle, dem man links den Felsen entlang zur Forc. de Rinbianco, 2176 m, folgt. Von der Scharte kurz absteigen und auf das lange, markante Band durch die Ostwände der Cima Cadin de Rinbianco, 2402 m, hinauf. Dem Band folgen und am Ende über eine markante, schotterige Verschneidung (Leitern und Seile A/B) auf ein weiteres Band, das auf das Plateau der Cadinspitzen führt (schöner Zinnenblick). Dem Plateau unschwierig zur Forc. Longeres, 2288 m, folgen und weiter zum Rif. Auronzo. Um den Trubel beim Rif. Auronzo zu meiden, kann man schon von der Forc. Longeres absteigen.

Abstieg: Von der Auronzo Hütte oder bereits von der Forc. Longeres (anfangs weglos) nach Süden auf dem Weg 101 zurück zum Misurinasee.

Ausrüstung: Klettersteig-Set und Helm.

Bemerkung: Obwohl man auf dieser Tour fast nur klassische Wanderer ohne Klettersteigausrüstung trifft, sollte besonders der Nordteil des Sent. Bonacossa wegen des losen Gerölls nicht unterschätzt werden. **Tipps:** Der Südteil des Sent. Bonacossa lässt sich mit dem **Sentiero Durissini** zu einer netten Runde verbinden. Geübte können auch vom Rif. Fonda Savio die Via ferrata Ceria Merlone anhängen.

Leiter bei der Forc. Diavolo

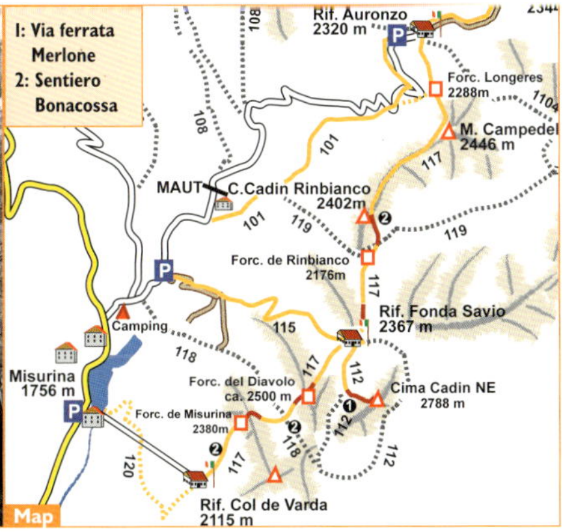

English Version

On a path with a few secured and easy climbs you will have an easy traverese of the Cadini group at Misurina from the south to the north. The northern part, starting at Rif. Frattelli Fonda Savio, is a bit more demanding, however, you can stop the tour at Rif. F. Savio, taking path 115 down.

Route: From Rif. Col de Varda keep following path 117 across Forc. Misurina and Forc. del Diavolo until you get to Rif. Frattelli Fonda Savio. (self secured at the gaps). Then you have to descend to Forc. de Rinbianco on a rock ramp and follow a ledge at the east face of Cima Cadin de Rinbianco to the plateau on Cadinspitzen. Continue on Forc. Longeres (it is possible to descend there) to Rif. Auronzo.

Rif. Col de Varda, 2115 m, priv., Mitte Juni - Sept. bew. Tel: +39 0435 39041. Infos: www.rifugiocoldevarda.com

Rif. Fratelli Fonda Savio, 2367 m, CAI; Juni - Sept. bew. Tel: +39 0435 39036. Infos: www.cai.it

Rif. Auronzo, 2320 m, CAI; Juni –Sept. bew. Tel: +39 0435 39002. Infos: www.rifugioauronzo.it

A9

Hauptmann-Bilgeri-Steig Sextener Dolomiten

Schöner Aussichtsberg mit einigen Kriegssteigen

Monte Piano, 2305 m

Das Gipfelpanorama zu den Drei Zinnen

mäßig Schwirig 1,2 3 2 1

Schön

Gut

Diff. B (C)

5¼ Std.

1050 Hm

80 Hm ½ Std.

2 Std.

2¾ Std.

NW

ab 13 J.

Juli - Okt.

2305 m

P N 46.64045 E 12.23186

Gehzeiten/Time

Dürrensee - Einstieg: 2 Std..
Einstieg - Gipfel: ½ Std.
M. Piano - M. Piana: ¾ Std.
Touristensteig - Abstieg zum Dürrensee: 2 Std.

Besonderheiten: Die Wiesenhochfläche des Monte Piano war im Ersten Weltkrieg eine heftig umkämpfte Region. Der Nordgipfel war von den Österreichern und der Südgipfel von den Italienern besetzt. Auf zahlreichen, teilweise gut erhaltenen und liebenvoll restaurierten Steigen (Historischer Rundweg) kann man sich ein Bild von den damaligen Kriegshandlungen machen. Eine der beliebtesten Kurz-Ferratas ist der Hauptmann-Bilgeri-Steig unterhalb des Monte Piano Gipfels.

Info

Talort: Schluderbach, 1430 m

Ausgangspunkt: Parkplatz gegenüber vom Ghf. Dreizinnenblick, 1405 m

Karten: Tabacco WK 017, Dolomiti di Auronzo; Kompass WK 57, Bruneck-Toblach

Anreise: Von Norden: Über Lienz oder Brixen nach Toblach. Dort nach Süden abbiegen und auf der SS 51 bis zum Ghf. Dreizinnenblick kurz vor dem Dürrensee. Von Süden: Über Vittorio-Veneto nach Cortina d'Ampezzo und weiter nach Schluderbach, dort rechts bis zum Ghf. Dreizinnenblick.

Zustieg: Vom Parkplatz ein Stück auf dem Schotterweg in Richtung Rienztal, dann auf den Weg Nr. 6 rechts abbiegen. Über das Schotter-Flußbett zum Fuß des Monte Piano und in unzähligen Serpentinen (ausgesetzte Stellen gesichert) aufwärts. Oberhalb eines Absatzes mit Gedenkkreuzen ist die Abzweigung zum Hauptmann-Bilgeri-Steig.

Unterhalb des Monte Piano Gipfels

Blick auf den Aufstiegsweg

Route: Vom Einstieg bei einer Tafel auf einem Band (A) zu einer Stufe (A/B), dann gestuft (A) auf ein Band mit einer Bank. Anschließend über mehrere steile Kaminpassagen aufwärts (B) zu einer Schlucht, an deren rechten Rand man über einen Kamin (B) auf ein Band kommt. Von dort entweder rechts über den Pioniersteig oder direkt etwas heikler über gestuften Fels zum Gipfel.

Abstieg: Vom Gipfel des Monte Piano auf dem Weg 3 über das grüne Plateau hinüber zum Gipfel des Monte Piana (zahlreiche Schützengräben und Gräber auf dem Plateau). Noch vor dem Gipfel zweigt man rechts auf den Weg 6a (Abzweigung Heeresbergführersteig) ab und steigt über den sog. Touristensteig in zahlreichen Kehren hinunter ins Tal. Weiter auf dem Weg 6a, bis man wieder auf den Zustiegsweg trifft.

Ausrüstung: Klettersteig-Set und Helm.

Bemerkung: Auf dem Monte Piano gibt es zahlreiche andere Miniferratas (meist unter der Geländekante den alten Kriegssteigen folgend). Der schwerste ist der **Heeresbergführersteig (Pionierweg)**, zu dem man kurz vor dem Monte Piana Gipfel abzweigt (Tafel und rote Punktmarkierung). Die Begehung verlangt aber **alpine Erfahrung und Spürsinn** für den richtigen Weg! (Details zum Steig siehe Topo).

Topo

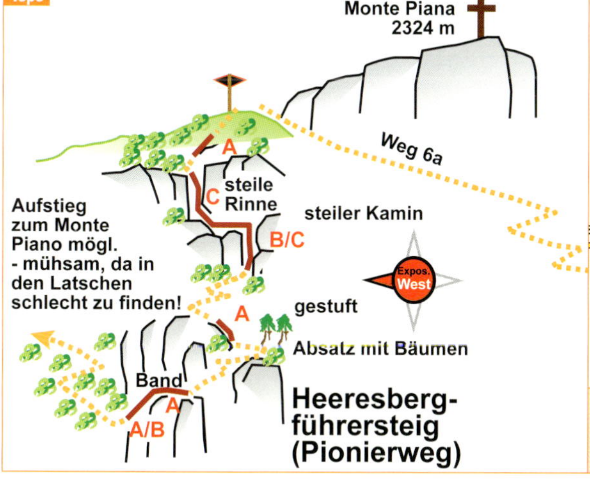

Map

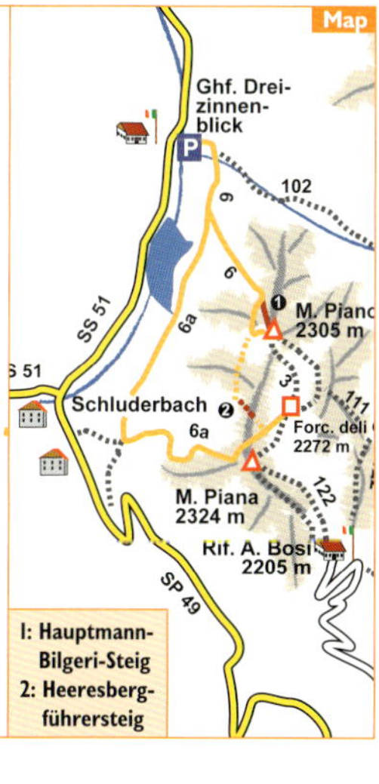

Rif. Maggiore Angelo Bosi, 2205 m, CAI; Juni – Ende Sept. bew. Tel: +39 0435 39034. Infos: www.montepiana.com

English Version

During the First World War the Austrians and the Italians fought a lot on the meadow plateau of Monte Piano. The Austrians occupied the northern summit, the Italians the southern one. Hauptmann-Bilgeri route beneath Monte Piano is one of the most popular short fixed rope routes. Below Monte Piano you can also find the military mountain guide route, which is very demanding and requires alpine experience (see topo).

Route: From Dürrensee take path 6 until almost below the summit where Bilgeri fixed rope route starts at a turn-off. From the summit head southwards to Monte Piano, then follow Touristensteig (path 6a) back to the lake.

Fanes, Ampezzaner, Marmarole

Conturinesspitze, 3064 m, Tofana di Mezzo, 3244 m, Cimon del Froppa, 2932 m

Ferrata Tomaselli - Fanesgruppe

i Touristeninfo

Tourismusbüro: Cortina d' Ampezzo:
Web: www.dolomiti.org
Fremdenverkehrsamt
Cortina, Corso Italia
Tel. +39 0436 2711
Email: cortina@infodolomiti.it

Tourismusverband Alta Badia
Web: www.altabadia.org
Str. Col Alt 36
I - 39033 Corvara
Tel +39 0471 836176
Fax +39 0471 836540

Pustertal
www.hochpustertal.info

Tourismusverein Pragser Tal
Außerprags 78,
I-39030 Prags
Tel. +39 0474 748660
Fax +39 0474 749242
E-Mail:
info@pragsertal.info

Tourismusverein Sand in Taufers
Web: www.taufers.com
Josef-Jungmann-Straße 8
I-39032 Sand in Taufers
Tel.: +39 0474 678076 -
Fax: +39 0474 678922
info@taufers.com

Besonderheiten: Rund um Cortina d'Ampezzo, dem St. Moritz der Dolomiten, findet sich auch bei den Klettersteigen die High Society ein. Cristallo, Tofana und Sorapis bilden die felsige Grundlage für das Stelldichein der Klettersteigstars, wie Via ferrata Tomaselli, Via ferrata Giovanni Lipella, Via ferrata Giuseppe Olivieri, Via ferrata Ivano Dibona und die Sorapis Runde. Einzig bei der Sorapis Runde ist man noch fast alleine unterwegs, ansonsten herrscht immer akute Staugefahr. Wer es wirklich einsam und alpin mag, dem empfehlen wir die weiter südlich gelegene Marmarolegruppe, denn dort sagen sich sogar die Füchse gute Nacht. Neben den ganz großen gibt es noch viele interessante kürzere Klettersteige, Sportklettersteige (wie z.B. die neuere Via ferrata della Piramide, östlich der Passhöhe des Falzaregopasses) und an wenigen Stellen versicherte Höhenwege (Ferrata Vallon Bianco), die einen Aufenthalt in dieser Region abrunden. Aber auch die westlichen Ziele am Heiligkreuzkofel haben vor allem landschaftlich sehr viel zu bieten. An der nördlichsten Grenze dieser Region - schon in einer anderen Gebirgsgruppe - befinden sich mit dem schwierigen Pursteinwand-Klettersteig und dem Olanger Klettersteig auch zwei Region-Ausreißer, die wir am Ende dieser Gebietsgruppen beschreiben. Der zentrale Stützpunkt für die Unternehmungen ist Cortina d'Ampezzo. Aber keine Sorge, im St. Moritz der Dolomiten gibt es auch günstige Pizzerias und Quartiere :-)

Ferrata Giuseppe Olivieri - Tofana

Blick auf die Cinque Torri

Anreise mit öffentlichen Verkehrsmitteln: Mit der Bahn nach Bruneck oder Toblach und weiter mit den Bussen der SAD (www.sad.it). An der Provinzgrenze zu Belluno und im Großraum Cortina d'Ampezzo fährt man mit den Bussen von „Dolomitibus" (www.dolomitibus.it) zum bzw. in den Nahbereich des jeweiligen Ausgangspunktes.

Anreise mit dem Auto: Siehe Beschreibung bei den jeweiligen Touren.

Tourenkombinationen

Sorapis Runde (2 Tage): 1. Tag: Vom Passo Tre Croci zum Rif. Vandelli und über die Ferrata F. Berti zum Biv. Slataper bzw. Rif. San Marco. **2. Tag:** Über den Sentiero C. Minazio zum Biv. E. Comici und über die Ferrata Vandelli zurück zum Rif. Vandelli, Abstieg zum Passo Tre Croci.

Nuvolau-Steig und Ferrata Averau (1 Tag): Schöne Tagestour mit Tofanablick.

Schwere Tofana Kombination (2 Tage): 1. Tag: Rifugio Dibona - Ferrata G. Lipella - Rif. Dibona. **2. Tag:** Rif. Dibona - Ferrata G. Olivieri/G. Aglio - Rif. Dibona.

Cristallo Runde (2 Tage): 1. Tag: Ferrata Rene de Pol und Ferrata Mario Bianchi, Nächtigung im Rif. Lorenzi. **2. Tag:** Rückweg über die Via ferrata I. Dibona.

Autonome Provinz Bozen – Südtirol
Region: Trentino-Südtirol
Einwohner: ca. 496000
Fläche: ca. 7.400 km²
Berg: Ortler, 3905 m
Web: www.provinz.bz.it

Provinz Belluno
Region: Venetien
Einwohner: ca. 212000
Fläche: ca. 3.600 km²
Berg: Marmolada, 3343 m
Web: www.provincia.belluno.it

English Version

Around Cortina, the St. Moritz of the Dolomites, you can find the high society even at the fixed rope routes. Via ferrata Tomaselli, Via ferrata G. Lipella and Sorapis route are among the best fixed rope routes of the Dolomites. Additionally, there are a lot of other routes with all kinds of levels of difficulty, and many people. In the Marmarole group, however, you will rather be on your own. Starting point is Cortina d'Ampezzo.

Tour combinations:

Sorapis round (2 days): Day 1: Passo Tre Croci - Rif. Vandelli - Ferrata F. Berti - Biv. Slataper bzw. Rif. San Marco. Day 2: Sentiero C. Minazio - Biv. E. Comici - Ferrata Vandelli - Rif. Vandelli - Passo Tre Croci.

Nuvolau-Steig/Ferrata Averau (1. day).

Cristallo circle (2 days): Day 1:: Ferrata Rene de Pol - Ferrata Mario Bianchi - Rif. Lorenzi. Day 2: Via ferrata I. Dibona.

B1

Ferrata Renè de Pol Ampezzaner Dolomiten

Einsame Ferrata in grandioser Landschaft — **Forame di Dentro, 2385 m**

Mittelteil der Ferrata Renè de Pol

mäßig schwierig 1,6

- Schön
- Mittel
- Diff. B/C u. I-
- 6 Std.
- 1200 Hm
- 260 Hm 1½ Std.
- 2 Std.
- 2½ Std.
- NW
- ab 12 J.
- Juni - Sept.
- 2385 m

P N 46.60270 E 12.14156

E N 46.60598 E 12.16974

Gehzeiten/Time

Ospitale - Einstieg: 1½ Std.
Einstieg - Gipfel: 2 Std.
Gipfel - Forc. Verde: 1 Std.
F. Verde - Ospitale: 1¼ Std.

Besonderheiten: Die Via ferrata Renè de Pol folgt ehemaligen Kriegssteigen auf die Forame di Dentro (2385 m) und verbindet so einige Relikte der österreichischen Streitkräfte. Der selten begangene Klettersteig ist nur teilweise versichert. Viel exponiertes Gehgelände und Steinschlaggefahr durch Vorauskletternde verlangen erhöhte Vorsicht. Wem die grandiose Gebirgslandschaft mit geschichtlichem Hintergrund wichtiger als klettertechnische Höhepunkte ist, wird bei dieser Tour voll auf seine Kosten kommen.

Info

Talort: Cortina, 1211 m

Ausgangspunkt: Rifugio Ospitale, 1491 m oder Im Gemärk, 1528 m

Karten: Tabacco Nr. 03, Cortina d'Ampezzo; Kompass WK 55, Cortina d'Ampezzo

Anreise: Von Norden: Über Lienz oder Brixen nach Toblach. Dort nach Süden abbiegen und auf der Staatsstraße 51 nach Ospitale bzw. Im Gemärk. Von Süden: Über Vittorio-Veneto nach Cortina d'Ampezzo. Dort auf der Staatsstraße 51 in nördlicher Richtung nach Ospitale bzw. Im Gemärk.

Zustieg: Von Ospitale oder Im Gemärk die Trasse der ehemaligen Dolomitenbahn knapp bis Pian del Forame (1495 m) entlang. Dem Wegweiser folgend auf schnell stei-

Die enge Schlucht bei der zweiten Stufe

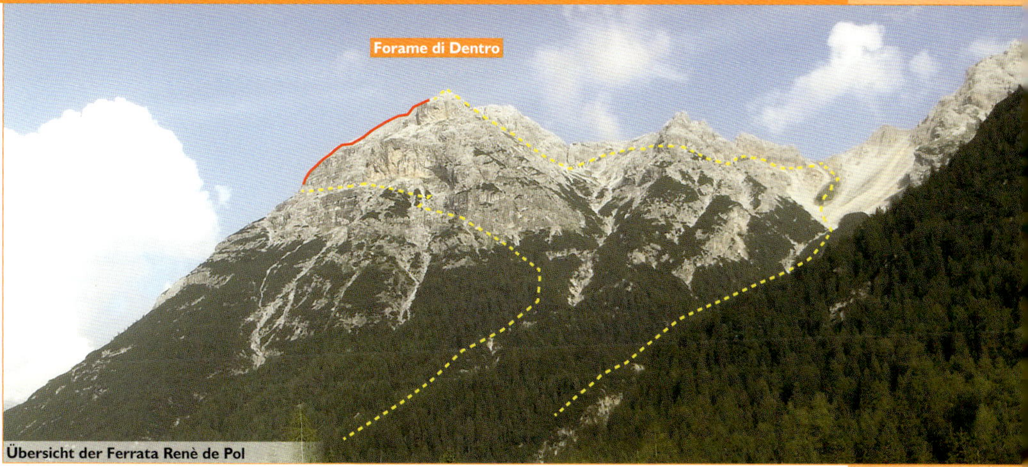

Übersicht der Ferrata Renè de Pol

ler werdendem Wanderweg zum Anseilpunkt in einer Felsnische (N46.60581, E12.16871, Steigbuch) aufsteigen. Nach weiteren 100 Höhenmetern wird der Einstieg erreicht.

Route: Vom Einstieg über die erste Wandstufe mit Leiter (B u. A/B, Leiter). Danach im Geröll (Gehgelände) zu einem Rampensystem (max. A) aufsteigen, über welches man eine steile Schlucht (B/C, nicht in den Stollen!) erreicht und über Schrofen (A/B) zum Gehgelände. Nach Geröll zur letzten Stufe, die im Zickzack (A/B, später A) zu einem Absatz führt.

Abstieg: Vom Ausstieg in wenigen Minuten zur Forame di Dentro (2385 m) aufsteigen. Auf der Südostseite absteigen und im Auf und Ab die Forame de Inze tangierend zur Forcella Verde (2380 m) queren (max. A). Steil hinab entweder rechts im Geröll zurück zum Aufstiegsweg oder links ebenfalls steil ins Val Pra del Vecia und durch das Tal nach Im Gemärk absteigen.

Ausrüstung: Komplette Klettersteigausrüstung, Helm.

Bemerkung: Lässt sich gut mit der deutlich längeren Via ferrata Ivano Dibona verbinden.

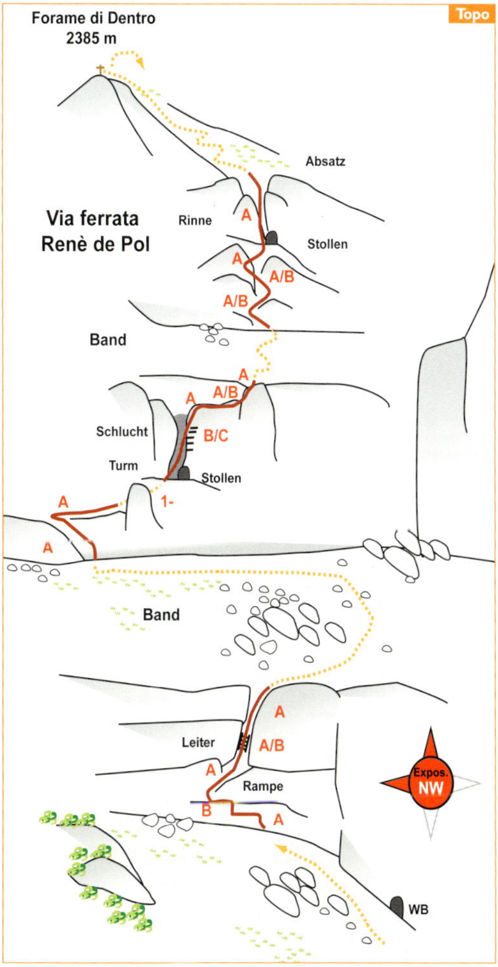

English Version

The ferrata follows war paths and connects some relics of the armed forces. The rarely climbed ferrata is only partly secured. Much exposed walking terrain and danger of falling rocks require increased caution. If the magnificent mountain landscape with historical background is more important for you than climbing-technical high lights you will get your money's worth.

Route: From Pian del Forame follow the sign and ascend a steep hiking trail to the beginning of the climb. Route see topo! Cross to Forc. Verde and descend right to the ascent.

Map/Karte

Siehe/look Via ferrata Ivano Dibona

Via ferrata Ivano Dibona Ampezzaner Dolomiten

Lange Panorama-Ferrata mit Kriegsstellungen — **Cristallino d'Ampezzo, 3008 m**

Panoramagrat nach der P. Cristallo

mäßig schwierig 2,1

Sehr schön

Mittel

Diff. B

6½ Std.

↑1000 Hm ↓1600 Hm

500 Hm 4 Std.

1 Min.

2½ Std.

NW

ab 12 J.

Juni - Sept.

3008 m

P N 46.55154 E 12.18875

E N 46.58338 E 12.19290

Gehzeiten/Time

F. Stounies - F. Bassa 2½ Std.
Forc. Bassa - Col di Stombi - Ospitale: 3 Std.
Wiederaufstieg Val Grande - Mittelstation: 1½ Std.

Besonderheiten: Perfekter Panorama-Klettersteig, über den man - nach der Auffahrt mit der bunten Eiergondelbahn – genüsslich ins Tal steigt. Der nur teilweise versicherte Klettersteig folgt auf alten Kriegssteigen dem Zurlonkamm, dem Westgrat des Cristallomassivs. Von den Kriegshandlungen zeugen zahlreiche verfallene Stellungen entlang der Route. Ein ehemaliger Kommandostand der italienischen Streitkräfte in der Forcella Padeon (2760 m) wurde zu einer Notunterkunft umgebaut. Kernstück des Klettersteiges ist der Abschnitt zwischen dem Einstieg in der Forcella Stounies (2918 m) und der Forcella Granda (2874 m). Dort erfreuen einige Leitern, ein Stollen und die spektakuläre, 30 m lange Hängebrücke Ponte Cristallo den Kletterer. Als Draufgabe wartet - mit kleinem Umweg von der Hauptroute - auch noch ein Dreitausender (Cristallino d'Ampezzo, 3008 m) auf eine Besteigung. Es ist nicht die technische Schwierigkeit, sondern vielmehr die landschaftliche Schönheit, die dieses Klettersteigerlebnis auszeichnet.

Info

Talort: Cortina d'Ampezzo, 1211 m

Ausgangspunkt: Capanna Rio Gere, 1680 m

Karten: Tabacco Nr. 03, Cortina d'Ampezzo; Kompass WK 55, Cortina d'Ampezzo

Die Hängebrücke Ponte Cristallo

Hochbetrieb kurz vor der Forcella Padeon

Anreise: Von Norden: Über Lienz oder Brixen nach Toblach. Dort nach Süden abbiegen und auf der Staatsstraße 51 nach Schluderbach. Weiter auf der Staatsstraße 48b und über den Passo Tre Croci zur Capanna Rio Gere. Von Süden: Von Cortina in Richtung Passo Tre Croci bis zur Capanna Rio Gere.

Zustieg: Mit der Seilbahn in zwei Sektionen in die Forcella Stounies (2918 m). Unmittelbar hinter der Bergstation beginnt der Klettersteig. Der Zustieg zu Fuß (steiles Geröll) ist nur ausgesprochenen Masochisten zu empfehlen und dauert etwa 3 Stunden.

Route: Hinter der Bergstation über Stufen und durch die Scharte zu einer Leiter auf der Rückseite des Bergkamms. Über die Leiter (A/B) zu einem Stollen (A) und einem Band (A). Die Hängebrücke (A) überqueren und mit Hilfe von zwei Leitern (A) auf den Grat hinauf. Direkt auf dem Grat (A) zur Abzweigung auf den Cristallino d'Ampezzo: Kurz absteigen und am Seitengrat (A) zum Gipfelaufschwung. Die rechte Variante ist mit Klammern gesichert (B), die linke führt durch eine Rinne (A/B). Vom Gipfel auf dem Aufstiegsweg zurück zur Abzweigung von der Hauptroute. Weiter am Grat (meist A bis A/B, eine Stelle B) zu einer Leiter (A/B) absteigen. Über diese und im gestuften Gelände (A bis B) in die Forcella Granda (2874 m) abklettern. In der Scharte besteht ein Notabstieg zur

Auf der Hängebrücke Ponte Cristallo

English Version

This perfect pleasurable panorama ferrata is only partly secured and follows Zurlon crest on old war paths. A former command stand in Forcella Padeon was reconstructed to an emergency accommodation. Principal item of the ferrata is the section between the beginning of the climb and Forcella Granda. Ladders, a lug and a spectacular 30 m long suspension bridge enjoy the mountain climber. As extra with small detour from the main route a 3000-meter peak waits for its ascent. It is not the technical difficulty but rather the beautiful landscape which distinguishes this ferrata.

Route: The beginning of the climb is just behind the top station of the cable car. Route see topo! From the end of the climb descend into Val Grande, turn left and ascend to the middle station.

Via ferrata Ivano Dibona Ampezzaner Dolomiten

Auf dem luftigen Band nach der Forcella Padeon

Rifugio G. Lorenzi, 2932 m, privat; Anfang Juli bis Ende Sept. bew. Tel: +39 0436 866196

Mittelstation der Seilbahn. Auf einem Band (A) an einer alten Stellung vorbei zum Grat (A) aufsteigen. Auf dem Grat auf die Cresta Bianca (2932 m) und im Gehgelände den Bergrücken hinunter. Auf Bändern (A) zu einer Holzbrücke (A) und auf einem weiteren Band (A) in die Forc. Padeon (2760 m; Biwakhütte) absteigen (dort ist kein Notabstieg!). Auf Bändern im Auf und Ab (Stellen A) in die Forc. Alta (2687 m). Gestuft (A) in die Geröllhalde (anfangs A) und durch den Schutt zu einem Wegweiser. Dort besteht eine Abstiegsmöglichkeit ins Val Grande. Dort kurz rechts aufsteigen und im Gehgelände in die Forc. Bassa (2433 m) absteigen. Im zerklüfteten Gelände zu einer Schlucht absteigen, auf den Schluchtgrund abklettern (A) und auf der anderen Seite mit Hilfe einer überhängenden Leiter (B) aus der Schlucht. Im Gehgelände zu einer alten Stellung (Stellen A) und an einzelnen Drahtseilen zum Ausstieg bei einer weiteren Stellung abklettern.

Abstieg: Vom Steigende im Geröll zum Col di Stombi (2169 m) absteigen bzw. ablaufen. Anschließend auf einem Wanderweg ins Val Grande (auch als Val Padeon bezeichnet) absteigen. Dann links durch das Tal zur Mittelstation der Seilbahn beim Rifugio Son Forca (2215 m) aufsteigen. Wer die letzte Seilbahn verpasst hat noch etwa 45 Minuten Fußabstieg vor sich.

Bemerkung: Lässt sich gut mit der anspruchsvolleren Via Ferrata M. Bianchi verbinden.

Steile Leitern nach der Hängebrücke

Via ferrata Ivano Dibona

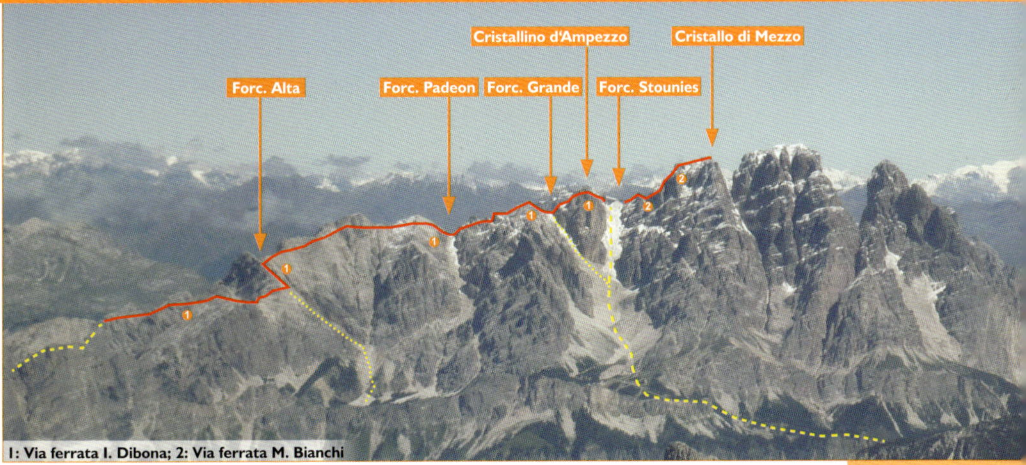

1: Via ferrata I. Dibona; 2: Via ferrata M. Bianchi

Topo

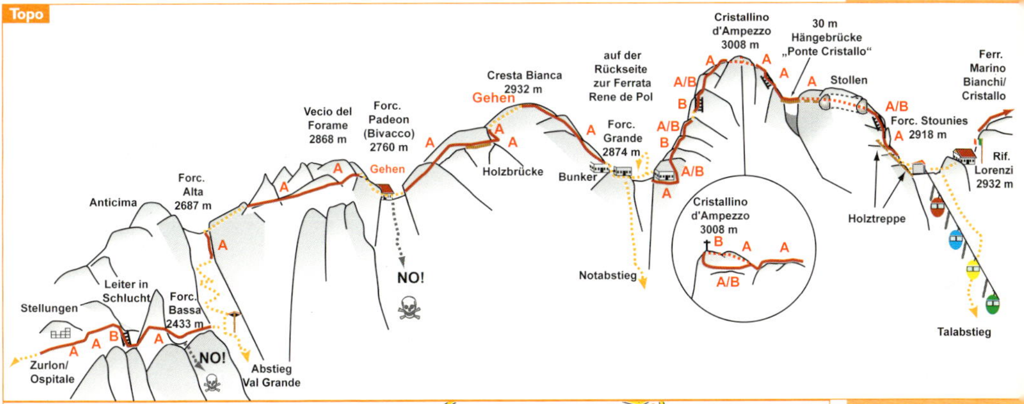

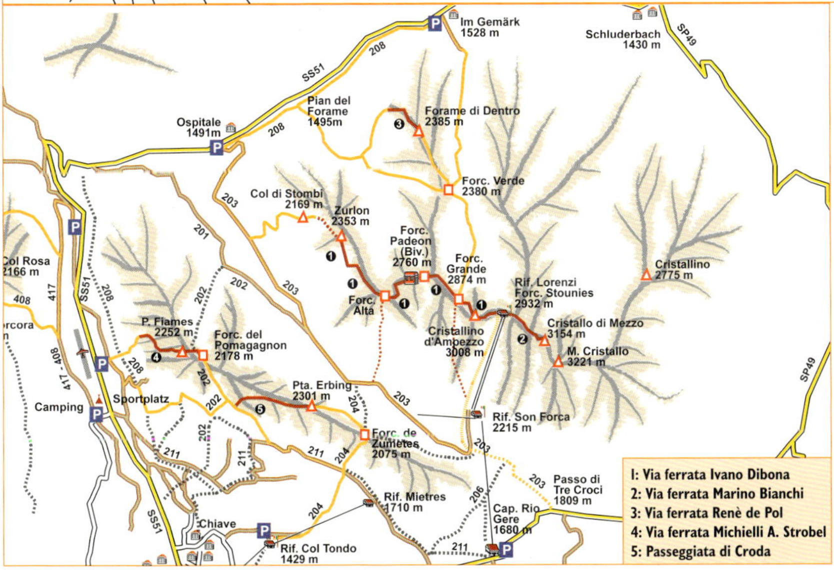

B3 Via ferrata Marino Bianchi Ampezzaner Dolomiten

Express-Gipfelsieg eines 3000ers - dank Seilbahn und Kurzferrata — **Cristallo di Mezzo, 3154 m**

Landschaftlich eindrucksvoller Grat

schwierig 2,2 (3 – 2 – 1)

- Sehr schön
- Gut
- Diff. C/D
- 2½ Std.
- 250 Hm
- 230 Hm 1½ Std.
- 5 Min.
- 1 Std.
- NW
- ab 13 J.
- Juli - Sept.
- 3154 m

P N 46.55154 E 12.18875

E N 46.58310 E 12.19347

Gehzeiten/Time

Rif. Lorenzi - Gipfel : 1½ Std.
Gipfel - Rif. Lorenzi: 1 Std.

Besonderheiten: Die Via ferrata Marino Bianchi ist ein sportlicher Gratklettersteig mit einem sehr kurzen Zustieg (Gondelbahn), fordernden Einzelstellen, Ausblick auf den Talkessel von Cortina d'Ampezzo und einem fantastischen Panorama auf die umliegende Bergwelt. Die Sicht reicht bei gutem Wetter vom eisigen Gletscher der Marmolada über die Pragser und Ampezzaner Dolomiten bis zu den berühmten Gipfeln der Sextener Dolomiten. Der Klettersteig muss sowohl im Auf- als auch im Abstieg begangen werden, wobei die sportlichen Passagen in beide Richtungen etwa gleich schwierig zu bewältigen sind. Der Steig lässt sich gut mit der landschaftlich beeindruckenden und geschichtlich interessanten Via ferrata Ivano Dibona kombinieren.

Info

Talort: Cortina d'Ampezzo, 1211 m
Ausgangspunkt: Capanna Rio Gere, 1680 m
Karten: Tabacco Nr. 03, Cortina d'Ampezzo; Kompass WK 55

Anreise: Von Norden: Von Toblach nach Süden abbiegen und auf der Staatsstraße 51 nach Schluderbach. Weiter (SS 48b) über den Passo Tre Croci zur Capanna Rio Gere. Von Süden: Von Cortina in Richtung Passo Tre Croci bis zur Capanna Rio Gere.

Die Schlüsselstelle nach der Leiter

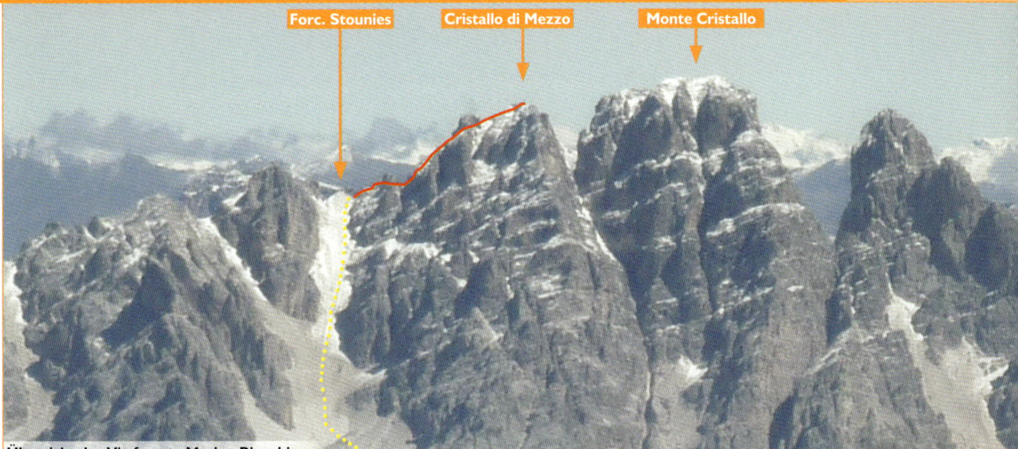

Übersicht der Via ferrata Marino Bianchi

Topo

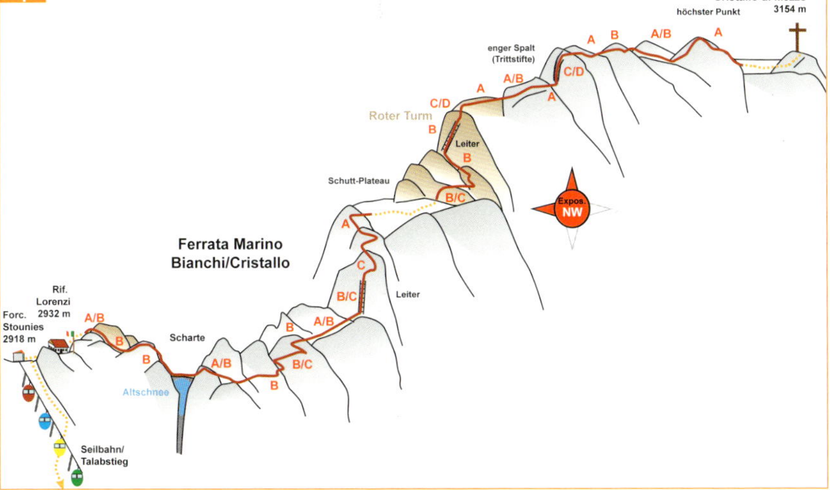

Zustieg: Mit der Seilbahn in zwei Sektionen zur Forcella Stounies (2918 m). Unmittelbar hinter dem Rif. Lorenzi beginnt der Klettersteig, direkt neben der Sonnenterrasse. Der Zustieg zu Fuß über steiles Geröll; dauert etwa 3 Stunden und ist nicht zu empfehlen.

Route: Vom Rifugio über den ersten roten Gratturm in eine Scharte (B) und nach dieser über Felsstufen und Türme (B/C) zur ersten steilen Leiter (B/C). Danach folgt ein Schutt-Plateau (dort Vorsicht, dass man nicht vom Weg abkommt). Über den markanten roten Turm mit einer kurzen Wandstelle zu Beginn (B/C), einer Leiter und einer schwierigen Wandstelle zum Schluss (C/D) auf den Grat. Nach einer kurzen Erholung folgt die Schlüsselstelle (C/D, Spalt mit Trittstiften). Danach unschwierig zum Gipfel Cristallo di Mezzo.

Abstieg: Wie Aufstieg über den Steig zur Forcella Stounies absteigen.

Ausrüstung: Kompl. Klettersteigausrüstung, Helm; für Schwächere ein Sicherungsseil.

Tipp: Auffahrt mit der bunten Eiergondelbahn zur Forcella Stounies, dann die Ferrata Marino Bianchi auf den Cristallo di Mezzo, 3154 m. Danach Nächtigung in der urigen Lorenzi Hütte und am Folgetag Abstieg über die Ferrata Ivano Dibona.

English Version

A sporty route on a ridge with a very short access (gondola cableway), demanding parts, a view of the basin of Cortina d'Ampezzo valley and a fantastic panorama of the sourrounding mountains. The route can easily be combined with Via ferrata Ivano Dibona, which has an impressive landscape and an interesting history.

Route: From the top station on Forcella Stounies you have to ascend to Cristallo di Mezzo (3154m) on the ridge. Key to climb is a narrow gap with pins. Descend the same way.

Map/Karte
Siehe/look Via ferrata Ivano Dibona

Rifugio G. Lorenzi, 2932 m, privat; Anfang Juli bis Ende Sept. bew. Tel: +39 0436 866196

B4 Große Sorapis Runde Ampezzaner Dolomiten

Eindrucksvolle Ferratarunde durch die Sorapis

Punta Sorapis, 3205 m

Schmales Band der Via ferrata Berti

schwierig 2,5 (3 2 1)

- Sehr schön
- Mittel
- Diff. C u. I-2
- 12½ Std.
- 1400 Hm
- 750 Hm 9½ Std.
- 1½ Std.
- 1½ Std.
- Div.
- ab 14 J.
- Juli - Sept.
- 2720 m

P: N 46.5570 E 12.2021

E: N 46.50944 E 12.20015

Gehzeiten/Time

Pso. Tre Croci - Rif. Vandelli: 1½ Std.; Rif. Vandelli - Einstieg Ferr. Berti - Biv. Slataper: 4½ Std.; Biv. Slataper - Biv. Comici: 2½ Std.; Biv. Comici- Rif. Vandelli: 2½ Std.;

Besonderheiten: Die Sorapis Gruppe ist ein gewaltiger Gebirgsstock, der von Cortina gesehen etwas klobig wirkt und sich mit den Gletscherresten nach Norden hin zum Misurinasee öffnet. Dank dem Rifugio Vandelli und zweier Biwakschachteln ist eine Umrundung des zentralen Sorapisstocks auf den Steigen Via ferrata Alfonso Vandelli, Sentiero Carlo Minazio, Ferrata Francesco Berti möglich und zählt zu den großartigsten Runden in den Dolomiten. Die guten Stützpunkte ermöglichen, die Sorapis-Runde in zwei Etappen zu machen, wobei man die Runde vom Rif. A. Vandelli (empfohlen) oder dem Rif. San Marco beginnen kann. Wer die Tour an einem Tag macht sollte auf jeden Fall vom Passo Tre Croci/Rif. Vandelli starten!

Info

Talort: Cortina d'Ampezzo, 1211 m

Ausgangspunkt: Passo Tre Croci, 1809 m

Karten: Tabacco WK 03, Cortina d'Ampezzo; Kompass WK 55, Cortina d'Ampezzo

Anreise: Vom Pustertal bei Toblach über die SS51 nach Cortina d'Ampezzo. Zum Rif. A. Vandelli von Cortina auf der SR 48 auf den Passo Tre Croci.

Spiegelbild im Lago del Sorapis

Abstieg zum Sentiero Carlo Minazio

Zustieg: Vom Passo Tre Croci ca. 250 m auf der Straße nach Osten und auf dem Weg 215 gemütlich zur Hütte. Vom Rifugio Vandelli kann man entweder mit der Ferrata Francesco Berti oder der Ferrata A. Vandelli beginnen. Man erreicht den Einstieg der Ferrata F. Berti über die markierten Wege 215 und 242 durch die Tondi di Sorapis, dort kann man noch einen Blick auf die letzten Überreste der Sorapis Gletscher werfen. Kurz vor der Forc. sora la Cengia d. Banco steigt man links über Geröll zu den Felsen mit dem Einstieg auf 2479 m auf (2½ Std. ab Rif. Vandelli).

Route und Abstieg: Via ferrata Francesco Berti: Vom Einstieg in freier Kletterei (1-2 !!) und auf dem wegen der schwachen Markierungspunkte schwer zu findenden Weg hinauf auf ein Band. Dann dem Geröllband nach Süden leicht absteigend (NICHT aufsteigen!) entlang der Südwände der Croda Marcora folgen. Das Band - von dem man einen großartigen Tiefblick auf San Vito di Cadore hat, ist nur an wenigen sehr exponierten Stellen versichert (A), wird schmaler und später wieder breiter. 100%ige Trittsicherheit ist erfoderlich; Steinschlaggefahr. Am Ende der Terrazza führt ein schmales Felsband um die eine Kante (A/B). Es folgt ein steiler Abstieg über Leitern (bis C) auf ein weiteres Band. Nach wenigen Metern auf dem Band steigt man mit Kletterei über gestuften Fels

Kurz vor dem Biv. Slataper - Ferrata Berti

English Version

Sorapis Group is an enormous massif that, seen from Cortina, appears a bit blockish. With its glacier remains it opens up towards lake Misurina in the north. Thanks to Rifugio Vandelli and two fixed bivouacs it is possible to make a tour around the central Sorapis massif on Via ferrata Alfonso Vandelli, Sentiero Carlo Minazio and Ferrata Francesco Berti Sorapis. It is one of the greatest routes in the Dolomites.

Route: From Passo Tre Croci go to Rif. Vandelli and then take paths 215 and 242 to the beginning of climb of Ferrata Berti. (For ferrata course see topo). From Biv. Slataper path 247 leads you to Sentiero Carlo Minazio (path 243) which you have to follow to Bivacco Comici. From the bivouac ascend to the crest on path 243 and descend steeply to Rif. Vandelli on Ferrata Vandelli.

B4 Große Sorapis Runde Ampezzaner Dolomiten

Leiternpassage der Via ferrata Berti

links zu den Felsen auf (schlechte Markierung - NICHT zu weit dem Band folgen!). Weiter steil (B/C) zu Leitern (B), die über einen Spalt auf ein schmales Band führen, über welches man unschwierig (A) die Forc. di Bivacco erreicht. In wenigen Minuten steigt man nach Norden zum bereits sichtbaren Biv. Slataper ab. Vom Biv. Slataper führt der Weg 247 zum Sentiero Carlo Minazio (30 Min.) bzw. der Weg 246 in die Forc. Grande und von dort der Weg 226 in einer Std. zum Rif. San Marco. (Achtung: Auf dem schlecht markierten Weg 247 bis zum sehr gut markierten Weg 243 im unteren Wiesenbereich auf 2160 m absteigen und nicht zu früh auf ein hohes Schotterband queren). **Sentiero Carlo Minazio:** Der Weg 243 folgt unschwierig einem Grasband zum Biv. E. Comici und ist abgesehen von einigen leichten Stellen (A) unterhalb der Forcella Bassa del Banco (2148 m) nicht versichert. Es gibt noch einen nicht versicherten Weg, der etwas höher über die Forc. Auta del Banco zum Biv. E. Comici führt. Von der Scharte Forc. Basa d. Banco steigt man steil ab und kommt zu dem im Wald versteckten Biv. E. Comici. (2 Std. ab Wegkreuzung 247/243). Vom Biv. E. Comici kann man über den **Sentiero O. Brovedani**, Weg 1227, ins Val d'Ansie absteigen (2 Std./B – bei Nässe Vorsicht!). **Via ferrata A. Vandelli:** Vom Biwak gelangt man schnell zu den Felsen mit dem Einstieg der Via ferrata Alfonso Vandelli. Einstieg auf 2075 m; Einstiegskoordinaten: N 46.52394 E 12.24641.

Luftige Passage der Ferrata A. Vandelli

Rif. A. Vandelli, 1928 m, CAI; Mitte Juni - Mitte Sept. bew.; Tel: +390435 39015. Infos: www.rifugiovandelli.it

Bivacco Slataper, 2660 m, Notunterkunft, immer offen

Bivacco Emilio Comici, 2020 m, Notunterkunft, immer offen

Rif. S. Marco, 1823 m, CAI; Mitt. Juni - Mitt. Sept. bew.; Tel: +39 0436 9444 Infos: rifugiosanmarco.com

Rifugio Scotter-Palatini, 1580 m, priv.; ganzj. bew. Tel: +39 0436 99035

Topo

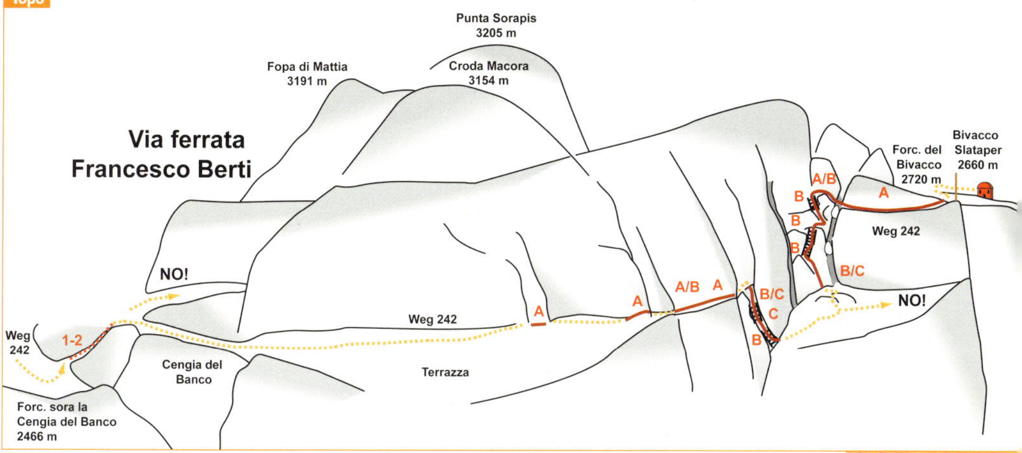

Die ersten Meter geht es ohne Sicherungsseil (Kletterei bis I) hinauf, es folgt ein steiler, versicherter (A) Latschenhang, über den man in Tarzan-Manier in eine Schuttrinne gelangt. Dann auf markiertem Weg 243 auf einen grasigen Rücken mit perfekter Aussicht (2410 m; N 46.52351 E 12.23966, kurze Gipfelstichtour möglich). Von dort quert man auf dem Band anfangs unversichert in die Nordwestwand der Sora el Fo, und trifft bald auf Versicherungen, die unschwierig (A/B) über mehrere Rinnen zu einem exponierten Band hinabführen. Versicherte (A/B) und unversicherte Passagen wechseln bis zu einer schweren Stelle (B/C) und einem weiteren leichten Band (A/B). Danach im Zickzack abwärts zu einer Rinne durch die 7 Leitern (ohne Sicherungsseil) steil bergab führen. Nach einer kurzen, schönen Plattenquerung ist der Wandfuß erreicht.

Ausrüstung: Komplette Klettersteigausrüstung, Helm und ausreichend Flüssigkeit.

Bemerkung: Ferrata F. Berti erfordert Trittsicherheit und Kletterkönnen bis zum unteren 2. Schwierigkeitsgrad! Im Bereich Biv. Slataper ist bei Schlechtwetter die Orientierung schwierig. Schwächere Kletterer sollten die Ferrata F. Berti vom Rif. A. Vandelli Richtung Biv. Slataper machen, damit sie die Kletterstellen im Aufstieg machen können! Bei der Ferrata F. Berti kann man auf dem Weg 241 aus der Südwand der Croda Macora nach Do-

Übersicht der Via ferrata F. Berti

Topo

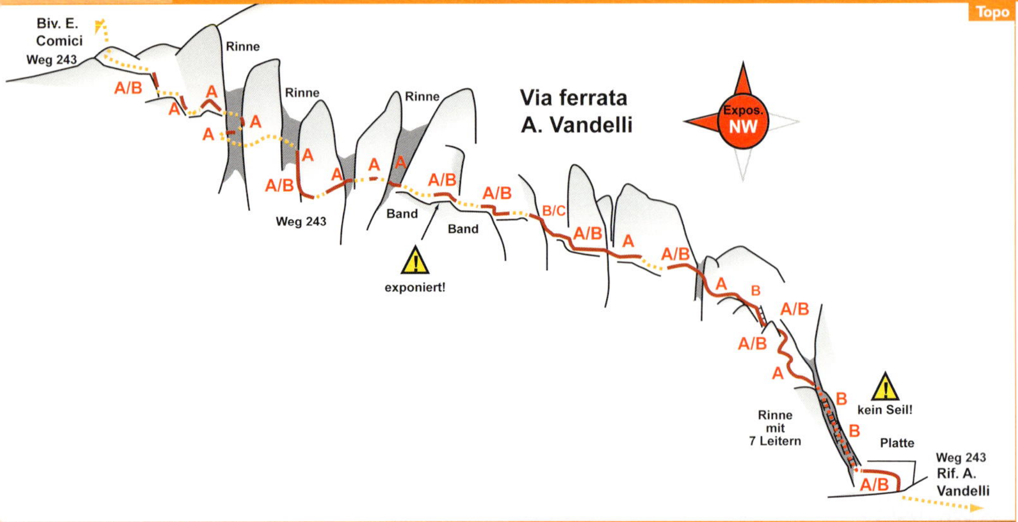

Übersicht Via ferrata A. Vandelli

Rif. Faloria und Rif. Tondi siehe auch www.dolomiti.org

gana Vecchia absteigen, **ist gefährlich und nicht zu empfehlen!** Mit Nächtigung im Rif. S. Marco (2½ Std. ab Biv. Slataper) lässt sich die Runde gemütlich in zwei Tagen machen.

Tipp: Wer es leichter und kürzer will, dem sei die **Kleine Sorapis Runde** empfohlen: Ausgangspunkt Rif. Faloria/Bergstation: Rif. Faloria (Seilbahn von Cortina) - Forcella Faloria, 2309 m (Weg 223) - Sella di Punta Nera (Weg 215) - Rif. Vandelli - Forcella Ciadin, 2378 m (Weg 216/223) - Rif. Faloria (Gesamt 6 Std. / 800 Hm/A-B).

Band der Via ferrata A. Vandelli

Übersicht 1. Sentiero Carlo Minazio, 2. Ferrata A. Vandelli, 3. Sent. O. Brovedani

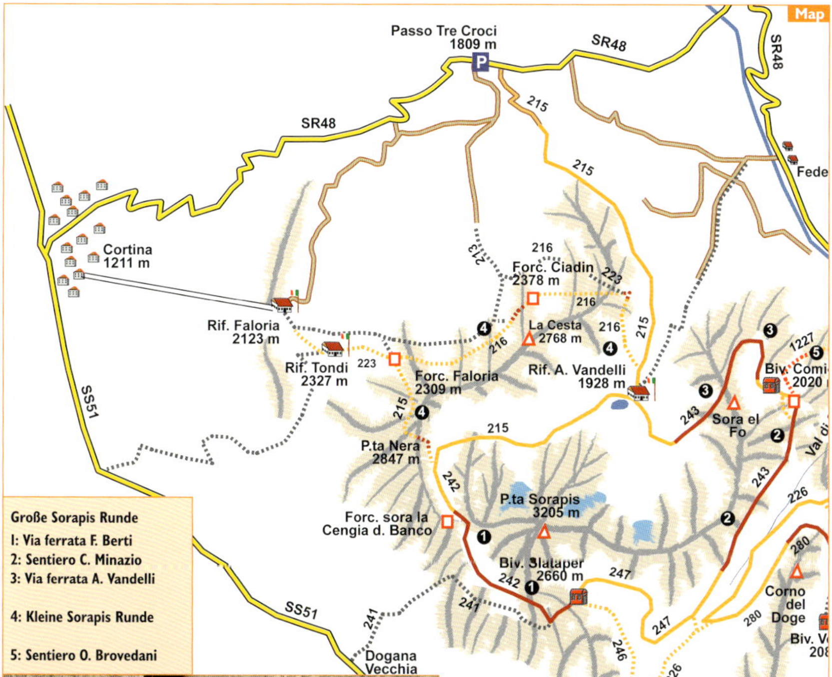

Geschafft! Und sogar österr. Bier :-)

B5

Strada Sanmarchi Marmarolegruppe

Eine einsame und sehr wilde Dolomitenrunde

Forc. Croda Rotta, 2590 m

Beim Abstieg zur Forc. de Vanedel

mäßig schwierig 2,6

Sehr schön

Mittel

Diff. B

12½ Std.

2200 Hm

1100 Hm 7½ Std.

3½ Std.

1½ Std.

Div.

ab 15 J.

Juli - Sept.

2590 m

P N 46.530672 E 12.282414

E N 46.50943 E 12.28587

Gehzeiten/Time

Ponte degli Alberi - Biv. Musatti: 3 Std.; Biv. Musatti - Val di Mezzo: 6½ Std.; Val Grande - Val di San Vito: 1½ Std.; Val San Vito - Ponte degli Alberi: 1½ Std. (Gesamt: 12 ½ Std.)

Besonderheiten: Wer einmal einen Dolomitensteig abseits der Massen machen möchte ist bei diesem Steig richtig. Die Strada Sanmarchi zieht über wilde Grate, große Steinwüsten und exponierte Scharten in einem steten Auf und Ab durch die zentrale Marmarolegruppe. Der Zustieg ist extrem steil und lang, doch wird für die Anstrengung auch viel geboten; alpines Ambiente und grandiose Ausblicke – Dolomiten pur!

Info

Talort: Casa San Marco, 1112 m

Ausgangspunkt: Ponte degli Alberi, 1140 m

Karten: Tabacco WK 16, Dolomiti del centro Cadore; Kompass WK 55, Cortina

Anreise: Im Pustertal bis Toblach und auf der SS 51 bis Schluderbach, dort links über die SP 49 nach Misurina. Von Misurina noch 9 km auf SP 49 und SR 48 Richtung Auronzo di Cadore bis zur Ponte degli Alberi. Kleiner Parkplatz vor der Brücke (Achtung: Der einsame Parkplatz ist nicht diebessicher, besser noch 800 m Richtung Auronzo weiterfahren und bei den ersten Häusern von San Marco parken!).

Zustieg: Von der Ponte degli Alberi auf der Forststraße in den Wald und nach einer Holzhüttengruppe (Rif. Tre Sorelle) links auf dem Weg 279 immer steiler werdend berg-

Auf einer der 9 Leitern im zweiten Kar

Steilstufe vor der Forc. de Mescol

auf. Der Weg führt durch sehr steile Rinnen und wird dann von einer kurzen Felsstufe (A/B) unterbrochen. Bevor man den Wald verlässt kommt links an einer Felswand eine Quelle – es ist die einzige Wasserstelle der ganzen Tour! Von der Quelle erreicht man bald das Biv. A. Musatti, 2111 m. Weiter Richtung Süden über immer steiler werdende Wiesen, bis man auf 2233 m auf erste Versicherungen trifft.

Route: Die Versicherungen leiten durch eine steile Rinne (B) auf ein Grasband, dem man zu einem Felsaufschwung folgt, der gut versichert (B) zur Forc. di Mescol, 2370 m führt. Auf der Westseite über Wiesenhänge zu einer kurzen erdigen Rinne absteigen, durch diese versichert (A) in den großen, mit Blöcken übersäten Kessel der Meduce di Dentro hinab. Am linken Rand der Blöcke (nicht leicht zu finden) entlang zu den Osthängen der Croda Rotta, durch die eine markante Schuttrinne zieht, die in halber Höhe durch eine mit 9 Leitern bestückte Felsstufe unterbrochen wird (A/B). Nach der Leiternpassage gelangt man im oberen Teil der Rinne hinauf zur Forc. Croda Rotta, 2590 m. Auf der Westseite NICHT absteigen, sondern nach links (kurz versichert A) in eine kleine Scharte mit Felsturm queren. Dann über anfangs steiles Geröll hinab und linkshaltend zu einem Rücken, den man bis zu einem markanten Felsblock weiter absteigt. Dort leiten Versiche-

Steilstück in der Forc. de Vanedel

English Version

This fixed rope route is the right thing for everybody who wants to climb a route in the Dolomites far from the crowds. With a steady up and down Strada Sanmarchi proceeds through the central Marmarole Group across wild ridges, great stone deserts and exposed gaps – pure Dolomites! Thought as a day trip only for very fit people. For the first night we recommend you to stay at Biv. Musatti. It is a serious and very long tour, which should be avoided when the weather is uncertain (a lot of steep and when wet slippery terrain!)

Route: From Ponte degli Alberi ascend to Biv. A. Musatti on path 279 past Rif. Tre Sorelle. Then follow path 280 to the beginning of climb behind the bivouac. For the further course of the route see topo. At the end you have to return to Val di San Vito on path 226.

Strada Sanmarchi Marmarolegruppe

Auf dem Band Cengia del Doge

Bivacco Alberto Musatti, 2111 m, Notunterkunft, immer offen.

Bivacco Voltolina, 2082 m, Notunterkunft, immer offen.

rungen steil (B) in die Enge Scharte der Forc. d. Vanedel, 2372 m. Auf der anderen Seite der Scharte warten eine kurze Leiter (B) und Versicherungen (B), die auf einen Plattenrücken führen. Danach leichte Kletterei (max I) und Versicherungen (bis B), bis man auf dem Rücken links der Schlucht auf den Wiesenboden absteigt. Es folgt eine Linksquerung zu einem Felseck, welches man luftig aber leicht (A/B) überwindet. Zu Fuß weiter zum Talboden des Val Grande queren – oben am Hang ist klein das Biv. Voltolina zu erkennen. Der Weg 280 folgt nicht dem Talboden – dort ist über den Weg Nr. 278 ein Schnellabstieg ins Val di San Vito möglich (kurz versichert, B; Vorsicht bei Nässe!) – sondern steigt sanft auf der anderen Talseite zum markanten Cengia del Doge auf. Das immer enger werdende Schuttband führt zu einem exponierten Eck, wo Versicherungen über die steilsten, erdigen Stellen helfen (A, Trittsicherheit!). Danach wird das Band wieder breiter und es geht gemütlich zur Wegkreuzung mit dem Weg 226 ins Val di San Vito.

Abstieg: Über den Weg 226 gemütlich durch das Val di San Vito in 1 ½ Std. zur Ponte degli Alberi zurück.

Ausrüstung: Komplette Klettersteigausrüstung, Helm und Wasser.

Bemerkung: Als Tagestour nur für wirkliche Konditionstiger gedacht. Am besten verbringt man die erste Nacht im Biv. Musatti. Unterhalb vom Biwak die Quelle (siehe Topo), ab dem Biv. Musatti gibt es keine Quelle auf dem Weg! Im Bereich der Forc. Croda Rotta ist die Orientierung aufgrund der schwachen Markierungen schwierig, ansonsten gut markiert. Die Tour ist trotz der geringen technischen Schwierigkeiten eine ernste und sehr lange Unternehmung, die keinesfalls bei unsicherem Wetter gemacht werden sollte (viel steiles, bei Nässe oft glitschiges Gelände!).

Tipp: Etwas kürzer ist die Tagestour von der Ponte degli Alberi ins Val Grande hinauf und über das **Cengia del Doge** ins Val San Vito und hinunter zur Ponte degli Alberi (1000 Hm/6 Std./A).

Sentiero degli Alpini: Wer auf der Strada Sanmarchi Leute getroffen hat und es noch einsamer will, dem sei der Sentiero degli Alpini (B/C) empfohlen: Parkplatz Praciadelan/ Val d'Oten, 1044 m - Rifugio Chiggiato, 1911 m (2 Std.), Rif. Chiggiato - Forc. Jau de la Tana, 2640 m (3 Std.) bzw. die Kombination mit der Strada Sanmarchi verbinden (Rifugio Chiggiato – Forc. Jau de la Tana – Biv. Tiziano – Biv. Mussati, 7 ½ Std.).

Topo

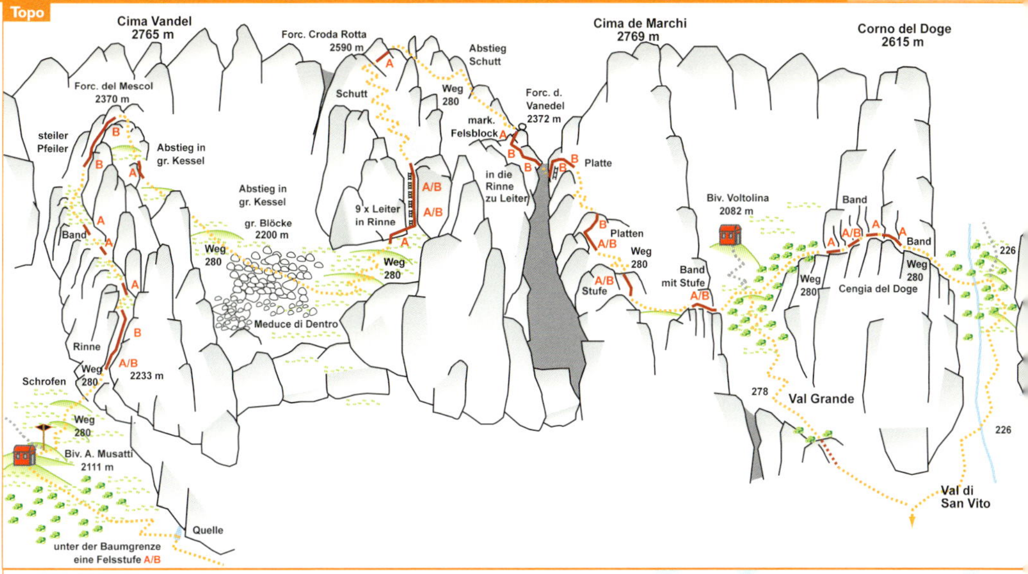

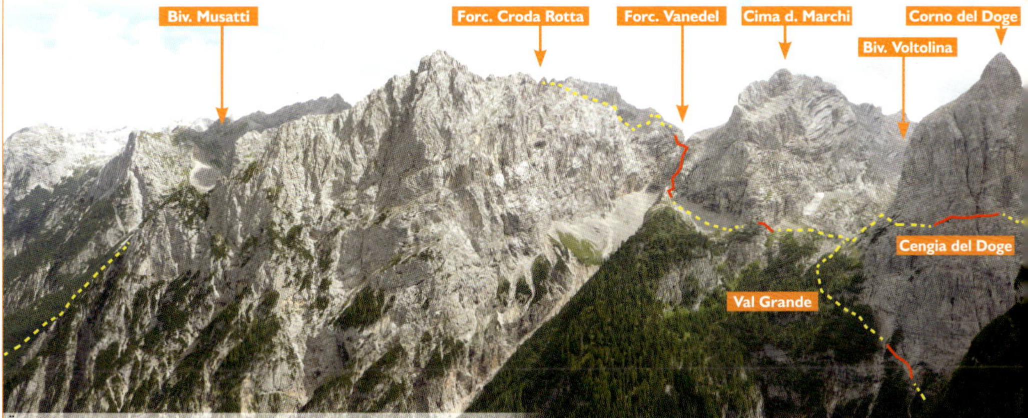

Übersicht Strada Sanmarchi, mit Abbruchmöglichkeit in das Val Grande

Map

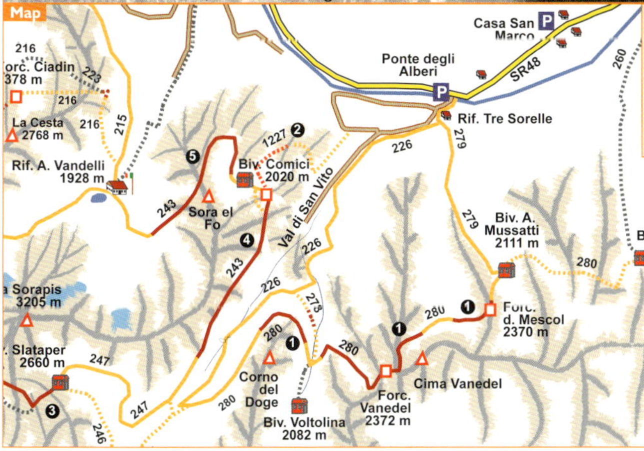

1: Strada Sanmarchi
2: Sentiero U. Brovedani

Große Sorapis Runde
3: Ferrata F. Berti
4: Sentiero C. Minazio
5: Ferrata A. Vandelli

Via ferrata Michielli A. Strobel Ampezzaner Dolomiten

Genussklassiker vor der Haustüre Cortinas — **Punta Fiames, 2252 m**

Steile Passage im Mittelteil

schwierig 1,7 3 2 1

- Schön
- Mittel
- Diff. C u. I+
- 5 Std.
- 1050 Hm
- 450 Hm 2 Std.
- 1 Std.
- 2 Std.
- W
- ab 12 J.
- Juni - Okt.
- 2252 m

P N 46.57570 E 12.11620

E N 46.57616 E 12.12559

Gehzeiten/Time

Parkplatz - Einstieg: 1 Std.
Einstieg - Gipfel: 2 Std.
Gipfel - Forcella del Pomagagnon: ¾ Std.
Forcella - Parkplatz: 1¼Std.

Besonderheiten: Eine mit zahlreichen Bändern durchzogene Felswand, etwa 500 m Stahlseil und eine Leiter sind die Merkmale dieses Klettersteiges. Der Steig wurde 1964 zu Ehren des Bergführers Michielli Albino Strobel im klassischen Stil errichtet. Die Ferrata erfreut sich besonders im Frühsommer und Herbst großer Beliebtheit. Der Routenverlauf folgt dem leichtesten Weg durch die exponierte Westflanke der Punta Fiames. Die versicherten Passagen sind von längeren Gehabschnitten unterbrochen und beim Abstieg wartet eine große Geröllhalde.

Info

Talort: Cortina, 1211 m

Ausgangspunkt: Parkplatz im Bereich des Hotel Fiámes, 1292 m

Karten: Tabacco Nr. 03, Cortina d'Ampezzo; Kompass WK 55, Cortina d'Ampezzo

Anreise: Von Norden: Über Lienz oder Brixen nach Toblach. Dort nach Süden abbiegen und auf der Staatsstraße 51 nach Fiámes. Von Süden: Über Vittorio-Veneto nach Cortina d'Ampezzo. Dort auf der Staatsstraße 51 in nördlicher Richtung nach Fiámes.

Zustieg: Vom Hotel Fiámes auf markiertem Weg zu einer Forststraße (ehemalige Eisenbahntrasse) aufsteigen und dort rechts halten. Nach wenigen Metern links in den

Steiler Aufschwung nach der Leiter

Steileres Schrofengelände im Mittelteil

Wald abzweigen. Bald durch Latschen und später auch Geröll zum Wandfuß (Tafel). Dort rechts einem großen Band zu den ersten Versicherungen folgen (max. I+).

Route: Durch eine „Kaminrinne" (B/C) und anschließend über eine Mischung aus Kamin, Rinne und Rampe (B) zu einem Absatz. Über eine kurze Kletterstelle (I) zu einem Stück Gehgelände. Über einen Aufschwung (B/C) zu einer Querung (A) und einem weiteren Aufschwung (B/C). Durch einen Kamin (B) zum Gehgelände. Leicht (A) zu einem weiteren Kamin (B/C) und zum Ende des ersten Teils (A). Im latschenbewachsenen Gehgelände (Stellen I-) zu einem hervorragenden Rastplatz. Anschließend sehr steil (erst C, dann B) auf einen Absatz. Im Gehgelände zu einem Aufschwung (A/B) und abermals im Gehgelände zu einem breiten Sattel. Leicht (A) zu einer Leiter (B), und über diese in gestuftes Gelände (B bis B/C). Eine Gehpassage führt zu einer Schulter und über einen letzten Aufschwung (A/B) zum Ausstieg. In wenigen Minuten zum optionalen Gipfel.

Abstieg: Vom Ausstieg in nordöstlicher Richtung fast eben zu einer ausgesetzten Kletterstelle (I+). Anschließend in östlicher Richtung zur Forc. del Pomagagnon (2178 m) queren. Über die große Geröllhalde absteigen oder ablaufen (leider nicht sehr genussvoll). Bei einem Wegweiser rechts halten und in westlicher Richtung zur Forststraße absteigen. Auf dieser rechts zurück zum Aufstiegsweg.

Das Gehgelände vor der Leiter

English Version

A cliff with numerous ledges, about 500m steel cable and a ladder are the ingredients for this ferrata. The route was built in 1964 in classical style in honours of the mountain guide Michielli Albino Strobel and enjoys large popularity particularly in the early summer and autumn. The route follows the easiest way through the exposed west face of Punta Fiames. The secured passages are interrupted by longer walking sections and at the descent waits a large scree.

Route: From Hotel Fiámes follow a marked path to the foot of the rock wall. Ascend the big ledge to your right to the beginning of the climb. Route see topo! Hike to Forc. Pomagagnon and run down the following scree. At a sign turn right and descend to a forest road which you walk back to the hotel.

Via ferrata Michielli A. Strobel Ampezzaner Dolomiten

Der Verlauf der Ferrata Michielli A. Strobel

Ausrüstung: Komplette Klettersteigausrüstung, Helm.

Bemerkung: Lässt sich sehr gut mit der Passeggiata di Croda verbinden (diese beginnt beim Abstieg in der Schuttrinne). Auch die gegenüberliegende Ferrata Ettore Bovero (C/D) auf den Col Rosà bietet sich an.

Auf der langen Leiter im Mittelteil

Unterhalb der Pomagagnon-Scharte

Topo

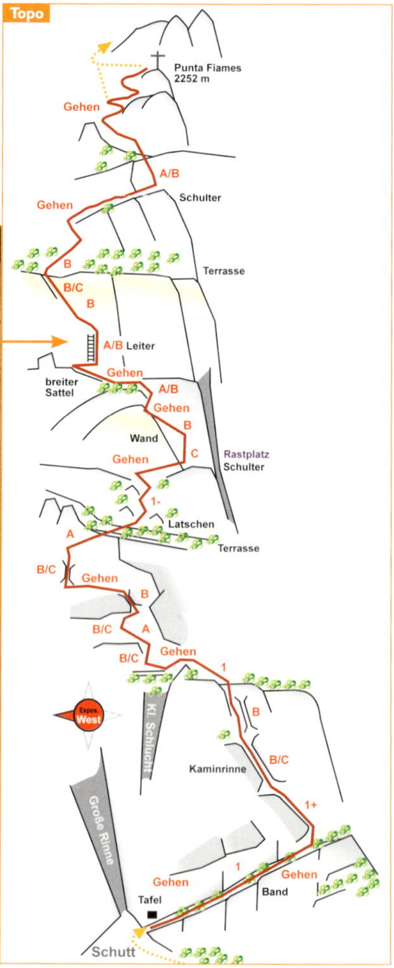

Via ferrata Strobel (Punta Fiames, 2240 m)

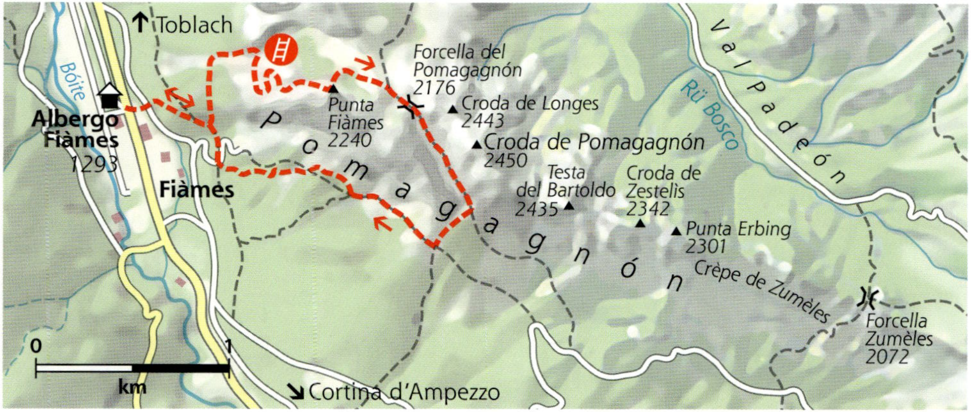

Zustieg: Gegenüber vom Albergo Fiames (1293 m) weist ein Wegzeiger in den Wald. Mit den rot-weißen Markierungen kurz hinauf zu einer Sandstraße. Auf ihr etwa 100 Meter nach rechts, dann wieder bergan (Schild). Das schmale Weglein kreuzt die Trasse der längst aufgelassenen Schmalspurbahn, steigt dann im Wald weiter an und mündet schließlich in eine mächtige Geröllreise. An ihrem rechten Rand mühsam hinauf zu den Felsen und auf einem nach rechts ansteigenden Latschenband zum Einstieg (ca. 1760 m).

Via ferrata Strobel: Die Route startet steil, das durchgehende Drahtseil leitet über den griffigen Fels und durch einen Kamin (spreizen!). Nach dem rasanten Auftakt quert man auf einem Latschenband nach links zum zweiten Aufschwung. Anschließend folgt die Spur ungesichert einem weiteren Band bis zu einer Kanzel mit packendem Tiefblick auf Cortina d'Ampezzo. Ein felsiger Grat, der sich kurz fast senkrecht aufschwingt (Krampen), dann aber abflacht, leitet zur Südwand der Punta Fiames. Eine etwa zehn Meter hohe Leiter hilft über die erste Wandstufe; ein paar Klammern leiten links in leichteres Gelände, Drahtseile weiter zum Ausstieg. Steinmännchen und Trittspuren markieren den Weiterweg zum abgeflachten Gipfel der Punta Fiames (2240 m).

Abstieg: Er führt zunächst ohne größeren Höhenverlust nordseitig um die Punta de Ra Croc (2300 m) herum in die Forcella Pomagagnon (2176 m), wo die »Talfahrt« beginnt. Von der Mündung der Geröllrinne steigt man weiter ab bis Sote el Pomagagnon (1670 m; Wegzeiger). Hier rechts aus dem Schuttstrom heraus, dann aber nicht links hinunter (wie eine deutliche Spur suggeriert), sondern kurz etwas aufwärts, unter den Felsen hindurch und im Wald abwärts zur Bahntrasse und zurück nach Fiames.

Eugen E. Hüsler

5 DOLOMITEN (CRISTALLO) Via ferrata Strobel (Punta Fiames, 2240 m)

Der Pomagagnon mit seinem markant geschichteten, kompakten Fels gehört zu den klassischen Kletterrevieren von Cortina d'Ampezzo. Und die meisten dieser Routen schauen nach Süden, auf die Dächer des Nobelferienortes Cortina d'Ampezzo, was Begehungen schon früh im Jahr und bis zum ersten richtigen Wintereinbruch im Spätherbst möglich macht. Das gilt auch für den Klettersteig – benannt nach dem Ampezzaner Kletterer Albino Michielli, vulgo »Strobel« – der in schöner Linie auf den Gipfel der Punta Fiames führt.

Fotos: Eugen E. Hüsler

Schwierigkeiten: Klettersteig mittlerer Schwierigkeit, gut gesichert, mit einem etwas steilen Zustieg. Der Normalabstieg verläuft durch die mächtige, von Cortina d'Ampezzo aus gut sichtbare Schuttreiße.

Ausrüstung: komplette Klettersteigausrüstung, Helm; dazu für den Abstieg evtl. Teleskopstöcke

Talort: Cortina d'Ampezzo (1211 m)

Ausgangspunkt: Albergo Fiames (1293 m) an der Straße von Cortina d'Ampezzo nach Schluderbach/Toblach.

Öffentliche Verkehrsmittel: Buslinie Toblach – Schluderbach – Cortina d'Ampezzo; Halt Fiames

Aufgrund ihrer südseitigen Exposition kann die »Via ferrata Strobel« schon früh im Jahr oder auch im Spätherbst begangen werden

Höhenunterschied: 950 Hm

Gehzeiten: Gesamt 4½ Std. (Aufstieg 3 Std., davon Klettersteig 1½ Std., Abstieg 1½ Std.)

Beste Jahreszeit: Frühsommer bis zum Spätherbst

Karte/Führer: Tabacco 1:25 000, Blatt 03 »Cortina d'Ampezzo«. Eugen E. Hüsler/Manfred Kostner »Top Klettersteige Dolomiten«, Bruckmann Verlag, München

Tourismusbüro: Ufficio Informazioni, Corso Italia, I-32043 Cortina d'Ampezzo; Tel. +39/04 36/27 11, cortina@infodolomiti.it, www.dolomiti.org

Hütten: keine

Charakter/Besonderheiten: Klassischer Dolomiten-Klettersteig mit schöner Linienführung und einigen reizvollen Einzelstellen, darunter die senkrechte Leiter hoch in der Wand. Packend die Tiefblicke auf Cortina d'Ampezzo, vom Gipfel stimmungsvolle Rundschau.

Passeggiata di Croda

Ausgesetzter Spaziergang auf dem dritten Band

Punta Erbing, 2301 m

Der mit markanten Felsbändern durchzogene Pomagagnonkamm

Besonderheiten: „Spaziergang" wird diese ausgesetzte Bändertour im Volksmund genannt. Teilweise recht luftig wandert bzw. klettert man über das schräg ansteigende dritte Band zur Punta Erbing. Vom Gipfel schöner Ausblick auf Cortina!

Info

Talort: Cortina, 1211 m

Ausgangspunkt: Parkplatz Rif. Col Tondo (Talstation Sessellift), 1429 m

Karten: Tabacco Nr. 03, Cortina d'Ampezzo; Kompass WK 55, Cortina d'Ampezzo

Anreise: Vom nördl. Rand von Cortina biegt man östlich nach Chiave ab, vorbei am Krankenhaus auf einer Schotterstraße bis zur Talstation des Liftes beim Rif. Col Tondo.
Zustieg und Route: Vom Parkplatz folgt man dem Weg 204, bis man auf den Forstweg trifft, der von der Bergstation kommt. Diesem folgt man nach links, tlw. absteigend kommt man zu einer Abzweigung („Terza Cengia"). Dort auf dem Steig rechts hinauf (etwas mühsam), bis zum Beginn des „dritten Bandes". Auf dem Bandsystem immer leicht ansteigend aufwärts (A/B, Stellen B). Nach einer Schluchtquerung folgt eine ungesicherte, ausgesetzte Rampe (1). Danach leicht (A/B) bis zu einer Scharte unter dem Gipfel (von dort kurze Gipfelbesteigung). Kurz absteigend und rechts querend erreicht man die Forc. Zumèles (2072 m), von dort auf dem Weg 204 hinunter zum Rifugio Col Tondo.
Ausrüstung: Klettersteigausrüstung; für Schwächere Sicherungsseil. **Bemerkung:** Bei Nässe und Schneeresten heikel! Gut mit der Ferrata Michielli A. Strobel kombinierbar.

mäßig schwierig 1,7

- Schön
- Mittel
- Diff. B u. I
- 5½ Std.
- 1000 Hm
- 500 Hm 2 Std.
- 1 ½ Std.
- 2 Std.
- S
- ab 14 J.
- Juli - Okt.
- 2301 m

P N 46.55400 E 12.14736

E N 46.57082 E 12.144978

Gehzeiten/Time

Rif. Tondo - Einstieg: 1½ Std.
Einstieg - P. Erbing: 2 Std.
P. Erbing - F. Zumèles.: 1 Std.
F.Zumèles - Rif. Tondo: 1 Std.

English Version

This ledge tour is commonly called a stroll. The gradient third ledge offers a partially rather exposed hike or climb to Punta Erbing. From the summit you have a great view of Cortina!

Route: From Rif. Col Tondo first go in the direction of the top station, then take path 211 on your left as far as to turn-off „Terza Cengia" where you turn right to get to the beginning of climb. The tour is especially precarious when wet or icy! From Forc. Zumèles you have to take path 204 to descend to the hut.

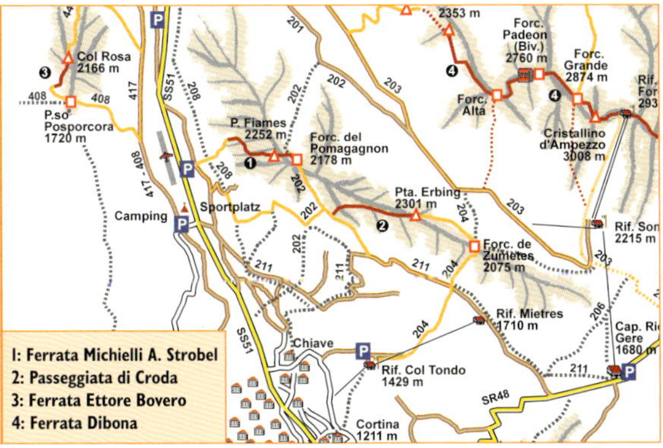

B8 Via ferrata Ettore Bovero Ampezzaner Dolomiten

Schöne Ferrata auf einen freistehenden Felspfeiler — **Col Rosa, 2166 m**

Cortina d'Ampezzo und Sorapis

schwierig 1,7

- Sehr schön
- Gut
- Diff. C/D u. I-
- 5 Std.
- 870 Hm
- 220 Hm 1½ Std.
- 1¾ Std.
- 1¾ Std.
- S
- ab 13 J.
- Juni - Okt.
- 2166 m

P N 46.593021 E 12.113543

E N 46.584203 E 12.096248

Gehzeiten/Time

Parkplatz - Einstieg: 1¾ Std.
Einstieg - Gipfel: 1½ Std.
Gipfel - Parkplatz: 1¾ Std.

Besonderheiten: Sehr schöner Klettersteig auf einen freistehenden Felspfeiler vor Cortina d'Ampezzo. Die Ferrata hat einige schwere Passagen, die nur mit Hilfe des Stahlseils bzw. daneben kletternd bewältigt werden können. Ausgesetzte Passagen im oberen Teil und eine luftige Querung zeichnen diesen guten Eisenweg aus. Vom Gipfel genießt man die herrliche Rundumsicht auf Neunerspitze, Tofana, Cristallo und Antelao. Durch den moderaten Zustieg, die im Vergleich zu den anderen Dolomiten Klettersteigen geringe Gipfelhöhe und die südseitige Lage, auch als ausgefüllte Nachmittagstour geeignet.

Info

Talort: Cortina, 1211 m

Ausgangspunkt: Parkplatz Fanestal, 1300 m

Karten: Tabacco Nr. 03, Cortina d'Ampezzo; Kompass WK 55, Cortina d'Ampezzo

Anreise: Von Cortina fährt man in Richtung Norden auf der Straße Podestagno/Toblach bis nach dem alten Flugplatz links eine Straße abzweigt, an deren Ende ein Parkplatz ist. Kommt man von Norden, zweigt man vor dem Flugplatz (breites Tal nach einem Serpentinenstück) rechts ab.

Auf dem flachen Gipfelplateau

Glatte Wand vor der ausgesetzten Querung

Zustieg: Vom Parkplatz folgt man dem Forstweg links zu einer Brücke, dann auf der anderen Flussseite wieder in südlicher Richtung bis zu dem Weg, der zum Posporcorapass abzweigt (Weg Nr. 408). Dem Weg aufsteigend bis zum bewaldeten Posporcorapass (1720 m) folgen, dann rechts abbiegen (Schild). Über einen sehr steilen Steig durch eine Latschenzone aufwärts unter die Felswände, bis man zum Einstieg des Klettersteiges nach der kleinen Höhle kommt.

Route: Vom Einstieg auf dem Latschenfeld über eine steile Wandstufe (B/C) auf einen Absatz und nach links, dann wieder gerade und mit leichter Kletterei (I-, nicht versichert) zur nächsten steilen Stufe. Dort sehr steil, wie in einer Rinne aufwärts (C/D, Schlüsselstelle des Klettersteiges) zu einer leichten Querung (A). Danach über eine Blockrinne (B/C; am besten ausspreizen), in steileres, plattiges Gelände (C) zu dem originellen und sehr luftigen Linksquergang (C). Nach dieser Hangelpassage gerade aufwärts, über einen Blockgrat (B/C) in leichteres, gestuftes Gelände und bis zum Ende der Seilsicherungen. Ein Gehstück, dann kurz versichert (A) weiter bis man auf dem breiten Schuttplateau unterhalb des Gipfelblocks steht. Man geht im Zickzack auf eine Rinne im Gipfelaufbau zu (blasse Markierung) und steigt in dieser weiter. Diese Rinne ist nur mit Klammern gesichert (also kein Sicherungsseil) und mündet auf das Gipfelplateau, wo auch der Kletter-

Etwas Klettererfahrung schadet nicht

English Version

Ferrata Ettore Bovero is a very nice fixed rope route onto a free-standing pillar of rock close to Cortina d'Ampezzo. An exposed traverse and other steep passages in the upper part characterize this route. Enjoy the most impressive panorama on the summit.

Route: Follow the forest path to a bridge on the left. On the other side of the river head southward to trail No. 408. Follow this trail up to Posporcora pass and turn right (sign). Ascend a very steep path through a zone of mountain pines until you reach the beginning of the climb after a small cave. Route see topo. From the summit follow the marks (trail 447) northward across the plateau and descend through a forest of mountain pines passing old emplacements. Descend eastward until you reach the forest path beside the river.

Auf dem flachen Gipfel des Col Rosa

steig endet. Dort geht man nach rechts und erreicht in wenigen Schritten den höchsten Punkt - Col Rosa - mit einem Holzkreuz.

Abstieg: Vom Gipfel zuerst den Markierungen (Weg 447) in nördlicher Richtung über das Plateau folgen und über Latschenfelder - vorbei an alten Stellungen - absteigen. Später dann östlich hinunter, bis man wieder auf den Forstweg neben dem Fluss gelangt. Entlang des Flusses, wie beim Zustieg, zurück zum Parkplatz auf der anderen Flussseite.

Bemerkung: Auf dem Gipfelplateau finden viele Kletterer nicht sofort den Abstieg! Man hält sich nördlich und folgt den Steigspuren (vorbei am Ausstieg des Klettersteiges), später trifft man auch auf Markierungen. Östlich des Flugplatzes führt die etwas leichtere Ferrata Michielli Albino Strobel auf die Punta Fiames (C, 450 m, 1050 Hm; siehe Karte). Als schöne Vormittagstouren würden sich auch die kurzen Klettersteige bei den Faneswasserfällen anbieten. Vom selben Ausgangspunkt beim Parkplatz Fanestal in ca. 45 Min. entlang des Fanesbaches zum unteren Fanesfall (den ersten der beiden Klettersteige) bei der Ponte Alto (1460 m) aufsteigen.

Ausrüstung: Komplette Klettersteigausrüstung und Helm.

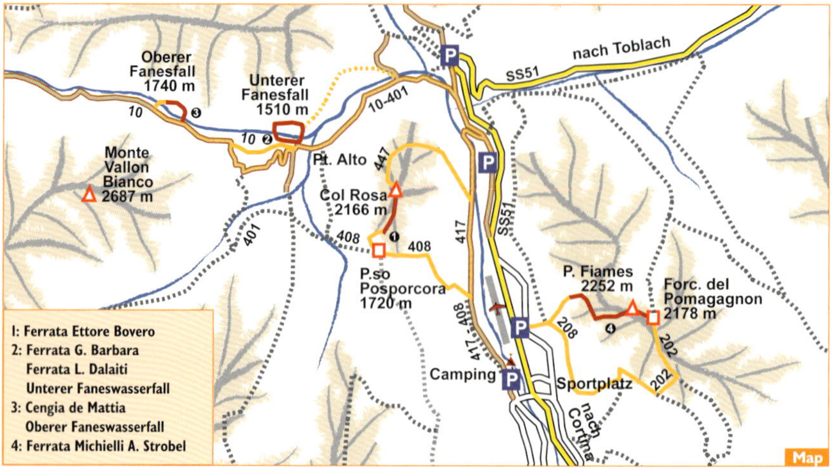

Zustieg zum Posporcorapass, die Ferrata und ein Teil des Abstieges

Beim Einstieg

Auf dem Posporcorapass

Topo

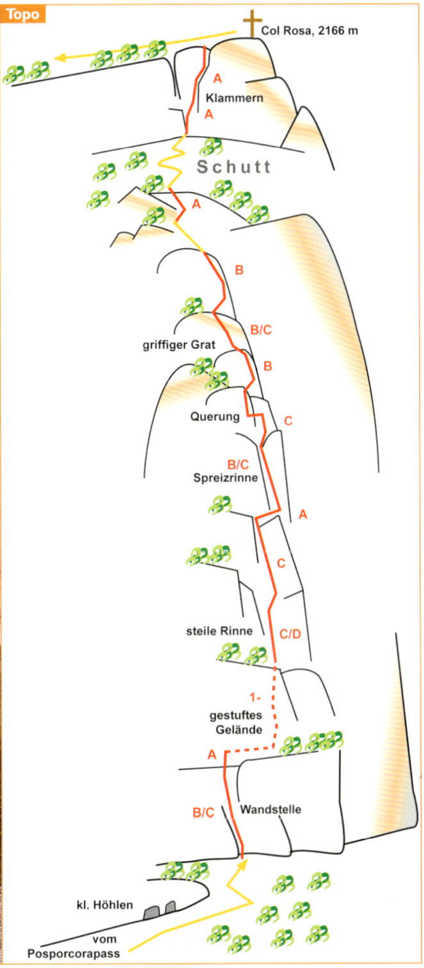

B9

Via ferrata Formenton Ampezzaner Dolomiten

Der Tofana-Gipfelhüpfer mit langer Abstiegsvariante

Tofana di Dentro, 3236 m

Zackengrat zwischen den Gipfeln

mäßig schwierig 2,2

Sehr schön

Sehr gut

Diff. B/C

4½ Std.

▲ 290 Hm
▼ 1050 Hm

300 Hm
3½ Std.

10 Min.

1 Std.

S, N, O

ab 12 J.

Juli - Sept.

3236 m

P N 46.545152 E 12.13161

E N 46.56357 E 12.07042

Gehzeiten/Time

T. Mezzo - T. Dentro: 1½ Std.
T. Dentro - Steigende: 2 Std.
Steigende - Ra Vales: 1 Std.
Station Ra Vales - Rif. Dibona: 1¾ Std.

Besonderheiten: Ein richtiger „Gipfelhüpfer“ hoch über Cortina - von der Bergstation der berühmten Tofanabahn verbindet dieser Eisenweg die beiden Tofanagipfel. Als Seilbahntour auch für Einsteiger interessant, die landschaftlichen Reize kommen aber erst so richtig beim langen Abstieg auf dem Grat zur Station Ra Vales zur Geltung. Viele besteigen aber als Nachmittagstour nur die beiden Tofanagipfel und klettern auf der Steiganlage wieder zur Seilbahn zurück. Steigt man aber von Ra Vales zu Fuß auf, ist das Highlight sicher die Talfahrt, bei der man dann verschwitzt, eingepfercht in der engen Gondel zusammen mit den Schickimicki-Touristen wieder nach Cortina schwebt.

Info

Talort: Cortina d'Ampezzo, 1211 m

Ausgangspunkt: Parkplatz beim Rifugio Angelo Dibona, 2037 m

Karten: Tabacco WK 03, Cortina d'Ampezzo; F&B, WKS 10; Kompass WK 55

Anreise: Von Norden: Über Lienz oder Brixen nach Toblach. Dort nach Süden abbiegen und auf der Staatsstraße 51 nach Cortina d'Ampezzo. In Cortina gibt es beim Stadion einen großen Parkplatz, von dort in wenigen Minuten zur Seilbahn. Alternativ kann man auch bis kurz vor die Station Col Druscie (1779 m) mit dem Auto fahren.

Mit Kind und Kegel zum Alpini Biwak

Aufstieg Tofana di Dentro

Zustieg: Von der Bergstation der Tofana di Mezzo: Man folgt dem Weg zum Tofanagipfel, bis in einer Scharte rechts der Klettersteig zur Tofana di Dentro abzweigt (~ 10 Min.; N 46.55162, E 12.06627). **Von der Station Ra Vales:** Zuerst vorbei an einem Sessellift und auf dem Steig im Bereich der Skipiste absteigen, bis man zur Wegkreuzung mit dem Weg 407 gelangt. Dort steigt man links unter den Abbrüchen der Tofana höher, bis man auf 2550 m die Abzweigung zum Bivacco degli Alpini erreicht. Erneut links, dem Steig folgend erreicht man einen Gratausläufer mit Stellungen. Nach einem kurzen Stollen trifft man auf die ersten Seilsicherungen (2710 m; ca. 1½ Std. ab Station Ra Vales).

Route: Von der Bergstation der Tofana di Mezzo: Von der Scharte vor dem Tofana Gipfel eine lange, nach unten hin steiler werdende Rampe (A unten A/B) absteigen, bis man in eine Scharte kommt (dort zweigt westlich der heikle Abstieg zum Rif. Giussani ab). Danach über einen Grat (A/B), der bald recht luftig wird, und über schöne Gratzacken (B/C) erreicht man erneut Gehgelände. Auf einem Band kommt man zu einer Wandstufe (A/B), nach dieser erreicht man deutlich steiler (B) alte Stellungen. Weiter über eine Rampe (A), im Zickzack steiler (A/B) aufwärts, bis man über ein gestuftes Rampensystem (A, am Ende kurz A/B) den Gipfel der Tofana di Dentro erreicht. **Weiterweg zur Station Ra Vales:** Man folgt dem Grat in Richtung Norden und steigt dann über einen sehr

Langer Schottergrat beim Gipfel

English Version

As a real „summit jumper" high above Cortina this via ferrata connects both Tofana summits from the top station of the famous Tofana cable car. As a cable car tour it is also interesting for beginners, however, only the long descent to Ra Vales station on the ridge really shows the attractive landscape to advantage. A lot of people only climb both of the summits in one afternoon and return to the cable car on the fixed rope route.

Route: From the top station take the path in the direction of Tofana di Mezzo. The fixed rope route, on which you reach Tofana di Dentro, begins on the right side of a gap (see topo). From the summit you can either take the fixed rope route back to the cable car or descend to Ra Vales station past Bivacco Alpini.

Ende/Anfang bei der Scharte hinter der Seilbahn

Bivacco degli Alpini, 2922 m, spartanisch eingerichtete Notunterkunft auf dem Grat zwischen Formenton und Tofana di Dentro.

Map/Karte
Siehe Ferrata Giovanni Lipella.

breiten und fast nicht enden wollenden Schuttrücken abwärts. Nach einer Schuttkuppe (dort wird gerne gerastet, wenn auf dem Gipfel das Wetter nicht so gut ist) wird der Grat schmaler und man steigt rechts auf ein Bandsystem mit Stellungen etwas unterhalb des Grates ab (Markierung beachten!). Dort ist das Bivacco Alpini, es sieht aus wie eine alte Stellung mit Holzwänden. Wenn man nicht darauf achtet, läuft man daran vorbei. Nach dem Biwak erreicht man wieder einen Schuttrücken, der hinunter zum Grat führt. Deutlich schmaler und mit Drahtseilhilfe (A) gelangt man in eine Scharte. Dort rechts dem Steig folgen, bis man nach einigen versicherten Stellen (A, 2710 m) zu Stellungen mit einem Durchschlupf kommt.

Abstieg: Auf dem Steig weiter bis zur Weggabelung (2550 m), dort rechts auf dem Weg 407 in Richtung Seilbahn. Im Bereich der Piste steigt man rechts zur Seilbahn (Ra Vales) auf. Klettert man von der Tofana di Dentro wieder zur Bergstation retour, fährt man mit der Seilbahn ins Tal. Der Abstieg zum Rif. Giussani (siehe Topo und Ü-Bild) ist heikel und sollte nur von erfahrenen Bergsteigern gemacht werden!

Ausrüstung: Komplette Klettersteigausrüstung und Helm.

Bemerkung: Sowohl bei der langen Variante von der Station Ra Vales, als auch beim reinen Gratklettersteig zwischen den beiden Gipfeln sollte man auf stabiles Wetter achten.

Nach dem Zackengrat (Mezzo Rampe)

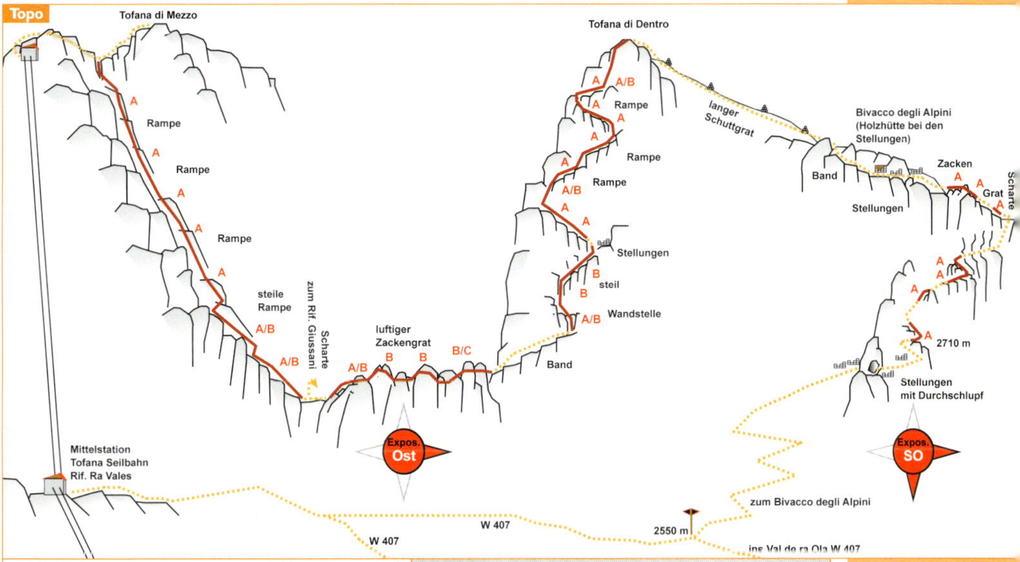

Map/Karte
Siehe/look Ferrata Giovanni Lipella.

Ferrata G. Olivieri/Gianni Aglio Amp.Dolomiten

Sehr schwere Klettersteigkombination auf einen 3000er — **Tofana di Mezzo, 3244 m**

Variante auf den Torre Aglio

sehr schwierig 2,5

- Sehr schön
- Gut
- Diff. D
- 9½ Std.
- 1250 Hm
- 580 Hm 5½ Std.
- 1 Std.
- 3 Std.
- S
- Nein
- Juli - Sept.
- 3244 m

P N 46.532886 E 12.070284

E N 46.53742 E 12.07306

Gehzeiten/Time

Rif. Dibona - Einstieg: 1 Std.
Einstieg - P. Anna: 1½ Std.
P. Anna - Rif. Dibona: 2 Std.
P. Anna - Bus d. Tofana: 1½ Std.
Bus d. Tofana - Dibona: 2 Std.
Bus d. Tofana - Gipfel: 1½ Std.

Besonderheiten: Eine der großartigsten Ferrata-Touren in den Dolomiten ist die Verbindung der Ferrata Giuseppe Olivieri mit der Ferrata Gianni Aglio. Der Eisenweg führt über die Südkante der Tofana empor und kann an mehreren Stellen abgebrochen werden. Den sportlichen Höhepunkt bildet der Torre Aglio mit einem extrem luftigen Quergang und der Gipfelvariante. Den Einstieg erreicht man von der Station Ra Vales der Tofana-Seilbahn oder vom Rif. Dibona aus.

Info

Talort: Cortina d'Ampezzo, 1211 m

Ausgangspunkt: Parkplatz beim Rifugio Angelo Dibona, 2037 m

Karten: Tabacco WK 03, Cortina d'Ampezzo; F&B, WKS 10; Kompass WK 55

Anreise: Von Norden: Über Lienz oder Brixen nach Toblach. Dort nach Süden abbiegen und auf der Staatsstraße 51 nach Cortina d'Ampezzo. Von Süden: Über Vittorio-Veneto nach Cortina d'Ampezzo. Von Cortina Richtung Passo Falzàrego und bis zur Abzweigung der Zufahrtsstraße zum Rifugio Dibona fahren. Über diese steile, schmale Straße (zuletzt Schotter) bis zum Parkplatz bei der Hütte.

Zustieg: Auffahrt mit der Tofana-Bahn bis zur Station Ra Vales und über den Sentiero

Luftige Querung um den Torre Aglio

Eindrucksvolle Bänder im unteren Teil

Olivieri zum Rif. Pomedes absteigen (1 Std.) und von dort hinauf zum Einstieg; oder vom Rif. Dibona zum Rif. Pomedes, dort links weiter zur Bergstation des Liftes und zum Einstieg (beschildert und schwach markiert, 1 Std.).

Route: Giuseppe di Olivieri (C/D): Vom Einstieg klettert man kurz gerade empor (C) und einen langen Linksquergang zum Südgrat (A und B). Im Bereich des Grates - immer kleinere steile Stufen (bis C) - hinauf zur Punta Anna; vor dem Gipfel wird es kurz steiler (C/D und C). Es folgt ein Gehstück auf einem flachen Grat zum Torre Pomedes III. Bei der Scharte (ca. 2950 m) gibt es eine Fluchtmöglichkeit ins Val Vallon/Rif. Dibona (versichert). Den Torre Pomedes überwindet man über eine Rampe (B), die unter dem steilen Gipfel nach rechts (A) zu einem Geröllgrat zieht. Von dort führt rechts der Weg zur Station Ra Valles bzw. zum Abstiegssteig Sentiero Giuseppe Olivieri. **Gianni Aglio (D):** Man hält sich links und steigt über Geröll und Schrofen wieder zum Südgrat auf. Ein Felskopf mit einer Leiter (A/B) und anschließender Wandstelle (A/B) führt zum Torre Aglio. Dann sehr schwierig aufwärts (C/D), bis es leichter wird und nach rechts geht, wo man auf den Gipfel des Torre Aglio (D) kommt; man muss wieder über den Aufstiegsweg abklettern! Der eigentliche Steig quert extrem exponiert nach Osten um den Torre Aglio herum (C/D) und führt auf die Felsbrücke des Bus de Tofana (2910 m). Fluchtmöglichkeit vom

Leiter auf dem Grat nach dem Torre Pomedes II

English Version

Great ascent on the Tofana combining two Via Ferrate following the south ridge up to Punta Anna, Torre Pomedes and the highlight is the needle of Torre Aglio with a very exposed traverse. Continue up to Tofana di Mezzo (3244m).

Route: Either go up by cable car to station Ra Vales and descend along Sentiero Olivieri to Rif. Pomedes (1 h) or walk up from Rif. Dibona to Rif. Pomedes and further up (signpost) passing the top station of a drag lift to the beginning of the route. Route see topo. Descent: By cable car to Cortina or Ra Vales and descend via Sent. Olivieri to Rif. Dibona.

Auf dem Grat Torre Pomedes II; unten die 5 Torri

Rifugio Angelo Dibona, 2037 m, privat; Juni - Sept. bew. Tel: +39 0436 860294. **www.dolomiti.org**

Rifugio Pomedes, 2203 m, Privat; ganzjährig bew. Tel: +39 0436 862061. Info: www.rifugiopomedes.dolomiti.org

Bus de Tofana (A/B, ein extrem steiles Geröllfeld). Auf dem Weiterweg (**Ferrata Tofana Mezzo**) kommt man zwischen Lawinenverbauungen zu einer Felsstufe (C), einer Leiter (B) und gestuft und rot-weiss-rot markiert zum Gipfel der Tofana di Mezzo.

Abstieg: 1.) Am sinnvollsten mit der Seilbahn nach Ra Vales und über den „Sentiero G. Olivieri" (B) zurück zum Rif. Dibona (2 Std.). 2.) Man kann auch über die Via ferrata Formenton (B/C) auf die Tofana di Dentro, und von dieser über das Alpini Biwak zur Station Ra Valles absteigen (extrem lang, nur etwas für Konditionstiger bei sicherem Wetter, ca. 4 bis 6 Std.). 3.) Notfalls kann man über einen alten, nicht gewarteten alpinen Steig westseitig zum Rif. Giussani absteigen (heikel!!!) - dafür muss man in die Scharte zwischen Tofana di Mezzo und Tofana di Dentro (man klettert anfangs ein Stück auf der Ferrata Formenton hinab zur Scharte, Schild). 4.) Man kann auch den oberen Teil zum Bus de Tofana zurückklettern und über eine anfangs sehr steile (Trittsicherheit) Schutthalde absteigen (3 Std.).

Bemerkung: Sehr lange Klettersteigkombination auf einen 3000er! Die Route ist als sehr schwer (C/D) einzustufen; ebenso die Gipfelvariante auf den Torre Aglio (D) und sollte nicht unterschätzt werden.

Ausrüstung: Komplette Klettersteigausrüstung, Klettersteighandschuhe, unbedingt Helm!

Unterer Teil der Ferrata G. Olivieri

Ferrata G. Olivieri/Gianni Aglio

1: Ferrata Olivieri, 2: Ferrata Aglio, 3: Sent. Olivieri, 4: Sent. Astaldi

Auf der Ferrata Gianni Aglio

Topo

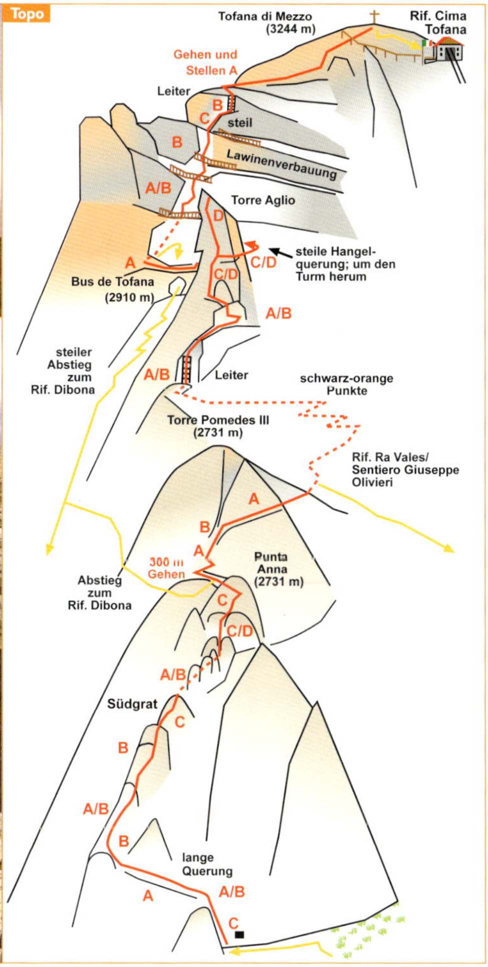

Map/Karte

Siehe/look Ferrata Giovanni Lipella.

Sentiero Giuseppe Olivieri Ampezzaner Dolomiten

Der klassische Verbindungsklettersteig über Cortina

Ra Vales, 2470 m

Die kurze Leiter im oberen Teil

mäßig schwierig 1,3

Schön

Sehr gut

Diff. B

4¼ Std.

800 Hm

280 Hm
1 Std.

1¼ Std.

2 Std.

S u. W.

ab 9 J.

Juli bis Oktober

2600 m

P N 46.532886
E 12.070284

E N 46.54064
E 12.07857

Gehzeiten/Time

Rif. Dibona - Einstieg: 1¼ Std.
Einstieg - Ra Vales: 1½ Std.
Ra Vales - Rif. Dibona: 1¾ Std.
Ra Vales - Forc. de Ra Vales - Pietofana - Rif. Pomedes - Rif. Dibona: 3 -3½ Std.

Besonderheiten: Klassischer „Verbindungsklettersteig" inmitten des Skigebietes der Tofana. Der Steig wird in der Regel als Abstieg von der Ferrata Giuseppe Olivieri verwendet bzw. eignet er sich auch als Zustiegsklettersteig für die Ferrata Formenton (wenn man von Rif. Dibona aus startet). Die Ferrata hat durch die beiden Leiternpassagen hoch über Cortina einen besonderen Reiz.

Info

Talort: Cortina d'Ampezzo, 1211 m

Ausgangspunkt: Mittelstation Ra Vales, 2470 m bzw. Rif. Dibona, 2037 m

Karten: Tabacco WK 03, Cortina d'Ampezzo; F&B, WKS 10; Kompass WK 55

Anreise: Siehe Ferrata Giovanni Lipella.

Zustieg: Vom Rif. Dibona zum Rif. Pomedes, von dort kurz absteigen, dann über Schutt zu der schon sichtbaren Felswand. **Im Abstieg:** Von der Station Ra Vales folgt man südwestlich dem Weg (Sentiero Olivieri) bis zu einer Abzweigung (gerade geht es zur Ferrata Giuseppe Olivieri/Gianni Aglio) und dort links hinunter zur ersten Seilsicherung (N 4 6.54451, E 12.07961).

Route: Von unten beschrieben: Auf einem Felsband (A/B und A) ansteigend, bis man vor einer Schlucht eine kurze Steilpassage (B) abklettern muss. Nach der Schluchtquerung erreicht man über leichtes Gelände (A) eine Schuttpassage (gehen) die zur langen Leiter (B) führt. Nach dieser gestuft (A/B) zum Gehgelände, über das man ein kleines Türmchen mit einer Leiter

Auf der langen Leiter, unten Cortina

Der Sentiero Giuseppe Olivieri

(A/B und B) erreicht. Eine kurze Gehpassage führt zu einem Spalt (A/B) und danach ein Bandsystem (A/B) zum Ausstieg.

Abstieg: Vom Ausstieg bei einer Weggabelung rechts zur Station Ra Vales. Dort entweder mit der Seilbahn hinunter nach Col Druscie oder Fußabstieg auf dem Weg 407 über die Forc. de Ra Vales möglich. Am einfachsten steigt man wieder über den Steig ab!

Ausrüstung: Klettersteigausrüstung und Helm, für Kinder Sicherungsseil.

Tipp: Der Steig ist auch gut mit dem **Sentiero Astaldi** (Stellen A/B, siehe Karte bei Ferrata G. Lipella) zu kombinieren, einer der ältesten Klettersteige im Ampezzaner Tal, der über ein Felsband führt, das aus roten, grauen und violettfarbenen Felsen besteht! Man kann den Astaldi vom Rif. Dibona kommend sowohl beim Zustieg als auch beim Abstieg anhängen. Ideal auch für Gehfaule – Auffahrt mit der Gondel nach Ra Vales und im Abstieg über die Ferrata und vom Rif. Pomedes weiter zur Station Col Druscie absteigen.

Rifugio/Hütte
Rif. Dibona und Rif. Pomedes (siehe Ferrata Giuseppe Olivieri/Gianni Aglio)

Map/Karte
Siehe/look Ferrata Giovanni Lipella.

Topo

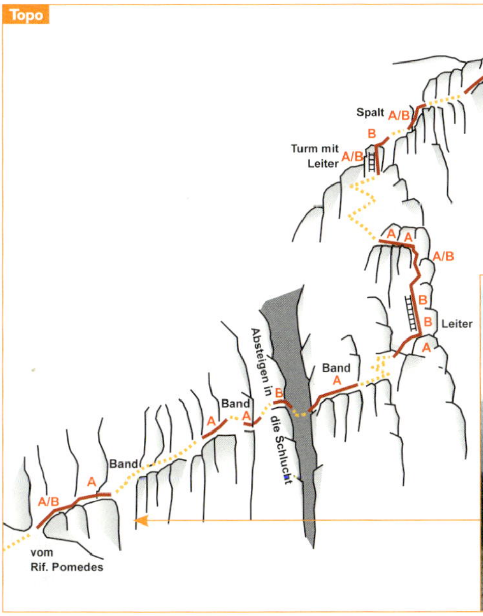

English Version

A classic „connecting route" in the middle of the skiing area of Tofana. The route is usually climbed to descend from Ferrata Giuseppe Olivieri, but is also a good access to Ferrata Formenton (when starting from Rif. Dibona). Both of its ladder passages high above cortina make it a very attractive fixed rope route.

Route: Proceeding on beautiful ledge systems, the tour connects Rif. Pomedes and Ra Vales station. Ascending from Rif. Dibona you can as well walk the easy Sentiero Astaldi (purple rocks). See map of Ferrata Lipella.

Via ferrata Giovanni Lipella Ampezzaner Dolomiten

Großartiger Klettersteig auf den freistehenden Tofana Gipfel Tofana di Rozes, 3225 m

In der oberen Schlüsselstelle

schwierig 2,3

Sehr schön

Sehr gut

Diff. C/D

7½ Std.

1500 Hm

780 Hm 3½ Std.

1½ Std.

2½ Std.

W

ab 12 J.

Juli - Sept.

3225 m

P N 46.532886 E 12.070284

E N 46.53278 E 12.04426

Gehzeiten/Time

Rif. Dibona - Einstieg: 1½ Std.
Einstieg - Tre Dita: 2½ Std.
Tre Dita - Ausstieg: 1 Std.
Ausstieg - Gipfel: ½ Std.
Gipfel - Rif. Dibona: 2½ Std.

Besonderheiten: Die 1967 eröffnete, etwa 3,3 km lange Via ferrata Giovanni Lipella auf die vordere Tofana ist ein großartiger, klassischer Dolomiten-Klettersteig. Scheinbar endlose, meist breite Felsbänder, mächtige Schluchten und ein gewaltiges Panorama mit ständigem Blick auf die Fanesgruppe sind die Merkmale des Steiges. Bevor man allerdings die tolle Aussicht genießen kann sind etwa 300 Streckenmeter bzw. 120 Höhenmeter im Berginneren zu bewältigen. Es folgen meist nach Norden abschüssige, wie Stockwerke angeordnete Bänder. Auf Steilstufen dazwischen steigt man von Etage zu Etage. Angesichts der großen Höhenlage und der im oberen Teil konzentrierten Schwierigkeiten ist es beruhigend, dass der Klettersteig über zwei Notausstiege verfügt.

Info

Talort: Cortina d'Ampezzo, 1211 m

Ausgangspunkt: Parkplatz beim Rifugio Angelo Dibona, 2037 m

Karten: Tabacco WK 03, Cortina d'Ampezzo; F&B, WKS 10; Kompass WK 55

Anreise: Von Norden: Über Lienz oder Brixen nach Toblach. Dort nach Süden abbiegen und auf der Staatsstraße 51 nach Cortina d'Ampezzo. Von Süden: Über Vittorio-Veneto nach Cortina d'Ampezzo. Von Cortina Richtung Passo Falzàrego und bis zur Abzweigung

Bandsysteme im Mittelteil der Route

Eindrucksvolle Bänder im unteren Teil

der Zufahrtsstraße zum Rifugio Dibona fahren. Über diese steile, schmale Straße (zuletzt Schotter) bis zum Parkplatz bei der Hütte.

Zustieg: Vom Rifugio Angelo Dibona: Auf dem Weg 403 ins Valón de Tofana (2120 m) aufsteigen und weiter auf dem Weg 442/404 Richtung Gallerie del Castelletto zum Beginn der Versicherungen. Vom Ra Nona (etwas längerer Zustieg): Auf dem Weg 412 ins Valón de Tofana. Weiter siehe oben.

Route: Vom Einstieg über eine Reihe aus Klammern und Leitern (A/B) in einen etwa 300 m langen Stollen. Durch den steilen Stollen aufsteigen und danach kurz abklettern (zuerst A/B, dann B). Dort befindet sich ein Notabstieg Richtung Col dei Bòs. Nach einem längeren Stück Gehgelände folgt der „offizielle" Einstieg (Einstiegskoordinaten: N46.53859, E12.04220). Gestuft (A bis A/B) geht es auf ein Band (A und Gehgelände). Die steile Schlüsselstelle (C/D, später C) und einige Felsstufen (B) führen zu einem Spreizschritt (A). Auf einem Band (meist Gehgelände, eine Stelle A/B) leicht absteigend zu einer mächtigen Schlucht (A), die am hintersten Ende gequert wird. Nach einem kurzen Stück Gehgelände folgt der nächste Aufschwung (A bis B/C). Danach geht es wieder leicht absteigend (meist Gehgelände und A) zu einem weiteren Aufschwung (A bis B/C). Abermals folgt ein Band (A bis A/B), welches zu einem schönen Rastplatz beim Felsgebilde Tre Dita

Einstieg in die Gallerie del Castelletto

Siehe DVD-ROM Tour als Film

English Version

Via Ferrata Giovanni Lipella is an apparently endless classic. Usually broad shelves, grand ravines and a phenomenal panorama with constant views of the Fanes group are the ingredients. Before you can enjoy the fantastic vista you have to cope with about 300 distance meters and 120 meters of altitude gain inside the mountain. In view of the high altitude and the difficulties concentrated at the top it is reassuring that the route has two emergency exits.

Route: Ascend trail 403 into the Valón de Tofana and follow trail 442/404 towards Gallerie del Castelletto to the beginning of the securings. Route see topo! Descend back to the branch of the trail and bear right. Descend in badly marked broken rocks terrain to the former Rifugio Cantore and follow trail 403 to the starting point.

B12 Via ferrata Giovanni Lipella Ampezzaner Dolomiten

1: Ferr. Lipella, 2: Ferr. Formenton, 3. Scala d. Menighel

Siehe DVD-ROM Tour als Film

Rifugio Angelo Dibona, 2037 m, privat; Juni - Sept. bew. Tel: +39 0436 860294. **www.dolomiti.org**

Rifugio Camillo Giussani, 2580 m, CAI Cortina; Mitte Juni – Mitte Sept. bew. Tel: +39 0436 5740.
Infos: www.caicortina.org

(2694 m) leitet. Dort befindet sich links ein Notausstieg zum Rifugio Giussani. Der Klettersteig folgt einem großen Band (Gehgelände) nach rechts. Über eine Steilstufe (B/C) ins Schrofengelände (A bis A/B) und über eine weitere Steilstufe (B/C) auf ein Band (A). Eine nahezu senkrechte Wand (C) ist die Schlüsselstelle des oberen Teils. Über einen letzten Aufschwung (B/C) wird das Ausstiegsband (A) erreicht. Man folgt dem Steig bis zu einer Weggabelung und steigt rechts weiter zum Gipfel auf.

Abstieg: Zurück zur Weggabelung und rechts hinunter. Der Abstieg erfolgt im schlecht markierten Schrofengelände zum ehemaligen Rifugio Cantore (2542 m). Auf dem Weg 403 zum Ausgangspunkt absteigen. Alternativ kann man teilweise im Geröll ablaufen.

Ausrüstung: Komplette Klettersteigausrüstung, Helm, Stirnlampe, im Frühsommer evtl. Steigeisen und Pickel.

Bemerkung: An schönen Wochenenden wird der Berg von unzähligen Klettersteiggehern gestürmt - Steinschlag. Auf sichere Wetterverhältnisse achten.

Eine der steileren Steigpassagen

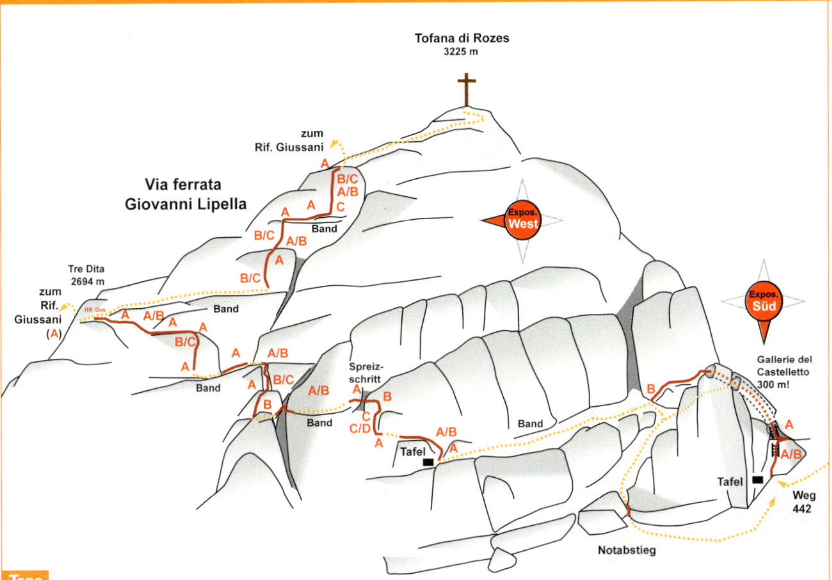

Topo

Auf dem Absatz der Tre Dita

Map

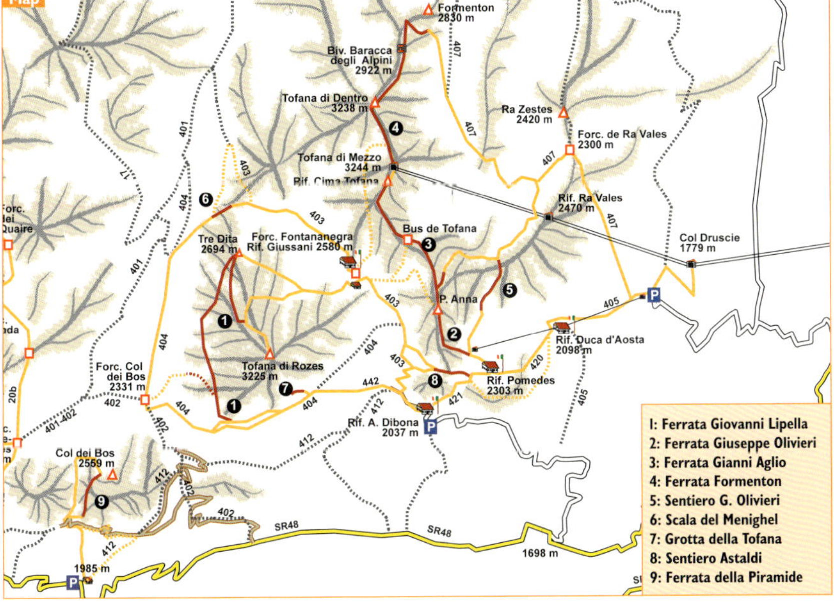

Scala d. Menighel/Grotta d. Tofana

Ampezzaner Dol.

Höhle und luftige Leiternferrata auf der Tofanarunde

Rif. Giussani, 2580 m

Die ersten Stufen der Scala del Menighel

mäßig schwierig 1,3

Schön

Gut

Diff. B/C u. B

bis 5½ Std.

bis 820 Hm

bis 70 Hm ~ 30 Min.

1 Std. - 2½ Std.

45 Min. - 2½ Std.

S u. W

ab 10 J.

Juli - Oktober

2580 m

P N 46.532886 E 12.070284

Gehzeiten/Time

Rif. Dibona - Einstieg Grotta della Tofana: 45 Min.
Rif. Dibona - Einstieg Scala del Menighel: 2½ Std.
Scala del Menighel - Rif. Giussani: 1¼ Std.
Giussani - Dibona: 1 Std.

Besonderheiten: Zwei kurze Abenteuer-Klettersteige in Verbindung mit einer Runde um die Tofana di Rozes. Genau das Richtige für nicht ganz so stabile Wetterlagen, da die einzelnen Steigabschnitte eher kurz sind. Beginnend mit einem Besuch der Südwandgrotte gelangt man über die Forc. Col dei Bos in das malerische Travenanzestal, von dem man über eine kurze, aber sehr luftige Leiternferrata zum Rif. Giussani aufsteigt, um die Umrundung durch das Tofanakar zu beenden. Landschaftlich ein eindrucksvolles Erlebnis – die Grotta della Tofana ist auch für Kinder (mit Sicherungsseil) zu empfehlen.

Info

Talort: Cortina d'Ampezzo, 1211 m

Ausgangspunkt: Parkplatz beim Rifugio Angelo Dibona, 2037 m

Karten: Tabacco WK 03, Cortina d'Ampezzo; F&B, WKS 10, Kompass WK 55

Anreise: Siehe Ferrata Giovanni Lipella.

Zustieg und Route: Vom Rifugio Angelo Dibona auf dem Weg 403/442 unter die Tofana Südwand aufsteigen, nach der Einmündung vom Weg 404 erreicht man auf dem oberen Weg (Hinweistafel) eine kaminartige Schlucht unterhalb der Südwand (1 Std.; N 46.53469, E 12.05682). Über Blockwerk zu den ersten Sicherungen. Kurze Steilstufen (A/B) und Felsbänder führen zur Grotte. In der Grotte (Stirnlampe) gibt es neben Klammern (B) auch eine Leiter (A/B), in einer Runde erreicht man den Einstieg. Über den Klettersteig wie beim Aufstieg zurück auf den Wanderweg. Auf diesem (Weg 404) weiter über die Forc. Col dei Bos ins Travenanzestal, bis man auf ca. 2090 m nach rechts auf den Weg 403 abzweigt. Dort steigt

Im oberen Teil der Scala del Menighel

Siehe auch Bild bei Ferr. G. Lipella

man, der Beschilderung folgend, zur sperrenden Felsstufe mit der Scala del Menighel auf (Beschilderung Ferr. Minighel - mit „i"; die Ferrata kann auch auf dem Weg 403 links umgangen werden; N 46.54927, E 12.04644). Über wackelige Sprossen (B) steigt man von einem Band auf das andere, die letzte, etwas ausgesetzte Leiternpassage ist die schwerste (B/C). Danach auf dem Weg (403) zwischen den beiden mächtigen Tofanastöcken bis zum Rif. Giussani, von diesem steigt man hinunter durch das Tofanakar zum Rif. Dibona.

Tipp: Wer beim Abstieg noch etwas Zeit hat, kann den **Sentiero Astaldi** noch anhängen. Ein schöner Panoramaweg (Stellen A/B) über ein Bandsystem, der unterhalb des Rif. Pomedes wieder in den Wanderweg mündet. Über den Zustand der Seile auf dem Sentiero Astaldi erkundigt man sich am besten bei der Hütte! Mehraufwand: ca. 1 - 1½ Std.

Ausrüstung: Klettersteigausrüstung, Helm und Stirnlampe, für Kinder Sicherungsseil.

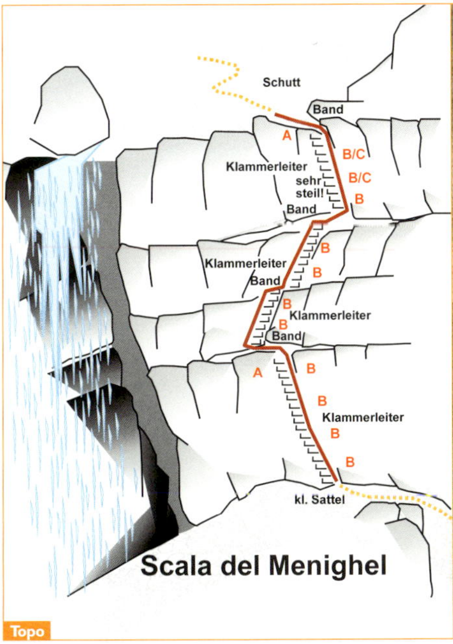

Topo

Auf dem Sentiero Astaldi (A/B)

Rifugio/Hütte
Siehe Ferrata G. Lipella

Map/Karte
Siehe/look Ferrata Giovanni Lipella.

English Version

Two short adventure routes combined with a tour around Tofana di Rozes. Starting with visiting the south face grotto (with rope securing also interesting for children) and passing Forc. Col dei Bos, you reach the picturesque Travenanzes valley from where you can ascend to Rif. Giussani on a short, but very exposed ladder route to finish the tour passing the cirque of Tofana.

Route: From Rif. Dibona on path 403/442 to path 404, which will leads you below Tofana (the Tofana grotto). After that, keep following path 404 until branching off to Scala del Minighel (Rif. Giussani; path 403) at the west face of Tofana.

B14

Ferrata Averau, Ferrata Gusela **Ampezzaner Dolomiten**

Zwei Miniferratas mit schönem Panoramablick — **Averau, 2649 m u. Nuvolau, 2574 m**

Auf der unteren Rampe - Gusela

mäßig schwierig 1,5

Schön

Sehr gut

Diff. A/B, Var. B

bis 4 Std.

bis 520 Hm

bis 140 Hm
bis 1½ Std.

bis 1½ Std.

bis 1 Std.

0

ab 10 J.

Juni - Okt.

2647 m

P N 46.51883
E 12.03810

Gehzeiten/Time

Pso. Giau - Einstieg Gusela: ¾ Std., Rif. 5 Torri - Einstieg Gusela: 1½ Std., Einstieg Gusela - Rif. Nuvolau: 1 Std., Rif. Nuvolau - Rif. Averau: ¼ Std., Rif. 5 Torri – Einstieg Averau: 1 Std., Einst. – Gipfel: ½ Std. Gipfel – Rif. 5 Torri: 1 Std.

Besonderheiten: Die Nuvolaugruppe ist zwar nicht besonders hoch, liegt aber perfekt inmitten der großartigen Dolomiten-3000er. Auf beiden Gipfeln eröffnet sich ein Panorama auf Tonfana, Cristallo, Civetta, Marmolada bis hin zur Sella. Die vielen Hütten garantieren einen gemütlichen Klettersteigtag. Die Ferrata Averau ist der leichteste Weg auf den fast unzugänglichen Averau (2649 m) und hat im Mittelteil zwei Varianten. Die schwierigere Var. hat eine spannende Schlüsselstelle, einen steilen Kamin, der - durch Klemmblöcke seitlich verschlossen - einer senkrechten Höhle ähnelt. Obwohl über den Klettersteig abgestiegen werden muss, ist diese Tour auch für Anfänger oder weniger konditionsstarke Kletterer geeignet. Die Ferrata Ra Gusela trägt zwar den Namen des benachbarten Gipfels, führt aber auf den Nuvolau (2574 m), auf dem auch ein Rif. steht.

Info

Talort: Cortina d'Ampezzo, 1211 m

Ausgangspunkt: Rif. Scoiattoli, 2255 m bzw. Rif. 5 Torri, 2137 m ; Pso. Giau, 2236 m

Karten: Tabacco WK 03, Cortina d'Ampezzo; F&B, WKS 10; Kompass WK 55

Anreise: Von Norden: Über Lienz oder Brixen nach Toblach. Dort nach Süden abbiegen und auf der Staatsstraße 51 nach Cortina d'Ampezzo. Von Süden: Über Vittorio-Veneto

Auf der kurzen Leiter - Ferrata Gusela

Der Klemmblock-Kamin - Averau

nach Cortina d'Ampezzo. Von Cortina Richtung Passo Falzàrego/Passo Giau, die Straße zum jeweiligen Pass teilt sich etwas oberhalb von Cortina. Dort entweder links (Passo Giau) oder rechts (Passo Falzàrego) und zum jeweiligen Ausgangspunkt fahren.

Zustieg: Ferrata Averau: Vom Rif. Cinque Torri auf dem Weg 439 (Fahrstraße) in die Forc. Nuvolau. Wegen der **Park- und Zufahrtsproblematik zum Rif. Cinque Torri** besser mit dem Sessellift vom Rif. Bai di Dones zum Rif. Scoiattoli und weiter auf dem Weg 439 in die Forc. Nuvolau. Vom Passo Giau: Auf Weg dem 452 in die Forc. Nuvolau. In der Scharte dem Wegweiser folgend in wenigen Minuten zum Einstieg. Einstiegskoordinaten Averau: N 46.50209, E 12.03849. Den Einstieg erreicht man auch auf dem Weg 418 vom Falzaregopass aus. **Ferrata de Ra Gusela:** Vom Rifugio Cinque Torri (dorthin in ca. 20 Min. vom Rif. Scoiattoli) auf dem Weg 443 zur Abzweigung (Tafel) und auf dem Weg 438 in 20 Minuten steil zum Einstieg hinauf. Vom Passo Giau auf dem Weg 443 zur Abzweigung des Weges 438. Einstiegskoordinaten Ra Gusela: N46.49481 E12.05160.

Route: Averau: Hinter einem Block vorbei (A) und zur Teilung der beiden Varianten (A/B). Für den Aufstieg empfiehlt sich die linke, schwierigere Variante durch einen mit Klammern versicherten Kamin (B). Anschließend auf dem Band nach rechts (A) zu einer Rinne (A/B) queren, und durch diese zum Ausstieg. Vom Ende der Versicherungen kann

Eine der steileren Averau-Passagen

English Version

Nuvolau group is not particularly high but is perfectly situated in the midst of great 3000-meter peaks. From both summits you can enjoy a perfect panorama. Many huts guarantee an unhurried day. Ferrata Averau has two variants: The more difficult variant has an exciting key of climb, a steep chimney, which – locked by chockstones laterally – resembles a vertical cave. Although the ferrata has to be descent it is suitable for beginners. Ferrata Gusela carries the name of the neighbouring summit but leads onto Nuvolau.

Route: Averau: Ascend to Forc. Nuvolau and follow the signpost. Route see topo. Descend the way you came. Gusela: Follow trail 443 and 438 to the beginning of the climb. Route see topo. Descend to Forc. Nuvolau and back to the starting point.

Ferrata Averau, Ferrata Gusela Ampezzaner Dolomiten

Auf dem Gipfelgrat kurz vor dem Rifugio Nuvolau

Rifugio Cinque Torri, 2137 m, privat; bew. Tel: +39 0436 2902. Infos: www.cinquetorri.it

Rifugio Averau, 2416 m, privat; Mitte Juni - Ende Sept. bew. Tel: +39 0436 4660 **www.dolomiti.org**

Rifugio Scoiattoli, 2255 m, privat; Tel. +39 0436 867939 **www.dolomiti.org**

Rifugio. Nuvolau, 2574, CAI; Mitte Juni – Ende Sept. bew. Tel: +39 0436867938. Infos: www.nuvolau.com

der Gipfel in 20 Minuten im unmarkierten Gehgelände mit leichten Kletterstellen (I) erreicht werden. **Ra Gusela:** Von der kleinen Scharte des vorgelagerten Turmes kurz (A) zur Rampe dem eigentlichen Steigbeginn aufsteigen. Über die Rampe mit einer kleinen Leiter (alles A) zum Plateau und zu Fuß zum Gipfelgrat, 2551 m, N46.49474 E12.04661. Über diesen Grat (A) zum Rif. Nuvolau (1 Std.).

Abstieg: Averau: Über die leichte Variante des Klettersteiges (A/B) und weiter auf dem Aufstiegsweg. **Ra Gusela:** Vom Rif. Nuvolau auf dem Weg 439 zum Rif. Averau in der Forc. Nuvolau (15 Min.) und weiter (Weg 439) zum Rifugio Cinque Torri.

Ausrüstung: Komplette Klettersteigausrüstung, Helm.

Bemerkung: Beide Steige kann man verbinden! Dies tut man am besten vom Pso. Giau aus, überschreitet den Nuvolau Gipfel und steigt dann auf den Averau. Das 1883 erbaute Rif. Nuvolau ist eine der ältesten Dolomitenschutzhütten. Straße zum Rif. Cinque-Torri im Sommer von 10 - 17 Uhr Fahrverbot, oben nur wenige Parkplätze!

Bandsysteme in der Ferrata Averau

Ferrata Averau, Ferrata Gusela

Topo

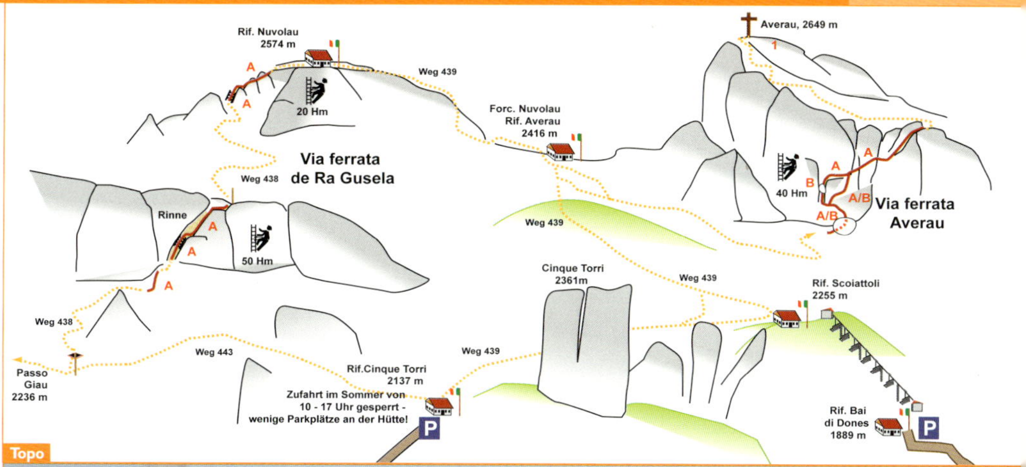

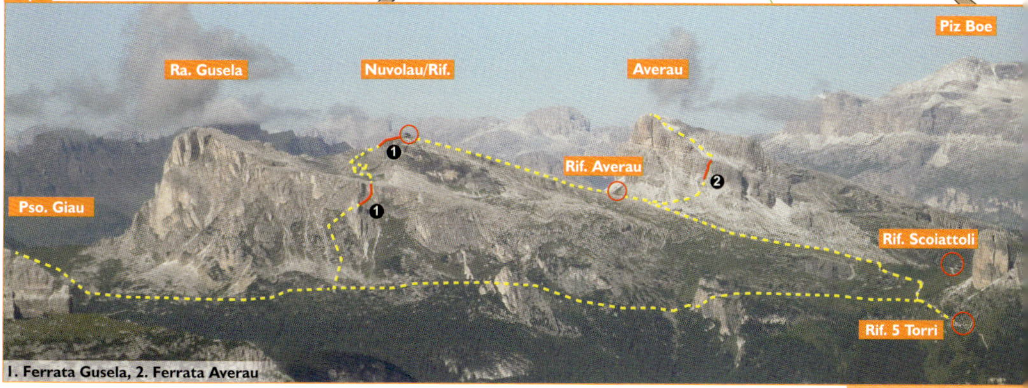

1. Ferrata Gusela, 2. Ferrata Averau

Map

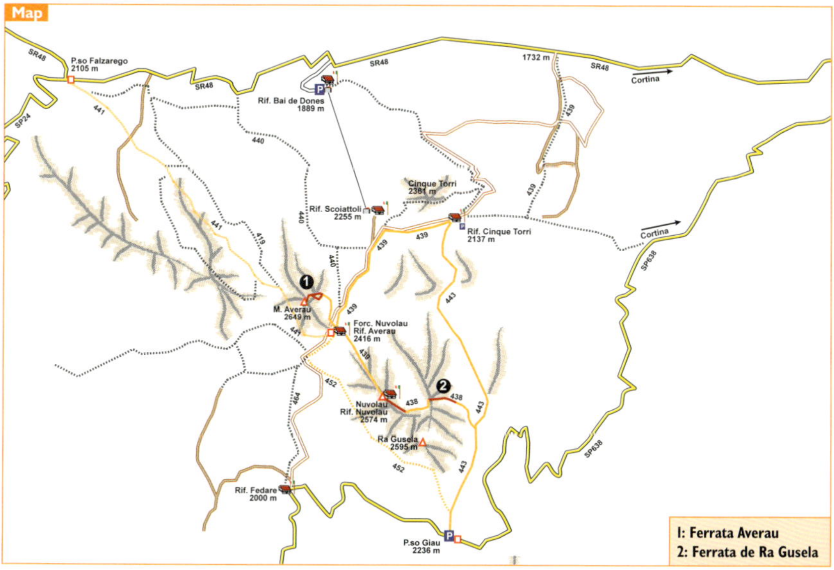

1: Ferrata Averau
2: Ferrata de Ra Gusela

Vie ferrate Cascata Rio di Fanes Fanesgruppe

Die Wasserspiele am Rio di Fanes — **Cengia de Mattia, 1740 m**

Direkt hinter dem tosenden Bach - Ferrata G. Barbara

mäßig schwierig 1,6

- Schön
- Gut
- Diff. B/C
- bis 4 Std.
- 440 Hm
- ca. 60 Hm ca. 35 Min.
- 45 Min. - 1½ Std.
- 30 Min. - 1¾ Std.
- 0
- ab 10 J.
- Juni - Okt.
- 1740 m

P N 46.593021 E 12.113543

Gehzeiten/Time
Auto - Unt. Fanesfall: 45 Min.
Unt. Fall - Ob. Fall: 50 Min.
Ob. Fanesfall - Auto: 2 Std.

Besonderheiten: Zwei kurze und nicht allzu schwere Abenteuer-Ferratas im Einzugsgebiet von Cortina. Bei beiden Steigen steigt man direkt hinter den tosenden Fluten des Fanesbaches vorbei und klettert danach kurze Steilpassagen zum jeweiligen Ausstieg. Gut mit einer Mountainbiketour oder Wanderungen zur Fanesalpe zu verbinden. Auch für Kinder interessant; die unerfahrenen Kinder nimmt man aber an ein Sicherungsseil. Die rutschigen Felsen sind nicht jedermanns Sache. Klassische Hochsommertouren, die im Frühjahr wegen des fast doppelt so starken Schmelzwassers gefährlich sind.

Info

Talort: Cortina, 1211 m

Ausgangspunkt: Parkplatz Fanestal, 1300 m

Karten: Tabacco Nr. 03, Cortina d'Ampezzo; Kompass WK 55, Cortina d'Ampezzo

Anreise: Von Cortina in Richtung Toblach, nach dem Ghf. Fiames zweigt links eine Straße zum „Fanes Naturpark“ und Parkplatz ab. Etwas oberhalb kann man auch auf einem großen Parkplatz in der ersten Kehre parken (vom oberen Parkplatz steigt man auf dem Forstweg zum Fanesbach hinunter).

Zustieg: Man folgt dem breiten Wanderweg (10-401) entlang des Fanesbaches, bei einer Abzweigung nach rechts in Richtung Fanesalm, bis man nach einer Schluchtbrücke (Ponte Alto) zu Bänken in einer Kehre kommt. Dort ist der Einstieg zum unteren Klettersteig (Wegweiser; 1510 m; N 46.59381, E 12.08490; vom Auto ca. 45 Min.). Zum oberen Wasserfall folgt man ca. 45 Min. dem Weg Nr. 10 in Richtung Große Fanesalm bis zu einem Wegweiser (1740 m; N 46.59405, E 12.06909) und zweigt rechts zum Einstieg ab.

Unter dem Fall Cengia de Mattia

Route: **Unterer Wasserfall** (Ferrata Giovanni Barbara/Lucio Dalaiti): Man folgt einem leichten

Der obere Faneswasserfall mit der Ferrata

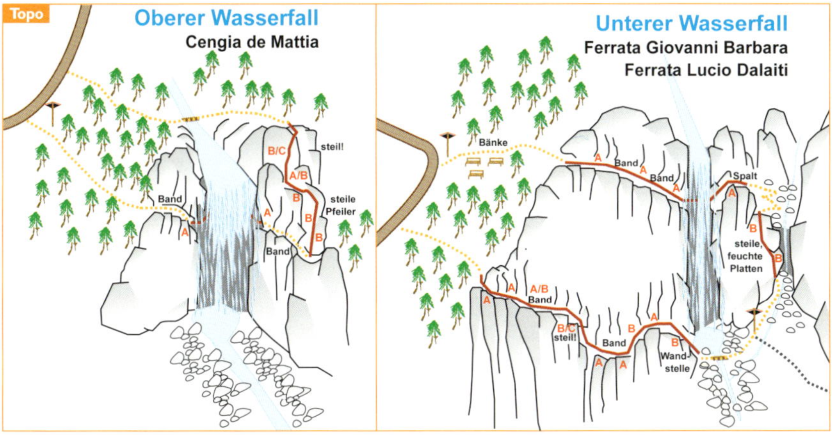

Band (A) bis zum Faneswasserfall. Dahinter vorbei und kurz zu einem Spalt (A), danach zu einer breiteren Rinne hinüber. Absteigend erreicht man eine oft feuchte Steilstufe (B), die man abklettert. Unten zweigt ein Weg ab, man quert aber den Bach und steigt auf der anderen Seite steil (B) auf ein Bandsystem (A und B). Auf dem Band gibt es eine kurze steile Stufe (B/C), nach dieser auf leichtem Band (A/B) zum Ausstieg und anschließend auf dem Steig zur Forststraße. **Oberer Wasserfall** (Cengia de Mattia): Vom Forstweg auf einem Band bis zum Wasserfall. Hinter dem breiten Wasserschwall vorbei (A) und auf einem feuchten Band zu einem trockenen Platz. Dort steil (B oben B/C) über eine Art Pfeiler hinauf zum Ausstieg. Danach durch Latschen dem Bach entlang, über eine Brücke und zur Forststraße.

Abstieg: Wie Aufstieg über den Forstweg.

Ausrüstung: Klettersteigausrüstung und Helm.

Unterer Faneswasserfall

English Version

Two adventure ferratas in the catchment area of Cortina that are not very difficult. On both routes you pass directly behind the roaring Fanes creek and afterwards climb short steep passages to each of the exits. They can be easily combined with a mountain bike tour or hikes to Fanes alp. Classic mid summer tours that are dangerous in spring due to nearly twice the amount of meltwater.

Route: From the parking area in Fanes valley follow path 10 along Fanes creek. After Ponte Alto bridge you will find Ferrata G. Barbara (1510 m). Further up you get to Ferrata Cengia de Mattia (1740 m, 45 minutes from Ponte Alto). The fixed rope routes are always done as a short tour – see topo.

Map/Karte

Siehe/look Via ferrata Ettore Bovero (B8)

Via ferrata Furcia Rossa Fanesgruppe

Der Friedensweg auf die Furcia Rossa III

Furcia Rossa III, 2794 m

Auf dem Gipfel der Furcia Rossa III

schwierig 2,1 3 2 1

★★★★	Sehr schön
XXX	Gut
Diff.	C
⏱	7 - 8 Std.
Hm	1250 Hm
	300 Hm 1½ Std.
	3½ Std.
	3 Std.
	NW
	ab 14 J.
	Juli - Sept.
	2794 m

P N 46.55979 E 11.98159

E N 46.58009 E 12.03897

Gehzeiten/Time

Rif. Alpina - Einstieg: 3½ Std.
Einstieg - Ausstieg: 1½ Std.
Ausstieg - Rif. Alpina: 3 Std.

Besonderheiten: Klassische und sehr eindrucksvolle Kriegsferrata an der Südwestflanke der Furcia Rossa, die ein Teil des sog. Friedensweges ist. Die Tour verläuft auf alten Kriegspfaden, die teilweise recht kühn in den Berg gehauen wurden. Das vertikale Highlight ist eine luftige Leiternreihe an der sog. gelben Wand. Vom Tal aus eine sehr lange Unternehmung, die sehr gute Kondition erfordert. Plant man einen Stop bei der Faneshütte ein, kann man diese Prachtferrata gut mit anderen Touren kombinieren.

Info

Talort: St. Kassian, 1536 m

Ausgangspunkt: Parkplatz der Capanna Alpina, 1726 m

Karten: Tabacco Nr. 07 Alta Badia-Arabba-Marmolada; Kompass WK 55, Cortina

Anreise: Von St. Lorenzen ins Val Badia und über St. Kassian in Richtung Falzarego Pass. Nach dem Ort zweigt man vor der Sciare-Brücke (großes Schotterbett) links zum Parkplatz der Capanna Alpina ab.

Zustieg: Vom Parkplatz der Capanna Alpina quert man den langen Plan de Furcia, um dann zum Col de Lòcia (2069 m) aufzusteigen (Weg Nr. 11). Von dort erreicht man über das Tadega-Joch (2157 m, Wasserscheide) und dann leicht absteigend nach ca. 2 Std. die Große Fanesalm. Bei einer Brücke, noch vor der Hütte, zweigt rechts ein Weg (17, dann auf „VB") ab und steigt anfangs durch lichten Wald ins Vallon del Fasso an. Im Bereich einer Quelle (Schild) zweigt man rechts vor einer Steilstufe auf ein Bandsystem ab (Markierung „FR"), an dessen Ende man die ersten Sicherungen erreicht.

Letzte Leiter des Steiges

Auf der Großen Fanesalm

Route: Am Anfang der Steiganlage auf einem Band unter der Furcia-Rossa II zu den Versicherungen (2580 m). Von dort steigt man zuerst steiler gestuft (B), später auf Leitern (A/B und A) zu einem Sattel ab. Auf der Nordseite der Furcia-Rossa III erreicht man über Schrofen (A) eine Leiternreihe (A/B), die auf ein Band führt. Auf diesem nach rechts bis zu einer schwarzen, sehr steilen Wandstelle (C), nach der man in einen Kessel gelangt (A). An einer Art Kante steiler (B/C) in flaches Gelände. Auf dem Steig über Schotter bis zu einer Abzweigung, von dort links in wenigen Minuten über Schutt und Blockgelände zum höchsten Punkt der Tour - auf den Gipfel der Furcia-Rossa III, 2794 m. Zurück zur Abzweigung und weiter, bis man neuerlich versichert und nicht allzu schwer (A) hinunter (Leitern A/B) zum Gehgelände unter einer Scharte gelangt. Auf Bändern und Schutt (gehend) in der Westflanke der Furcia-Rossa IV steigt man zu einer gelben Steilstufe ab. Über luftige Leitern (B und A/B) und schmale, niedrige Bänder (Vorsicht Kopf!) erreicht man schlussendlich ca. 50 Hm tiefer das Ende der Ferrata.

Abstieg: Vom Ende der gelben Wand steigt man zuerst ab, dann kurz aufsteigend auf dem Steig in den Schuttbändern zum Holzhüttchen des Bivacco della Pace (2760 m) unter dem markanten Zapfen des Monte Castello hinüber. Von dort steigt man auf dem markierten Steig über Wiesen, Schutt und plattigen Fels durch das Valun Blanch zur Gro-

Luftige Bänder in der gelben Wand

English Version

A classic and very impressive war ferrata at the south west side of Furcia Rossa, which is part of the so-called peace path. The tour proceeds along old war paths, some of which were cut into the mountain rather adventurously. The vertical highlight is an exposed row of ladders at the so-called yellow wall. Starting from the valley it is a very long route which requires very good fitness.

Route: Take path 11 from Capanna Alpina to the big Fanes alp. From there take path 17 „VB“ to a branch at a spring. Then follow the markings on the right saying „FR“ until you get to a ledge with the beginning of climb – route see topo. The difficult parts are a short steep step below the summit of Rossa III and the descent at the yellow wall at the end of the fixed rope route. After finishing the tour descend again on path 17 from Bivacco della Pace to Fanes alp.

Schlüsselstelle Ferrata Furcia Rossa

ßen Fanesalm ab und gelangt unten wieder auf den Zustiegsweg. Man muss nicht ganz zum Bivacco della Pace hinüber, sondern kann vor dem Bivacco über die Schutthalde hinunter abkürzen.

Ausrüstung: Komplette Klettersteigausrüstung und Helm; im Frühsommer evtl. Steigeisen und Pickel.

Tipp: Wer schon einmal im Vallon del Fasso ist (dort zweigt die Ferrata Furcia Rossa ab), kann auch den M. Vallon Bianco (2684 m; siehe Ferrata Vallon Bianco) besteigen (ca. 2 bis 2½ Std. Mehraufwand ab der Abzweigung; fantastischer Ausblick!). Wer den sportlichen Mountainbike-Zustieg entlang des Fanesbaches wählt - man kann mit dem Mountainbike vom Parkplatz in Pian de Loa (Cortian) bis zur Gr. Fanesalpe über ein teilweise recht steiles Schottersträßchen fahren (Abschnitt der Fanes-MTB-Runde) - sollte sich die Wasserfall-Ferratas (siehe Cengia de Mattia und Ferrata Giovanni Barbara/Ferrata Lucio Dalaiti) beim Abstieg nicht entgehen lassen; eine nette Abkühlung nach der langen Tour!

Capanna Alpina, 1726 m, im Sommer bew. Tel.: +390471 849418, Infos: www.dolomiti.org

Große Fanesalm, 2102 m, einfache Jausenstation, keine Nächtigung

Bivacco della Pace, 2760 m, Notunterkunft, immer offen

Das Monte Castello Biwak

1: Ferrata Furcia Rossa; 2: Ferrata Vallon Bianco

Topo

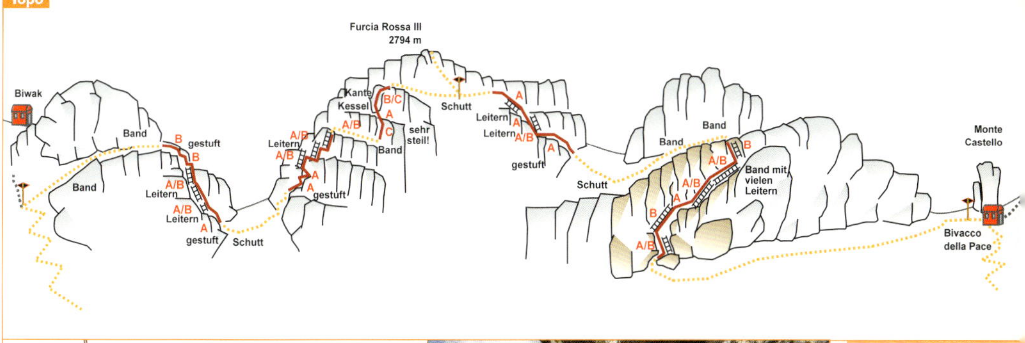

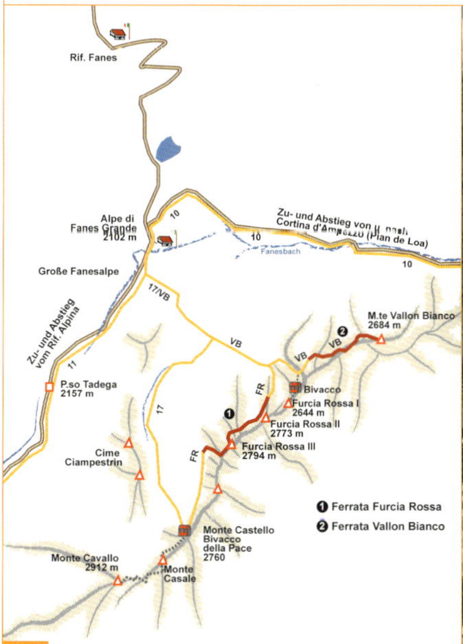

Map

Lange Leiter in der gelben Wand

C3

Via ferrata Vallon Bianco Fanesgruppe

Auf den Aussichtsberg Vallon Bianco — **Vallon Bianco, 2684 m**

Eine Familie auf dem Friedensweg

leicht 1,3

- Schön
- Gut
- Diff. A/B
- 8 Std.
- 1100 Hm
- 200 Hm 1½ Std.
- 3½ Std.
- 3 Std.
- NW
- ab 10 J.
- GJ
- 2684 m

P N 46.55979 E 11.98159

E N 46.58586 E 12.04642

Gehzeiten/Time

Rif. Alpina - Einstieg: 3½ Std.
Einstieg - Vallon: 1 - 1½ Std.
Vallon - Rif. Alpina: 3 Std.

Besonderheiten: Neu instand gesetzter Teil des sog. Friedensweges auf den massiven, nördlichen Ausläufer des Faneskammes. Vorbei an unzähligen Stellungen - an denen die Österreicher im 1. Weltkrieg die Front hielten - steigt man auf dem Wanderweg bis unter den Gipfel auf, nur dort wird kurz Ferrata-Können gefordert. Unterschätzen (bei Nässe) sollte man die Steiganlage aber nicht, oft scharf an der Abbruchkante (für Kinder ein Sicherungsseil) führt der Weg auf den markanten Aussichtsgipfel mit seinem breiten Gipfelplateau. Am besten mit der Ferrata Furcia Rossa kombinieren!

Info

Talort: St. Kassian, 1536 m

Ausgangspunkt: Parkplatz der Capanna Alpina, 1726 m

Karten: Tabacco Nr. 07 Alta Badia-Arabba-Marmolada; Kompass WK 55, Cortina

Anreise und Zustieg: Von der Capanna Alpina zur Großen Fanesalm (Beschreibung, Übersichtsbild und Topo siehe bei Ferrata Furcia Rossa - am Ende auf Weg „VB“).

Route: Von der Abzweigung im Zickzack aufwärts in ein Kar. Vom Weg zweigt links der Steig (Markierung „VB“ für Vallon Bianco) ab. Auf einem Band, welches zu einem sandigen Sattel führt, erreicht man die ersten Sicherungen (A; 2520 m). Dann auf einem ausgeschlagenen Band mit Holzbrücken (A) zu einem Türmchen, hinter dem eine Schlucht auf einer massiven Brücke überquert wird. Auf dem Band weiter, einige Drahtseilpassagen (A) und Stellungen passierend, gelangt man unter den Gipfel (Stollenloch). Dort, etwas steiler über eine Rampe hinauf (A), dann gestuft (A) zum höchsten Punkt.

Auf dem Gipfel des Vallon Bianco

Abstieg: Wie Aufstieg.

Ausrüstung: Für Ungeübte und Kinder Klettersteigausrüstung nötig.

Fantastischer Blick auf die Tofana

Topo

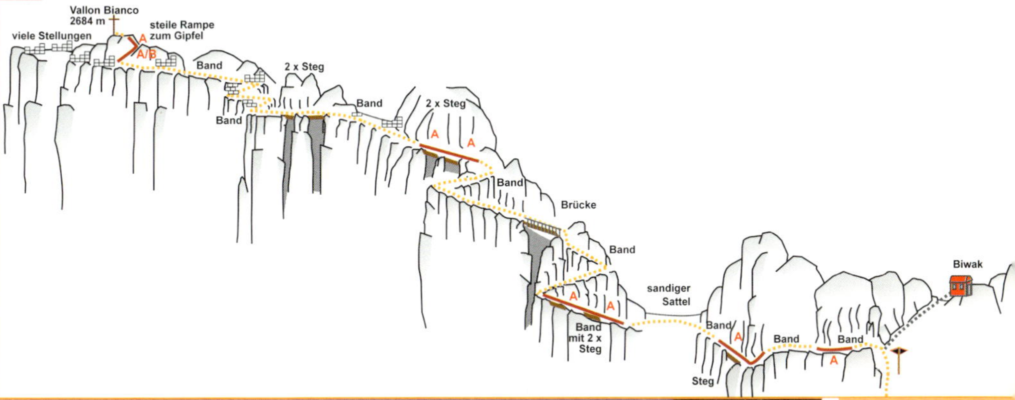

Auf einem der Bänder im Mittelteil

English Version

A renewed part of the so called peace path on the massive northern foothills of Fanes crest. Passing uncountable emplacements on this route you can ascend until below the summit, only then some ferrata skills are required.

Route: From Capanna Alpina take path 11 to the big Fanes alp. Then follow path 17 „VB" on the left as far as to a branch at a spring. From there follow the marking „VB" to the summit – descent is the same as ascent.

Via ferrata della Piramide Fanesgruppe

Gute Sportkletterferrata beim Falzaregopass — **Col dei Bos, 2559 m**

auch Col dei Bos

Bei der sehr exponierten Querung

schwierig 1,7

- Sehr schön
- Sehr gut
- Diff. C/D
- 3 Std.
- 580 Hm
- 330 Hm 1 ¼ Std.
- 35 Min.
- 50 Min.
- S
- ab 14 J.
- Juli - Sept.
- 2559 m

P: N 46.51982 E 12.02805

E: N 46.52562 E 12.02694

Gehzeiten/Time
Parkplatz - Einstieg: 35 Min.
Einstieg - Ausstieg: 1¼
Ausstieg - Parkplatz: 50 Min.

Besonderheiten: Interessanter Sportklettersteig unweit des Falzarego Passes. Die sehr sportlich angelegt Steiganlage - die auch in einigen Beschreibungen als **Ferrata Col dei Bos** bezeichnet wird - ist ein guter Mix aus steilem Vertikal-Abenteuer und gestufter Kletterei bis knapp unter den Gipfel des Col dei Bos. Sehr gut ist vor allem die Absicherung, erstmals kommen bei dieser Steiganlage sog. Gummipuffer zum Einsatz, die im Falle eines Sturzes die Fallkräfte etwas bremsen sollen. Zu dem sportlichen Aspekt kommt auch noch die einzigartige Landschaft – an schönen Tagen sieht man von der Marmolada bis zur Sorapis alle namhaften Dolomitengipfel. Die berühmten 5 Torri stechen besonders hervor. Auf dem Zu- und Abstiegsweg bekommt man als Draufgabe noch eine kleine Geschichtslektion – der Weg führt an einigen alten Stellungen vorbei.

Info

Talort: Cortina d'Ampezzo, 1211 m

Ausgangspunkt: Parkplatz ca. 2 km östlich unterhalb des Falzaregopasses, 1985 m

Karten: Tabacco Nr. 03, Cortina d'Ampezzo; Kompass WK 55, Cortina d'Ampezzo

Anreise: Im Pustertal bei St. Lorenzen ins Val Badia und über St. Kassian, den Valparola Pass zum Falzarego Pass, von dort ca. 2 km in Richtung Cortina, bis bei einer Wiese das

Steile Wandstufen; gut gesichert

Der leichte Grat im Mittelteil

alte Gasthaus Noria steht, dort parken. Von Cortina in Richtung Falzarego, nach der Abzweigung zum 5 Torri Lift, noch ca. 5 Kurven höher, kommt eine flache Wiese, rechts ist der Parkplatz beim aufgelassenen (Stand 2008) Gasthof auf 1985 m.

Zustieg: Vom Parkplatz, links vom alten Gasthof zwischen Felsblöcken hindurch, erreicht man eine Wiese mit einer Holzhütte. Von dort gerade den Steigspuren bis zum Forstweg hinauf folgen, auf dem man vor die alten Stellungen kommt. Von dort auf Steigspuren rechtshaltend über ein kleines, ausgetrocknetes Bachbett zur Felswand auf der rechten Seite der Schlucht aufsteigen. Einstieg ist bei einem Wiesenfleck auf 2185 m (gut von den Stellungen zu sehen). Alternativer Zustieg über den Weg 412: Vom ehem. Gasthof folgt man dem Weg 412 in nordöstlicher Richtung (Forc. Col dei Bos), bis man auf ca. 2030 m auf eine Forststraße trifft. Auf dieser links bis kurz vor die Felsenstellungen - weiter wie oben.

Route: Vom Einstieg geht es gleich steil (C) eine Art Verschneidung hinauf und man steht nach einer leichteren Querpassage (A) schon vor der Schlüsselstelle der Tour. Ein kurzer Überhang (C/D; Klammern) und eine Steilwand (B/C) muss bewältigt werden. Nach der Wand erreicht man gestuft (A/B) ein rettendes Band. Nach leichtem Schrofengelände (A und B) kommt man zu einer steilen, exponierten Querung, bei der man sich wieder

Steilpassage im unteren Teil

English Version

An interesting sport climbing route near Falzarego Pass. It is a great mix of steep vertical adventures and climbing with steps until almost under the summit of Col dei Bos. In some descriptions it is also called Ferrata Col dei Bos.

Route: Starting point is the ancient inn (1985m) aproximately 2 km eastwards underneath Falzarego Pass. After passing through between rocks to the left of the house, you reach a meadow with a wooden hut. From there follow the path up to the forest road on which you get to the ancient emplacements. Ascend to the rockface on the right side of the gorge always keeping right and crossing a little creek bed. Beginning of climb is at a small meadow at 2185m (can be seen well from the emplacements). For route see topo – descend through the narrow cirque beside the route.

Aussicht wie aus dem Bilderbuch

etwas mehr festhalten muss (B/C). Danach kommt gestuftes Gelände (A und A/B), das eine kurze B-Passage aufweist, schlussendlich steht man auf dem Grat (A), der unter die Schlusswand führt. In dieser gibt es kurze steile Passagen (B/C), aber auch viel Schrofengelände (A und A/B). Der Steig endet auf einem großen Grasband.

Abstieg: Vom Ausstieg hält man sich links und gelangt über ein Band in eine Scharte (2485 m). Von dieser steigt man südlich, den Steigspuren folgend, eine schluchtartige Rinne ab. Im unteren Teil hält man sich rechts (immer den recht gut ausgeprägten Steigspuren, vorbei an Stellungsresten, folgen) bis man wieder zu den großen Stellungen an der Felswand gelangt. Von dort auf dem Zustiegsweg hinunter zum Parkplatz.

Bemerkung: Wegen des kurzen Zustieges gute Halbtagestour! Die Route kann wegen der modernen und guten Sicherungen (Gummistopper; enge Abstände) auch als Testtour zum Einstieg in den oberen Schwierigkeitsgrad herangezogen werden.

Ausrüstung: Komplettes Klettersteig-Set und Helm.

In der Einstiegsverschneidung

Via ferrata della Piramide

Übersicht Ferrata della Piramide

Kurze Abstände der Verankerungen

Gummipuffer an den Ankern

Map

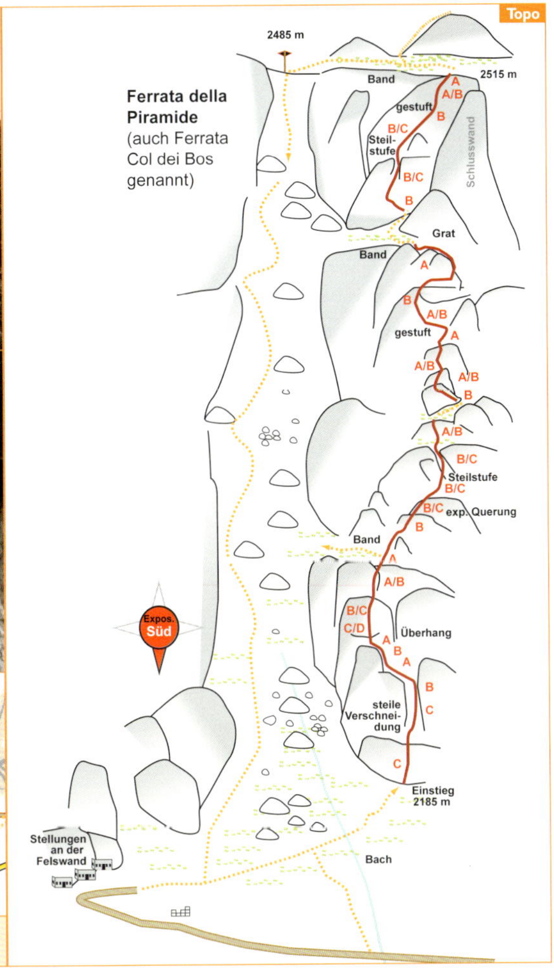

Topo

C5

Via ferrata und Tunnel Lagazuoi **Fanesgruppe**

Im Berg – auf den Spuren des I. Weltkrieges

Lagazuoi Piccolo, 2778 m

Mit Kindern im Lagazuoi-Tunnel

leicht 1,5

Sehr schön

Sehr gut

Diff. A

4¼ Std.

700 Hm

670 Hm
3¼ Std.

30 Min.

30 Min.

S

ab 6 J.

Juli - Sept.

2778 m

P N 46.51934
E 12.00848

E N 46.52707
E 12.00387

Gehzeiten/Time

Falzarego - Einstieg: 30 Min.
Einstieg - Lagazuoi: 1¾ Std.
Lagazuoi - Tunnelende: 1½ Std.
Abstieg Falzarego: ½ Std.

Besonderheiten: Der Kampf im Berg zwischen den Österreichern und Italienern lässt sich kaum besser nachvollziehen als am Lagazuoi. Die gewaltigen Tunnelbauten, in denen quasi unterirdisch aufeinander zugebohrt wurde mit dem Ziel, dann möglichst nahe beim Feind eine Bombe zu zünden, sind heute gangbar gemacht. In Kombination mit dem Kaiserjägersteig (über diesen wurde Nachschub auf das Lagazuoi-Plateau gebracht) eine schöne Runde. Die Tour ist sowohl für Kinder, die das Abenteuer im langen Stollen lockt (die Kleineren fahren mit der Seilbahn hinauf und gehen durch den Tunnel hinunter), als auch für geschichtlich interessierte Erwachsene (zahlreiche Schautafeln geben Einblick in die Historie) eindrucksvoll.

Info

Talort: St. Kassian, 1536 m bzw. Cortina d'Ampezzo, 1211 m

Ausgangspunkt: Parkplatz am Falzarego Pass, 2105 m

Karten: Tabacco Nr. 03, Cortina d'Ampezzo; Kompass WK 55, Cortina d'Ampezzo

Anreise: Von St. Lorenzen ins Val Badia, über St. Kassian und den Valparola Pass zum Falzarego Pass, oder von Cortina d'Ampezzo zum Falzarego Pass. Parkplatz bei der Seilbahn auf der Passhöhe.

Rundtour: Von der Passhöhe folgt man dem Wanderweg 402 im Bereich der Skipiste in Richtung Lagazuoi-Tunnel, zweigt aber bald links ab (Tafel Kaiserjägersteig). Über einen Steig im Schutt erreicht man einen steilen Rücken – dort trifft der Zustiegsweg vom Fort Sassi am Valparolapass auf den Steig. Anschließend bis zu einer Rinne an

Brücke des Kaiserjägersteiges

Felsbänder des Kaiserjägersteiges

der Felswand aufsteigen (ca. 30 Min.). Der Kaiserjägersteig beginnt mit einer Rinne, die mit Klammern und Holzbalken (A) versehen ist, danach erreicht man ein Band, welches zu einer Schlucht führt. Dort kommt der Höhepunkt der Steiganlage - über eine große Hängebrücke wird die Schlucht gequert, danach steigt man wieder auf Bändern (A) zu Stellungen auf. Im Zickzack über Schutt aufwärts, dann etwas linkshaltend dem markierten Steig zu einem Bandsystem folgen. Auf diesem über einige versicherte Passagen (A) zum Westgrat des Lagazuoi. Über den plattigen, breiten Felsgrat steigt man zum großen Gipfelkreuz auf (2 Std. ab Falzaregopass). Vom Gipfel leicht zum Rif. Lagazuoi absteigen und weiter zur Bergstation der Seilbahn (20 Min.). Gleich bei der Bergstation beginnt bei einem großen Tor der Lagazuoi-Tunnel. Gestuft (A) steigt man steil zu einem Band hinunter, quert dann östlich zu Stellungen, und gelangt im Nahbereich eines Grates zum Einstieg in den Stollen. Im Stollen gibt es im oberen Teil zahlreiche Varianten, es geht aber im Grunde immer gleichmäßig schwierig (A, Vorsicht, auf den glitschigen Holztreppen!) hinunter. Im Mittelteil kommt man bei Stellungen kurz an die frische Luft. Unten beim dreilöchrigen Ausgang steigt man über ein sandiges Band (A), an Stellungen vorbei, in eine Schlucht ab, und von dieser kurz zu einem Stollen aufsteigen (A). Nach dem Stollen gestuft (A) hinunter zum Ende des Steiges bei einer großen Stellung (ca. 1 Std. von der

Abstieg zum Lagazuoi-Tunnel

English Version

Hardly anywhere can the fights in the mountains between the Austrians and the Italians be better understood as at the Lagazuoi. They built enormous tunnels through the mountain just with the one objective to be able to spark off a bomb as close to the enemy as possible. A beautiful tour combined with Kaiserjäger route (on which they used to bring supplies to the Lagazuoi plateau). It is also an impressive tour for children who are excited about the adventure of the long drift (the little ones ascend in cable car and descend through the tunnel).

Route: From Falzarego pass either ascend in cable car or take Kaiserjäger route (see topo). The beginning of the tunnel route is right next to the top station (don't forget to bring head lamp and climbing helmet – the drifts are very low!).

Mittelteil des Lagazuoi-Tunnel-Steiges

Seilbahn). Dann auf dem Pfad zum Weg 402, und auf diesem wieder zur Talstation der Seilbahn (20 Min. ab dem Ende des Steiges).

Ausrüstung: Für versierte Klettersteiggeher ist im Grunde keine Ausrüstung nötig. Für den Lagazuoi-Tunnel benötigt man aber unbedingt eine Lampe und einen Helm (den Helm braucht man, weil man sich sonst in den meist niedrigen Stollen oft den Kopf anstoßt). Für Kinder ist ein Klettersteig-Set zu empfehlen.

Tipp: Hexensteinsteig: Wer am Falzarego Pass ist und noch Zeit hat, sollte den Steig auf den Hexenstein nicht auslassen. Man parkt beim Fort Sassi (Valparolapass) und folgt dem schwach markierten Pfad, vorbei an einem markanten Felsblock. Kurz vor dem Gipfel noch ein wenig Kraxelei und eine kurze Leiter (A/B; für Kinder ein Sicherungsseil). Vom freistehenden Gipfel (2477 m) ein grandioser Rundblick! Im Gipfelbereich gibt es zahlreiche Stellungen und am nördl. Fuß des Berges kann der sog. Goinger Stollen erforscht werden (Zeit: Parkplatz Fort Sassi ca. 1 Std./300 Hm - siehe Übersichtsbild).

Rif. Lagazuoi, 2752 m; Mitte Juni bis zum Ende Sept. bew. Tel. +39 0436 867303; Infos: www.dolomiti.org

Stellungen Lagazuoi-Tunnel-Steig

1: Kaiserjägersteig, 2: Lagazuoi-Tunnel

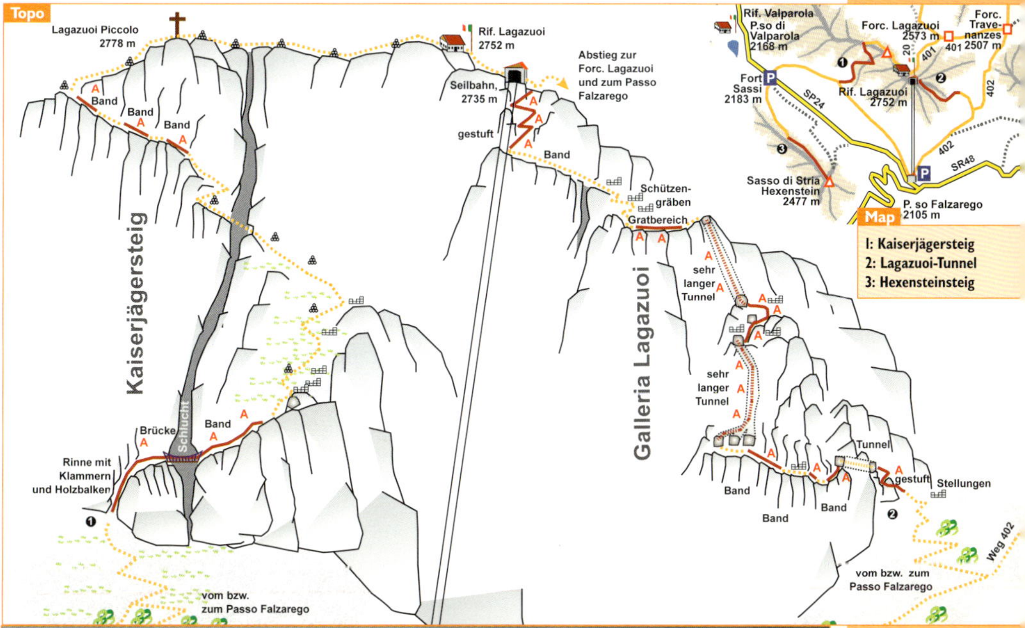

Der Steig auf den Hexenstein - Valparolapass

Via ferrata Cesco Tomaselli Fanesgruppe

Großer Klassiker mit anspruchsvollen Vertikalpassagen — **Südliche Fanesspitze, 2980 m**

Dolomiten-Feeling pur am Ausstieg

sehr schwierig 2,4

Sehr schön

Gut

Diff. D

5¾ Std.

1050 Hm

400 Hm 2¼ Std.

2 Std.

1½ Std.

S

ab 14 J.

Juli - Sept.

2980 m

P N 46.51934 E 12.00848

E N 46.54369 E 12.01741

Gehzeiten/Time

Falzarego - Einstieg: 2 Std.
Einstieg - Gipfel: 1½ Std.
Gipfel - Forc. Quaire: 45 Min.
F. Quaire - Falzarego: 1½ Std.

Besonderheiten: Die Via ferrata Cesco Tomaselli ist einer der ganz großen Klassiker unter den Dolomiten-Klettersteigen. Der Steig hat neben den landschaftlichen Reizen auch einige anspruchsvolle Vertikalpassagen zu bieten. Die Steiganlage führt auf die südliche Fanesspitze inmitten von schroffen Dolomitentürmen. Vom Gipfel reicht der Blick auf alle namhaften Dolomitengipfel und zu den schneebedeckten Eisriesen der Zillertaler Alpen. Wer glaubt, am Gipfel hat man die Ferrata geschafft, der irrt. Der Abstieg über die Nordseite zur Forc. dei Quaire verlangt höchste Konzentration, ehe man das rettende Schuttfeld erreicht. In Kombination mit dem Abstieg über den sehr gut instand gesetzten Lagazuoi-Tunnel wandelt man schlussendlich noch auf historischen Spuren und steigt quasi „durch den Berg" wieder zum Ausgangspunkt ab.

Info

Talort: St. Kassian, 1536 m bzw. Cortina d'Ampezzo, 1211 m

Ausgangspunkt: Parkplatz am Falzarego Pass, 2105 m

Karten: Tabacco Nr. 03, Cortina d'Ampezzo; Kompass WK 55, Cortina d'Ampezzo

Anreise: Im Pustertal bei St. Lorenzen ins Val Badia und über St. Kassian, den Valparola Pass zum Falzarego Pass oder von Cortina d'Ampezzo zum Falzarego Pass hinauffahren.

Die Schlüsselstelle am Anfang

In der ausgesetzten Schlussplatte

Der Parkplatz befindet sich direkt auf der Passhöhe bei der Talstation der Lagazuoi Seilbahn.

Zustieg: Man folgt dem Wanderweg 402 zur Forc. Travenanzes, geht dort nördlich (20b) zur Forc. Gasser und weiter zur Forc. Granda, wo sich das Biv. della Chiesa befindet. Nördl. vom Biwak führen Steigspuren zum Einstieg (man sieht alte Eisenleitern).

Route: Über gestuftes Gelände (C) hinauf zur dunklen Nische. Dann sehr steil ansteigend (C/D) unterhalb der alten Leitern queren, bis man nach einer kurzen leichten Querung (A) zu einer weiteren sehr ausgesetzten Steilpassage (C/D) kommt. Diese führt auf ein Band (A), dem man links in leichteres Schrofengelände folgt. Danach aufwärts – Gehgelände, Steigspuren und teilweise Markierung (die Orientierung ist etwas schwierig, da fast überall Steigspuren sind) – bis unter eine Wand (A). Danach quert man nach links zu steilerem gestuften Gelände (B/C), wo man ein kleines Band erreicht. Auf diesem gelangt man rechts zum Rastpunkt über dem mächtigen Pfeiler. An dieser Stelle sollte man etwas ausruhen, da der anstrengende Teil des Tomaselli Klettersteiges beginnt. Es geht steil aufwärts (C/D), immer wieder kleine Aufschwünge überwindend (C) bis zu einer Steilpassage (D) unter der Rissverschneidung. Über eine leichtere Passage (B) gelangt man zur glatten und anstrengenden Verschneidungskletterei (D), die in einer kleinen Scharte

Im unteren Teil der Cesco Tomaselli

English Version

Tomaselli is a great classical dolomites fixed rope route amidst steep rock towers. The descent is steep as well and C-rated. Good to combine with the easy fixed rope route Lagazuoi tunnel (lamp necessary) on the descent to Falzarego.

On path 402 to Forc. Travenanzes and in northern direction on path 20b to Forc. Gasser and Forc. Granda (with Biv. Chieasa). North of the bivouac a trail leads up to the beginning of the climb. Route see topo. From the summit on quite hard (C) fixed rope route down to Forc. Granada and back the approach or to the cable car at Rif. Lagazuoi.

Im steilen, aber leichteren Mittelteil

endet. Dort beginnt die luftig ausgesetzte Schlussplatte (C), auf der man in einer Zickzacklinie zum Ausstieg und auf Steigspuren in wenigen Minuten zum nahen Gipfel der südlichen Fanesspitze (2980 m) kommt.

Abstieg: Vom Gipfel folgt man den Versicherungen (teilweise kurze schwere Stellen C, gut versichert) hinunter zur Forc. dei Quaire. Dann auf Steigspuren südlich zurück zur Forc. Granda. Dort entweder zurück wie beim Zustieg oder besser auf der Westseite des Berges südlich zur Seilbahnstation (markierter und versicherter Steig). Ein wenig östlich von dieser (beschildert) durch den Lagazuoi-Tunnel (Stirnlampe von Vorteil) wieder auf den Zustiegsweg absteigen und zurück zur Passhöhe.

Bemerkung: Man sollte die Höhe des Gipfels berücksichtigen! Der Abstieg ist nordseitig, dort hält sich oft länger der Schnee! Der Abstieg wird auch gerne als eigenständiger Aufstieg auf den Gipfel gemacht (Zustieg, siehe Ferrata Veronesi).

Ausrüstung: Komplettes Klettersteig-Set und Helm (Stirnlampe für Lagazuoi-Tunnel).

Rif. Lagazuoi, 2752 m; Mitte Juni bis zum Ende Sept. bew. Tel. +39 0436 867303; Infos: www.dolomiti.org

Bivacco della Chiesa, 2640 m, einfache Notunterkunft.

Auch der Abstieg ist gar nicht ohne

1: Ferrata Tomaselli; 2: Ferrata Veronesi

Beim Abstieg Ferrata Tomaselli

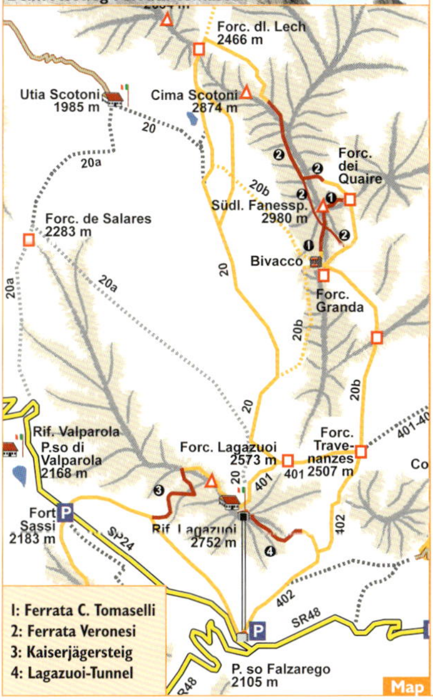

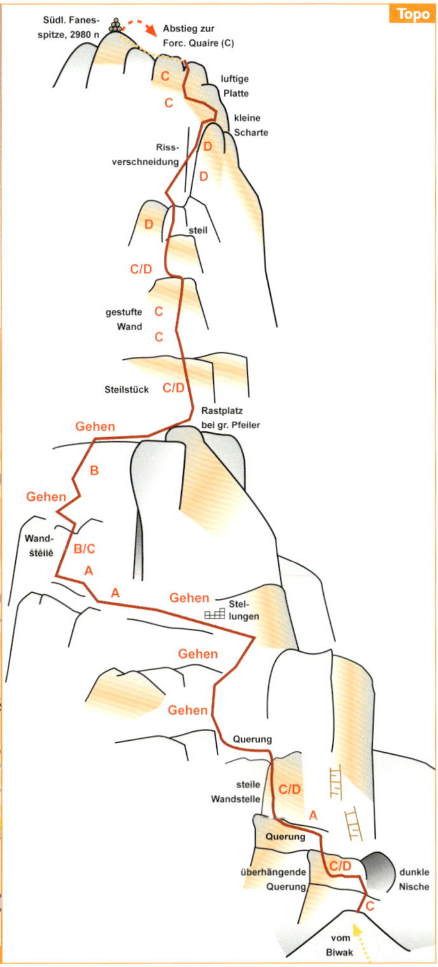

Via ferrata Luigi Veronesi Fanesgruppe

Langer Kriegstunnel und breites Band in der Fanes

Südliche Fanesspitze, 2980 m

Auf dem großen Band auf der Westseite

mäßig schwierig 2,1

Sehr schön

Sehr gut

Diff. B/C

6½ Std.

800 Hm

200 Hm
1 - 1½ Std.

2½ Std.

2-2½ Std.

NO, W

ab 12 J.

Juli - Sept.

2845 m

P N 46.51934
E 12.00848

E N 46.54762
E 12.02001

Gehzeiten/Time

Parkplatz - Einstieg: 2½ Std.
Einstieg - Steigende: 1½ Std.
Steigende - Forc. dl. Lech - Forc. Lagazuoi - Auto: 2½Std.

Besonderheiten: Selten hat uns eine Ferrata-Recherche so viel abverlangt. Der Grund? Die Ferrata ist auf den meisten Karten so eingezeichnet, als würde sie im Nahbereich des Gipfels der südlichen Fanesspitze vorbeiführen, in Wahrheit verläuft sie aber unterhalb durch einen langen Stollen im Berg (die Autoren kletterten aber suchend auf den Gipfeln umher). An der Forc. dei Quaire steigt man ein wildes Kar hinab, dann beginnt das Abenteuer im Berg und endet auf einem großen, teilweise recht luftigen, aber leichten Felsband hoch über dem Talboden. Der lange Tunnel wurde im Ersten Weltkrieg gegraben, auch sonst sind die Reste des Krieges nicht zu übersehen.

Info

Talort: St. Kassian, 1536 m bzw. Cortina d'Ampezzo, 1211 m

Ausgangspunkt: Parkplatz am Falzarego Pass, 2105 m

Karten: Tabacco Nr. 03, Cortina d'Ampezzo; Kompass WK 55, Cortina d'Ampezzo

Anreise: Im Pustertal bei St. Lorenzen ins Val Badia und über St. Kassian, den Valparola Pass zum Falzarego Pass, oder von Cortina d'Ampezzo zum Falzarego Pass hinauffahren. Der Parkplatz befindet sich direkt auf der Passhöhe bei der Talstation der Lagazuoi Seilbahn.

Unten der kleine Lagazuoi See

In der steilen Einstiegswand

Zustieg: Man folgt dem Wanderweg 402 zur Forc. Travenanzes, geht dort nördlich (20b) zur Forc. Gasser und weiter zur Forc. Granda, wo sich darunter Biv. della Chiesa befindet. Direkt VOR der Scharte nördl. auf Steigspuren den Felsen entlang (auf dem Abstiegsweg der Ferrata Tomaselli) bis zur Forc. dei Quaire (2845 m) aufsteigen. Dort dann über steilen Schutt hinunter, man hält sich links an den Felsen (Steigspuren) und gelangt zu einer gelben Wand mit Band (Markierung), auf diesem beginnt der Steig.

Route: Vom Einstieg auf dem Band über eine glatte, steile Wand (B/C) aufsteigen. Bei einer Art Holzgestell kommt man auf das nächste Band, welches nach rechts (A) bis zum Stollenloch führt (Stirnlampe nötig!). Dann durch den Stollen von der Ostseite zur Westseite des Berges. Auf der Westseite hält man sich rechts und folgt dem abwechselnd breiten und schmalen Band (8 x versicherte Stellen, A) bis in eine Scharte (2863 m) unterhalb der Cima Scotoni. Anschließend entweder Fußabstieg zur Forc. dl. Lech (2486 m) oder aber retour zum Stollenloch und dem Band in südlicher Richtung zur Ferrata Tomaselli folgen. Man erreicht auf einem Band zuerst gehend (schwach markiert), dann versichert und steiler eine Schlucht querend (A/B und B) den Tomaselli-Klettersteig auf 2810 m. Über diesen steigt man eine Stufe (A und B) und gestuft (A) zu den alten Stellungen ab. Danach geht man bis zu einer flachen, breiten Kuppe (Steinmänner, 2770 m). Von dieser

Der Stolleneingang auf der Ostseite.

English Version

Hardly has ferrata research ever demanded so much from us. Why? Because in most of the maps it is drawn as if it passed close to the summit of the southern Fanesspitze. In reality however, it proceeds under the mountain through a long drift. The long tunnel (head lamp) was built during the First World War and the remains of the war are visible everywhere.

Route: From Falzarego Pass take path 402 to Forc. Travenanzes and from there on path 20b continue to Forc. Gasser and to Forc. Granda. Right IN FRONT OF the gap follow the tracks along the rock to the north to Forc. dei Quaire (2845m). From there go down to the gloomy cirque for a short time and then to the left to the beginning of climb at a yellow wall. For route see topo. If possible, descend in the direction of Forc. Granda after the tunnel.

Am nördl. Ende des großen Bandes

links halten und auf einem steilen Band (nicht markiert, aber deutliche Steigspuren) zu einer schluchtartigen Rinne absteigen. Weiter auf einem abfallenden Band, bis man den Abstiegsweg des Tomaselli-Klettersteiges auf 2724 m erreicht.

Abstieg: Vom Steigende auf 2724 m steigt man auf dem Zustiegsweg - vorbei an der Forcella Grande - wieder ins Tal (Alternativabstieg über den Lagazuoi-Tunnel möglich, kurzer Aufstieg von der Forc. Travenanzes, 2507 m zur Seilbahn). Von der Scharte am nördlichen Ende des großen Bandes steigt man zur Forc. dl. Lech ab und erreicht von dieser auf dem Weg (Nr. 20) die Forc. Lagazuoi (2573 m). Von dieser entweder weiter ins Tal oder nach kurzem Aufstieg zur Seilbahn durch den Lagazuoi-Tunnel absteigen.

Ausrüstung: Klettersteigausrüstung, Helm und Stirnlampe für den Stollen.

Bemerkung: Der Steig wird auch gerne mit der Ferrata Tomaselli kombiniert - beim Abstieg von der Forc. dei Quaire (2845 m, Ende der Seilsicherung beim Tomaselli-Abstiegs-Klettersteig) hinunter in das nördliche Kar, auf der Ferrata Veronesi zur Westseite und auf dem Band wieder retour zum Tomasellisteig, diesen aber - wie beschrieben - zum Abstiegsweg kreuzen. Beim Abstieg zum Passo Falzarego lässt sich auch gut der Lagazuoi-Stollen anhängen (ca. 20 Min. Aufstieg zur Seilbahn, dort beginnt der Stollenweg).

Rif. Lagazuoi, 2752 m; Mitte Juni bis zum Ende Sept. bew. Tel. +39 0436 867303; Infos: www.dolomiti.org

Bivacco della Chiesa, 2640 m, einfache Notunterkunft.

Im langen Stollen auf dem Weg zur Westseite

1: Ferrata Veronesi; 2: Ferrata Tomaselli

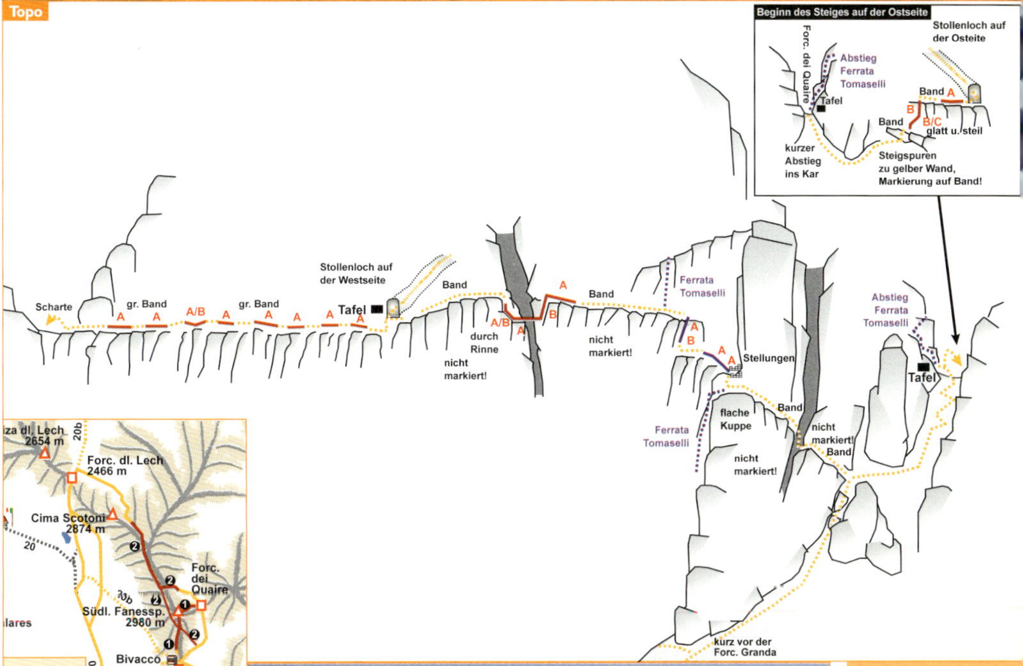

1: Ferrata C. Tomaselli
2: Ferrata Veronesi
3: Lagazuoi-Tunnel

Auf der flachen Kuppe der Ferrata Tomaselli

C8

Heiligkreuzkofelsteig u. Zehner-Ferrata Fanesgruppe

Von der Hochabtei auf einen 3000er

Zehnerspitze, 3026 m

Das Gipfelpanorama auf dem Zehner

mäßig schwierig 1,6

Sehr schön

Gut

Diff. A/B bzw. B/C

7 Std.

1030 Hm

770 Hm 2½ Std.

40 Min.

3¾ Std.

W, S

ab 12 J.

Juli - Sept.

3026 m

P N 46.60906 E 11.89626

E N 46.60864 E 11.94642

Gehzeiten/Time

Abtei - Einstieg: 40 Min.
Einstieg - Kreuzkofel: 2¼ Std.
Kreuzkofel - Zehner: 1¼ Std.
Abstieg For. Medesc: 3¾ Std.

Besonderheiten: Der Kontrast könnte stärker nicht sein, vorne die steil abfallenden, schroffen Felswände und hinten das sanfte, oft grüne Fanesplateau. Ausgehend von der Hochabtei und dem Hospiz wandert man – einige Drahtseilpassagen meisternd – direkt durch die steilen Felsabbrüche hinauf zur Kreuzkofelscharte. Meist wird nur der Heiligkreuzkofel bestiegen, wenige Bergsteiger gehen bis zum steilen Zehner weiter. Bei der Zehner-Ferrata ist deutlich mehr Armkraft gefragt, um die wenigen, aber sehr steilen Meter zum 3000er zu überwinden. Egal auf welchem Gipfel man steht, die Aussicht von den eigenartig rötlichen Felszacken in Richtung Süden könnte besser nicht sein - unten sieht man die grünen Wiesen und oben die zackigen Spitzen der Dolomiten.

Info

Talort: Abtei, 1324 m

Ausgangspunkt: Bergstation des Sesselliftes Heiligkreuz, 2000 m

Karten: Tabacco Nr. 07, Alta Badia - Arabba - Marmolada; Kompass WK 57

Anreise: Im Pustertal bei St. Lorenzen ins Val Badia und bis nach Abtei, dort zum Sessellift Heiligkreuz, bei der Talstation parken. Danach Auffahrt zur Bergstation (2000 m) der Sesselbahn, kurz unterhalb der Kirche mit dem Hospiz.

Band am Heiligkreuzkofelsteig

Die Hochabtei mit dem Schutzhaus

Zustieg: Von der Bergstation steigt man zuerst zur Kirche mit dem Hospiz auf, dort nimmt man den Weg Nr. 7, der anfangs durch Latschen, später durch Schutt direkt an die Felsabbrüche heranführt. Zum Schluss steigt man im Zickzack zu einer Rinne auf.

Route: Heiligkreuzkofelsteig: Durch eine Rinne (A) erreicht man nach kurzen Schrofen (I-) eine Gehpassage, die zu einem kurzen, seilversicherten Band (A) führt. Auf diesem erreicht man ansteigend, nach einer kurzen versicherten Stelle (A), Schuttgelände. Man folgt immer der guten Markierung zu einer plattenartigen Steilstufe. Diese wird mit Hilfe von zahlreichen Klammern (A und A/B) überwunden und man kommt zum Band direkt unter der Hauptwand. Auf diesem gelangt man rechts weiter (kurz A) in ein breites Schotterkar unter der Kreuzkofelscharte. Dieses steilere Kar wird an der linken Seite erstiegen – Seilsicherungen – bis man am Ende in der Kreuzkofelscharte steht. Dann folgt man dem Weg in nördlicher Richtung immer rechts vom Kamm und steigt schließlich steiler zum Heiligkreuzkofel (2907 m) auf. **Zehner-Ferrata:** Unter dem Heiligkreuzgipfel zweigt der Weg zum Zehner ab (Markierung). Schon der Zustieg zur Zehnerspitze ist deutlich anspruchsvoller – man sollte sehr trittsicher sein! (Einstieg: N 46.62233, E 11.96086, ca. 20 Hm Steig). Schlussendlich geht es an einer sehr steilen Kante aufwärts (B), bis man auf ein kleines Band kommt. Von diesem erneut über eine kurze sehr steile

Steile Passage auf dem Zehner-Klettersteig

English Version

Precipitous, rugged rock faces in the front and the soft, often green Fanes plateau in the back. Taking Hochabtei (church) as a start you have to hike up to Kreuzkofel gap, passing right between the precipitous rocks and mastering some easy Drahtseil passages. Zehner-Ferrata requires notably more arm strength to overcome the few but very steep metres to the three-thousander.

Route: From the top station of Heiligkreuz chairlift take path 7 under the mighty rock face and then you have to take the easy fixed rope route to Heiligkreuzkofel. Below the summit the path diverts to the short, but notably more difficult Zehner-Ferrata (see topo). If you prefer not to descend on the lower, easier fixed rope route, take path 12b, 12, 12a and 15 to the top station (see map).

Heiligkreuzkofelsteig u. Zehner-Ferrata Fanesgruppe

Die schwierige Passage der Zehner-Ferrata

Stufe (B/C) links um die Kante und in einer Rinne (A) zum Ende der Sicherungen kurz vor dem Gipfelkreuz – man hat einen 3000er im Sack!

Abstieg: Von der Zehnerspitze wie beim Aufstieg zurück unter den Heiligkreuzkofel und weiter in die Kreuzkofelscharte. Ab dort entweder wieder über den Kreuzkofelsteig (Weg Nr. 7) retour oder – viele Kreuzkofelsteigbezwinger wollen den Steig doch nicht absteigen - weiter auf dem Weg Nr. 12B in die Forc. de Medesc (Lavarella-Sattel, 2533 m). Dort steigt man durch das Val Medesc auf dem Weg Nr. 12 westl. ins Tal, um dann rechts auf dem Weg Nr. 15 (am Ende ein Kreuzweg) zurück zur Hochabtei mit dem Hospiz und mit dem Lift ins Tal zu gelangen (Betriebszeiten beachten).

Bemerkung: Der Heiligkreuzkofelsteig ist leicht (wird von guten Gehern auch meist ohne Ausrüstung gemacht). Den Zehner-Klettersteig sollte man aber nicht unterschätzen – es sind zwar nur wenige Meter, die sind aber sehr steil und ausgesetzt! Mit dem Abstieg über die Forc. Medesc kommt am Ende eine ganz beachtliche Runde heraus. Der Kreuzkofelsteig ist auch für konditionsstarke Kinder durchaus zu empfehlen.

Ausrüstung: Klettersteigausrüstung und Helm. Für Anfänger ist am Zehnerklettersteig ein kurzes Sicherungsseil ratsam.

Schutzhaus Heiligkreuz, 2045 m; priv. im Sommer bew. Tel. +39 0471 839632; Infos Sessellift: www.santa-croce.it

Klammerplatte Heiligkreuzkofelsteig

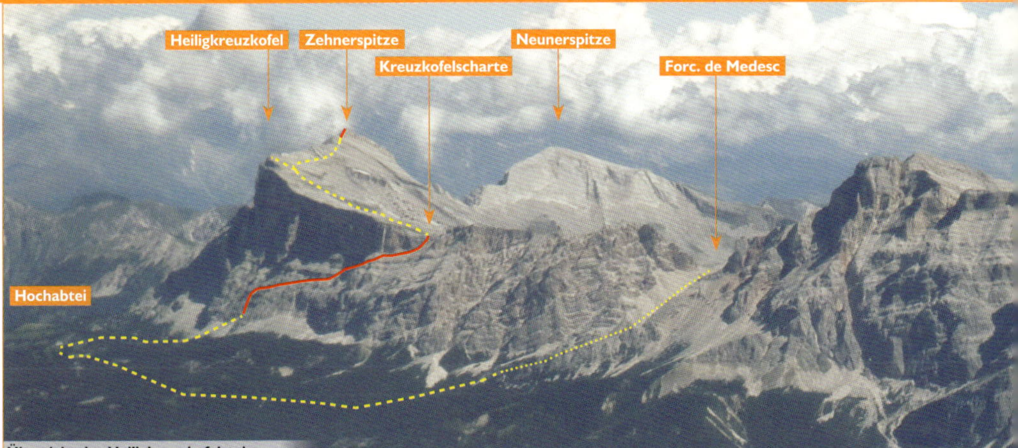

Übersicht des Heiligkreuzkofelsteiges

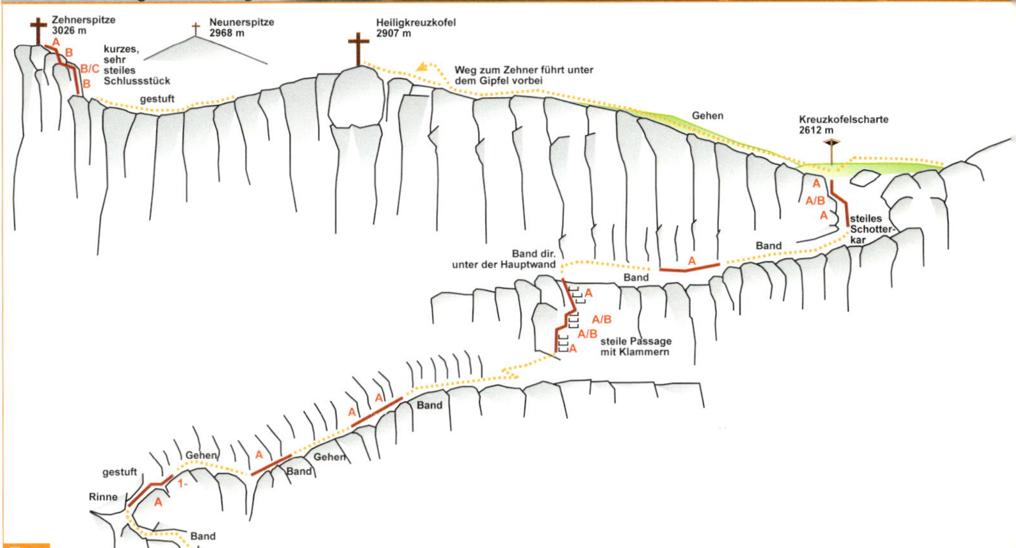

Topo

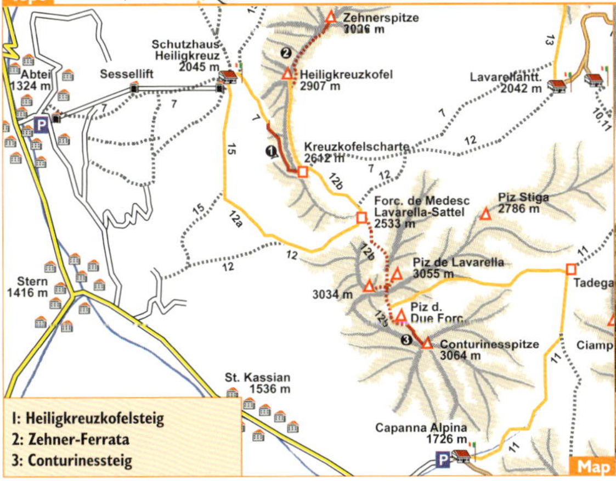

Map

Übersicht Zehner

C9 Neunerspitzensteig Fanesgruppe

Langer Anstieg auf den Plattenberg

Neunerspitze, 2968 m

Der Plattenstock der Neunerspitze

leicht 1,9 3 2 1

- Schön
- Gut
- Diff. A/B
- 7 Std.
- 1420 Hm
- 100 Hm 30 Min.
- 3½ Std.
- 3 Std.
- 0
- ab 13 J.
- Juli - Sept.
- 2968 m

P N 46.63976 E 12.04123

Gehzeiten/Time

Rif. Pederü - Einstieg: 3½ Std.
Einstieg - Gipfel: 30 Min.
Gipfel - Rif. Pederü: 3 Std.

Besonderheiten: Schöne Bergtour auf den fantastischen Plattengipfel der Fanesgruppe mit einer kurzen Ferrata-Passage unterhalb des Gipfels.

Info

Talort: Abtei, 1324 m

Ausgangspunkt: Parkplatz beim Rif. Pederü, 1548 m

Karten: Tabacco Nr. 07, Alta Badia - Arabba - Marmolada; Kompass WK 57

Anreise: Im Pustertal bei St. Lorenzen ins Val Badia und bei Zwischenwasser über St. Vigil ins Rautal zum Rif. Pederü. Alternativer Zustieg vom Wegental möglich (siehe Karte).

Zustieg und Route: Vom Rif. Pederü entlang des Fahrweges (Mountainbike) oder auf dem Weg Nr. 7 zur Lavarellahütte (2042 m). Dort rechts auf dem Weg Nr. 13 zum Antoniusjoch (2466 m; dorthin gelangt man auch aus dem Wegental, Weg Nr. 15, 13a und 13). Auf dem Joch beginnt links der Steig zum Neunergipfel - auf ca. 2750 m wird der Grat schmaler und es beginnen die Versicherungen (A/B). Ab ca. 2850 m auf breiterem Grat bis zum Gipfel der Neunerspitze (2968 m).

Abstieg: Wie Aufstieg, über denselben Weg zurück ins Tal.

Ausrüstung: Klettersteigausrüstung und Helm.

Bemerkung: Es bietet sich auch eine Besteigung der Antoniusspitze (2655 m) vom Antoniusjoch aus an (unschwierig).

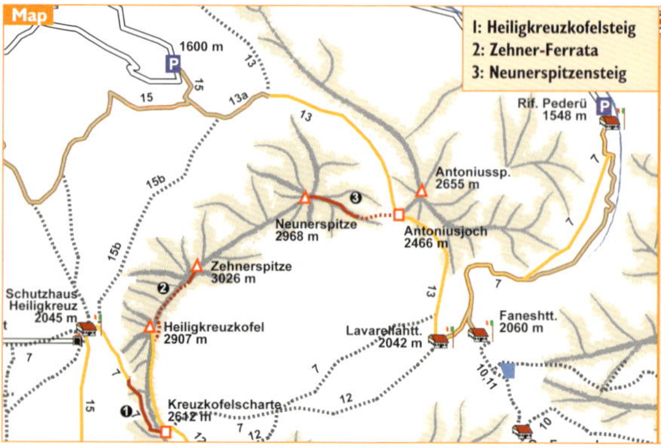

English Version

Beautiful mountain tour on the fantastic flat summit of the Fanes group with a short fixed rope route passage beneath the summit.

Route: From Rif. Pederü follow path 7 to Lavarella hut. Then take path 13 on the right to Antonius saddle (you also get there from Wegen valley by taking path 15, 13 and 13a). On the saddle the fixed rope route to Neuner summit begins – at aproximately 2750 m the ridge gets narrower and rope securings (A/B) begin. From about 2850 m to the summit there is a broader ridge.

Conturinessteig/Tru Dolomieu

Auf den Spuren des Dolomitgesteins

Der Gebirgsstock mit dem Gipfel

Besonderheiten: Einsame und sehr lange Bergtour auf die Conturinesspitze. Der im Gipfelbereich versicherte Anstieg wurde nach dem Entdecker des „magischen" Dolomitgesteins, dem franz. Geologen Dieudonné de Dolomieu, benannt.

Info

Talort: St. Kassian, 1536 m

Ausgangspunkt: Parkplatz der Capanna Alpina, 1726 m

Karten: Tabacco Nr. 07 Alta Badia-Arabba-Marmolada; Kompass WK 55, Cortina

Anreise: Von St. Lorenzen ins Val Badia und über St. Kassian in Richtung Falzarego Pass. Bei der Sciare-Brücke (großes Schotterbett) links zum Parkplatz der Capanna Alpina.

Zustieg und Route: Von der Capanna Alpina auf dem Weg Nr. 11 bis zum Tadegajoch (2157 m) aufsteigen. Dort links auf einem Steig ins Valle di Lavares, vorbei am kleinen Conturinessee zum Piz delle Due Forcelle (2929 m, dort weiter auf Steig 12b). Von einer Scharte linkshaltend (rechts geht es zur Lavarellaspitze) zu den ersten Sicherungen. Über kurze, versicherte Steinstufen (A/B) und ein kl. Bandsystem erreicht man den Gipfel.

Abstieg: Wie Aufstieg. **Ausrüstung:** Klettersteigausrüstung und Helm.

Bemerkung: Der Steig erfordert alpine Erfahrung. Zustieg über die Forc. de Medesc möglich (Weg Nr. 12 b, alpiner Steig, nur für Geübte). Kombiniert man die Tour mit der Laverellaspitze und dem gegenüberliegenden Gipfel, erreicht man drei 3000er!

leicht 2,2 3 2 1

Schön

Gut

Diff. A/B

8 Std.

1410 Hm

100 Hm 30 Min.

4 Std.

3½ Std.

N, O

ab 14 J.

Juli - Sept.

3064 m

P N 46.55979
E 11.98159

Gehzeiten/Time

Rif. Alpina Einstieg: 4 Std.
Einstieg - Gipfel: 30 Min.
Gipfel - Rif. Alpina: 3½ Std.

English Version

A lonely, very long and alpine mountain tour to Conturinesspitze. The climb was named Dieudonné de Dolomieu, after the french geologist who discovered the „magic" dolomite rock.

Route: From Cap. Alpina ascend to Tadega saddle on path 11. Then take a path to your left into Valle di Lavares to Piz delle Due Forcelle (continue on path 12b). Keeping to the left at a gap (to the right you would get to Lavarellaspitze) you reach the first securings and further on the summit. Descend the same way.

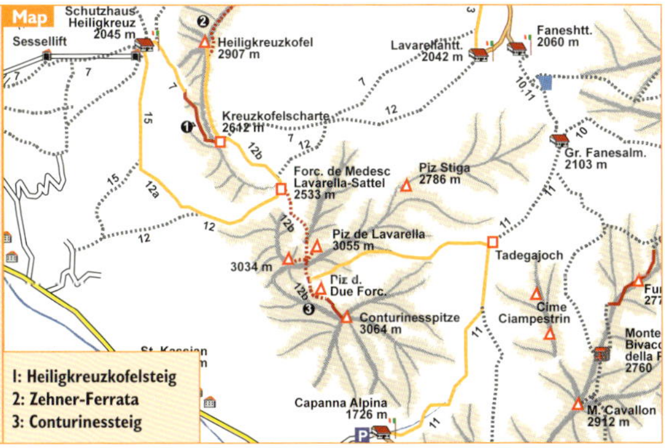

Olanger Klettersteig Pragser Dolomiten

Uninteressante Ferrata mit schönem Zustieg

Hochalpenkopf, 2542 m

Kurze Plattenstelle in der Steigmitte

mäßig schwierig 1,6

- Mittel
- Mittel
- Diff. B
- 5 Std.
- 1200 Hm
- 90 Hm ½ Std.
- 2½ Std.
- 2 Std.
- SO
- ab 14 J.
- Juni - Sept.
- 2414 m

P N 46.69936 E 12.08529

E N 46.71400 E 12.05342

Gehzeiten/Time

Wildsee – Einstieg: 2½ Std.
Olanger Klettersteig: ½ Std.
Ausstieg – Gipfel: ½ Std.
Ausstieg – Wildsee: 2 Std.

Besonderheiten: Der nördlichste Dolomitensteig führt einsam, kurz und nicht sonderlich schön durch die Nordwand des Kaserkopfs. Der Zustieg ist lang, hat schöne Tiefblicke auf den Pragser Wildsee und Edelweißgarantie auf den steilen Südhängen des Hochalpenkopfs. Kürzester Aufstieg vom Pragser Wildsee. Von Olang aus ist eine schöne Überschreitung möglich (ca. 8 Std.).

Info

Talort: Prags, 1200 m

Ausgangspunkt: Pragser Wildsee, 1490 m

Karten: Tabacco Nr. 031, Pragser Dolomiten; Kompass WK 57, Bruneck-Toblach

Anreise: Durch das Pustertal bis zur Abzweigung Prags, zwischen Welsberg und Niederdorf. Von Prags rechtshaltend bis zum Pragser Wildsee; Parkplatz gebührenpflichtig.

Zustieg: Hinter dem Hotel am Pragser Wildsee auf den Wegen 20 u. 61 bis zur Abzweigung oberhalb der Kaserhütte und auf dem Weg 20 auf den Kühwiesenkopf. Anschließend in südwestlicher Richtung auf einem Wiesengrat zum Einstieg. Man kann auch vom Pragser Kaser direkt zum Einstieg aufsteigen (siehe Karte). Alternativer Zustieg auch von Oberolang möglich (auf dem Weg 20 zum Kühwiesenkopf und südwestlich zum Einstieg, ca. 3 Std.).

Route: Route siehe Topo. Die Schlüsselstelle (B) ist im oberen Teil des Klettersteiges, bei der Querung vor der Abschlussrinne. Vorsicht bei Nässe!

Abstieg: Entweder direkt vom Kaserkopf über steile Wiesen zur Nartursteinmauer und dieser bis zum

Abstieg von der Pragser Furkel

Übersicht Olanger Klettersteig

Pragser Furkel folgen. Von dort auf dem Weg 61 über Pragser Kaser (schöne Almhütten) und die Kaserhütte zurück zum Pragser Wildsee. Vom Kaser auch Abstieg über den Weg 22A - unten entlang des Wildsees - möglich. Nach Oberolang steigt man vom Hochalpenkopf westlich auf den Wegen 61 und 6 ab (3½ Std).

Ausrüstung: Komplette Klettersteigausrüstung, Helm.

Bemerkung: Vorsicht, im Frühjahr und im Herbst Schneereste in der Nordwand! Von der Scharte beim Einstieg kann man auf einem sehr steilen Pfad direkt zum Pragser Kaser absteigen (Notabstieg).

Stützpunkt: Nur bei Zu- und Abstieg von Olang: Brunstalm, 1898 m, privat; Tel: +39 349 0846781; Lanzwiesenalm, 1823 m, privat; Tel: +39 329 3263855.

Topo

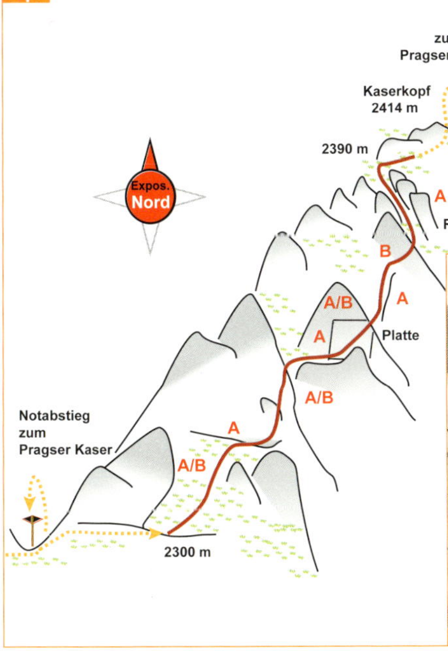

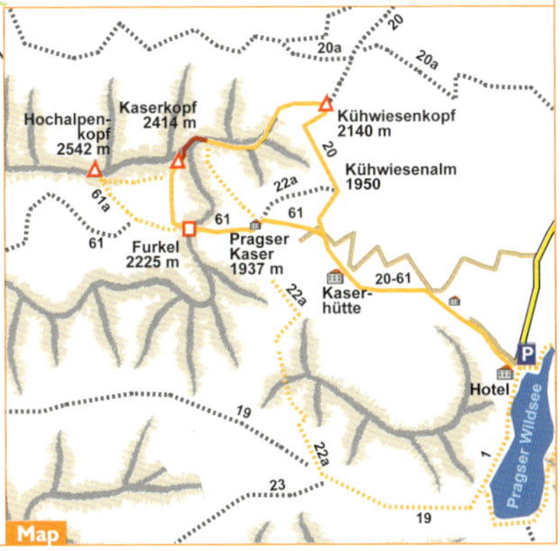

Map

English Version

The most norhtern route of the Dolomites will lead you through the north face of Kaserkopf on lonely, short and not very beautiful paths. It has a long beginning of climb, which offers a beautiful view on Prager lake and you can always find lots of edelweiss on the steep southern slopes of Hochalpenkopf. The fastest way to ascend is from Pragser lake.

Route: From Pragser lake take paths 20 and 61 as far as to the turn-off above Kaser hut and follow path 20 up to Kühwiesenkopf. Going southwestwards, you will get to the beginning of climb on a meadow ridge. From Kaserkopf you can either ascend to Hochalpenkopf or descend to Furkel and return to the starting point Pragser lake on path 61.

D2

Pursteinwand Klettersteig Ahrntaler Berge

Rassiger Sportklettersteig bei Sand in Taufers Pursteinwand, 1130 m

An der leicht überhängenden Kante

sehr schwierig 1,5

Schön

Mittel

Diff. D

3 Std.

300 Hm

230 Hm
2 Std.

¼ Std.

¾ Std.

0

ab 15 J.

April - Nov.

1130 m

P N 46.91370
E 11.94963

E N 46.91303
E 11.94734

Gehzeiten/Time
Parkplatz - Einstieg: ¼ Std.
Einstieg - Ausstieg: 2 Std.
Abstieg: ¾ Std.

Besonderheiten: Knackiger und sehr luftiger Sportklettersteig in der Pursteinwand, direkt über Sand in Taufers. Der Höhepunkt ist sicherlich ein Kartenspiel im Adlerhorst, einer Bankgruppe inmitten der extrem überhängenden Headwall (Spielkarten sind vorhanden). Im unteren Teil ist die Wand etwas grasig und verwachsen. In der Headwall kommen dann einige superglatte und vertikale Klettersteigpassagen auf den Begeher zu - ein Muss für Liebhaber extremer Kletterei - die zum Ausstieg auf eine Wiese führen. Die Sicherungen sind auch schon etwas in die Jahre gekommen und sollten saniert werden. Die schöne Wanderung hinunter nach Taufers und der Blick zu den weißen Gipfeln der Zillertaler Alpen machen diesen Steig zum gelungenen Abstecher einer Dolomitentour.

Info

Talort: Sand in Taufers, 860 m

Ausgangspunkt: Parkplatz bei einem Möbelhaus vor dem Ort, 858 m

Karten: Tabacco Nr. 35, Valle Aurina - Ahrntal - Vedrette di Ries; Kompass WK 82

Anreise: Im Pustertal (vom Brenner oder Sillian kommend) bis nach Bruneck und dort ins Ahrntal nach Sand in Taufers abzweigen. Kurz vor Sand in Taufers links beim Möbelhaus Jungmann parken.

Eine Pokerrunde in luftiger Höhe

Kurz vor der Bank im oberen Teil

Zustieg: Vom Möbelhaus Jungmann zum Klettergarten und links unter den Wänden weiter auf einem Weg zum Einstieg des Klettersteiges. **Übungsklettersteig Pursteinwand:** Im Klettergarten gibt es eine Miniferrata (ca. C) - die Ferrata Endet mitten in der Wand und muss wieder Abgestiegen werden - gut zum Eingehen für den langen Steig.

Route: Vom Einstieg über eine glatte Platte (B/C) gerade empor und in einer Links-Rechts-Schleife zu einem Band mit Bäumchen. Dort kurz gerade aufwärts (B), dann folgt eine lange Linksquerung (A/B, später B) über gestufte Platten und schmale Bänder. Danach wieder auf ein Band zurückqueren (B) und schwierig (C/D) gerade hinauf und links (glatt) zur ersten extrem steilen, kurzen Leiter (C). Über die Leiter (D/C) zur nächsten großen Platte, die unter einen Überhang mit einer Leiter (C/D) führt. Danach leitet eine Rampe nach rechts in eine etwas erdige, mit Gestrüpp verwachsene Bänderzone und unter die Headwall. Ab diesem Punkt geht es absolut steil in die Vertikale. Zuerst eine luftige Querung zu einer Kante (C/D) und weiter zum ersten kurzen Überhang (D), der zum Adlerhorst führt. Rastbank - wo man gesichert Karten spielen kann (Wandbuch). Weiter auf einer glatten, senkrechten Rampe (C/D) mit kurzem Dach (D) zur letzten kurzen, überhängenden Leiter (D). Am Ende über eine glatte Platte (C) zum Ausstieg an der Kante. Der Ausstieg befindet sich bei einer Wiese.

Eine der steilen Passagen oben

English Version

Pursteinwand ferrata is a short sporting fixed rope route. The highlight is the „eagle's eyrie", where you can play cards (cards are existing). The securing ist quiet old. There is a small training ferrata (C) to the right of the climbing routes!

Route: From the furniture store walk to the climbing area and turn left onto a path along the wall to the beginning of the route. Route see topo! From the end of the climb hike across grassland to a farmhouse (Untere Pursteinwand). From there descend a road and turn right onto path 27a to Sand in Taufers. Walk through the nice village back to the parking lot.

Pursteinwand Klettersteig Ahrntaler Berge

Auf der Leiter, unten der Parkplatz

Abstieg: Vom Ausstieg über eine Wiese zum bereits sichtbaren Bauernhof (Untere Pursteinwand, 1130 m). Von diesem zuerst auf der Straße und dann auf einem markierten Wanderweg (27a) rechts nach Sand in Taufers absteigen. Durch den schönen Ort entlang der Straße zurück zum Möbelhaus Jungmann.

Schwierigkeit: Schwerer Klettersteig, einige Stellen D. Vor allem im oberen Teil teilweise sehr ausgesetzte Kletterei!

Ausrüstung: Komplette Klettersteigausrüstung, Klettersteighandschuhe, unbedingt Helm!

Bemerkung: Bei Nässe nicht zu empfehlen, da sich grasige Passagen im ersten Teil befinden; die Querung zur Headwall ist etwas erdig. Teilweise sind auch die Abstände der Verankerungen etwas weiter auseinander - das ergibt naturgemäß eine größere Sturzhöhe.

Tipp: Anregung für den Abstieg - eine Besichtigung der beim Abstieg schon gut sichtbaren Anlage der Burg Taufers, die zu den am besten eingerichteten und erhaltenen Burgen Südtirols zählt. Besonders sehenswert sind die Burgkapelle mit den Fresken, das Fürstenzimmer und die mittelaterlichen, gut erhaltenen Schlafgemächer.

Beim Abstieg vor der Burg Taufers

Übersicht Pursteinwand Klettersteig

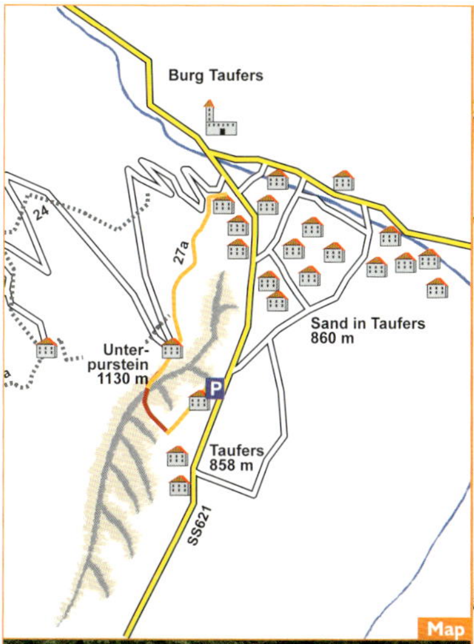

Map

Kurz nach dem Einstieg

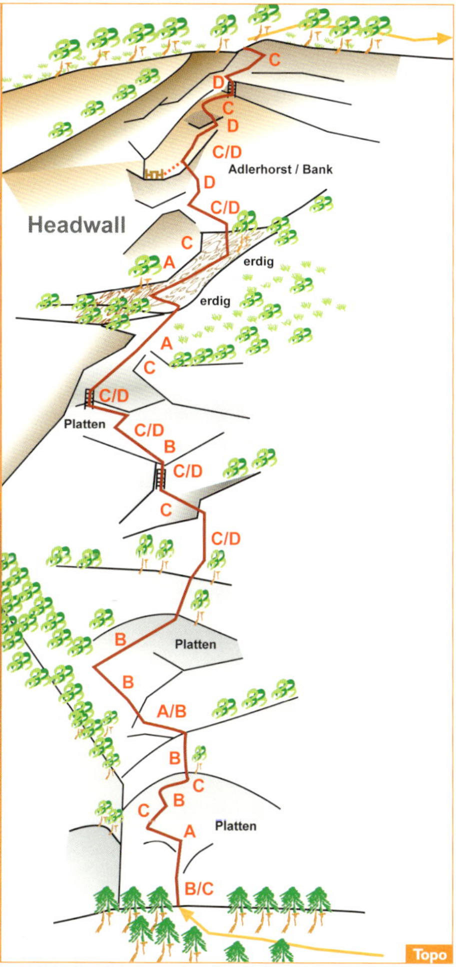

Topo

Marmolada- und Sellagruppe

Punta Penia (Marmolada), 3343 m, Piz Boè, 3152 m

Die Marmolada - mit dem höchsten Gipfel der Dolomiten

Touristeninfo

Tourismusbüro: Wolkenstein

Web: www.valgardena.it

Tourismusverein
St. Ulrich
I-39046 - Str. Rezia 1
Tel.: +39 0471 777600
Fax: +39 0471 796749
E-Mail: ortisei@valgardena.it
Sommeröffnungszeiten:
Mo.-So.: 8:30 - 12:00 Uhr/ 17:00 - 18:30 Uhr

Corvara

Web: www.altabadia.org

Tourismusverband
Alta Badia
Str. Col Alt 36,
I - 39033 Corvara
Tel +39 0471 836176
Fax +39 0471 836540

Canazei

Web: www.fassa.com

Fremdenverkehrsbüro
Piaz G. Marconi, 5
I-38032 Canazei (TN)
Tel.: +39 0462 609600
Fax: +39 0462 602502
E-Mail: infocanazei@fassa.com

Besonderheiten: Der im Zentrum der Dolomiten gelegene Sellastock ist mit den aus dem Nichts senkrecht aufragenden Felswänden sicherlich eine der prägnantesten Dolomitenerhebungen. Verständlich, dass in dieser Umgebung das Bergsteigerherz fast am höchsten schlägt, kann man doch den Sellastock von allen Seiten über interessante und großteils schwierige Eisenwege erklimmen. Die Ferrata Pisciadù, der Pößnecker Klettersteig und die Cesare Piazzetta sind absolute Dolomitenhighlights, wobei man sich bei dem zuletzt erwähnten Steig ordentlich festhalten muss. Stellt sich die Frage, ob so etwas noch zu toppen ist? Ja, und zwar gleich nebenan auf der Marmolada. Die ist nicht nur der höchste Dolomitengipfel mit Gletscherfeeling, sondern beherbergt auch den vielleicht schönsten Klettersteig auf den Westgrat und an der Nordoststirn, die Via Eterna, schwer, lang und schon seit einigen Jahren sanierungsbedürftig. Im westlichen Teil der Marmoladagruppe geht es deutlich ruhiger zu; leichte, aber lange Touren (wie z.B. Ferrata Franco Gadotti oder Ferrata Bepi Zac), meist mit tollen Ausblicken auf den Marmoladagipfel, prägen diesen Abschnitt. Als etwas anspruchsvollerer Geheimtipp gilt die Ferrata Paolin Piccolin - eine perfekte Klettersteigtour! Als Ausgangspunkte für die Sella bieten sich im Westen Wolkenstein, im Norden Corvara und für die Marmolada und Sella-Südseite Canazei an.

Westgrat Klettersteig - Marmolada

Die Sellagruppe - links der Langkofel

Anreise mit öffentlichen Verkehrsmitteln: Mit der Bahn nach Waidbruck, Bruneck oder Neumarkt und mit den Linienbussen der SAD bzw. Trentino Trasporti zum bzw. in den Nahbereich des jeweiligen Ausgangspunktes. Von Cortina aus mit dem Dolomitibus (www.dolomitibus.it) und anschließend mit den Bussen der Trentino Trasporti.

Anreise mit dem Auto: Siehe Beschreibung bei den jeweiligen Touren.

Tourenkombinationen

Marmolada: An der Marmolada wird gerne die Ombrettarunde - Ferrata Vernale als Eingehtour (Tag 1) für den Westgrat Klettersteig (Tag 2) gemacht (beide Routen vom Rifugio Contrin aus).

In drei Tagen lassen sich auch gemütlich die Ferratas Franco Gadotti (1. Tag bis zum Rif. Vallaccia), Bruno Federspiel (2. Tag bis zum Rif. Pso delle Selle) und Bepi Zac (Abstieg ins Val di San Nicolo) machen.

Sella: Auch an der Sella sind Routen kombinierbar, aber sinnvolle, mehrtägige Überschreitungen gibt es eigentlich nicht, wer doch will: **1. Tag:** Cesare Piazzetta – Piz Boè – Lichtenfelser Weg – Franz Kostner Hütte. **2. Tag:** Franz Kostner Hütte - Boèseekofel Klettersteig – Franz Kostner Hütte – Pordoi Joch.

Trentino-Südtirol

Einwohner: ca. 1 Mio.

Fläche: ca. 13.600 km²

Berg: Ortler, 3905 m

Sprachen: Italienisch, Deutsch; in einigen Landesteilen Ladinisch

Web: www.regione.taa.it

Provinz Belluno

Region: Venetien

Einwohner: ca. 210000

Flache: ca. 3.600 km²

Berg: Marmolada, 3343 m

Web: www.provincia.belluno.it

English Version

The prominent Sella massif can be climbed from all sides on mostly difficult fixed rope routes, of which Pisciadù, Pößnecker and Pizzetta are among the absolute highlights of the Dolomites. Marmolada not only is the highest summit of the Dolomites, but with Eterna and the western ridge also offers two great destinations. However, also the side summits offer worthwhile tours. Starting points are Wolkenstein, Corvara und Canazei.

Tour combinations:

Marmolada: Day 1: Ombrettaround with Ferrata Vernale. Day 2: Westgrat Klettersteig Marmolada.

Sella: Day 1: Cesare Piazzetta – Piz Boe – Lichtenfelser Weg – Franz Kostner Hütte. Day 2: Franz Kostner Hütte - Boèseekofel Klettersteig – Franz Kostner Hütte – Pordoi Joch.

EI

Via Eterna – Brigata Cadore Marmoladagruppe

Der endlos lange Grat auf die Punta Serauta

Punta Serauta, 2962 m

Der Zackengrat nach der Plattenwand

sehr schwierig 2,9

Sehr schön

Schlecht

Diff. D

8½ Std.

1200 Hm

900 Hm
5½ Std.

½ Std.

2½ Std.

NW

ab 16 J.

Juli - Sept.

2962 m

P N 46.45363
E 11.88852

E N 46.44766
E 11.89485

Gehzeiten/Time
Pso. Fedaia – Einstieg: ½Std. Einstieg - Forc. Serauta.: 5½ Std., Forc. Serauta - Ferrata Pontura - Staße: 2½ Std..

Besonderheiten: Der Name weist bereits auf die Anforderungen dieser Superferrata hin. Ewig lang und sehr schwierig zieht der 1990 errichtete Steig über den glatten Nordgrat auf die Punta Serauta hinauf und erreicht in einem steten Auf und Ab die Forcella Serauta mit der Seilbahnstation. Mit diesen Attributen wäre die Eterna sicherlich eine „must do" für jeden Ferratisten. Leider ist der Steig aber schon seit einigen Jahren offiziell gesperrt, da die Versicherungen teilweise fehlen bzw. nur notdürftig und tlw. gefährlich durch Kletterseile ersetzt wurden (Stand Aug. 2008).

Info

Talort: Penia, 1555 m

Ausgangspunkt: Parkplatz Rifugio Passo Fédaia, 2056 m

Karten: Tabacco Nr. 06, Marmolada; Kompass WK 59, Sellagruppe; F&B, WKS 5

Anreise: Auf der Autobahn A22 bis zur Ausfahrt Klausen oder Bozen Nord. Weiter über das Sellajoch oder den Karerpass nach Canazei und auf der SS 641 auf den Passo Fédaia und beim Rif. Passo Fedaia parken.

Zustieg: Vom Parkplatz auf der Passhöhe östlich ganz kurz die Skipiste hinunter, bis rechts die kleinen Felsen an die Piste stoßen. Noch oberhalb einer kleinen, vorgelager-

Kurz nach dem Eterna-Einstieg

Die steile D-Rinne auf der O-Seite

ten Felskuppe (Stellungen) steigt man zwischen dieser und den kleinen Felswänden auf einem Steig leicht ansteigend aufwärts. Der Steig führt zu einem Wiesenkar, von dort auf einem Pfad zum Einstieg unter einer steilen, schwarzgrauen Wandzone (Tafel, 2180 m).

Route: Über den ersten Vorbau (C) am Ende (C/D) hinauf zur großen Plattenzone des Nordgrates, anfangs C, dann über kleine Überhänge hinweg (C/D). Bald taucht links eine markante Grasrinne auf und der Steig wird leichter (C, B/C, dann A/B) und wendet sich etwas näher zum Grat, dem man bis zu einem Schrofenteil unter der Punta Serauta folgt. Dann geht es in der Westwand der Punta Serauta querend (anfangs B/C, dann B), zum Grat aufwärts. In einem stetigen Auf und Ab folgt man dem Grat nach Südosten bis man links extrem steil und schwierig (D) über eine Verschneidung auf ein Band absteigt. Ende der Schwierigkeiten. Über das Band zu einem Felsspalt, durch diesen hindurch direkt ins Museo Grande Guerra mit den Stellungen. Dort unschwierig in wenigen Minuten zur Forc. Serauta absteigen.

Abstieg: Drei Möglichkeiten: a) Seilbahnbenützung (letzte Talfahrt um 16:00 Uhr) b) Über die zu Beginn versicherte **Via ferrata B. Pontura** ins Val Antermoia und weiter zur Straße zwischen Fedaia Pass und Malga Ciapela (B/C, 1500 Hm, 2 ½ Std.). c) Direkt über die Skipiste auf den Marmolada Gletscher hinunter zum Fedaia Pass. Letztere Möglichkeit ist zwar der schnellste Weg, führt aber im oberen Teil weglos und nicht markiert über den oft blanken Gletscher (Gletscherausrüstung und sehr viel alpine Erfahrung nötig!).

Es gibt noch schlechtere Seile als auf dem Bild

Ausrüstung: Komplette Klettersteig- und Gletscherausrüstung, Helm und Sicherungsseil!

Bemerkung: **Der Steig ist offiziell gesperrt (2008)**, wird aber von Ferratisten immer noch begangen.

English Version

The name already indicates the demands of this superferrata. This seemingly endless (eternal) and very difficult tour runs up the north ridge of Punta Serauta before reaching Forcella Serauta with a steady up and down. With all of these attributes, Eterna would surely be a „must do“ for every fixed rope route climber, unfortunately it is officially closed and in bad condition (2008).

Route: From Rif. Passo Fedaia descend on the slope slightly eastwards as far as to the small rocks meeting the slope on the right. Still above a small summit located on the outskirts (emplacements), you take a path to the beginning of climb between the former and small rock faces. Route see topo. Descent: a) Cable car (last descent at 4 pm) b) Ferrata B. Pontura, which at the beginning is secured, to Val Antermoia and continue to the road (B/C, 1500 metres in height, 2 ½ hours).

Via Eterna – Brigata Cadore Marmoladagruppe

Übersicht der Via ferrata Eterna

Rifugio Serauta, 2950 m, privat; während der Seilbahnbetriebszeiten bew.; keine Nächtigung, Tel: +39 0437 722090

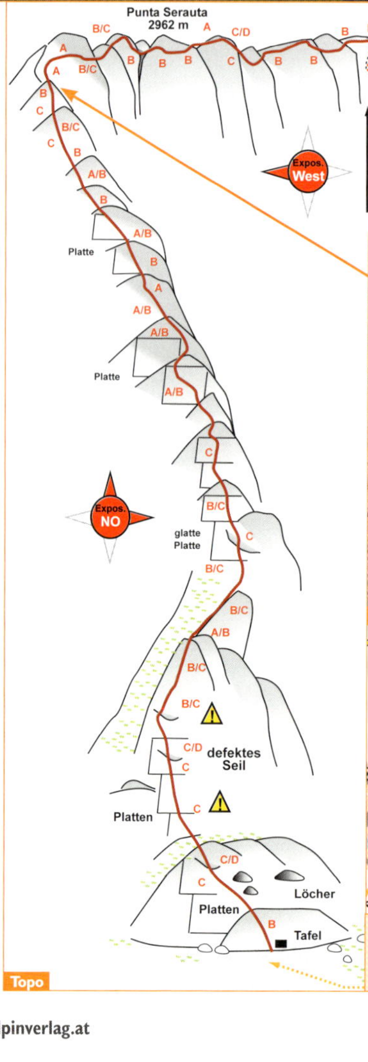

Via ferrata Sass da Rocia

Sass da Rocia, 1616 m

Miniferrata zwischen Marmolada und Civetta

E2

Kurz vor der Brücke

Besonderheiten: Eine der kürzesten Ferratas der Dolomiten liegt oberhalb von Rocca Pietore und ist quasi im Vorbeigehen zu machen. Ein enger Spalt, zwei Brücken und eine nette Hütte auf dem Felsklotz beim Weiler Ronch machen den Steig trotz der geringen Höhe zu einem lohnenden Ziel an Rast- oder Schlechtwettertagen.

Info

Talort: Digonera, 1167 m
Ausgangspunkt: Ronch, 1500 m
Karten: Tabacco Nr. 15, Marmolada-Pelmo-Civetta-Moiazza; Kompass WK 59

Anreise: Vom Pustertal entweder über Abtei (SS244, SP37 u. SP24) oder Cortina (SS51 und SS48) auf den Falzarego Pass. Von dort auf der SS 48 weiter nach Andraz, 2 km danach (Richtung Arabba) vor Pieve links nach Digonera und über Laste di Soppera nach Ronch bis zum Ende der Fahrmöglichkeit (Parkplatz).

Zustieg und Route: Dem Schild „Ferrata Sass da Rocia" folgen und in wenigen Minuten zum Einstieg. Durch einen schmalen Spalt in eine Art Durchgang im Berg (A), über einen steilen Pfeiler (B/C) und eine kleine Eisenbrücke zum Vorgipfel, dann über eine weitere Brücke auf den Hauptgipfel des Sass da Rocia mit dem Biwakhüttchen Pain d. Stelle.

Abstieg: Wie Aufstieg. **Ausrüstung:** Klettersteigausrüstung und Helm.

Stützpunkt: Bivacco Pain delle Stelle, 1616 m, Notunterkunft, immer offen

English Version

Smallest Ferrata in de Dolomites that leads trough a crack and two bridges up Sass da Rocia a freestanding rock in Ronch between Marmolada and Civetta . Just follow the signs and go the same way down again. Ronch can be reached by leaving the SR 48 between Andraz and Pieve to the south.

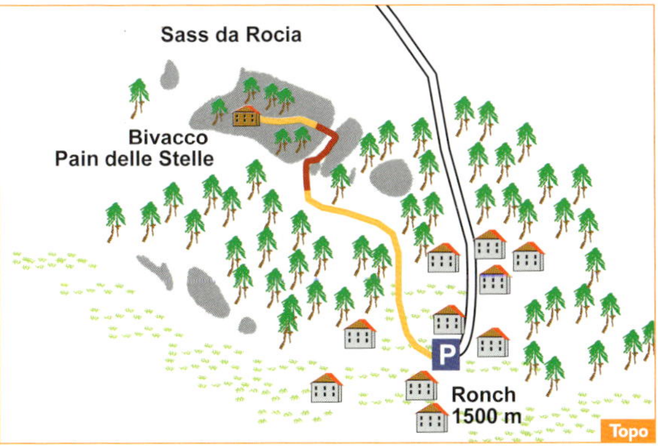

Topo

mäßig schwierig

Schön
Sehr gut
Diff. B/C
¾ Std.
100 Hm
50 Hm
¼ Std.
10 Min.
20 Min.
0
ab 12 J.
Juni - Sept.
1616 m

P N 46.44781
E 11.97701

E N 46.44910
E 11.97500

Gehzeiten/Time
Ronch - Einstieg 10 Min,
Einstieg - Gipfel 15 Min,
Gipfel - Ronch 20 Min.

E3

Via ferrata d' Trincee Marmoladagruppe

Endrucksvolle Konglomerat-Ferrata im Herzen der Dolomiten

La Mesola, 2727 m

Der Grat nach der Schlüsselstelle

sehr schwierig 2

Sehr schön

Gut

Diff. D

6¼ Std.

700 Hm

380 Hm
3 Std.

1½ Std.

1¾ Std.

S

ab 14 J.

Juni - Okt.

2727 m

P N 46.4637 E 11.8625

E N 46.47281 E 11.87380

Gehzeiten/Time
Parkplatz - Einstieg: 1½ Std.
Einstieg - Biwak: 3 Std.
Biwak - Parkplatz: 1¾ Std.

Besonderheiten: Historisch sehr interessanter Sportklettersteig, der über luftige Grate und durch lange Kriegsstollen verläuft. Was diesen Klettersteig von anderen Dolomitensteigen unterscheidet ist das dunkle Konglomerat, ein glattes und griffarmes Gestein, an das man sich erst gewöhnen muss. Vor allem bei den ersten Klettermetern der Schlüsselstelle (eine glatte und steile Platte) muss man bei großem Andrang etwas Geduld haben. Durch die Talnähe und die schnelle Erreichbarkeit ist der Steig auch bei nicht so stabilem Hochdruckwetter interessant und wird gerne als „Sicherheitstour" statt dem Marmolada Westgrat (Ferrata della Marmolada) gemacht. Vom Ausgangspunkt an der Staumauer bis zum Rückweg auf der südlichen Seite des Fédaiasees eine eindrucksvolle Runde mit schönen Ausblicken auf Sella- und Pordoijoch im Norden und Marmolada im Süden.

Info

Talort: Penia, 1555 m

Ausgangspunkt: Parkplatz Weststaumauer Lago di Fédaia, 2044 m

Karten: Tabacco Nr. 15, Marmolada-Pelmo-Civetta-Moiazzo

Anreise: Auf der A22 bis zur Ausfahrt Klausen oder Bozen Nord. Weiter über das Sellajoch oder den Karerpass nach Canazei und auf der Staatsstraße 641 zum Lago di Fédaia.

Die Einstiegsplatte ist die Schlüsselstelle

Im Hintergrund die Marmolada

Beim Rif. E. Castiglioni (2044 m) an der Westseite des Stausees parken. Alternativ kann man die Tour auch auf der Ostseite des Fédaia Stausees bei der Passhöhe beginnen (siehe Karte).

Zustieg: Vom Rif. E. Castiglioni (Marmolada) die Hauptstraße queren und auf markiertem Weg (698) zur Porta Vescovo aufsteigen, dort rechts weiter zum Einstieg des Klettersteiges an der Kante des Bec de Mesdi.

Route: Vom Einstieg quert (B) man zur glatten Einstiegswand (D), über diese erreicht man eine Rissverschneidung (C/D und C), die nach oben hin flacher wird (A). Nach einem kurzen Aufschwung (C) kommt eine luftige, aber leichte Plattenquerung (B), die um eine Kante führt (C). In einer weiten Verschneidung aufwärts (B), bis man über Platten den Grat erreicht (C). Nach kurzem Auf und Ab kommt man zur Brücke (A) und trifft nach einer Flachpassage auf ein kurzes Steilstück (C/D; in diesem Bereich kann man auch ungesichert zum höchsten Punkt gelangen), von dem man wieder zu einer Scharte absteigt (C und B; in der Scharte Fluchtmöglichkeit). Teilweise versichert weiter bzw. Gehgelände - an alten Stellungen vorbei - bis man auf das erste kurze Stollenloch trifft. Danach an die Südseite (teilweise versichert; bis B) zu Seilsicherungen (B/C), die zum langen Stollen

In einem der vielen Stollen

English Version

Trincee is a historically very interesting fixed rope route. It runs over exposed ridges and through long tunnels from the First World War. Another speciality is the smooth conglomerate stone which distinguishes this route from other Dolomite routes.

Route: Cross the street at Rif. E. Castiglioni (Marmolada) and ascend path 698 to Porta Vescovo. Bear right to the beginning of the climb. Route see topo! Descend from Biv. Bontadini (2552m) along a marked path to Rif. P.so Padon (2369m) and continue on a dirt road until you reach the main road at the Lake Fedaia or return on „Sent. geologico Arabba" to Porta Vescovo (see map).

Holzbrücke im ersten Teil der Ferrata

Rifugio P.so Padon, 2369 m, privat; im Sommer bew. Tel: +39 0437 722002

Biv. Bontadini, 2552 m, einfache Notunterkunft

(300 m) führen. Nach dem Stollen erreicht man das Ende des Steiges bei einem Häuschen, dem Biv. Bontadini (2552 m). Von dort kann man den Gipfel der Mesola einfach besteigen (schöner Wiesengipfel mit guter Aussicht; Abstieg auf dem Aufstiegsweg).

Abstieg: Vom Biv. Bontadini (2552 m) auf mark. Weg hinunter zum Rif. P.so Padon (2369 m) und ab der Hütte auf einer Schotterstr. zur Hauptstr. am Fedaiasee. Kurz der Straße folgen und über die Oststaumauer auf die andere Seite, dem See entlang zu den Häusern im Bereich der großen Staumauer und über diese zurück zum Auto. Alternativ kann man auch über den „Sent. Geologico Arabba“ zurück zur Porta Vescovo gehen (siehe Karte).

Ausrüstung: Neben Klettersteig-Set und Helm sollte man besser eine Stirnlampe für den 300 m langen Stollen mitnehmen.

Bemerkung: Der Grat ist teilweise recht luftig! Das glatte Vulkangestein ist sehr griffarm; wegen der dunklen Stollen-Abschnitte und der lehmigen Gehpassagen ist der Steig bei Nässe nicht zu empfehlen. Alternativ kann man die Porta de Vescovo auch von Arabba erreichen (über das Skigebiet). **Tipp:** Eine schöne Runde ergibt sich, wenn man bei der Oststaumauer (Passhöhe) startet. Man steigt den Weg 699 auf, bis unter dem Rif. Pso. Pandon links der „Sentiero Geologico Arabba“ abzweigt. Auf diesem quert man auf schönen Wiesen mit Marmoladablick zur Porta Vescovo, kurz davor re. zum Einstieg.

Auf dem Konglomerat-Grat

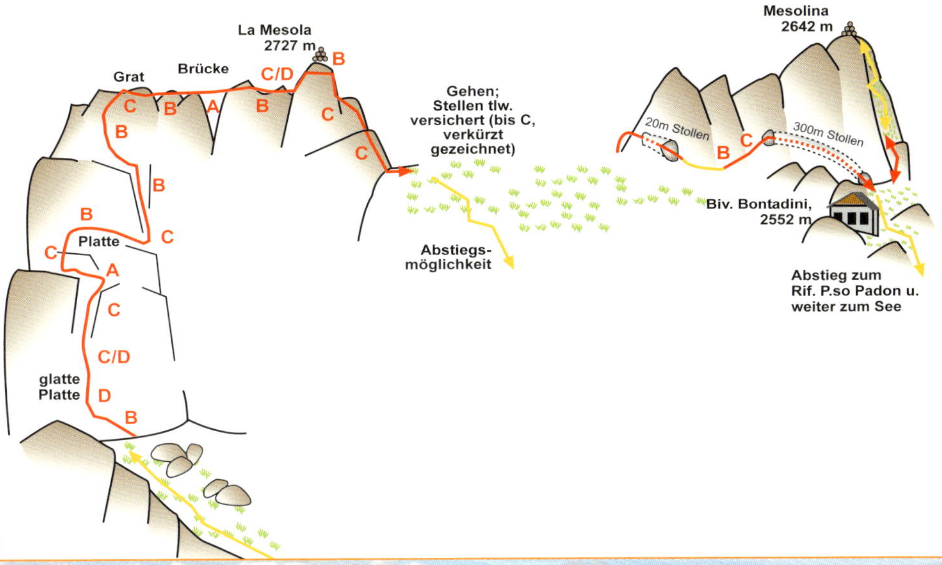

Topo

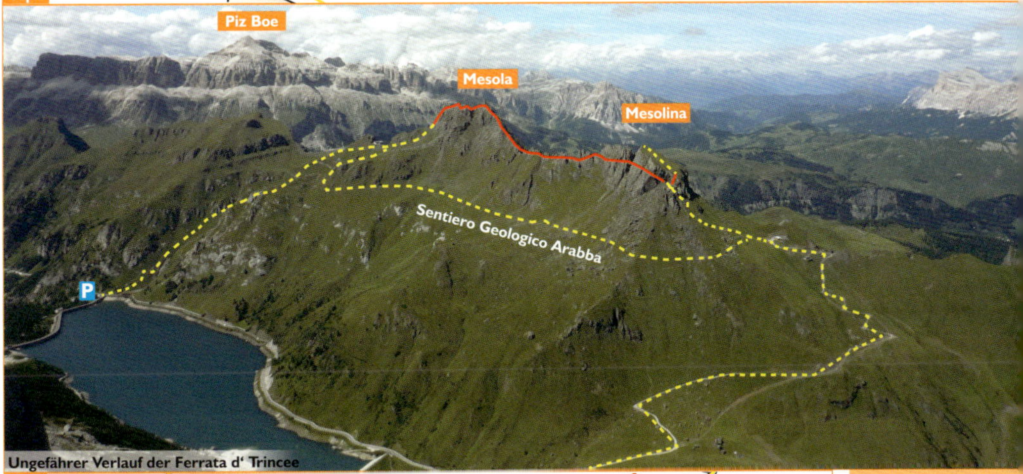

Ungefährer Verlauf der Ferrata d' Trincee

Map

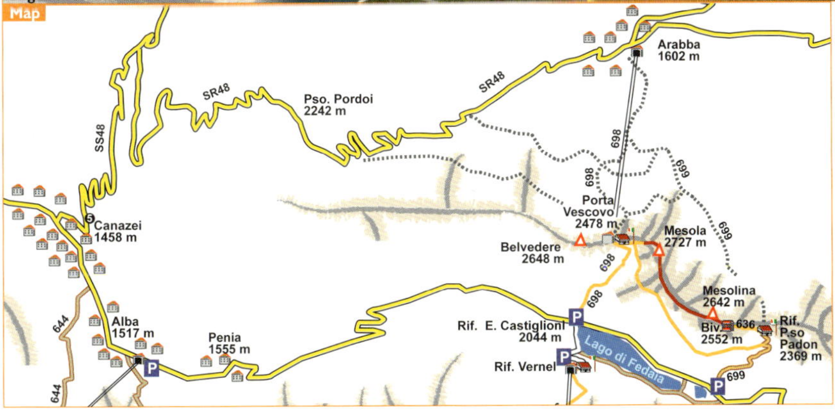

E4

Westgrat Klettersteig Marmoladagruppe

Über den Westgrat auf den höchsten Dolomitengipfel

Punta Penia, 3343 m

Direkt auf dem Grat im oberen Teil

mäßig schwierig 2,6

Sehr schön

Sehr gut

Diff. B

6 Std.

1000 Hm

450 Hm 2¼ Std.

1¾ Std.

2 Std.

NW

ab 13 J.

Juli - Sept.

3343 m

P N 46.45865 E 11.86351

E N 46.43952 E 11.84025

Gehzeiten/Time

Bergst. - Einstieg: 1¾ Std.
Einstieg - Gipfel: 2¼ Std.
Gipfel - Bergst.: 2 Std.

Besonderheiten: Die Marmolada ist ein Berg der Superlative: Der höchste Berg der Dolomiten mit dem größten Gletscher und einer gigantischen Südwand. Die über den Westgrat führende Via ferrata della Marmolada (auch als Hans-Seyffert-Weg bezeichnet) ist außerdem einer der ältesten Klettersteige. Die Tour ist ein perfekter Mix aus Ferrata und Gletscherhochtour und eines der besten Genuss-Abenteuer in den Dolomiten!. Wie so oft in den Dolomiten sind die Höhepunkte der Tour nicht auf dem Klettersteig zu finden, sondern ergeben sich durch das überwältigende Panorama. Besonders beeindruckend ist der Blick auf den Gletscher mit dem unterhalb liegenden Fédaia Stausee zur linken und die 800 m hohe Südwand zur rechten Seite.

Info

Talort: Penia, 1555 m

Ausgangspunkt: Bergstation Korblift Fédaia, 2626 m

Karten: Tabacco WK 06, Marmolada; Kompass WK 59, Sellagruppe, F&B, WKS 5

Anreise: Auf der A22 bis zur Ausfahrt Klausen oder Bozen Nord. Weiter über das Sellajoch oder den Karerpass nach Canazei und auf der Staatsstraße 641 zum Lago di Fédaia. Über die westl. Staumauer zum Parkplatz bei der Talstation des Korblifts.

Steigeisenanlegeplatz beim Zustieg

Viele Klammern weisen den Weg

Zustieg: Von der Korblift-Bergstation beim Rifugio Pian dei Fiacconi (2626 m) auf dem Weg 606 in westlicher Richtung 150 Hm absteigend um einen Felssporn herum. Anschließend im Gletschergeröll und Schutt zum Vernel-Gletscher aufsteigen, über diesen zu den ersten Versicherungen unter einer markanten Scharte. Alternativer Zustieg ist auch vom Rif. Contrin (2016 m) über den Weg 606 möglich.

Route: Von der glatten, etwas sandigen Einstiegsstufe (A/B) durch eine seichte Verschneidung (A bis A/B) in die Forcella de la Marmolada (2896 m, dort führt der Weg 606 kurz mit Seilen gesichert in die Schutthalde und weiter zum Rif. Contrin hinunter). Auf Klammern (A) zu einem Stück Gehgelände über einen schuttbedeckten Rücken, welcher zu einem Grat (A) leitet. An dessen Ende von einer Nische eine kurze, fast horizontale Querung in die Nordflanke (A). Eine kurze Steilpassage (A/B) aufwärts, dann mit Hilfe einiger, teils recht luftigen, aber leichten Klammernreihen (meist A/B, eine Stelle kurz B) über ausgesetzte Platten zurück auf den Grat. Dort meist direkt auf dem Grat (A, fotogene Passage auf eine abgerundete Gratkuppe) mit kurzen Gegenabstiegen (A bis A/B) zum Ende der Versicherungen. Vom Ausstieg im Geröll oder auf dem Gletscher zum Gipfel (3343 m) mit der Capanna Punta Penia (3340 m) aufsteigen.

Die ersten glatten Meter der Ferrata

Siehe DVD-ROM Tour als Film

English Version

Marmolada is a mountain of superlatives: it is the highest mountain of the Dolomites, it has the greatest glacier and the biggest south face. Only when the weather is fine should you do the Ferrata at the west ridge. When icy the route can immediately become a serious mountain tour!

Route: Take the basket lift up Fiacconi to get from the west dam wall of lake Fédaia to Rif. Pain and keep following path 606 until you reach the beginning of the climb (approach over glacier – you need crampons!) Follow the ridge, which is very well secured with ropes, upwards and on top keep going aproximately 30 minutes to the peak of Punta Penia at 3343m (summit shelter). To descend, follow the regular path to the top station of the basket lift – for that you will also need glacier equipment (crevasse).

Westgrat Klettersteig Marmoladagruppe

Der letzte Aufschwung neben der Südwand

Abstieg: Marmolada-Normalweg: In nördlicher Richtung über den schmaler werdenden Firngrat Schena de Mul zum versicherten Teil des Marmolada-Normalweges (A, eine Stelle A/B) absteigen. Nach 70 Klettersteig-Höhenmetern eine rampenartige Rinne hinunter wird der Ghiacciaio della Marmolada erreicht. Im Seilschaftsverband über den Gletscher (Achtung Spalten!) zur Pian dei Fiacconi absteigen und mit kurzer Gegensteigung über die Capanna al Ghiacciaio (2700 m) zum Rif. Pian dei Fiacconi (2626 m, Bergstation des Korbliftes). Von dort alternativer Abstieg über den Weg 606 zur Talstation möglich (zusätzlicher Zeitaufwand ca. 45 Min.).

Ausrüstung: Komplette Klettersteig- und Gletscherausrüstung, Helm.

Bemerkung: Von den geringen klettersteigtechnischen Schwierigkeiten und der bequemen Anreisemöglichkeit mit dem Korblift darf man sich nicht darüber hinwegtäuschen lassen, dass die Tour ein ernstes hochalpines Unternehmen ist. Gletschererfahrung, gute Akklimatisation und stabiles Wetter (bei Gewitter extrem gefährlich!) sind die Grundvoraussetzungen für die Begehung dieses Klettersteiges (der Gletscher vor dem Einstieg ist recht steil, ohne Steigeisen bei Blankeis sehr gefährlich!). Wer eine Gletscherbegehung vermeiden möchte, steigt durch das Val de Contrin zu und über den Klettersteig (also genau auf der Aufstiegsroute) wieder ab.

Abstieg auf dem Normalweg

Rifugio Pian dei Fiacconi, 2626 m, privat; Mitte Juni - Ende Sept. bew. Tel: +39 0462 601412. Infos: www.piandeifiacconi.it

Capanna al Ghiacciaio, 2700 m, privat; Tel: +39 0462 601610

Capanna Punta Penia, 3340 m, privat; Mitte Juni – Ende Sept. bew. Tel: +39 0462 764207

Siehe DVD-ROM Tour als Film

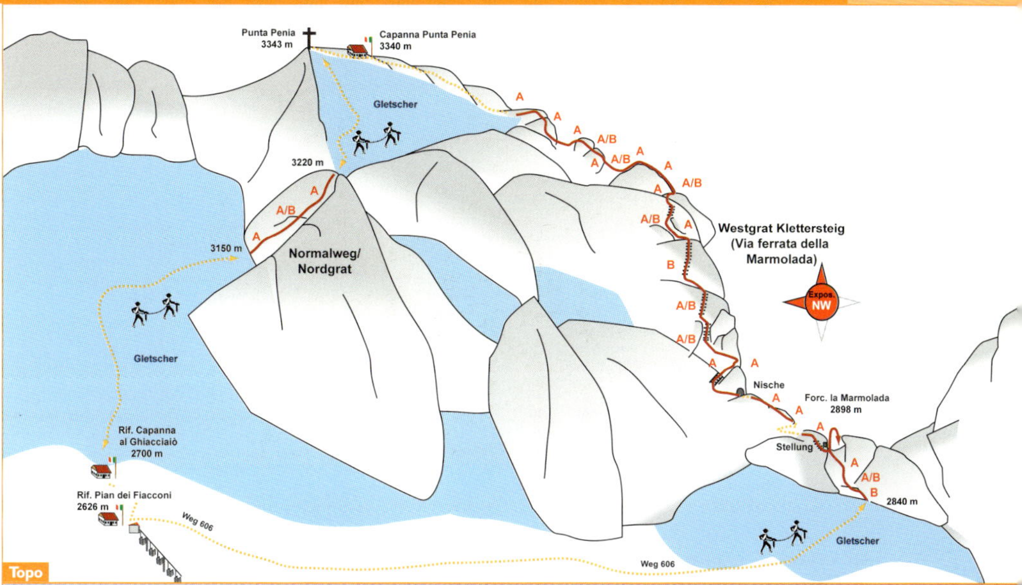

1: Marmolada Ferrata, 2: Normalweg

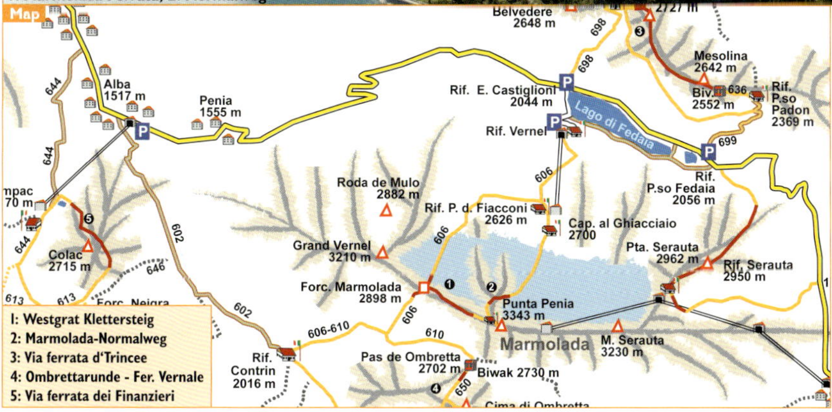

Siehe DVD-ROM
Tour als Film

Via ferrata dei Finanzieri Marmoladagruppe

Beliebter Nordwand-Eisenweg auf den Hausberg von Canazei — **Colàc, 2715 m**

Einer der steileren Aufschwünge in der Tour

schwierig 1,8

Schön

Sehr gut

Diff. C

4¼ Std.

720 Hm

530 Hm
2 Std.

20 Min.

1¾ Std.

NW

ab 13 J.

Juli - Sept.

2715 m

P N 46.45828
E 11.78807

E N 46.44437
E 11.77946

Gehzeiten/Time

Bergstation - Einstieg: 20 Min.
Einstieg - Gipfel: 2 Std.
Gipfel - Bergstation: 1¾ Std.
Alba - Einstieg: 1½ Std.
Gipfel - Parkplatz: 2¾ Std.

Besonderheiten: Sehr beliebter und ein wenig überlaufener Eisenweg auf den mächtigen Felsklotz des Colàc (2715 m) - dank Seilbahn auch als Halbtagestour interessant. Die Ferrata führt durch eine mächtige Verschneidung im westlichen Teil der Nordwand, wo der Fels meist geneigt und abwechslungsreich gegliedert ist. Die Erbauer nutzten geschickt den vom Fels klar vorgegebenen Weg. Lediglich die steilste Stelle musste mit zahlreichen Klammern gangbar gemacht werden. Vom Gipfel hat man einen tollen Ausblick zur Marmolada und zum fast greifbar nahen Langkofel.

Info

Talort: Alba, 1517 m

Ausgangspunkt: Bergstation Ciampac-Seilbahn, 2170 m

Karten: Tabacco WK 06, Marmolada; Kompass WK 59, Sellagruppe; F&B, WKS 5

Anreise: Auf der A22 bis zur Ausfahrt Klausen oder Bozen Nord. Weiter über das Sellajoch oder den Karerpass nach Canazei. Dort nach Alba zur Seilbahntalstation.

Zustieg: Von der Seilbahnstation kurz auf dem Weg 644 die Piste hinunter zum Wasserspeicher. An dem Staubecken vorbei auf dem Pfad in Kehren aufwärts bis zu den ersten Seilsicherungen. Alternativer Aufstieg von Alba auf dem Weg 644 (Forststraße, Mehraufwand ca. 1¼ Std.).

Route: Vom Einstieg durch eine seichte Rinne (A) ins Gehgelände und über eine Wandstufe (A/B) zur großen Plattenrampe (A bis B, einige Klammern). Über diese zur Schlüsselstelle (C) in Form einer leicht überhängenden Klammernreihe. Es folgen einige glatte Platten (B), Schrofengelände und zahlreiche Felsstufen (A bis B). Durch eine Kombination aus Rinnen (A/B) wird der Nordgrat (A/B bis B) und in Kürze der Ausstieg in Gipfelnähe erreicht.

Eine schöne Klammernreihe

Abstieg: Vom Ausstieg auf dem

Übersicht Ferrata dei Finanzieri

meist versicherten **Colàc-Normalweg** (A) durch Rinnen und Schluchten absteigen bzw. abklettern. Anschließend auf ausgesetzten Grasbändern queren und in die Forcella Neigra (2509 m) aufsteigen. Von dort gelangt man über den Weg 613 ins Ciamp de Agnes und auf dem Weg 644 zurück zur Bergstation. Alternativ kann man auch auf dem Weg 646 ins Val de Contrin absteigen und über den Weg 602 zurück nach Alba.

Ausrüstung: Klettersteigausrüstung u. Helm.

Bemerkung: Der versicherte Normalweg kann als eigener Klettersteig betrachtet werden und ist für schwächere Geher eine gute Alternative. Wer noch Zeit hat, kann den leichten und nur sehr kurz versicherten **Sentiero attrezzato Lino Pederiva** (A/B) anhängen. Von der Forc. Neigra folgt man dem Weg 613 in Richtung Rif. San Nicolo, dann rechts über die Wege 613 b (= Lino Pederiva) und 644 wieder ins Tal.

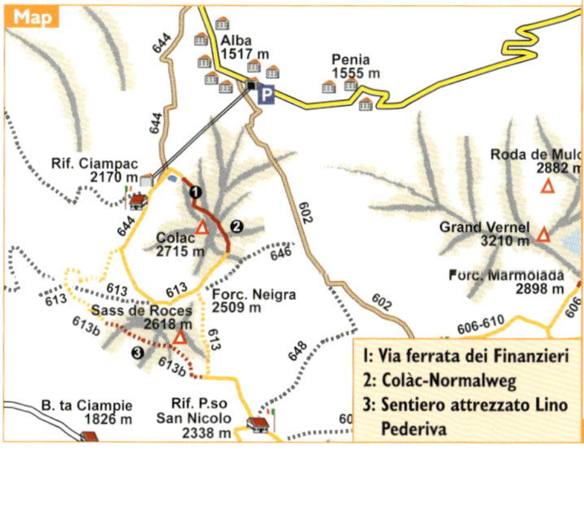

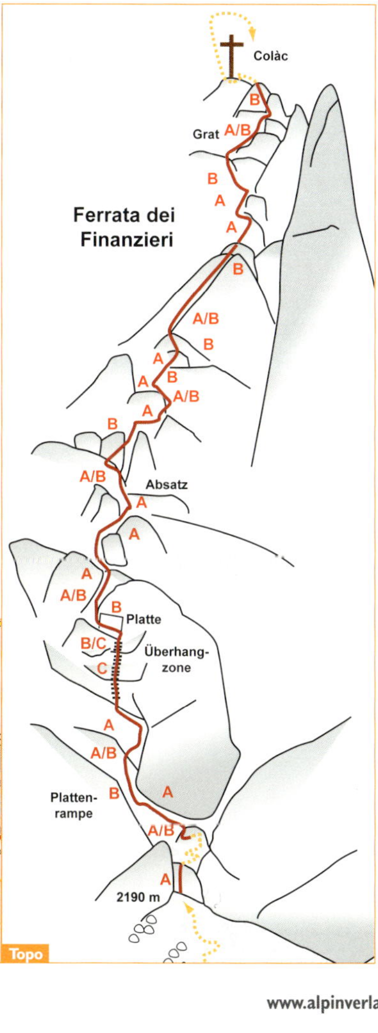

English Version

Very popular iron way onto the powerful rock block of Colàc. The ferrata runs through a huge corner in the western part of the north face where the rock is nearly always sloped and usually varied structured. Only the steepest place had to be made passable with numerous clamps. The summit offers a mad vista to Marmolada and Langkofel.

Route: Take trail 644 to a reservoir and ascend a path on the other side to the beginning of the climb. Descend the normal route and cross to Forcella Neigra. Take the trails 613 and 644 back to the funicular.

Rifugio Ciampac, 2170 m, privat; bew. wärend der Bahnbetriebszeit Tel.: +39 0462 601304. Infos: www.rifugiociampac.it

E6

Ombrettarunde - Ferrata Vernale

Marmoladagruppe

Panoramarunde mit Kurzferrata auf einen Dreitausender

Cima di Ombretta, 3011 m

Die gigantische Südwand der Marmolada

mäßig schwierig 2

Sehr schön

Gut

Diff. B/C

8½ Std.

1600 Hm

230 Hm 2 Std.

4 Std.

2¾ Std.

Div.

ab 13 J.

Juli - Sept.

3011 m

P N 46.45828 E 11.78807

E N 46.42812 E 11.84520

Gehzeiten/Time

Parkplatz - Rif. Contrin: 2 Std.
Rif. Contrin - Biwak 2 Std.
Biwak - Ombretta Gipfel - Ferrata Vernale: 2 Std.
Fer. Vernale - Parkpl. 2½ Std.

Besonderheiten: Sehr schöne Runde mit einer Miniferrata im Nahbereich der Marmolada. Höhepunkt ist der Blick vom Ombrettagipfel auf die mächtigen Südabbrüche unter der Punta Penia. Klettersteigtechnisch beschränkt sich die Tour auf ein paar Seilmeter im Bereich des Passo de Ombretta bzw. die 70 Hm der Via ferrata Vernale unter dem Sasso Vernale. Vor allem landschaftliche Kontraste sind es, die diese Runde interessant machen, steigt man doch von grünen Tälern hinauf bis kurz über die 3000er-Marke.

Info

Talort: Alba, 1517 m

Ausgangspunkt: Parkplatz bei der Talstation der Ciampac-Seilbahn, ca. 1500 m

Karten: Tabacco WK 06, Marmolada; Kompass WK 55, Cortina d'Ampezzo

Anreise: Auf der A22 bis zur Ausfahrt Klausen oder Bozen Nord. Weiter über das Sellajoch oder den Karerpass nach Canazei. Dort nach Alba zur Seilbahn-Talstation.

Zustieg und Route: Vom Parkplatz der Seilbahn steigt man auf dem Weg 602 anfangs sehr steil, dann durch ein schönes Hochtal zum Rif. Contrin (2016 m) auf. Von der Hütte folgt man dem Weg 606, dann dem Weg 610 durch das gewaltige Kar hinauf zum Passo de Ombretta (2702 m). Auf dem Pass rechts halten und auf dem Weg 650 zum Biv. M.

Im Mittelteil der Ferrata Vernale

Marmoladagruppe Ombrettarunde - Ferrata Vernale

E6

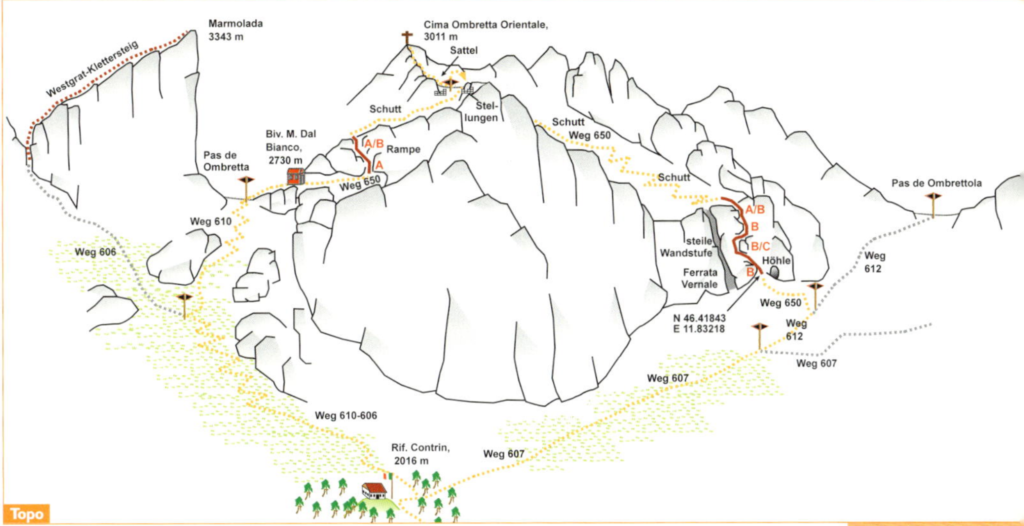

D. Bianco, das etwas versteckt unweit der Passhöhe auf dem Zackengrat liegt. Am Biwak vorbei gelangt man nach ca. 10 Min. zu einer sperrenden Felsstufe (4 Std./1300 Hm). Gut gesichert und nicht allzu schwierig (A, dann A/B) erreicht man einen Absatz. Danach über Schutt auf den Sattel (viele alte Stellungen) zwischen Cima Mezzo und Cima Orienttale. Vom Sattel in ca. 15 Min. auf den höchsten Punkt (3011m) mit einem kleinen Holzkreuz. Zurück zum Sattel und in das große Schuttkar absteigen, unten hält man sich links (immer der Markierung folgen) und gelangt zu einem Abbruch (2680 m, Ferrata Vernale). Zuerst leicht (A/B und B), dann nach einer Ecke etwas steiler (B/C) abwärts und man steht auch schon am Fuß der Ferrata. (2 Std./230 Hm Aufst.). Weiter auf dem Weg, bis dieser auf den Weg 612 trifft, diesen absteigen und schlussendlich wieder auf dem Weg 607 vorbei an der Contrinalm zum Rifugio. Von dort steigt man auf dem Aufstiegsweg ins Tal (2¾ Std.).

Bemerkung: Trotz der geringen Schwierigkeiten eine nicht zu unterschätzende Tour! Im Bereich des Passo Ombretta (Biwak) hält sich oft recht lange der Schnee. Die Tour wird gerne als Eingehtour für die Via ferrata della Marmolada (Westgrat) gemacht.

Übersicht der kurzen Via ferrata Vernale

English Version

Very beautiful round with a baby-sized ferrata. Highlights are the vista of Marmolada south face from Ombretta summit and landscape contrasts from green valleys up to 3000 m. The climbing passages are limited to a few rope meters at Passo de Ombretta and the short Ferrata Vernale.

Route: Ascend trail 602 to Rif. Contrin and follow trails 606 and 610 to Passo de Ombretta. Keep right and climb Cima Ombretta. Return to the saddle and descend on the south side to Ferrata Vernale. After the climb descend trails 612 and 607 back to Rif. Contrin.

Rif. Contrin, 2016 m, Ende Juni - Ende Sept. bew.; Telefonnummer: +39 0462 601101; www.rifugiocontrin.it

Kaiserjäger Klettersteig Marmoladagruppe

Sehr schwere Kriegsferrata im Schatten der Marmolada **Col Ombert, 2670 m**

Neue und alte Seilversicherungen

sehr schwierig 2

Schön

Gut

Diff. D/E

5¼ Std.

800 Hm

290 Hm
1½ Std.

1½ Std.

2¼ Std.

NW

ab 14 J.

Juli - Sept.

2670 m

P N 46.42028 E 11.77047

E N 46.41932 E 11.79780

Gehzeiten/Time
Parkplatz - Rifugio Passo San Nicolo: 1 Std.
Rifugio - Einstieg: ½ Std.
Einstieg - Gipfel: 1½ Std.
Gipfel - Parkplatz: 2¼ Std.

Besonderheiten: Sehr wilde und wenig bekannte Steiganlage auf der Rückseite der Marmolada. Der Steig verläuft entlang der früheren Frontlinie und wurde ursprünglich von den Kaiserjägern im Ersten Weltkrieg errichtet. Wie mutig die Soldaten damals waren wird einem beim ersten, sehr schweren Überhangsstück bewusst, in diesem - aber auch oben in der langen Plattenpassage - wird dem Begeher alles abverlangt. Kurz vor dem höchsten Punkt des schönen Aussichtsgipfels kommen noch ein paar unangenehme Schrofenpassagen. Der Abstiegsweg ist leicht und führt an alten Stellungen vorbei. Die Steiganlage wurde 1996 neu versichert, es sind aber noch viele der von den Soldaten angebrachten Versicherungen vorhanden - kaum zu glauben, dass damals schon solch kühne Steiganlagen geklettert wurden.

Info

Talort: Pozza di Fassa, 1320 m

Ausgangspunkt: Wanderparkplatz beim Denkmal im Val San Nicolo, ca. 1900 m

Karten: Tabacco WK 06, Marmolada; Kompass WK 55, Cortina d'Ampezzo

Anreise: Auf der Brennerautobahn bis nach Bozen Nord. Durch das Eggental und über den Karerpass ins Val di Fassa bis nach Pozza di Fassa und dort ins Val di San Nicolo ab-

Die letzten Meter vor dem Gipfel

Steiler Kamin im unteren Teil

zweigen. Dann bis zum Ende der Fahrmöglichkeit nach Sauc. Am Ende ist die Straße sehr schlecht. Parkplatz auf ca. 1900 m bei einem Denkmal.

Zustieg: Vom Parkplatz auf gut markiertem Weg über schöne Almwiesen hinauf zum Passo di San Nicolo. Vorbei am Rif. P.so San Nicolo folgt man südöstlich dem sandigen Kamm und gelangt auf Steigspuren zum Einstieg bei einer aus dem Fels gehauenen Höhle (alte Stellungen).

Route: Von der alten Stellungshöhle zuerst durch eine spaltartige Verschneidung (C) auf einen Absatz (B) und dann leicht ansteigend queren. Sehr steil (D) wird es zu Beginn eines Kamins (C). Mitten im Kamin kommt die Schlüsselstelle des Steiges, eine überhängende, kraftraubende Wandstelle (D/E), danach wieder leichter bis zum Ende des Kamins (C), bei einem brüchigen Kessel. Am rechten Rand des Kessels (C und A) aufwärts zu einer weiteren Steilpassage (C/D). Nach dieser wird das Gelände etwas leichter (C und B) und man erreicht über eine kurze alte Leiter ein großes Schuttband (guter Rastpunkt, den man nutzen sollte). Vom Schuttband steigt man in die lange Plattenpassage ein, es folgt eine leichte Kletterei (B) bis zu einer kurzen, sehr steilen Steilstufe (C/D) in der Plattenmitte. Dann auf einen Absatz, auf dem man leicht (A) zur nächsten Steilpassage (C/D)

Querung mit Marmoladablick

English Version

Kaiserjäger fixed rope route (Val di San Nicolo) is a wild reconditioned war path along the front of the First World War. Extreme exposed and venturous passages are waiting for the historically-minded climber.

Route: From the parking lot hike a marked path across grassland up to Passo di San Nicolo. After passing Rif. P.so San Nicolo follow a sandy shoulder to the beginning of the climb at a war bunker. Route see topo! From the summit descend to Forcella Pasche (2502m), switch to the south side and follow a marked path down to San Nicolo valley.

Wandstelle an der ehem. Frontlinie

quert. Danach erreicht man eine lange, aber leichte Querung (B und A), die um die Kante führt. Auf dem folgenden Grat über kurze Aufschwünge (B und kurz C) zum Ende der Versicherungen auf einem großen Absatz unterhalb des Gipfels (verfallene Stellungen) und über sehr brüchige Schrofen (kurz I-, heikle aber nur kurze Kletterei) hinauf zum Gipfel des freistehenden Col Ombert (2670 m) mit dem Kreuz.

Abstieg: Vom Gipfelkreuz hinunter zur Forcella Pasche (2502 m), wo man auf die Südseite wechselt und auf dem markierten Weg wieder ins Val di San Nicolo absteigt. Man kann beim Abstieg in der ersten Senke (große Steine) zu einer alten Kriegsstellung aufsteigen und hinter dieser auf die Südseite wechseln - damit spart man etwas Zeit und kann noch ein paar alte Stellungen besichtigen.

Ausrüstung: Komplettes Klettersteig-Set und Helm, für schwächere Geher ein kurzes Sicherungsseil.

Bemerkung: Relativ unbekanntes, sehr schweres Klettersteig-Ziel, das vor allem landschaftlich und historisch einiges zu bieten hat. Der Steig hat etliche brüchige Abschnitte - wenn mehrere Kletterer in der Wand sind, ist auf Steinschlag zu achten!

Rifugio P.so S. Nicolo, 2338 m, privat, im Sommer bewirtschaftet; Tel: +39 0462 763 269

Beim Abstieg in die Forc. Pasche

Übersicht des Kaiserjäger Klettersteiges

Alte Leiter mit Tafel beim Einstieg

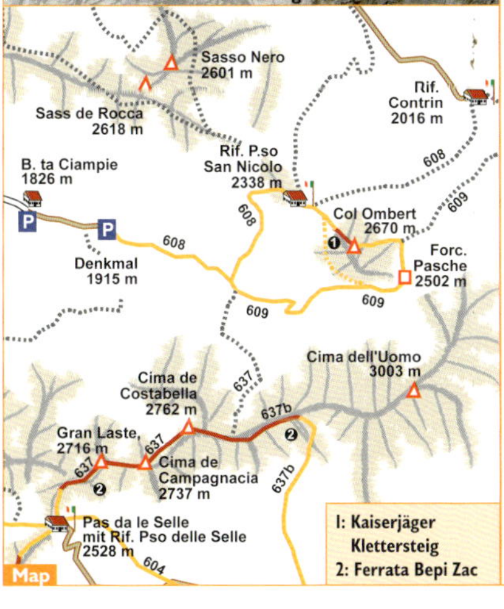

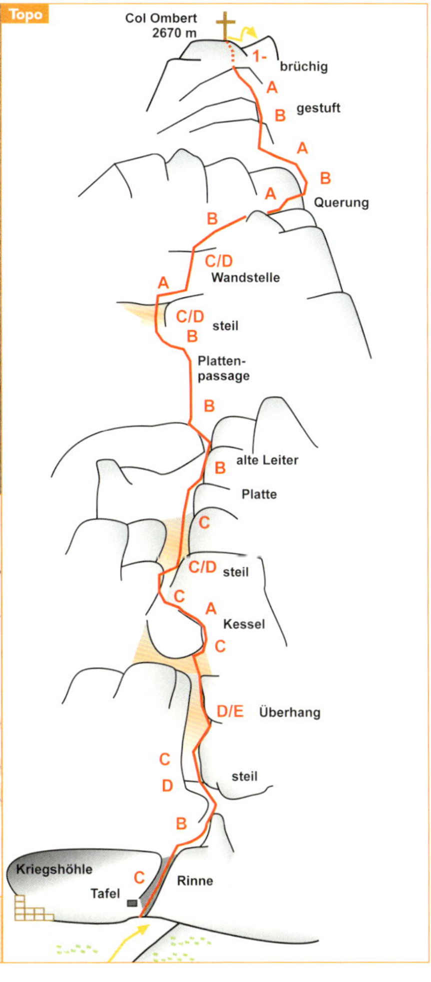

Via ferrata Paolin Piccolin Marmoladagruppe

Rassiger Eisenweg mit tollem Marmoladablick

Cima d'Auta, 2624 m

Steile Passage im unteren Teil der Schlucht

schwierig 1,8

Sehr schön

Gut

Diff. C/D

7¾ Std.

1380 Hm

340 Hm 1¾ Std.

3 Std.

3 Std.

SW

ab 14 J.

Juni - Sept.

2624 m

P N 46.37758 E 11.89058

E N 46.39989 E 11.88328

Gehzeiten/Time

Parkplatz Colmean - Rifugio Baita dei Cacciatori: 1½ Std.
Rifugio - Einstieg: 1½ Std.
Einstieg - Gipfel: 1¾ Std.
Gipfel - Parkplatz: 3 Std.

Besonderheiten: Kühn angelegte Ferrata, die durch die Südabbrüche zum Gipfel der Cima d'Auta führt. Der Klettersteig wird zu unrecht nur selten besucht, steht aber bei den Einheimischen ganz hoch im Kurs. Die Ferrata hat viele recht luftige und steile Passagen und endet nach einem gewaltigen Plattenfinale auf einem fantastischen Aussichtsberg! Die gewaltigen Südabbrüche der Marmolada und die berühmten Wände der Civetta sind nur einige der Blickfänge bei der Gipfelrundumsicht. Nach dem landschaftlich anregenden Abstieg wartet eine sehr urige Einkehr in der Baita dei Cacciatori.

Info

Talort: Caviola, 990 m

Ausgangspunkt: Wanderparkplatz in Colmean, 1310 m

Karten: Tabacco WK 06, Marmolada; Kompass WK 59, Sellagruppe; F&B, WKS 5

Anreise: Von Norden: Auf der Autobahn A22 bis zur Ausfahrt Bozen Nord und weiter über den Karerpass nach Pozza di Fassa. Dort rechts abbiegen, Richtung Predazzo fahren und bei Moèna nach links über den Passo San Pellegrino bis Caviola. Dort nördlich über ein Sträßchen in Richtung Feder, vor dem Ort links zum Wanderparkplatz in Colmean. Caviola ist auch von Cortina bzw. Agordo über Cencenighe zu erreichen.

Beim Zustieg oberhalb des Rifugios

Via ferrata Paolin Piccolin

Auf der Einstiegsleiter

Zustieg: Vom Wanderparkplatz in Colmean auf dem Weg 689 - anfangs meist über einen Karrenweg bis zur Material-Seilbahn des Rifugios. Dort über den Bach und zum Rifugio Baita dei Cacciatori bzw. zu dem oberhalb liegenden Bivacco Giovanni Paolo aufsteigen. Beim Biwak rechts (Weg Cima d'Auta) weiter bis über die Baumgrenze aufsteigen. In einer Schuttrinne (Markierung) zweigt links der Weg zur Ferrata ab. Steil aufwärts zur von unten schon sichtbaren Schluchtrinne.

Route: Vom Einstieg am linken Schluchtrand über eine Leiter (A) zur steilen Wandstelle (B/C), die erneut zu einer Leiter (B) führt. Dann leichter (A, kurze Leiter B) am linken Schluchtrand aufwärts, bis man in einem kleinen Kessel zur Schlüsselstelle - einer trittarmen Steilstufe (C/D) - kommt. Danach über eine Art Grat (B u. A/B) auf den großen Sattel (Forcella del Medil). Erstmals hat man dort freie Sicht auf die Marmolada. Links weiter zu den Felsen, gestuft höher (A/B) erreicht man einen Rücken. Auf einem kleinen Band (A) gelangt man zur Leiter (B), die den oberen Plattenteil einleitet. Über steilere, aber gut gegliederte Platten höher (B), nach einem Band (A) neuerlich über steile Platten (B) in leichtes Gelände. Auf dem Band links um die Kante (A), dort trifft man auf den Normalweg, dem man im Zickzack (A/B) auf die Gipfelkuppe der Cima d'Auta mit der Madonna folgt.

In der urigen Baita dei Cacciatori

English Version

An adventurously set up fixed rope route leading through the southern ruptures to the summit of Cima d'Auta. Although the fixed rope route is popular among locals, it does not have many visitors. It has a lot of rather dizzy and steep passages and after an enormous slab finale reaches a summit with a fantastic view!

Route: From Colmean (can be reached from Caviola at Pellegrino Pass) ascend to Rif. Baita dei Cacciatori on path 689. Then pass the bivouac going to Cima d'Auta and beneath the rocks divert to the left to the beginning of climb. Route see topo. From the summit you get to a col (2377m) on Via Normale and then you can either descend on Sentiero attrezzato Attilio Bortoli or continue to Forc. dei Negher and from there return to the hut.

Stimmungsbild kurz vor dem Regen

Abstieg: Vom Gipfel wieder zurück (A/B) bis zur Kreuzung mit der „Via Normale". Auf der „Via Normale" in eine kleine Scharte absteigen und steil aufwärts (B) auf den Nebengipfel. Von diesem anfangs steiler (Stellen A) auf dem plattigen Rücken abwärts. Nach einer Gehpassage folgt ein seilgesichertes Stück (A/B) und wieder Gehgelände, von dem man einen Wiesensattel erreicht (2377 m; Wegweiser Baita dei Cacciatori/Colmean). **a)** Dort südlich auf dem **Sentiero attrezzato Attilio Bortoli** - einer grasigen Miniferrata (A/B), die durch eine rampenartige Rinne führt - absteigen, bis man die steilen Grashänge erreicht. Auf dem Steig, unter den Felsen wieder retour zum Aufstiegsweg queren - auf diesem absteigen. **b)** Oder weiter auf dem Rücken in die Forc. dei Negher (schöner Ausblick auf den Lago di Franzei) und hinunter zur Biwakhütte Bta. Col Mont. Von dort über die sog. Fontane (Zusammenfluss vieler Bäche) zurück zum Rif. Baita dei Cacciatori und auf dem Aufstiegsweg ins Tal (Var. b ist ca. eine ¾ Std. länger).

Ausrüstung: Komplette Klettersteigausrüstung, Helm.

Bemerkung: Unten kann man die schwere Passage auch in der Schlucht umgehen (Steigspuren), wegen der nicht allzu fest im Schutt liegenden Felsblöcke nicht zu empfehlen! Bei Nässe ist der Abstieg (steiles Gras) heikel.

Rifugio Baita dei Cacciatori, 1751 m, privat; Anfang Juni bis Ende Sept. bewirtschaftet; Tel: +39 0437 592145.

Sehr steile Platten im oberen Teil

Übersicht der Ferrata Paolin Piccolin

Topo

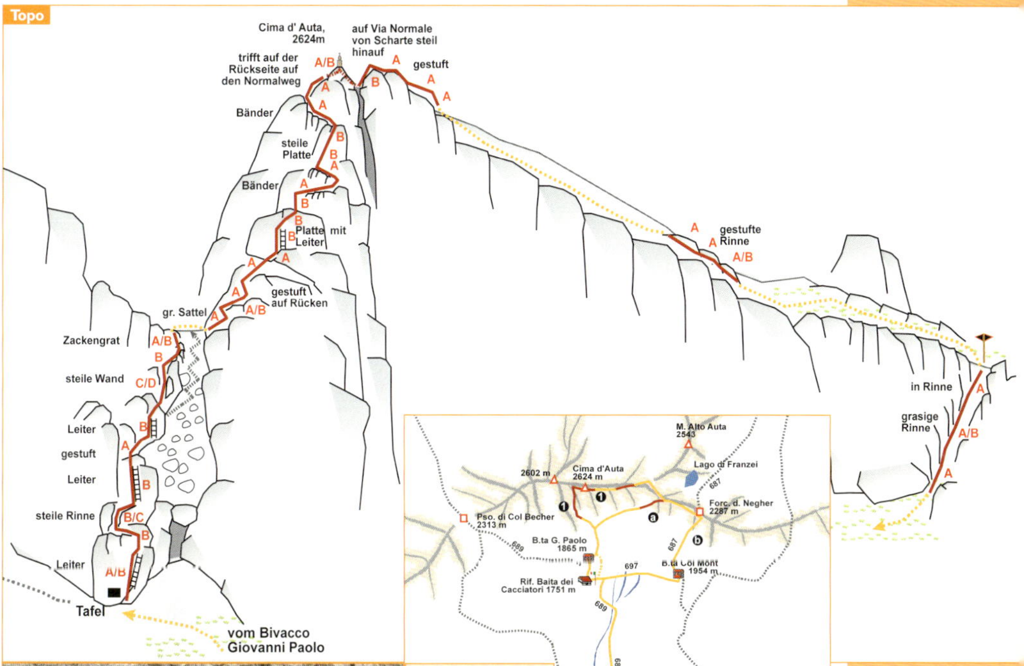

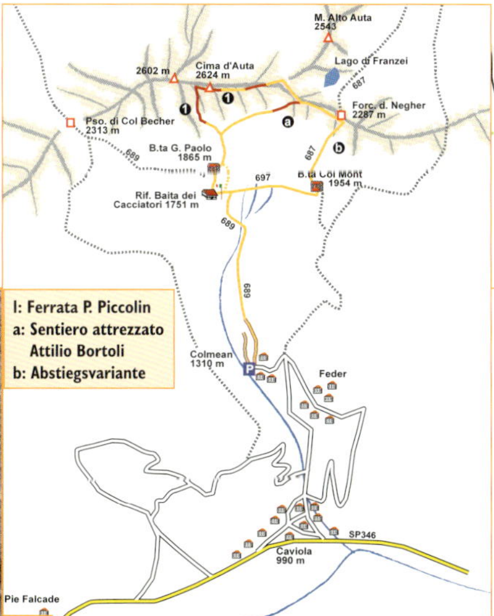

I: Ferrata P. Piccolin
a: Sentiero attrezzato Attilio Bortoli
b: Abstiegsvariante

Map

Via ferrata Bepi Zac Marmoladagruppe

Eindrucksvolle Kriegsferrata am Pellegrino Pass — **Cima de Costabella, 2762 m**

Der Gipfel der Cima de Campagnacia

mäßig schwierig 1,2

- ★★★★ Sehr schön
- XXX Gut
- Diff. B
- 5½ Std.
- 1150 Hm
- 350 Hm 2 Std.
- 2 Std.
- 1½ Std.
- Div.
- ab 10 J.
- Juni - Sept.
- 2762 m

P N 46.37799 E 11.79459

E N 46.39944 E 11.76326

Gehzeiten/Time

Passo Pellegrino - Passo delle Selle (Rifugio): 1¾ Std.
Pso. d. Selle - Einstg.: 15 Min.
Ferrata Bepi Zac - Passo San Pellegrino: 3½ Std.

Besonderheiten: Der historisch wertvolle und nur abschnittsweise versicherte Klettersteig „Via ferrata Bepi Zac" folgt auf alten Kriegssteigen dem ca. 2,9 km langen Kamm der Costabella. Bei dieser abwechslungsreichen, wenig begangenen Tour mit herrlicher Aussicht stehen die Klettersteigelemente klar im Hintergrund. Neben den dunklen Stollen und verfallenen Stellungen erinnert ein kleines Museum in einem ausgehöhlten Felsturm an die Schrecken des Ersten Weltkriegs.

Info

Talort: Moèna, 1184 m

Ausgangspunkt: Passo San Pellegrino, 1918 m

Karten: Tabacco WK 06, Marmolada; Kompass WK 59, Sellagruppe; F&B, WKS 5

Anreise: Von Norden: Auf der Autobahn A22 bis zur Ausfahrt Bozen Nord und weiter über den Karerpass nach Pozza di Fassa. Dort rechts abbiegen und Richtung Predazzo fahren. Durch Moèna und anschließend links auf den Passo San Pellegrino. Von Süden: Auf der Autobahn A22 bis zur Ausfahrt Neumarkt/Auer. Weiter auf der Staatsstraße 48 über Predazzo bis kurz vor Moèna. Dort rechts abbiegen und auf den Passo San Pellegrino.

In einem der vielen Schützengräben

Auf der steilen Holztreppe

Zustieg: Vom Passo San Pellegrino auf dem Weg 604 (meist Fahrweg) durch das Schigebiet zum Passo delle Selle aufsteigen und dem Wegweiser nach rechts zum Einstieg folgen. Die alternative Bergfahrt mit dem Sessellift Costabella spart etwa 30 Minuten.

Route: Vom Einstieg in geringer Schwierigkeit (A) über Schrofen zur Picol Laste (2697 m) aufsteigen. Im Auf und Ab (meist Gehgelände, Bandsysteme im Wechsel mit Schuttpassagen) und durch einen Stollen zur Gran Laste (2716 m) hinüber. Durch einen weiteren Stollen und auf die Nordseite zu einer Steilstufe (B) queren. Im Gehgelände zu einem Zackengrat (A), und auf diesem bzw. knapp unterhalb (Holzleitern) neuerlich ins Gehgelände. Zuletzt durch eine Rinne auf die Cima de Campagnacia (2737 m) und zum Sattel Banc de la Campagnacia absteigen (dort Fluchtmöglichkeit Richtung Süden). Im Gehgelände (Stollen) auf die Cima de Costabella (2762 m) und zu einer Holzleiter absteigen. Über die steilere Leiter (A/B) auf den Grat (A/B), durch einen Stollen (Gehgelände) und über eine Rampe (A/B) ins Gehgelände absteigen. Dort besteht eine Abstiegsmöglichkeit ins Val San Nicoló. Links des Kamms zu einem markanten Turm (links Umgehungsmöglichkeit, die in eine Scharte hinter dem Turm führt). In diesem Felsturm (ehemalige Bunkeranlage) befindet sich ein kleines Kriegsmuseum, man erreicht es über eine Rampe (A/B) und gelangt

Im Museum am Steigende

English Version

On former war paths, the fixed rope route „Via Ferrata Bepi Zac“ follows the long Costabella ridge. Along with dark drifts and decayed emplacements, a small museum reminds us of the horrors of the First World War. This fixed rope route can easily be combined with Ferrata Bruno Federspiel and Ferrata Gadotti.

Route: Take path 604 from Passo San Pellegrino to Passo delle Stelle and follow the signposts to the beginning of the climb on the right hand side. Once you have reached the top, follow the ridge. You will have to climb a few short steep steps. Half way through the tour you get to Cima de Costabella (2762m at its peak) After passing a ridge and some drifts, you get to a small War Museum in a rock tower, which already marks the end of the climb. Starting from a gap you descend to Passo San Pellegrino following path 637b.

E9 Via ferrata Bepi Zac Marmoladagruppe

Die Stellungen der Österreicher

schlussendlich von einer kleinen Scharte über eine kleine Holzbrücke direkt in den Turm. Von der Scharte auf einer Rampe (A bis A/B) zu einem Stollen (A) und weiter über zwei Holztreppen (A) zum Ende der Versicherungen absteigen.

Abstieg: Vom Ausstieg auf dem Weg 637b zum Aufstiegsweg absteigen. Weiter auf dem Aufstiegsweg. Die alternative Talfahrt mit dem Sessellift Costabella spart in etwa 20 Minuten.

Ausrüstung: Komplette Klettersteigausrüstung, Helm, evtl. Stirnlampe.

Bemerkung: Der ursprüngliche zweite Teil auf die Cima dell Uomo (3003 m) wurde abgebaut. Eine neuerliche Verlängerung in geänderter Trassenführung bis zur Forcella di Laghet ist geplant. Der Klettersteig lässt sich weiters mit den Vie ferratas Bruno Federspiel und Franco Gadotti zu einer grandiosen, allerdings sehr langen Gratüberschreitung kombinieren. Tipp: Wer alle drei Klettersteige verbinden möchte stellt sein Auto am besten im hinteren Val San Nicolo (bei einem Denkmal) ab und trampt bzw. fährt mit dem Mountainbike zum Ristorante Malga al Crocifisso. Dort steigt man über den Weg 615b zur Ferrata F. Gadotti auf. Da einige Hütten (Rifugio Vallaccia und Rifugio Passo delle Selle) auf dem Weg liegen, auch sehr gut als gemütliche Zweitagestour machbar.

Rifugio Passo delle Selle, 2528 m, privat; Anfang Juni bis Anfang Okt. bew. Tel: +39 0347 4039331. Infos: www.rifugioselle.it

Bei einem der Stellungsstollen

Übersicht der Via ferrata Bepi Zac

Topo

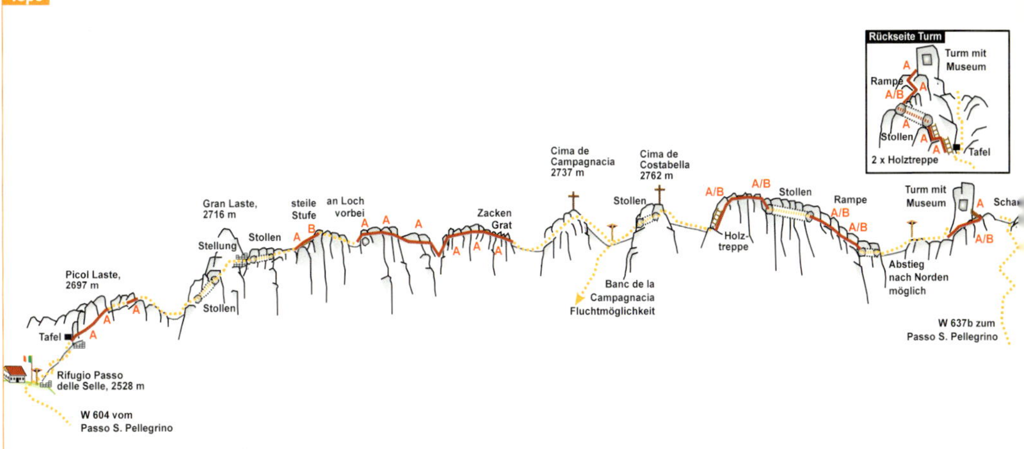

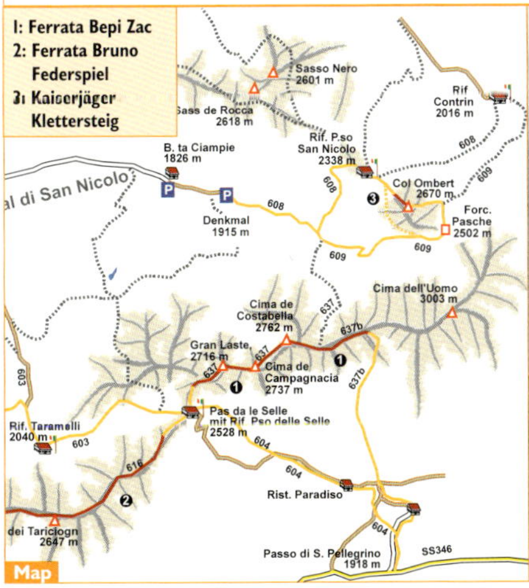

Aufstieg zum Museum im Turm

E10

Via ferrata Franco Gadotti Marmoladagruppe

Schöne, ruhige Ferratarunde im Val San Nicoló

Sass Aut, 2555 m

Auf dem Gipfel des Sass Aut

mäßig schwierig 1,5

Schön

Gut

Diff. B/C

7 Std.

1400 Hm

470 Hm
2½ Std.

1½ Std.

3 Std.

N

ab 12 J.

Juni - Sept.

2555 m

P N 46.41674
E 11.71611

E N 46.40434
E 11.70808

Gehzeiten/Time
Parkplatz - Einstieg: 1½ Std.
Einstieg. - Forcella Baranchie: 3 Std.
Forcella Baranchie - Malga al Crocifisso: 2½ Std.

Besonderheiten: Die interessante und nur abschnittsweise versicherte Via ferrata Franco Gadotti erschließt die westliche Gipfelkette des Gebirgsstocks Vallaccia. Im Gegensatz zu den Touren auf der anderen Seite des Fassatals wird die Ferratarunde – zu Unrecht – nur selten begangen. Höhepunkte sind der abenteuerliche Durchschlupf durch das Teufelsloch (zwei riesige Klemmblöcke) und die herrliche Gipfelwiese am Sass Aut. Im Sommer blühen dort oben unzählige Edelweiß, die zusammen mit der grandiosen Aussicht zu einer ausgiebigen Rast einladen.

Info

Talort: Pozza di Fassa, 1320 m

Ausgangspunkt: Ristorante Malga al Crocifisso, 1526 m

Karten: Tabacco WK 06, Marmolada; Kompass WK 59, Sellagruppe; F&B, WKS 5

Anreise: Auf der Autobahn A22 bis zur Ausfahrt Bozen Nord und weiter über den Karerpass nach Pozza di Fassa. Dort rechts ins Val San Nicoló abbiegen und bis zum Ristorante Malga al Crocifisso fahren.

Zustieg: Vom Restaurant auf schmalem Pfad (Weg 615B) ins Hochtal Vallaccia und weiter auf dem Weg 615 zum Bivacco Donato Zeni (2100 m) aufsteigen (unterhalb des

Unter dem mächtigen Felsblock

Steile Passage nach dem Biwak

Bivaccos ist eine versicherte Rampe - kurz A). Vom Biwak rechts halten (Weg 617) und in wenigen Minuten zum Einstieg (Tafel).

Route: Vom Einstieg auf dem Band (A) zu einer Kante (A), eine Schlucht queren (A/B) und auf einem weiteren Band (A) zur Rinne. In die Rinne absteigen (B), und in dieser steil empor (A/B bis B) ins Gehgelände. Auf Wiesen (Stelle A/B) zu einer Rinne (zwei Stellen A/B) und in eine Scharte aufsteigen. Es folgt ein kurzer Abstieg in den Kessel mit Gegenanstieg auf den Bergrücken zwischen Sass da le Doudesh (2446 m) und Sass Aut (2555 m). Linkshaltend zu den nächsten Versicherungen: Auf einem Band (A bis A/B) zu einer Scharte und im gestuften Gelände (A bis B) auf den Wiesenrücken der Sass Aut (Gehgelände). Bei einem Wegweiser beginnt der steile, gestufte Abstieg durch die Rinne (A), die zum Teufelsloch führt. Durch einen engen Spalt (A/B) hinter den Felsen und in einer dunklen Höhle mit Hilfe von Stahlstiften (B) auf den Schluchtgrund. Unter einem riesigen Klemmblock hindurch (A) und in der Rinne weiter (A bis A/B) zum Ende der Versicherungen.

Abstieg: Vom Ausstieg auf dem Weg 630 in die Forcella Baranchie (2628 m) aufsteigen (dort kurzer Gipfelabstecher zur Punta della Vallaccia möglich) und in die Forcella de

Wiesenstück im ersten Teil

English Version

The interesting but only in sections secured ferrata gives access to the western range of Vallaccia massif. Contrary to the routes on the other side of Fassa valley the ferrata is only rarely climbed. Highlight is the adventurous way through the so called devil's hole (two enormous chock stones) and the wonderful summit meadow at Sass Aut. In the summer innumerable edelweiss bloom here and invite to an extensive rest.

Route: From the restaurant ascend a narrow path (trail 615B and 615) to Bivacco Zeni. Turn right and reach the beginning of the climb within minutes. Route see topo! Ascend to Forc. Baranchie und descend via Forc. de la Costela and Forc. Vallaccia to Biv. Zeni.

E10 Via ferrata Franco Gadotti Marmoladagruppe

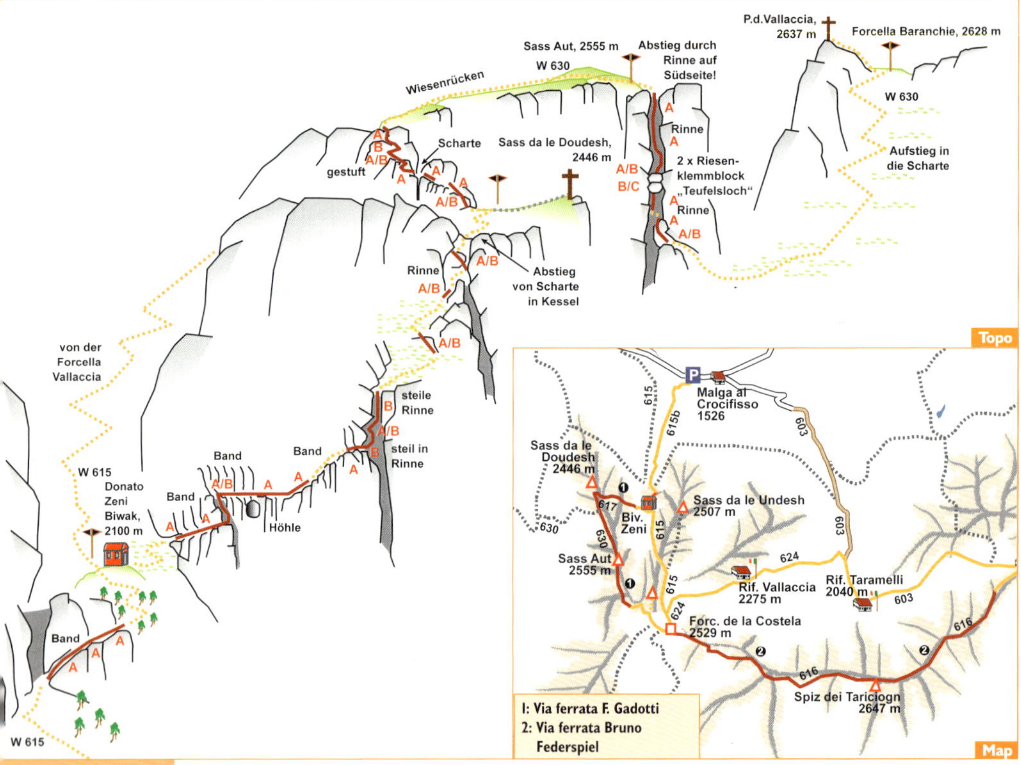

Rif. Vallaccia, 2275 m, privat; Mitte Juni bis Mitte Sept. bew. Tel: +39 0462 764922

Bivacco Donato Zeni, 2100 m, CAI; Notunterkunft, immer offen. Infos: www.sat.tn.it

la Costela (2529 m) absteigen. Auf Weg 615 westlich der Punta della Vallaccia in die Forcella Vallaccia (2468 m) queren und zum Bivacco Donato Zeni absteigen. Weiter auf dem Aufstiegsweg. Alternativ kann auf dem Weg 624 über das Rifugio Vallaccia (2275 m) abgestiegen werden (Abstiegszeit dann um 30 Minuten länger als angegeben).

Ausrüstung: Komplette Klettersteigausrüstung, Helm.

Bemerkung: Lässt sich mit den Ferratas Bruno Federspiel und Bepi Zac zu einer grandiosen, allerdings sehr langen Gratüberschreitung erweitern.

Spalteinstieg unter dem Felsblock

Via ferrata Bruno Federspiel

Langer Kammsteig mit viel Gehgelände

E11

Der Kamm der Ferr. B. Federspiel

Besonderheiten: Der liebevoll renovierte Kriegssteig verläuft über einen einsamen Kamm und verbindet den Passo delle Selle mit der Forcella de la Costela. Mehr Wanderung als Klettersteig, vor allem landschaftlich und historisch interessant.

Info

Talort: Moèna, 1184 m

Ausgangspunkt: Passo San Pellegrino, 1918 m

Karten: Tabacco WK 06, Marmolada; Kompass WK 59, Sellagruppe; F&B, WKS 5

Anreise: Von Bozen N über den Karerpass nach Pozza di Fassa, dort nach Moèna und dann links auf den Pso. San Pellegrino. Von Neumarkt/Auer auf der Staatsstr. 48 über Predazzo bis kurz vor Moèna. Dort rechts auf den Pso. San Pellegrino abbiegen.

Zustieg und Route: Vom Pso. S. Pellegrino auf dem Weg 604 zum Pso. d. Selle (bei Bergfahrt minus 30 Min.). Hinter der Hütte folgt man westl. der Markierung 616 und gelangt auf- und absteigend (kurze Passagen A/B) schlussendlich in die Forc. de la Costela. Von dieser über das Rif. Vallaccia und das Rif. Taramelli durch das Hochtal zurück zum Pso. d. Selle und auf dem Aufstiegsweg zurück ins Tal.

Abstieg: Wie Aufstieg. **Ausrüstung:** Klettersteigausrüstung und Helm.

Bemerkung: Sehr gut mit der Ferrata Bepi Zac oder der Ferrata Franco Gadotti zu verbinden. Bei Nässe und Schneelage wegen der steilen Wiesenhänge heikel!

English Version

Ferrat Federspiel is a long ridge hike high above Passo San Pellegrino with some secured passages. It is a scenic as well as historically precious route (emplacements). The tour is precarious in snow and rain.

Route: On path 604 you get from Passo San Pellegrino to Passo delle Stelle, where you find the beginning of the climb on the ridge behind Rifugio on the lefthand side. Keep following the very long crest (path 616) ascending and descending until you reach Forc. de la Costela. Once there, follow path 624 and 603 to get back to Pso. delle Stelle.

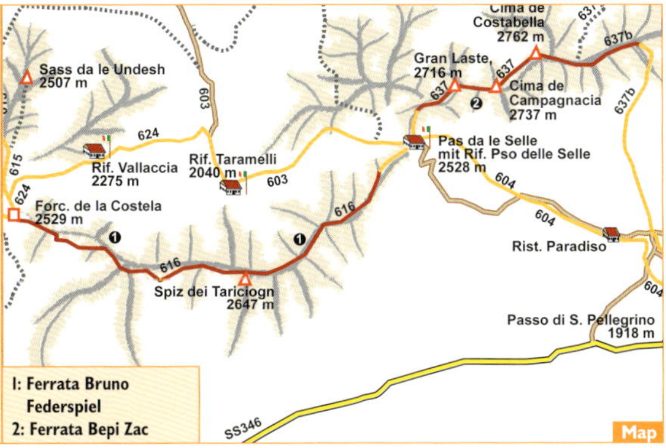

leicht 1,3

- Schön
- Gut
- Diff. A/B
- 8 Std.
- 1640 Hm
- 400 Hm 3 Std.
- 2 Std.
- 3 Std.
- Div.
- ab 14 J.
- Juli - Sept.
- 2647 m

P N 46.37799 E 11.79459

E N 46.39634 E 11.76225

Gehzeiten/Time

Parkplatz - Einstieg: 2 Std.
Einstieg. - Forc. de la Costela: 3 Std.
Forc. de la Costela - Passo San Pellegrino: 3 Std.

Pisciadù Klettersteig Sellagruppe

FI

Der beliebteste Klettersteig in den Dolomiten

Rifugio Pisciadù, 2585 m

Eine der luftigen Leiternpassagen

schwierig 1,6

Sehr schön

Sehr gut

Diff. C

4½ Std.

650 Hm

530 Hm 2½ Std.

¼ Std.

1¾ Std.

N

ab 15 J.

Juli - Sept.

2585 m

P N 46.54698 E 11.82100

E N 46.54615 E 11.82320

Gehzeiten/Time

Parkplatz - Einstieg: 15 Min, Einstg. - Pisciadù Htt.: 2½ Std. Pisciadù Hütte - Val de Mesdi - Parkplatz 1 ¾ Std, Pisciadù Hütte - Val Setùs - Parkplatz: 1 Std.

Besonderheiten: Der Pisciadù Klettersteig ist die meistbegangene Via ferrata in den Dolomiten, wobei die Berühmtheit vollkommen gerechtfertigt ist: Der Steig besitzt einen Parkplatz beim Einstieg, fordernde - niemals besonders schwierige - Passagen in einer Kulisse, die ihresgleichen sucht, imposante senkrechte Kletterpassagen am Exnerturm, eine Hängebrücke, eine bewirtschaftete Hütte mit Bergsee beim Ausstieg, ein lohnendes Gipfelziel (Cima Pisciadù, 2985 m) und nicht zuletzt den landschaftlich schönen Abstieg durch das Mittagstal. Gerade deshalb sollte man etwas Zeit mitbringen - Staugefahr ist an Wochenenden meist vorprogrammiert. Der Klettersteig ist der Auftakt für die Sella-Durchquerung, große Gruppen machen das Überholen fast unmöglich - wer es genießen will kommt an einem Wochentag oder steigt später ein.

Info

Talort: Wolkenstein, 1563 m, Corvara 1555 m

Ausgangspunkt: Parkplatz ca. 2,3 km östlich des Grödner Jochs, 1956 m

Karten: Tabacco Nr. 05, Val Gardena - Gröden; AV-Karte Nr. 52/1

Anreise: Auf der A22 Ausfahrt Klausen und auf der SS 242 ins Grödnertal bis Wolkenstein und auf der SS243 hinauf auf das Grödner Joch von der Passhöhe ca. 2,3 km

Steiler Aufstieg zum Exnerturm

Hängebrücke beim Exner Turm

Richtung Corvara zu einem Parkplatz (im Bereich einer Schottergrube), 1956 m, in einer Kehre. Dorthin kommt man auch von Corvara nach ca. 7 km.

Zustieg: Vom Parkplatz auf dem Weg in wenigen Minuten links zur Einstiegswand.

Route: Die oft nasse, 50 m hohe Einstiegswand (Schwierigkeit bis B) wird mittels Klammern überwunden und kann auch weit rechts umgangen werden. Es folgt eine Linkquerung, dann beim Wegweiser rechts zum Einstieg, links des Unteren Pisciadù Wasserfalls. Über eine gestufte Rampe (max. B) nach links zu einem schönen Rastplatz zwischen den Pisciadù Fällen. In einer Rechtsschleife wird der Obere Wasserfall überwunden, wobei die Schwierigkeiten ab der Mitte auf B/C an Klammern ansteigen. Bei einem ausgesetzten Eck kommt man wieder an den Wasserfall, und verlässt diesen leicht (A) über gestuften Fels zu einem weiteren Rastpunkt. Dort geht der Notausstieg (Tafel) links ab. Dieser ist nur zu Beginn gesichert (A) und mündet in einen normalen Wanderpfad. Es folgt eine steile Wand ohne Stifte (C), eine kurze Linksquerung und eine leicht überhängende Wand mit Trittstiften (C, B/C, C). Ein kurzer Abstieg und eine Leiter führen auf einen Absatz (Ende der Hauptschwierigkeiten). Weiter hinauf zum Grat (bis B) und rechts zur Hängebrücke queren. Nach der Brücke noch wenige leichte (A) Meter bis zum Ausstieg und in einigen Minuten zur bereits sichtbaren Pisciadù Hütte auf 2585 m.

Gruppe bei der plattigen Querung

English Version

Piscadu fixed rope route is the most frequented via ferrata of the Dolomites. And that for a good reason: a short access, demanding, but never really difficult passages in an uncomparable scenery. Imposing vertical climbs, a suspension bridge, a hut with a tarn at the exit, a worthwhile summit (Cima Pisciadù, 2985m, climbs up to I, additional 2½ hours) and a beautiful descent. It is often overcrowded!

Route: From the parking area take the path to the left and you will reach the beginning of climb within a few minutes. For the fixed rope route see topo. For the descent you have to possibilities: a) Path 666 through Val Setus right to the parking area, 1 hour. b) a beautiful, but longer descent on path 676 and path 651 through Mittagstal (Val de Mesdi), 1¾ hours.

F1 Pisciadù Klettersteig Sellagruppe

Der Abstieg auf der „Via Normale“

Rifugio Franco Cavazza al Pisciadù / Pisciadù Hütte, 2585 m, CAI, Anfang Juli bis Ende Sept. bew., Tel: +39 0471 836292

Abstieg: Zwei Möglichkeiten: **a)** Der kürzeste und meistbegangene Abstieg führt durch das Val Setus direkt zum Parkplatz (1 Std.): Von der Hütte auf dem Weg 666 nach Westen, nach ca. 200 m rechts steil und durchgehend versichert ins Val Setus hinab, welches direkt zum Parkplatz ausläuft (1¼ Std.). **b)** Schöner, aber etwas länger der Abstieg durch das Mittagstal (Val de Mesdi): Auf dem Weg 676 nach Osten und teilweise versichert (A) ins Mittagstal, wo man auf dem Talboden auf den Weg 651 vom Rif. Boe trifft. Diesen Weg ca. 600 m (nicht Hm!) absteigen, links unter den Nordwänden des Östl. Masores, vorbei am Einstieg des Hauptsteiges und auf dem Band über der Einstiegswand zur Verbindung mit dem Abstieg a), dann rechts zum Parkplatz, (1¾ Std.).

Bemerkung: Unmittelbar vor dem schwierigen oberen Abschnitt gibt es einen Notausstieg für Überforderte. Wegen des großen Verkehrsaufkommens auf dem Klettersteig ist es ratsam, von einer Begehung am Wochenende Abstand zu nehmen.

Tipp: **Gipfelabstecher auf die Cima Pisciadù**: Von der Hütte (Wegweiser) Weg 666 ca. 900 m nach Süden ins Val de Tita aufsteigen und beim Wegweiser links auf den Gipfel steigen (leichte Kletterstellen I; plus 2½ Std. Hütte-Gipfel-Hütte). Konditionstiger verlängern die Tour zum Piz Boe, 3152 m, und steigen auf dem Lichtenfelserweg (Weg 672) zur Bergstation Vallon, 2518 m, ab (ca. 8 Std.; Talfahrt mit Lift und Seilbahn).

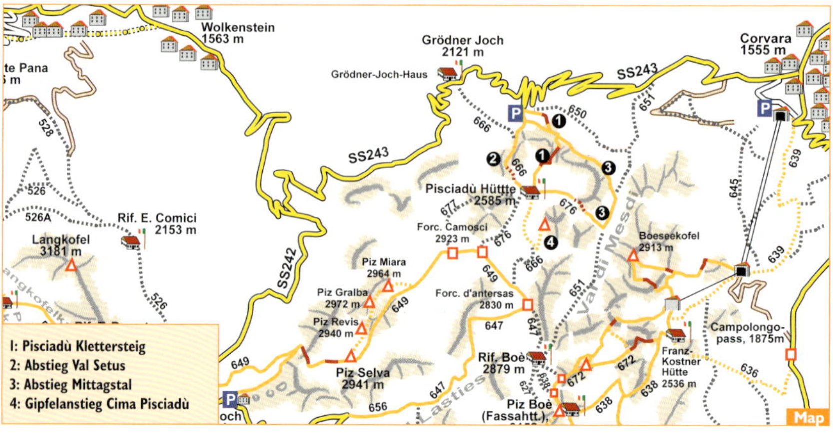

Topo

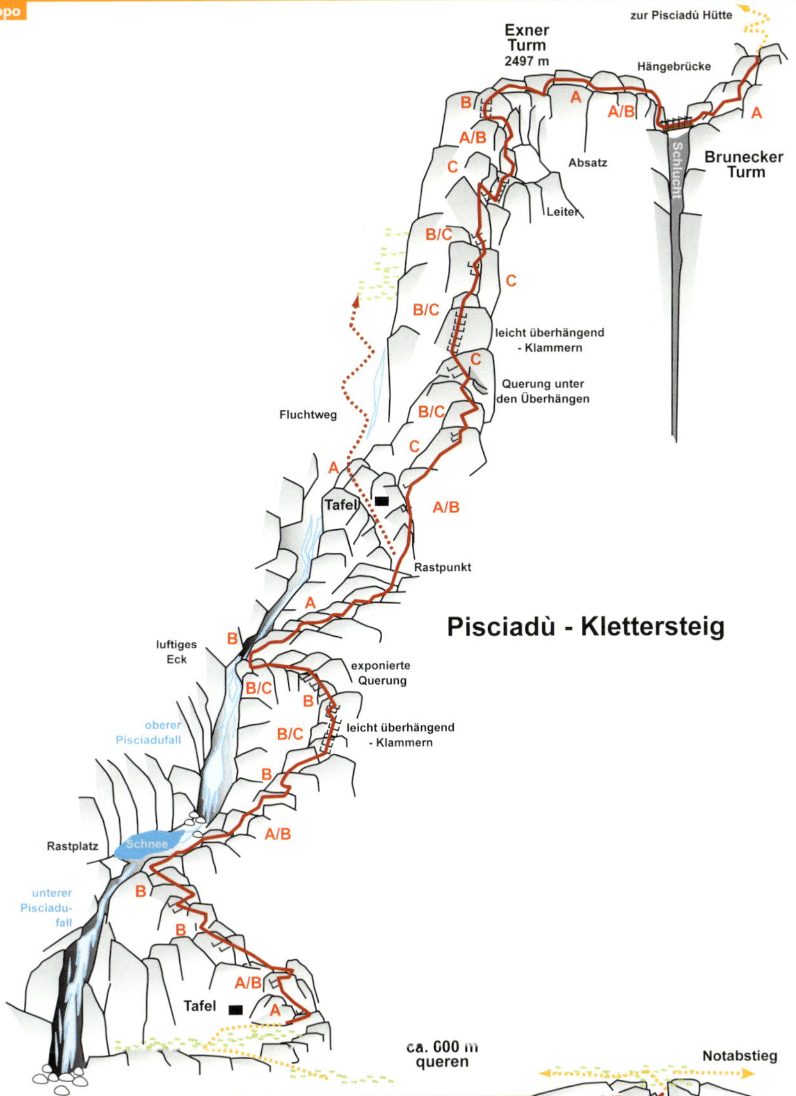

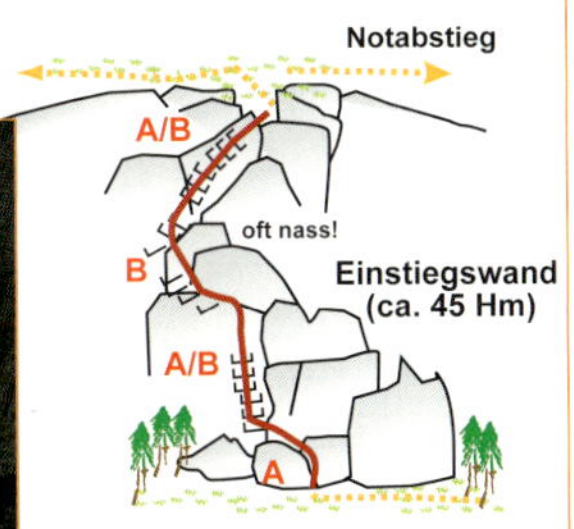

Bei der Plattenquerung

F2

Boèseekofel Klettersteig - Normalweg Sellagruppe

Sportlich oder gemütlich auf den nordöstlichen Sellagipfel — **Boèseekofel (Piz da Lech), 2913 m**

Auf der ersten langen Leiter

schwierig 1,9

- Sehr schön
- Sehr gut
- Diff. C/D (A/B)
- 3½ Std.
- 400 Hm
- 200 Hm 2 Std.
- ¼ Std.
- 1¼ Std.
- S
- ab 14 J.
- Juli - Sept.
- 2913 m

P N 46.54961 E 11.87121

E N 46.52418 E 11.84527

Gehzeiten/Time

Bergst. Vallon - Einstg.: 20 Min.
Einstieg - Gipfel: 2 Std.
Gipfel - Bergst. Boè Bahn: 1¼ Std.
Normalweg von Bergstation Boè Bahn: 3¼ Std.

Besonderheiten: Der sehr sportlich angelegte Boèseekofel Klettersteig bietet kurzen, aber sehr steilen Klettersteiggenuss in meist sehr robustem Fels, wobei der Steig über weite Strecken nur mit einem Sicherungsseil versehen ist (wenig Tritthilfen in der Tour). Das Beste kommt auch bei dieser Ferrata, wie so oft, zum Schluss in Form von zwei langen und senkrechten Eisenleitern. Dank der Seilbahnen, ist der im Vergleich mit anderen Dolomitensteigen eher junge Eisenweg sehr einfach zu erreichen. Vom Gipfel genießt man ein fantastisches Dolomitenpanorama (u. a. auf den meist mit Schnee bedeckten Gletscher der Marmolada) und einen schwindelerregenden Tiefblick auf das imposante, von steilen Felsmauern begrenzte Mittagstal. Auf dem in diesem Buch empfohlenen Abstieg über den Normalweg zum Grep de Mont umgeht man geschickt die hässlich planierten Skipisten und hat einen schönen Ausblick auf den Boè See und die heile Dolomitenwelt am Sassongher.

Info

Talort: Corvara 1555 m

Ausgangspunkt: Bergstation Sessellift Vallon, 2518 m

Karten: Tabacco Nr. 05, Val Gardena - Gröden; AV-Karte Nr. 52/1

Die zweite Schlüsselstelle oben

Boèseekofel Klettersteig - Normalweg

An der ersten sehr steilen Stelle

Anreise: Auf der A22 bis zur Ausfahrt Klausen und auf der SS242 ins Grödnertal bis Wolkenstein, von dort hinauf auf das Grödner Joch. Weiter nach Corvara und zur Talstation der Boè Bergbahn. Vom Pustertal gelangt man über die SS 244 nach Corvara (ca.. 30 km von St. Lorenzen).

Zustieg: **Boèseekofel-Klettersteig:** Auffahrt mit der Boè Gondelbahn und mit dem Sessellift Vallon (Fahrzeiten ab 8:30 Uhr). Von der Sessellift-Bergst. rechts den Wegweisern zum bereits gut sichtbaren Einstieg folgen. Rechts davon ist in einer kleinen Nische ein Platz, um die Ausrüstung anzulegen. Der **Normalweg** beginnt bei der Bergstation der Boè Gondelbahn am Grep de Mont, 2198 m (nicht mit dem Sessellift weiter auffahren).

Route: **Boèseekofel-Klettersteig**: Über einen kleinen Aufschwung (C) links auf ein Band (A) und gleich wieder zurück durch eine kurze Rinne hinauf zu einer Wandstufe, die schwierig (glatt und nur Sicherungsseil, C) überwunden wird. Weiter an der Wand rechts des großen Spaltes aufwärts (B) und bald plattig (B) nach rechts um die Kante auf einen kleinen Absatz queren. Dort gerade durch eine Rinne aufwärts (B) zu einer kleinen, extrem steilen und trittarmen (C/D) Wandstufe, die auf das große Band rechts der Leiter führt. Über die erste lange Leiter hinauf (B/C) und über die überhängende Felsstufe an Klammern (schwierig, C) zur nächsten, etwas leichteren Leiter (B), die zur letzten sehr

Gruppe vor der plattigen Querung

English Version

The very sporty fixed rope route offers short, but very steep climbs in very robust rock and great parts of it only have a securing rope (no climbing aids). From the summit you have a fantastic panorama of the Dolomites and a dizzy view down to Mittagstal.

Route: To ascend, take Boè cable car and Vallon chairlift (first ascent at 8:30 am) and then follow the signposts on the right to the beginning of climb. For the fixed rope route see topo. We recommend you to descend to the top station of Boè cable car on the normal path, which is secured (A/B) and does not have unpleasant ski runs. If you want to return to the top station of the chairlift, you have to leave the normal path to the right after the first pasage of cramps.

Boèseekofel Klettersteig - Normalweg Sellagruppe

Auf dem Gipfel des Boèseekofels

Franz-Kostner-Hütte, 2536 m, CAI, Mitte Juni bis Ende Sept. bew. , Tel: +39 333 875 98 38 Info: www.rifugiokostner.it

schweren Klammernpassage (C/D) führt, die auf einem Absatz endet. Wenige Meter aufwärts (B, dann leichter) auf das Gipfelschuttfeld und in ca. ½ Std. auf einer Wegspur zum Gipfel. **Normalweg:** Von der Bergstation Boè Gondelbahn rechtshaltend auf dem Weg 646 an der Nordseite des Berghanges vorbei, bis flacheres Gelände einen Durchstieg (stellenweise versichert und eine Leiter) auf den Kamm oberhalb des Boè-Sees erlaubt. Oben angekommen, kann man den schönen Blick auf den tief unten liegenden See genießen. Weiter dem Kamm entlang in eine flache Scharte, 2629 m (Tafel, N46.52656 E11.84831), und gleich danach über eine kurze, aber steile Wandstufe (Schlüsselstelle A/B) an Klammern hinauf zum flachen Gipfelhang, dem man noch eine gute ½ Std. über Geröll zum höchsten Punkt folgt (Bergst. Boè Bahn – Gipfel, A/B, 715 Hm, 2 ½ Std.).

Abstieg: Über den Normalweg bis zur Bergstation Boè Gondelbahn (1¼ Std.). Wer zurück zur Bergstation des Vallon Sesselliftes möchte, zweigt nach kurzer Klammernpassage auf 2629 m (Tafel, N 46.52656, E 11.84831) rechts ab und gelangt in wenigen Minuten zur Bergstation (kurz versichert, ¾ Std. vom Gipfel).

Ausrüstung: Komplette Klettersteigausrüstung und Helm.

Tipp: Als Abstieg empfehlen wir den Normalweg bis zur Bergstation Boè Gondelbahn, 2198 m, beim Crep de Mont zu gehen (1 ¼ Std.).

Blick hinunter zum Boè See

Übersicht Boèseekofel Klettersteig

Auf einer der Steilstufen

Markierung beim Zustieg

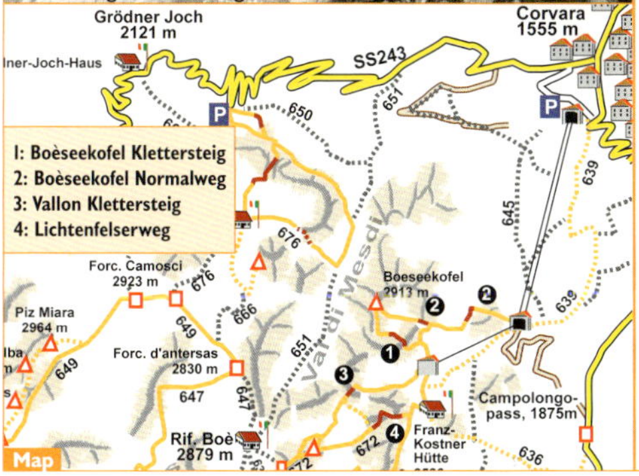

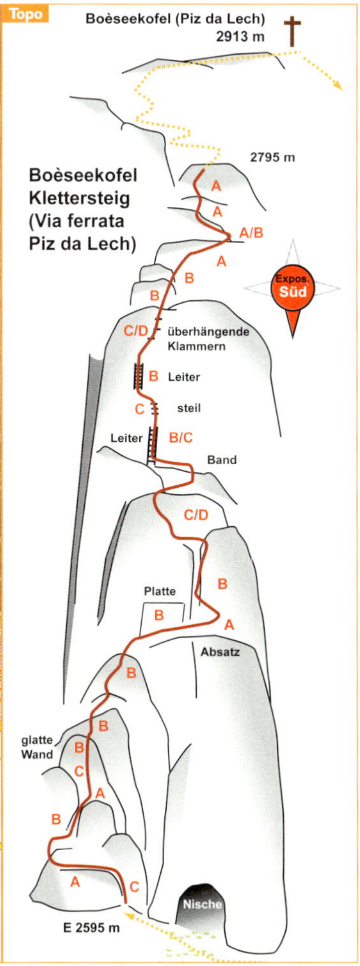

F3 Vallon Klettersteig/Lichtenfelser Sellagruppe

Zwei schöne Wege auf den Sella 3000ern

Piz Boè, 3152 m

Auf der Brücke in der Steigmitte

schwierig 1,6

Sehr schön

Sehr gut

Diff. C (A)

4¼ Std.

650 Hm

100 Hm 2¼ Std.

½ Std.

1½ Std.

NO

ab 14 J.

Juli - Sept.

3152 m

P N 46.54961 E 11.87121

E N 46.51941 E 11.83871

Gehzeiten/Time

Bergst. Vallon - Einstg.: ½ Std.
Einstieg - Gipfel 2¼ Std.
Gipfel - Bergst. Vallon 1½ Std.
Lichtenfelserweg – Gipfel: 2¾ Std.

Besonderheiten: Der Piz Boè ist dank der Seilbahn auf die Pordoispitze einer der leichtesten Dolomiten 3000er. Auf der Nordseite ist das Bergklima jedoch etwas rauer, einsamer und schöner. Die Ferratisten erreichen den Berg entweder über einen „Hammersteig" (Ferrata Piazzetta) von Süden oder etwas leichter von Norden. Der Vallon Klettersteig führt mittelschwer über eine kurze Felsstufe bei einem Wasserfall und der Lichtenfelser Weg zwängt sich durch ein schluchtartiges Kar auf das Plateau und geht locker auch als schwere Wanderung durch. Nach dem Zusammenschluss der beiden Touren wandert man gemütlich über einen Kamm zum höchsten Punkt der Sellagruppe (Piz Boè, 3152 m) und stärkt sich in der Fassa Hütte, die sich direkt auf dem Gipfel befindet.

Info

Talort: Corvara 1555 m

Ausgangspunkt: Bergstation Sessellift Vallon, 2518 m

Karten: Tabacco Nr. 05, Val Gardena - Gröden; AV-Karte Nr. 52/1

Anreise: Auf der Brennerautobahn A22 Ausfahrt Klausen und auf der SS 242 ins Grödnertal bis Wolkenstein, von dort auf der SS 243 hinauf auf das Grödner Joch. Weiter nach

Beim Aufstieg zur Brücke

Klettern neben dem Wasserfall

Corvara und zur Talstation der Boè Bergbahn. Vom Pustertal gelangt man über die SS 244 nach Corvara (rd. 30 km von St. Lorenzen).

Zustieg: Vallon Klettersteig: Auffahrt mit der Boè Bergbahn und mit dem Sessellift Vallon (Betriebsbeginn 8.30 Uhr). Von der Bergstation ein Stück in Richtung Franz-Kostner-Hütte absteigen, jedoch bei den Wegweisern nie links sondern dem Wegweiser Vallon Klettersteig auf 2516 m ins Vallon Tal bis zum Einstieg (2650 m) folgen.

Route: Vallon Klettersteig (C): Über den Vorbau unschwierig (A) hinauf zu einer kleinen gestuften Rampe, der man (A/B) auf ein kurzes Band vor der Brücke folgt. Auf der Brücke an dem Wasserfall vorbei und über einen kleinen Absatz (B) zur steilen und glatten Schlusswand, die mittelschwer (C) zum Ausstieg auf 2755 m führt. Dann gemütlich auf dem Weg über die Eisseespitze, 3009 m, auf den Piz Boè mit der Fassa Hütte, 3152 m. (ca. 2 Std. ab dem Ausstieg). **Lichtenfelserweg (A):** Von der Franz-Kostner-Hütte etwa 250 m gemeinsam mit Weg 638 zum Piz Boè, bis der Lichtenfelserweg (Weg 672) rechts in ein schluchtartiges, großes Kar abzweigt, welches im hinteren Bereich kurz versichert ist (A). Durch das Schluchtkar gelangt man auf das Boè Plateau, eine imposante Felswüste und steigt über Eisseespitze, Eissee- und Jägerscharte stellenweise im Kammbereich versichert (A) zum höchsten Punkt mit der Capanna di Fassa auf.

Steilpassage nach der Brücke

English Version

Vallon fixed rope route (C) relatively difficult overcomes a short rock step at a waterfall. Lichtenfelser path (A/B) proceeds to the plateau on path 672 through a gorge-like cirque and is a rather difficult hike. After both routes meet, you have to walk over a crest to the highest summit, Piz Boè, 3152m, where you can refresh yourself at Fassa hut.

Route: Vallon fixed rope route: Take Boè cable car and Vallon chairlift to ascend. From the top station descend in the direction of Franz-Kostner hut, however, never follow the signposts on the left, but signpost „Vallon Klettersteig“ into Vallon valley to the beginning of climb (2650m). For the fixed rope route see topo. To descend take path 638. For the route on Lichtenfelser path see map!

Vallon Klettersteig/Lichtenfelser Sellagruppe

Piz Boè - hinten die Marmolada

Franz-Kostner-Hütte, 2536 m, CAI, Mitte Juni bis Ende Sept. bew. , Tel: +39 333 875 98 38 Info: www.rifugiokostner.it

Capanna Piz Fassa, 3152 m, Mitte Juli bis Mitte September bew. Tel: +39 0462 601723

Abstieg: Vom Gipfel auf dem Weg 638 zurück zur F.-Kostner-Hütte, wobei man vor dem kurzen Abstieg nach Norden zum Lichtenfelserweg queren kann, dies für jene, die über den Vallon Klettersteig aufgestiegen sind und nicht über die Eisseespitze zurück wollen.

Ausrüstung: Komplette Klettersteigausrüstung, Helm.

Bemerkung: **Achtung:** Den Vallon Klettersteig nicht zu früh im Jahr begehen, da im Frühjahr der vereiste Wasserfall schmilzt und extreme Eisschlaggefahr herrscht (siehe Bild unten)!

Kletterer beim vereisten Wasserfall

Übersicht Vallon Klettersteig

Topo

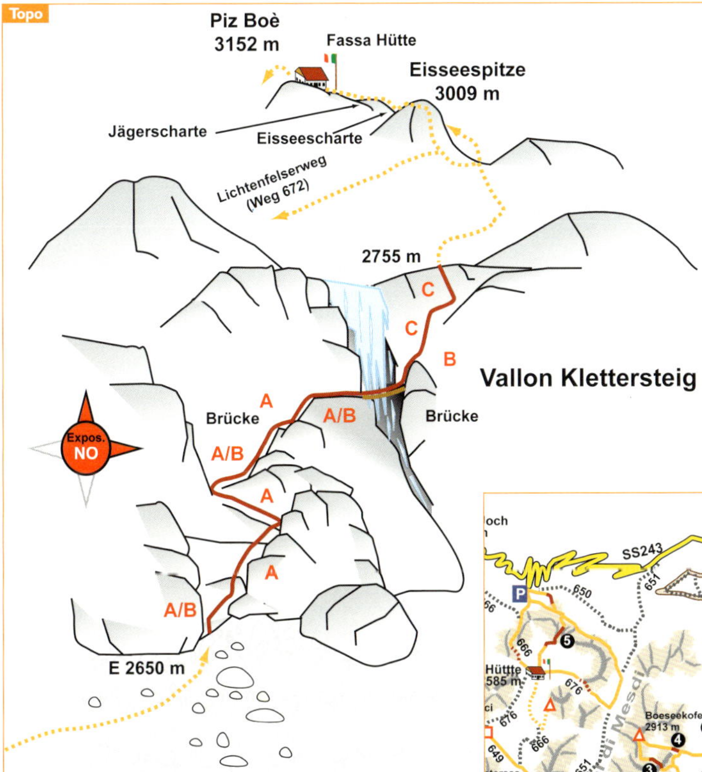

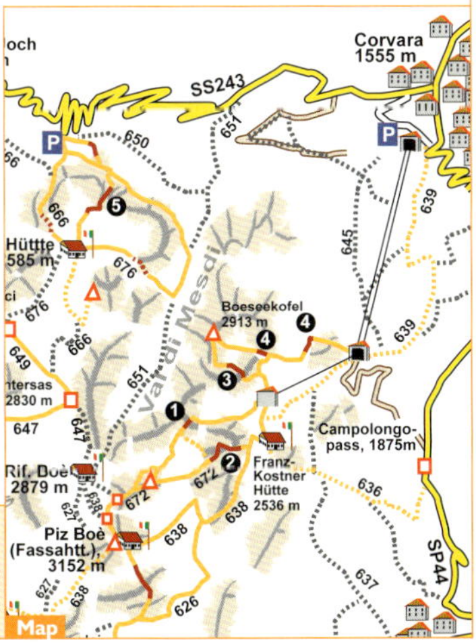

1: Vallon Klettersteig
2: Lichtenfelserweg
3: Boèseekofel Klettersteig
4: Boèseekofel Normalweg
5: Pisciadù Klettersteig

F4

Via attrezzata Cesare Piazzetta Sellagruppe

Schwerer Klassiker auf den Piz Boè

Piz Boè, 3152 m

Die Schlüsselstelle beim Einstieg

sehr schwierig 2,2

Sehr schön

Gut

Diff. D, I-

5½ Std.

950 Hm

320 Hm 2½ Std.

1 Std.

2 Std.

S

ab 15 J.

Juli - Sept.

3152 m

P N 46.48980 E 11.82295

E N 46.50222 E 11.83055

Gehzeiten/Time

Parkplatz - Einstieg: 1 Std.
Pordoijoch - Einstieg: 1½ Std.
Einstieg - Gipfel: 3 Std.
Gipfel - Parkplatz: 2 Std.

Besonderheiten: Sehr schöne Steiganlage, die zu den großen klassischen und schweren Dolomitenklettersteigen gehört. Neben der wunderbaren Aussicht auf das Gletscherplateau der Marmolada wird man sogar mit einem 3000er belohnt! Der Steig bietet alles, was Dolomitensteige haben sollten, eine knackige Steilwand, kurze und lange Bänder, Hängebrückchen über eine Schlucht und zur Krönung noch etwas leichte Kraxelei zum Schluss - Fazit: Das muss man gemacht haben! Die ersten zehn Meter trennen bei diesem Steig die Spreu vom Weizen; wer den sehr steilen, meist trittlosen Aufschwung am straff gespannten Stahlseil ohne Mühe meistert, wird in der Regel den Gipfel erreichen.

Info

Talort: Canazei, 1468 m

Ausgangspunkt: Parkplatz auf dem Pordoijoch, 2239 m

Karten: Tabacco Nr. 05, Val Gardena - Gröden; AV-Karte: Nr. 52/1

Anreise: Von Klausen (Brennerautobahn) oder Canazei zum Pordoijoch. Im Bereich der Passhöhe parken. Alternativer Parkplatz: Auf der Passhöhe zweigt eine Straße zum Soldatenfriedhof (Ossario del Pordoi) ab. Kurz vor dem Friedhof kleine Parkmöglichkeit (nicht auf dem kreisrunden Parkplatz parken; wird abgesperrt).

Steilstück nach der kleinen Höhle

Via attrezzata Cesare Piazzetta

Auf einem der großen Bänder

Zustieg: Vom Soldatenfriedhof (erreichbar auf einem Sträßchen von der Passhöhe in ca. 20 Min.) dem beschilderten Weg (672; orange Markierung) bis zum Wandfuß folgen, dann unter den Wänden kurz nach rechts bis zum Einstieg (Tafel) queren.

Route: Schwerer Teil: Zuerst über die steile Einstiegswand (D bzw. C/D) bis zu einem Band (A) aufsteigen und dann steil linkshaltend (C) weiter bis auf ein neuerliches Querband. Auf diesem nach rechts (A) und steil aufwärts (C bzw. C/D) bis zu einer kleinen Eisenleiter. Danach führt ein kurzes Steilstück (C/D) und eine glatte Platte (C/D) auf ein großes breites Band (A). Diesem folgt man links bis zu einer sehr engen Kaminstelle (C/D; mit Rucksack unangenehm), dann leicht rechtshaltend (B) abermals auf ein Querband (A) und zur Hängebrücke (A/B), die über die Schlucht führt. Danach leichter (B bzw. B/C) auf ein Band hinauf und rechts (A) - an einem Block vorbei (B) - zu einem Steilstück (B/C). Es folgt ein schmales Querband nach rechts (A, dann B) und eine weitere Stufe (B) zu einem Band, auf dem man links die nächste, sehr steile Stufe erreicht (Einstieg links von einer kleinen Höhle - eventuell Notbiwak). Dann steil aufwärts (C) und im Zickzack (D) im leichten Gelände (B) zu einem Band. Auf diesem nach rechts (A) zu einem kurzen Steilstück (B) und dann wieder nach links (A) zum Ende der Versicherungen. **Schrofenteil (orange markiert):** Zuerst eine leichte und sehr brüchige Kletterei (Stellen I-) auf-

Blick zum Rif. Forc. Pordoi, darüber die Seilbahn

English Version

Cesare Piazzetta is one of the classic and difficult fixed rope routes in the Dolomites. It offers a wonderful view to the glacier of Marmolada. The specialities are the steep beginning of the climb, a rope bridge and a very narrow chimney.

Route: From the parking area near the military cemetery, that can be reached in about 20 min.on a small road from Pordoijoch, ascend path 672 (sign and orange marks) up to the beginning of the climb. Route see topo. From the end of the climb bear right and descend on path 638 back to Pordoijoch or follow path 638 a ridge up to the summit of Piz Boè with the small Fassa hut. From the summit descend on path 638 in south-western direction to Forcella Pordoi and on path 627 to Pordoijoch (see map!).

Auf der kurzen Hängebrücke

wärts, teilweise auch versichert (A bzw. A/B), bis zu einer kurzen Steilstufe (C). Danach wieder Schrofen und einige Versicherungen bis der Klettersteig auf 3045 m in den Weg 638 mündet.

Abstieg: Rechts auf dem Weg 638 am Eissee vorbei zum Wandfuß und nach rechts zurück zum Einstieg. Weiter über den Aufstiegsweg zum Parkplatz beim Soldatenfriedhof. **Gipfelalternative (zusätzlich 50 Hm/30 Minuten):** Auf dem Weg 638 (rot/weiße Markierung) auf dem Grat bis zum Gipfel des Piz Boè (Fassa Hütte direkt auf dem Gipfel). Dann wieder den Weg 638 bis zur Forcella Pordoi. Von dort steiler Abstieg über ein Geröllfeld (Weg 627) zum Pordoijoch und die Straße zurück zum Parkplatz. Seilbahnalternative (zusätzlich 150 Hm): Wie Gipfelalternative, bei der Forcella Pordoi, jedoch Aufstieg zur Pordoispitze, Seilbahnabfahrt zum Pordoijoch und auf der Straße zurück zum Parkplatz.

Ausrüstung: Komplette Klettersteigausrüstung und Helm.

Bemerkung: Bei Schneelage und Nässe nicht zu empfehlen. Trotz des nahen Pordoijochs, der Seilbahn und der südseitigen Lage darf dieser Klettersteig nicht unterschätzt werden. Auch die Gipfelhöhe (3152 m) sollte berücksichtigt werden.

Capanna Piz Fassa, 3152 m, Mitte Juli bis Mitte September bew. Tel: +39 0462 601723

Rif. Forcella Pordoi, 2848 m, Mitte Juli bis Mitte September bew. Tel: +39 368 3557505

Beim Anstieg zum Piz Boè

Via attrezzata Cesare Piazzetta

Übersicht Cesare Piazzetta

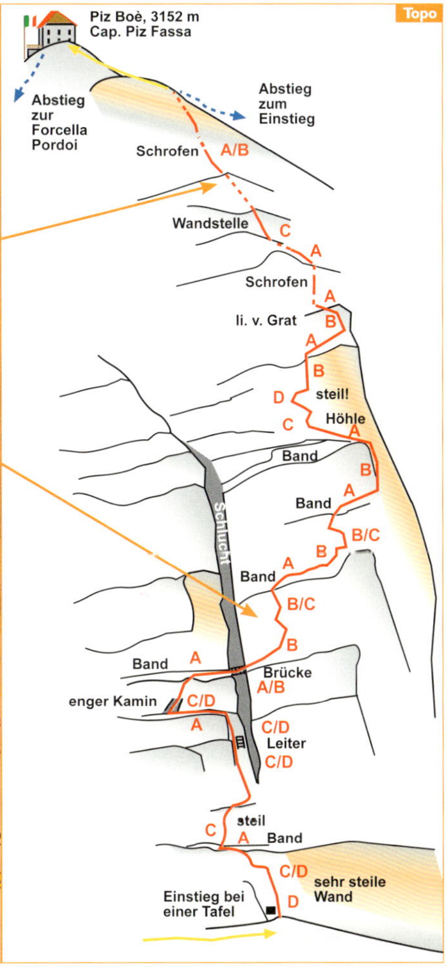

Pößnecker Klettersteig Sellagruppe

Berüchtigte Alpin-Ferrata beim Sellajoch

F5

Piz Selva, 2941 m

Schöne, steile Seilkletterei

schwierig 2,6

Schön

Mittel

Diff. C/D, 2

6½ Std.

1040 Hm

660 Hm
3 Std.

½ Std.

3 Std.

NW

ab 16 J.

Juli - Sept.

2941 m

P N 46.50805
E 11.76794

E N 46.51595
E 11.77948

Gehzeiten/Time
Sellajoch - Einstieg: ½ Std.
Sellajochh. - Einstg.: ¾ Std.
Einstieg - Piz Selva: 3 Std.
Piz Selva - Val Lasties - Sellajoch: 3 Std.

Besonderheiten: Der Pößnecker Klettersteig ist einer der ältesten Klettersteige in den Dolomiten (1912) und zählt heute noch zu den anspruchsvollsten. Die Schwierigkeiten beschränken sich auf die ersten 250 Hm, auf die eine lange, reizvolle Bergwanderung über das Sellaplateau folgt. Der Fels wurde in den letzten 100 Jahren von unzähligen Begehern sehr glatt poliert. Der Einstieg kann nach klaren Sommernächten vereist sein! Durch den langen Abstieg eine anstrengende Bergtour, die man nur bei absolut sicheren Wetterverhältnissen machen sollte. Gerade deshalb ist der „Pößnecker" aber eines der Dolomitenhighlights schlechthin, spürt man doch sowohl beim alpinen Vertikalaufstieg als auch beim landschaftlich sehr eindrucksvollen Abstieg das pure Dolomitenfeeling - zum Schluss sogar in den Füßen.

Info

Talort: Wolkenstein, 1563 m

Ausgangspunkt: Sellajoch, 2244 m

Karten: Tabacco Nr. 05, Val Gardena – Gröden; AV Karte Nr. 52/1

Anreise: Auf der A22 bis zur Ausfahrt Klausen, dort hinauf in das Grödner Tal und über Wolkenstein auf das Sellajoch. Im Bereich der Passhöhe parken. Alternativer Ausgangs-

Luftige Leiter in der Steigmitte

Im steilen Klammernkamin

punkt nördlich unter der Passhöhe beim Sellajoch-Haus - Parkmöglichkeiten. Tipp: Keine Sachen sichtbar im Auto lassen, dann sind die Seitenscheiben noch ganz, wenn man zurückkommt (Autoknackerrevier, vor allem im Sommer).

Zustieg: Vom Sellajoch (evtl. Busfahrzeiten für die Rückfahrt eruieren) auf dem markierten Weg (649) am Nordfuß der Sellatürme, entlang der Wände, nach NO zum Einstieg bei einem der Wand vorgelagerten Felsturm bei einer Tafel auf ca. 2280 m.

Route: Vom Einstieg gleich über eine fast senkrechte, trittarme Verschneidung (B/C). Dann kurz (C/D) auf einen Absatz, auf dem der Originalweg dazukommt. Weiter durch zwei senkrechte Kamine, von denen der erste am Anfang (C) kein Sicherungsseil hat und ungesicherte Kletterstellen aufweist (B und 2) - Kletterei im 2ten Grad! Man verlässt den Klettersteig in der Hauptwand über eine äußerst luftige Leiter (B), dann noch ca. 100 Höhenmeter steil und mäßig schwierig (B, eine Stelle C) durch seichte Kamine und Rinnen empor zum Schuttkessel. Weiter zum zweiten Sella-Ringband und dann nach links auf einen Sattel (2726 m) zwischen Piz Ciavazes und Piz Selva. Vom Sattel zu einer Schlucht queren. In der Schlucht zuerst gesichert (B), dann über mäßig schwierige Felsen (1-) zum Gipfel des Piz Selva (2941 m).

Teilweise ungesichertes Klettern

English Version

Pößenecker fix rope route is one of the oldest Ferratas in the Dolomites. The climb has only one short (250m) hard section at the beginning. The route is followed by a very long hike over Sella plateau with only easy climbing and really nice views

Route: First check the bus timetable for the way back. From Sellajoch walk on path 649 along the west faces until you reach a small freestanding rock with a saddle at the beginning of the climb (sign). Route see topo! From the end of the securings ascend to the 2nd Sella ring shelf, where you walk left to the small saddle between Piz Ciavazes and Piz Selva. Continue through a gorge (B and later easy climbing) up to the summit of Piz Selva at the Sella plateau. Walk on path 649 to Gamsscharte and Pisciadù saddle (you can take the right path or the path via the summits). Take the right path 647 down Lasties valley and walk path 656 to the road that winds up to Sellajoch.

Pößnecker Klettersteig Sellagruppe

Blick auf den zweiten Teil des Steiges

Abstieg: Entweder am Rand des Sella-Plateaus NO-wärts über die Gipfel Piz Gralba und Piz Miara oder knapp unterhalb auf dem Weg Nr. 649 bis in die Gamsscharte auf 2923 m, nordöstlich des Piz Miara. Dort rechts zum Pisciadù-Sattel (2908 m). Danach rechts zu einer Abzweigung auf 2839 m und wieder nach rechts auf dem Weg 647 hinunter in das Val Lasties. Nach einem Zickzackabstieg wird das Tal breiter, bei der zweiten Abzweigung nimmt man rechts den Weg 656 zur Sellajochstraße. Auf dieser zu Fuß, mit dem Autobus oder per Autostopp zurück zum Sellajoch.

Ausrüstung: Komplette Klettersteigausrüstung, Klettersteighandschuhe, Helm und für schwächere Geher ein Sicherungsseil.

Bemerkung: Da nicht alle Stellen versichert sind, ist Klettererfahrung erforderlich! Für schwächere Geher empfiehlt sich die Mitnahme eines Sicherungsseiles (aber auch damit sollte man umgehen können). Auch das Wetter sollte bei dem reizvollen, aber längeren Abstieg durch das Val Lasties genau beobachtet werden. Auf den Wegen stehen keine Hütten. Bei einem Umweg von 30 Min. kann man das Rif. Boè (2879 m) erreichen. Auch das Rif. Pisciadù (2585 m) ist im Nahbereich des Sellaplateaus. Oft kommt es an schönen Sommertagen zu Wartezeiten am Einstieg!

Felsturm - hinten die Langkofelgruppe

Ü-Bild: Pößnecker Klettersteig

Enger Spalt im unteren Teil

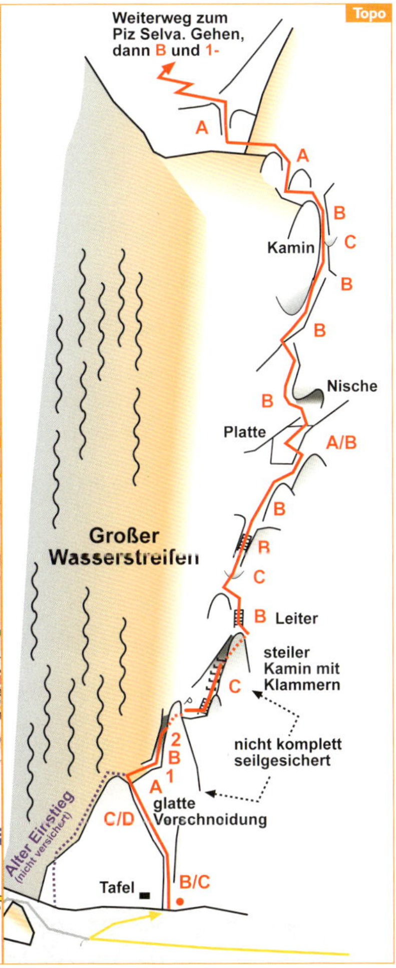

F6

Rodella Klettersteig Sellagruppe

Schöne Kurz-Ferrata auf dem Sellajoch

Col Rodella, 2484 m

Der Ausstieg aus dem Klettersteig

schwierig 1,5

Sehr schön

Sehr gut

Diff. C

1½ Std.

310 Hm

100 Hm ½ Std.

40 Min.

20 Min.

S

ab 13 J.

Juni - Okt.

2484 m

P N 46.50652 E 11.75689

E N 46.49467 E 11.74864

Gehzeiten/Time

Parkpl. - Einstieg: 40 Min.

Einstieg - Rif. Rodella: ½ Std.

Rif. Rodella - Parkpl.: 20 Min.

Besonderheiten: Kurze, aber sehr schöne Steiganlage durch die Südabbrüche der Rodella. Der Steig ist sehr abwechslungsreich angelegt, bietet von kurzen Steilstücken, glatten Plattenstellen und einer schönen Schlusskante alles, was das Kletterer-Herz begehrt. Der Steig wird auch Via ferrata Col Rodella genannt.

Info

Talort: Canazei, 1468 m

Ausgangspunkt: Parkplatz beim Rif. Valentini, 2210 m

Karten: Tabacco Nr. 05, Val Gardena - Gröden; AV-Karte Nr.52/1

Anreise: Auf der A22 bis zur Ausfahrt Klausen, von dort hinauf in das Grödner Tal und über Wolkenstein bis kurz vor das Sellajoch. Nach dem Sellajoch-Haus (steht in der letzten Kurve vor dem Pass neben der Talstation der Langkofel-Seilbahn) zweigt rechts ein Fahrweg zum Rif. Valentini ab. Gleich oberhalb des Rif. Valentini ist bei einem Schranken ein Parkplatz.

Zustieg: Vom Parkplatz beim Rif. Valentini auf dem Weg - vorbei an der Forc. di Rodella - zur Bergstation (Rif. des Alpes). Auf der Südseite steigt man etwas ab (unterhalb der Bergstation leicht rechts hinunter, Steigspuren), quert in der Höhe von Fangnetzen kurz unter die Südabbrüche der Rodella und folgt den Steigspuren zum Einstieg hinauf.

Klammernpfeiler im Mittelteil

Route: Nach der kurzen Einstiegswand (B/C) erreicht man ein grasiges Flachstück (A). Am Ende davon rechts in einer Rinne (B/C) aufwärts, an deren Ende folgt ein kurzes Steilstück (C). Danach wieder links (B und B/C) zu ei-

Übersicht Rodella Klettersteig

ner Klammerleiter (B), an deren Ende eine glatte Wandplattenstelle kommt (C). Anschließend weiter im Zickzack hinauf (B/C) bis zu einer luftigen Plattenquerung (C). Nach dieser im Nahbereich einer Kante im Zickzack hinauf (B/C), bis das Gelände flacher wird (A) und man direkt beim Rif. Rodella zum Ende der Seilsicherung kommt.

Abstieg: Vom Rif. Rodella auf den Gipfel und wieder über den Fahrweg zurück zum Parkplatz beim Rif. Valentini.

Ausrüstung: Klettersteigset und Helm.

Bemerkung: Der Steig ist ideal für Einsteiger und für Tage mit nicht ganz so stabilem Wetter, auch für klettererfahrene Kinder (für diese aber ein Sicherungsseil) geeignet.

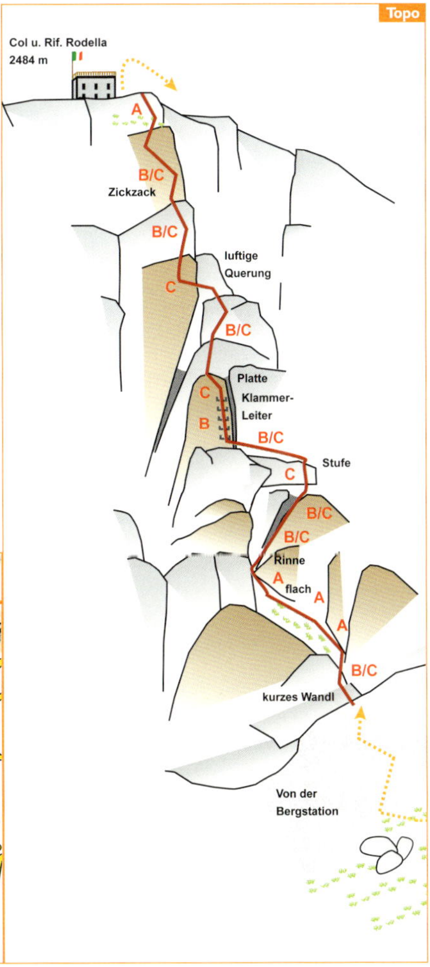

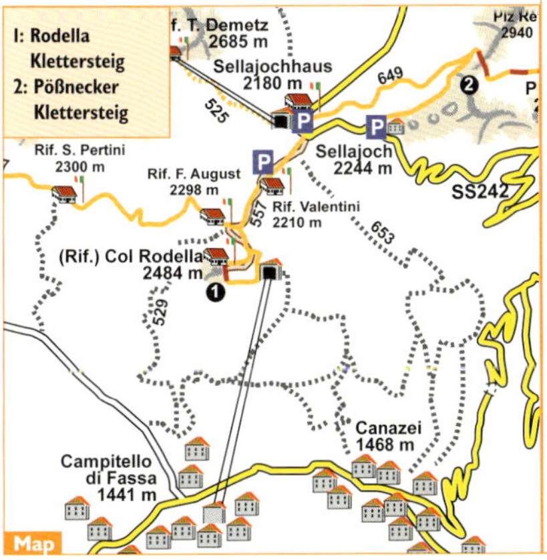

English Version

A short, but very beautiful and varied route through the southern ruptures of Rodella.

Route: From the parking area at Rif. Valentini you have to take the path to the top station (Rif. Des Alpes) past Forc. di Rodella. Descend slightly to the right beneath the top station at the south face (tracks). At the height of nets, cross below the southern ruptures of Rodella and keep following the tracks up to the beginning of climb. For the fixed rope route see topo. To descend take the road from the summit back to the parking area at Rif. Valentini.

Rifugio Valentini, 2210 m, ganzjährig bew. Tel: +39 0462 601183. Info: www.rifugiocarlovalentini.com

F7

Oskar Schuster Steig Langkofelgruppe

Alpiner Steig in wilder Felsszenerie

Plattkofel, 2954 m

Die letzten Meter vor dem Gipfel

mäßig schwierig 2,3

Schön

Mittel

Diff. B, I+

6½ Std.

780 Hm

420 Hm
2 Std.

1½ Std.

3 Std.

0

ab 16 J.

Juli - Sept.

2954 m

P N 46.50952
E 11.75714

E N 46.51309
E 11.72087

Gehzeiten/Time
Langkofelscharte - Langkofel Hütte: ¾ Std., Langkofel Hütte - Einstieg: ¾ Std., Einstieg - Gipfel: 2 Std., Gipfel - Plattkofelhütte: 1 Std.; Plattkofelhütte - Sellajoch Haus: 2 Std.

Besonderheiten: Der Plattkofel ist ein Berg der Gegensätze. Auf der Südwestseite – nomen est omen – zieht eine elendslange flache Schuttplatte hinauf bis zum Gipfel, dagegen fallen auf der Nordostseite die Wände senkrecht ins Plattkofelkar ab. Oskar Schuster, einer der deutschen Kletterpioniere in den Dolomiten, der auch Spuren in den Alpen, dem Kaukasus und vor allem im Elbsandsteingebirge in Sachsen hinterlassen hat, markierte 1895 entlang der Wände des Plattkofels einen kühnen Aufstieg, der heute, an den schwierigsten Stellen stahlseilversichert, ein beliebter Klettersteig ist. Der sächsischen Klettertradition folgend ist der Steig nur spärlich versichert und erfordert ein hohes Maß an Trittsicherheit und alpiner Erfahrung. Belohnt wird der Aufstieg mit einem einzigartigen Ausblick in den Rachen des Plattkofel- und Langkofelkars, auf den Gletscher der Marmolada und die sanften Wiesen der Seiser Alm. Gegensätze, wie sie nur in den Dolomiten zu finden sind.

Info

Talort: Wolkenstein, 1563m

Ausgangspunkt: Bergstation Langkofelscharte 2681 m

Karten: Tabacco Nr. 05, Gröden Seiseralm; Kompass, WK 59, Sellagruppe

Schnee an der Einstiegsrampe

Blick vom Parkplatz zur Langkofelscharte

Anreise: Auf der A22 bis zur Ausfahrt Klausen, dort hinauf in das Grödner Tal und über Wolkenstein bis kurz vor das Sellajoch. Beim Sellajoch Haus neben der Talstation der Langkofel Gondelbahn parken.

Zustieg: Auffahrt mit der Gondelbahn zur Langkofelscharte (erreichbar in 1½ Std. über den Weg 525 vom Sellapass). Von der Scharte auf dem Weg 525 ca. 350 Hm steil zur Langkofel Hütte absteigen und links auf rot markiertem Weg ins Plattkofelkar aufsteigen. Der Einstieg ist im rechten Teil des Kars, davor ist fast immer ein Altschneefeld.

Route: Vom meistens vorhandenen Einstiegsschneefeld auf einer Rampe anfangs versichert (A), dann mit leichter Kletterei bis zu deren Ende aufsteigen. Es folgt eine Querung am oberen Rand einer Geröllhalde zu einer steilen Rinne (nicht zu weit in die zweite Rinne queren!). Durch diese, dem Steinschlag sehr ausgesetzte Rinne unversichert (leichte Kletterei 1-2) aufsteigen, bis man bei einer markanten Scharte (2853 m), von der man einen großartigen Tiefblick auf den Confinboden hat, wieder auf die Drahtseilversicherung trifft. Dann über eine kurze Wandstelle (B) nach rechts in eine Rinne (A/B) und zu einem kleinen Felsturm mit Klemmblock (A/B). Nach einer exponierten Querung zu einer weiteren Rinne (A/B). Anschließend über eine Plattenwand (B) vor der Madonna (kleine, am

Bei der ungesicherten Querung

English Version

In 1895, the german climbing pioneer Oskar Schuster discovered an adventurous ascent at the north face of Plattkofel, which today is a popular fixed rope route, although only the most difficult parts are secured with steel ropes.

It is sparsely secured and only recommendable for sure footed people with alpine experience. Danger of rock fall!

Route: You get to Langkofel gap by cable car (by foot from Sella pass you need 1½ hours). From the gap descend to Langkofel hut and then ascend leftwards to Plattkofel cirque. The beginning of climb is on the right side of the cirque, in front of which you can often find a field of old snow. For the fixed rope route see topo. Descend on the southwest side to Plattenkofel hut or even before, at about 2485 m, you can take Friedrich August path to descend to Sella saddle.

Oskar Schuster Steig Langkofelgruppe

Plattige Passage im oberen Teil

Langkofel Hütte, 2256 m, CAI; Mitte Juni bis Ende September bew. Tel: +39 0471 792 323. Infos: www.rifugiovicenza.com

Plattkofelhütte, 2300 m, privat, Juni bis Mitte Oktober bew. Tel: +39 0462 601 721. Infos: www.plattkofel.com

Rifugio Toni Demetz, 2685 m, privat; ganzjährig bew., bew. Tel: +39 0471 795 050

Fels angebrachte Statue) zur großen gestuften Rampe aufsteigen. Die Rampe weist oft Schrofengelände auf und führt hinauf zum Ausstieg, der wenige Meter rechts des Gipfels liegt. Der Steig ist durchgehend rot markiert.

Abstieg: Über die riesige, mit Schotter und wenigen unschwierigen kleinen Felsstufen versehene Südwestflanke auf dem Weg 527 zur Plattkofelhütte bzw. noch davor, auf ca. 2485 m bereits links direkt zum Friedrich August Weg absteigen (Abkürzung ¼ Std. Zeitersparnis). Auf diesem, vorbei an den Hütten Rif. Sandro Pertini und Rif. Friedrich August, zurück zum Sella Joch (gesamt 1100 Hm, 3 Std.).

Ausrüstung: Komplette Klettersteigausrüstung und Helm.

Bemerkung: Im Frühsommer liegt auf dem Steig und im Plattkofelkar meist noch sehr viel Schnee. Der Steig ist auch öfters vereist! Auf der gesamten Steiganlage herrscht erhebliche Steinschlaggefahr! Trotz der geringen technischen Schwierigkeiten ist die Tour eine ernste Unternehmung, die entsprechende Erfahrung voraussetzt.

Tipp: Man erreicht die Langkofel Hütte auch ohne Gondelbahn vom Monte Pana, 1636 m, bei St. Christina auf dem Weg 525 über die Pian di Confi (3 Std.).

Nach der Scharte im Mittelteil

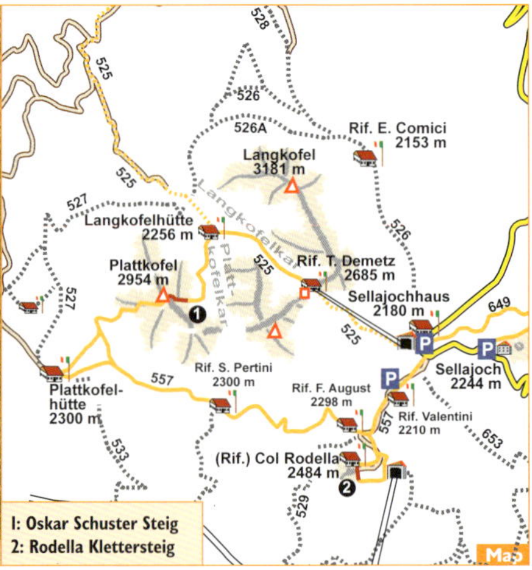

Ü-Bild: Oskar Schuster Steig

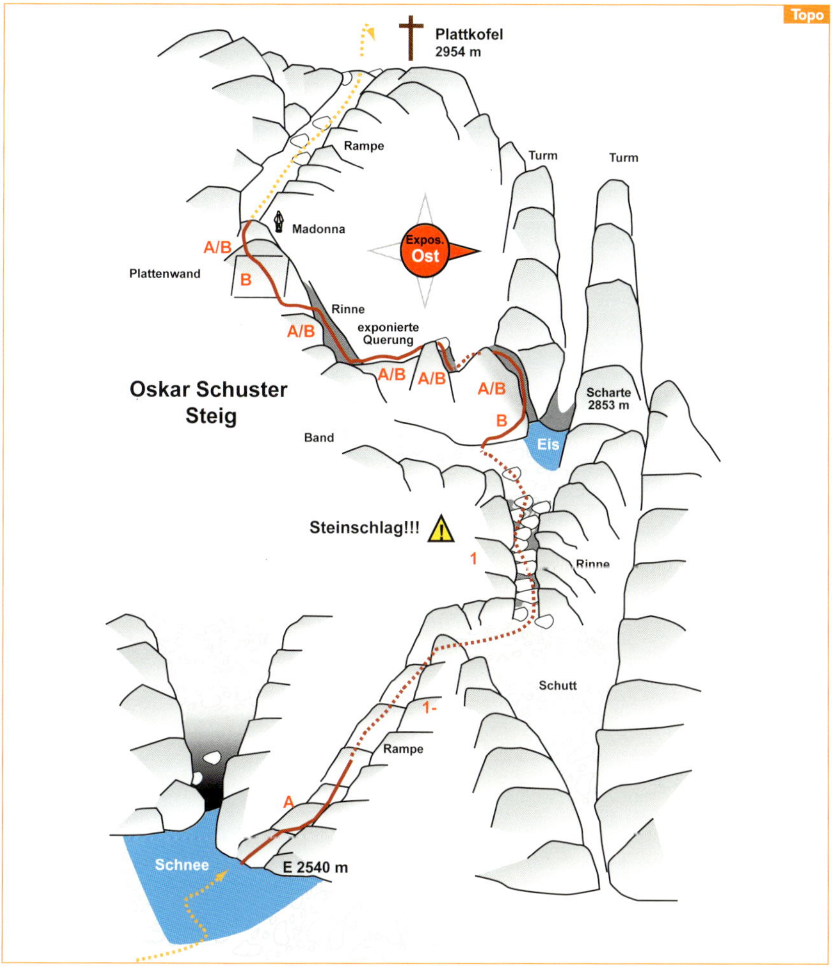

Geisler-/Puez, Rosengarten, Latemar

Sass Rigais, 3025 m, Kesselkogel, 3002 m und Diamantidi-Turm, 2842 m

Auf dem Maximilian Klettersteig

Touristeninfo

Tourismusverein Vigo di Fassa
Web: www.fass.com
Fremdenverkehrsbüro:
Strada Rezia, 10
I-38039 Vigo di Fassa
Tel.: +39 0462 609700
Fax: +39 0462 764877
e-mail: infovigo@fassa.com

Tourismusverein Wolkenstein
Web: www.valgardena.it
I-39048 Wolkenstein
Str. Mëisules 213
Tel.: +39 0471 777900
Fax: +39 0471 794245
E-Mail: selva@valgardena.it

Tourismus-vereine:

Seiser Alm
Web: www.seiseralm.it

Welschnofen
www.welschnofen.com

Vigo di Fassa
Web: www.fass.com

Villnösser Tal
Web: www.villnoess.com

Besonderheiten: In den westlichen Ausläufern der Dolomiten, die sich von der Geisler Gruppe entlang der Brennerautobahn hinunter zur Latemar Gruppe ziehen, kommen - vor allem weniger ambitionierte Klettersteiggeher - voll auf ihre Rechnung. Die schwierigen Ausnahmen bilden der Sportklettersteig „Via ferrata Sandro Pertini" bei Wolkenstein und der alpine Laurenzi Klettersteig im Rosengarten. Die großen Klassiker dieser Region sind sicherlich die Sass Rigais Überschreitung, der Kesselkogel und die Kombination Rotwandsteig - Masarè Kamm im sagenumwobenen Rosengarten. Aber auch die anderen Steige sind lohnend. Die meisten Steige in diesem Gebiet sind eher kurz und eignen sich perfekt als Einstieg in die Dolomitenferratas. Als Ausgangspunkt für die Geisler-Puez Region empfiehlt sich das Grödnertal mit den Orten Wolkenstein, St. Christina und St. Ulrich. Den Rosengarten erreicht man im Norden über die Seiser Alm und im Süden über Welschnofen/Karerpass und Vigo di Fassa, von wo aus man auch in die Latemar Gruppe gelangt.

Anreise mit öffentlichen Verkehrsmitteln: Mit der Bahn nach Waidbruck, Bozen bzw. Neumarkt und weiter mit den Linienbussen der SAD (www.sad.it) bzw. Trentino Trasporti (www.ttesercizio.it) zum bzw. in den Nahbereich des jeweiligen Ausgangspunktes.

Anreise mit dem Auto: Siehe Beschreibung bei den jeweiligen Touren.

Eine Scharte an den Latemartürmen

Bauern auf der Seiser Alm

Tourenkombinationen

Geislergruppe: 1. Tag: Günther Messner Steig und Peitlerkofel bis Schlüterhütte. **2. Tag:** Nives Schartenweg bis Regensburger Hütte. **3. Tag:** Sass Rigais Überschreitung als Highlight.

Rosengarten: Große Nord-Süd-Durchquerung für konditionsstarke und trittsichere Geher: **1. Tag:** Seiser Alm – Rif. Tierser Alpl - Maximilian Klettersteig. **2. Tag:** Tierser Alpl - Laurenzi Klettersteig - Kesselkogel Überschreitung von Ost nach West – Vajolet Hütte (Der Laurenzi Klettersteig ist sehr schwierig und alpin. Weniger Geübte gehen gleich zum Grasleitenpass, machen die Kesselkogelüberschreitung von West nach Ost und steigen dann über den Antermoiapass zur Vajolethtt.. Von dort am nächsten Tag durch das Val de Vajolet (leicht) nach Vigo di Fasa.). **3. Tag:** Santnerpass – Santnerpass Klettersteig im Abstieg zur Rosengarten Hütte. **4. Tag:** Zum Vajolonpass – Rotwandklettersteig und Masarè Klettersteig zur Rotwandhtt. **5. Tag:** Abstieg zum Karerpass.

Einfache Nord-Süd-Durchquerung: 1. Tag: Seiser Alm – Rif. Tierser Alpl - Maximilian Klettersteig. **2. Tag:** Tierser Alpl - Grasleitenpass - Kesselkogelüberschreitung von West nach Ost – Antermoiahütte. **3. Tag:** Zum Passo de Laussa und über den Scalette Steig zum Rif. Gardeccia bzw. nach Vigo di Fassa absteigen.

English Version

The western Dolomites are perfect for not so strong climbers. Except Sandro Pertini and Laurenzi all fixed rope routes are only moderately difficult. The big classics are Sass Rigais crossing and the combination of Masarè and Rotwand routes in Rosengarten. Starting points are Wolkenstein, St. Christina or St. Ulrich and in the south Vigo di Fassa.

Geisler group: Day 1: Günther Messner Steig – Peitlerkofel – Schlüter hut. Day 2: Nives Schartenweg – Regensburger hut. Day 3: Sass Rigais crossing.

Rosengarten: Day 1: Seiser Alm – Rif. Tierser Alpl – Maximilian Klettersteig. Day 2: Tierser Alpl – Grasleitenpass – Kesselkogel crossing – Antermoiahütte. 3rd day: Passo de Lausa – Scalette Steig – Rif. Gardeccia or directly to Vigo di Fassa.

Trentino-Südtirol

Einwohner: ca. 1 Mio.

Fläche: ca. 13.600 km²

Berg: Ortler, 3905 m

Sprachen: Italienisch, Deutsch; in einigen Landesteilen Ladinisch

Web: www.regione.taa.it

Kleine und Große Cirspitze

Geisler-/Puez Gruppe

Zwei Nachmittagsspaziergänge über dem Grödnerjoch

Kl. u. Gr. Cirspitze, 2520 m u. 2592 m

Die Leiter der Kleinen Cir-Ferrata

mäßig schwierig 1.1

Schön

Sehr gut

Diff. B/C (A, I-)

2 Std.

bis 500 Hm

bis 150 Hm ½ Std.

½ Std.

¾ Std.

S

ab 10 J.

Juni - Sept.

2592 m

P N 46.55005 E 11.80664

E N 46.55630 E 11.80033

Gehzeiten/Time

Grödnerjoch - Einstiege: ½ Std.
Einstiege - Gipfel: ½ Std.
Gipfel - Grödnerjoch: ¾ Std.

Besonderheiten: Auf den kleinen Bruder (Cir V) führt ein rassiger Klettersteig. Der versicherte Weg auf den Gran Cir ist hingegen auch für einen Berner Sennenhund tauglich. Beide Steige bieten einen großartigen Ausblick auf die Nordwände des Sellastocks, den Langkofel und auf das Hochplateau der Puez Gruppe. Dank der kurzen Zustiege und Steighöhen eignen sich beide Touren für einen Nachmittagsspaziergang.

Info

Talort: Wolkenstein, 1563 m

Ausgangspunkt: Passhöhe Grödner Joch, 2121 m

Karten: Tabacco Blatt Nr. 07, Alta Badia, Arabba; Marmolada, AV-Karte Nr. 52/1

Anreise: Auf der A22 bis zur Ausfahrt Klausen und auf der SS 242 ins Grödnertal bis Wolkenstein. Dort hinauf auf das Grödner Joch (SS243). Auf der Passhöhe parken.

Zustieg: Kleiner Cir (Cir V): Von der Passhöhe auf einer Schotterstraße zur Bergstation Dantercepies, 2298 m (erreichbar im Juli und Aug. mit der Seilbahn von Wolkenstein). Wenige Meter (östlich) vor der Bergstation (Hinweisschild Klettersteig) auf einem Grasrücken zum Fuß der Felsen, durch eine Rinne (rote Punkte) hinauf und rechts über eine kurze Wand (I) auf einen Absatz zu den ersten Versicherungen bei einer Leiter,

Kurz vor dem Gipfel des Kl. Cir

Gipfelpanorama der Sellagruppe

(2434 m; N 46.55630, E 11.80033). Alternativ erreicht man die Bergstation auch auf einem direkten Weg vom Grödnerjochhaus. **Großer Cir (Gran Cir):** Auf der Schotterstraße Richtung Bergstation Dantercepies, nach 250 m die Straße auf den Weg 2 rechts und nach weiteren ca. 100 m den Weg links verlassen und gerade hinauf zum Weg 2D, der von der Bergstation Dantercepies zu Jimmys Hütte führt. Dann auf einem Weg (Tafel) in die Rinne links des Gr. Cirs. Die Geröllrinne bis zu einem markanten Klemmblock aufsteigen. Einstieg kurz davor (2408 m; N 46.55736, E 11.80472).

Route: Kleiner Cir: Über die Leiter aufsteigen und über einen kurzen Grat (B) auf einen Absatz. Vom Absatz in die Wand übersteigen und hinauf (A/B, später B) bis der Steig links über eine Plattenwand (B) auf einen weiteren Absatz führt. Kurz leicht, dann über einen schwierigen Block (B/C) höhersteigen, dann zu Fuß an das rechte Ende des Gipfelsockels. Über eine Rampe (A) um den Sockel herum und auf der Rückseite kurz schwierig (B/C) auf den höchsten Punkt. **Großer Cir:** Eine versicherte und überdachte Rampe (A) nach rechts aufsteigen und über Gehgelände im Zickzack zu einer Plattenwand (A, schwierigste Stelle des Steiges) und zum Westgrat. Über den Grat in leichter Kletterei I- (Eisenstangen) zum Gipfel.

Einstiegsrampe des Großen Cir

English Version

A fantastic fixed rope route leads you to the little brother (Cir V). The secured path to Gran Cir ,however, is that easy that you can literally take your dog with you. Both routes are great for an afternoon stroll, because they are so short and offer a beautiful view.

Routes: Little Cir (Cir V): From the mountain pass go to Dantercepies top station, a few metres before the top station (east of it; signpost fixed rope route). After that, you have to walk over a grassy ridge to the foot of the rocks, then through a channel (red points) and up to a ladder on a platform.

Big Cir (Gran Cir): Follow the gravel road in the direction of Dantercepies top station. After 250m change to path 2 on the right and shortly after that ascend straight ahead into the channel next to Gran Cir on the left as far as to the chockstone. For the fixed rope routes see topo.

Kleine und Große Cirspitze Geisler-/Puez Gruppe

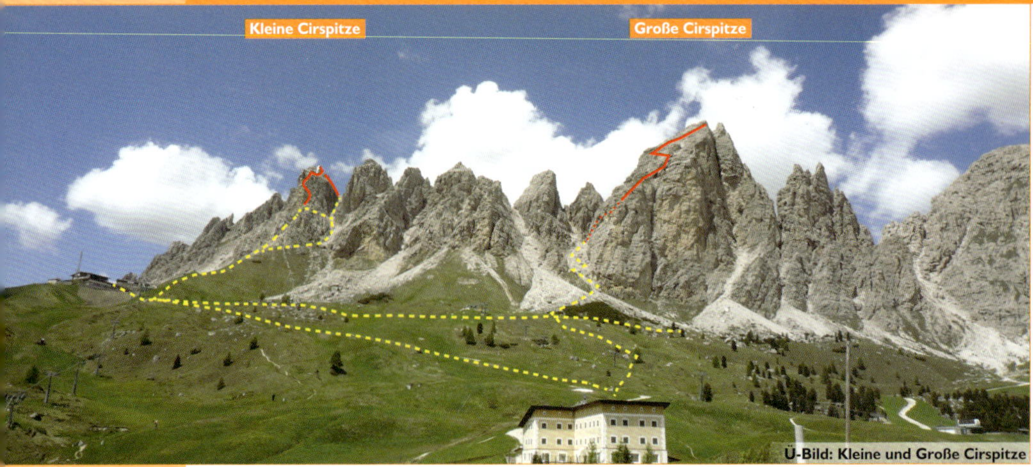

Gasthäuser am Grödner Joch

Abstieg: **Kleiner Cir:** Vom Gipfelsockel wieder absteigen, links versichert (A) in eine Scharte und durch die Rinne (A) abwärts. Entweder bei erster Möglichkeit zum Einstieg queren oder gleich bis zum Weg 2D absteigen. Weiter wie Aufstieg. **Großer Cir:** Über den Aufstiegsweg absteigen.

Ausrüstung: Klettersteigausrüstung - Kinder evtl. ein Sicherungsseil.

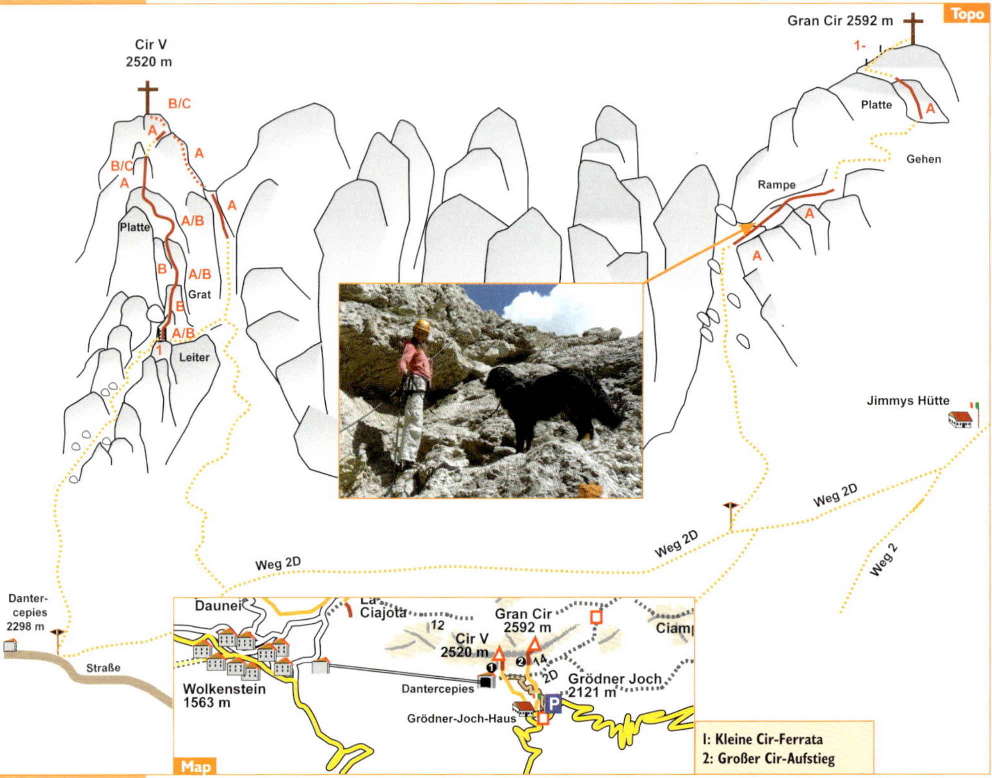

Sassongher
Auf den Hausberg von Corvara

Übersicht Aufstieg Sassongher

Besonderheiten: Der Sassongher bietet eine reizvolle Wanderung mit einer kurzen versicherten Passage. Der Blick reicht von den Nordabstürzen der Sella bis zur Kreuzkofel Gruppe. Die schöne Wanderung steht bei dieser Tour eindeutig im Vordergrund.

Info

Talort: Kolfuschg, 1645 m
Ausgangspunkt: Kolfuschg, 1645 m
Karten: Tabacco Nr. 07, Alta Badia, Arabba, Marmolada

Anreise: Auf der A22 bis zur Ausfahrt Klausen und auf der SS 242 ins Grödnertal bis Wolkenstein, hinauf auf das Grödner Joch und weiter nach Kolfuschg, dort parken.

Zustieg und Route: Vom Parkplatz zur Edelweißhütte (20 Min.) und links des Lifts auf dem Weg 4 hinauf Richtung Ciampatschscharte und auf Weg 7 rechts Richtung Sassongher abzweigen. Dann steil durch die SW-Flanke hinauf zur Sassongher Scharte, 2434 m. Von der Scharte noch ein kurzes Stück einer Geröllrinne folgen bis bei Felsen die Versicherungen beginnen. Die Felsstufen auf einem Band können mittels zwei ca. gleich schweren (A/B) Varianten überwunden werden. Vom Band über Gehgelände zum Gipfel.

Abstieg: Der Abstieg verläuft bis zur Sassongher-Scharte wie der Aufstieg. Dort kann man sich entscheiden, ob man anstatt desselben Weges die 1200 Höhenmeter auf der anderen Seite der Scharte auf dem Weg 7 durch das Val de Juel nach La Villa (Stern) absteigt. **Ausrüstung:** Klettersteig-Set für Anfänger.

English Version

Sassongher offers an attractive hike with a short secured passage.

Route: From the parking area go to Edelweiß hut and then take path 4 as far as to path 7 branching off to the right. Follow path 7 which proceeds steeply upwards to Sassongher gap und further on to the securings. There are two equally difficult ways to overcome the rock steps. After that, you can walk up to the summit and either descend the same way you ascended, or at Sassongher gap take path 7 on the right, leading you through Val de Juel to La Villa (Stern), 1200 metres in height.

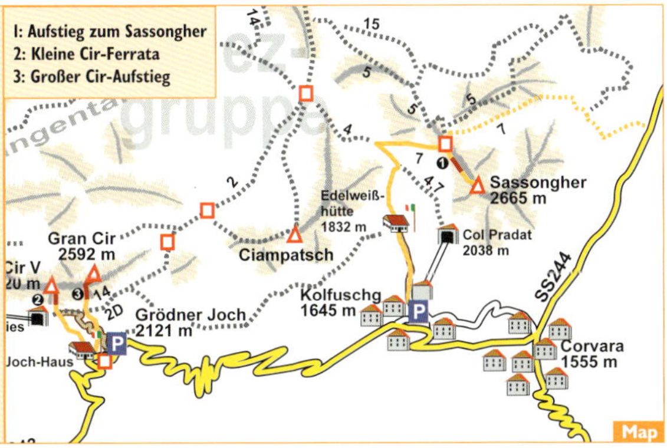

leicht 1,3

Sehr schön

Gut

Diff. A/B

5 Std.

1040 Hm

200 Hm
½ Std.

2 Std.

2½ Std.

S

ab 12 J.

Juli - Sept.

2665 m

P N 46.55516
E 11.85505

E N 46.57004
E 11.86175

Gehzeiten/Time
Kolfuschg - Beginn der Versicherungen: 2 Std.,
Einstieg - Gipfel: ½ Std.
Gipfel - Kolfuschg: 2 ½ Std.

G3

Via ferrata Sandro Pertini Geisler-/Puez Gruppe

Schwere Ferrata auf den reizvollen Plateaugipfel am Fuß der Civetta — **Stevia Alpe, 2491 m**

Einstieg - hinten der Langkofel

sehr schwierig 2,1

- Schön
- Sehr gut
- Diff. C/D
- 5 Std.
- 870 Hm
- 500 Hm 3 Std.
- 20 Min.
- 1½ Std.
- 0
- ab 13 J.
- Juni - Okt..
- 2491 m

P N 46.56410 E 11.77336

E N 46.56842 E 11.77869

Gehzeiten/Time
Parkplatz - Einstieg: 20 Min
Einstieg - Stevia Htt.: 3 Std.
Stevia Htt.: - Auto: 1½ Std.

Besonderheiten: Luftiger, perfekt gebauter Klettersteig am Anfang des wunderschönen Langentales. Der Eisenweg verläuft durch die mächtige Steviawand und endet bei der gemütlichen Steviahütte. Durch die Vielfältigkeit der Steiganlage (Brücke und ausgesetzte Passagen) wurde eine sehr gute, talnahe Alternative zu den anderen Dolomiten-Klettersteigen geschaffen, die ein hohes Maß an Vergnügen garantiert. Die Ferrata war früher ein „Problemfall" - Einzelheiten bei „Bemerkung" auf der nächsten Doppelseite.

Info

Talort: Wolkenstein, 1563 m

Ausgangspunkt: Parkplatz im Langental, 1630 m

Karten: Tabacco Nr. 05, Val Gardena - Gröden; AV-Karte Nr.52/1

Anreise: Auf der Brennerautobahn bis Klausen und weiter ins Grödnertal bis nach Wolkenstein fahren. Am Ortsanfang von Wolkenstein führt eine Straße in das Langental und bis zu einem gebührenpflichtigen Parkplatz beim Imbissstand (Parkautomat, Ende der Fahrmöglichkeit).

Zustieg: Vom Parkplatz folgt man dem doppelspurigen Forstweg, dieser verläuft deutlich links der kleinen Kapelle St. Sylvester in der Wiesenmitte (nicht auf dem Weg, der

Eine der steilen Klammernpassagen

Sonnenuntergang auf dem Plateau

rechts an der Kapelle vorbeiführt). Auf dem Forstweg bis zur Talstation der Materialseilbahn der Steviahütte (durch den Wald, die Station ist bei einem großen Felsblock). Dort beginnt der Klettersteig (30 m links an der Kante) – Steigspuren leiten bis zu den ersten Versicherungen.

Route: Vom Einstieg links der Materialseilbahn über gestuftes Gelände (B/C) leicht links der Kante aufwärts, bis man nach einer kurzen Querung (A) auf die sog. „Mauer" trifft (C). Nach dieser Steilpassage kommt die erste Leiter (B) und ein Steilstück (B/C), welches zu einer Querung (A) führt. Anschließend über eine Rampe (C) und eine Stufe (B/C) auf das große Band. Auf dem Band den Steigspuren bis zum nächsten Aufschwung (C) folgen, welcher zum Blockgrat (A/B) führt. Am Ende des Grates steigt man über den „Pradari-Quergang" (C) und den senkrechten Pfeiler (C) hinauf. Auf dem Pfeilerkopf ist die kleine Leitern-Brücke, die die Verbindung zwischen Pfeiler und Wand ermöglicht. Nach der Brücke sehr steil (C/D) aufwärts und nach links zu der steilen und ausgesetzten Verschneidung (kurze Stelle C/D). Am Ende der Verschneidung führt eine Leiter (B) zur Nische mit der Madonna und dem Steigbuch (Sitzmöglichkeit auf einem Holzbankerl). Dann noch über kurze Stufen (B/C) zum Ausstieg auf das Steviaplateau und auf dem markierten Steig zur Steviahütte.

In der steilen Schlüsselstelle

English Version

Sandro Pertini is an exposed and perfect made fixed rope route at the beginning of Langen Valley. The route leads through the impressive Stevia rock wall and ends near the homey Stevia hut. A bridge and other interesting passages guarantee a lot of fun.

Route: From the parking area walk a forest road – passing the chapel St. Sylvester on the left – to the station of the service cable car to Stevia hut. From there a trail leads up to the beginning of the climb. Route see topo. At the end of the climb walk on a marked path to up to Stevia hut and descend on path 17 or 17a (very steep) to Wolkenstein.

Via ferrata Sandro Pertini Geisler-/Puez Gruppe

Auf der Leiter vor dem Steigbuch

Abstieg: Von der Steviahütte den Wegweisern nach Wolkenstein folgen (über den markierten Weg Nr. 17 „St. Sylvester“, der sich mit dem kürzeren, aber steileren Weg 17A „La Palota“ trifft). Vor der Ortschaft Daunei biegt man nach links ab und gelangt über den Kreuzweg zum Parkplatz des Langentales. Alternativ kann über den „Wolkenstein Express“ (La Palota) abgestiegen werden. Dieser steile Abstieg bringt eine Zeitersparnis von 30 Min..

Ausrüstung: Klettersteig-Set und Helm, für Schwächere ein Sicherungsseil.

Bemerkung: Bei feuchtem Wetter ist der Steig wegen der erdigen Stufen nicht zu empfehlen! Der Klettersteig liegt im Puez-Geisler-Nationalpark. Nach der Fertigstellung gab es viel Wirbel um diese Steiganlage, da die Grünen aus Wolkenstein gegen die Errichtung der Steiganlage sind und einen Rückbau fordern. Der Fall ging bis zur EU nach Brüssel - ein Lokalaugenschein (natürlich mit Hubschrauberunterstützung) hat schon stattgefunden. Diskussionen über den Abbau sind noch im Gange. Der Adler, der in den Steviawänden haust, hat laut Hüttenwirt trotz des Klettersteiges zwei Eier gelegt (früher angeblich nur eines). Den Adler scheint der Eisenweg also nicht zu stören. **Übungsklettersteig** (20 Hm/C): Auf dem Wanderweg vom Parkplatz 300 m zurück in Richtung Wolkenstein und links über eine Wiese (Holzhütte) zur Wand (Einstieg: N 46.56185, E 11.77321).

Stevia-Hütte, 2340 m, Anfang Juni bis Mitte Oktober bew. Tel: +39 0472 844111

Auf der Bank beim Wandbuch

Ü-Bild: Ferrata Sandro Pertini

Map

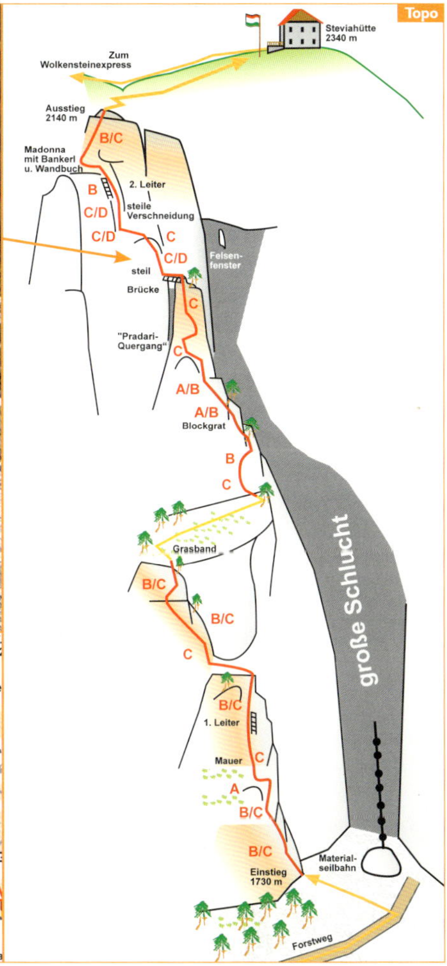

Topo

G4

Sass Rigais - Überschreitung Geisler-/Puez Gruppe

Großartige Überschreitung in der Geislergruppe

Sass Rigais, 3025 m

Der Grat des Südwestanstieges

mäßig schwierig 2

Sehr schön

Gut

Diff. B/C

5 - 6 Std.

1000 Hm

500 Hm 2 Std.

2 Std.

1 Std.

S, O

ab 14 J.

Juli - Sept.

3025 m

P N 46.56493 E 11.73655

E N 46 36.638 E 11 46.150

Gehzeiten/Time

Bergstation Col Raiser - Ostanstieg – Gipfel: 3½ Std.
Gipfel - Südwestanstieg - Regensburger Hütte: 3 Std.

Besonderheiten: Eindrucksvolle Überschreitung des zweithöchsten Gipfels der Geisler-Puez Gruppe, die als Bergheimat von Luis Trenker gilt. Auf dem Gipfel hat man einen grandiosen Blick auf Langkofel und die Puez Gruppe mit weiteren lohnenden Klettersteigzielen. Auf den höchsten Punkt führen gleich drei Anstiege von moderater Schwierigkeit. Wir empfehlen die Runde mit dem Ostgrat zu beginnen.

Info

Talort: St. Christina, 1428 m

Ausgangspunkt: Bergstation Col-Raiser-Gondelbahn, 2107 m

Karten: Tabacco Nr. 030, Brixen/Villnöss; Kompass WK 57, Brixen

Anreise: Auf der Brennerautobahn bis Klausen und weiter ins Grödnertal bis in den Ort St. Christina. Im Zentrum links aufwärts der Beschilderung Col Raiser Bahn bis zur Talstation folgen. Gebührenpflichtige Parkplätze.

Zustieg: Von der Bergstation auf dem Weg 4 sanft zur Regensburger Hütte, 2037 m, absteigen und auf dem Weg 13 unter die Südabstürze des Sass Rigais zum Wegweiser auf 2299 m. Dann für die Überschreitung unter den Südabstürzen ins Wasserrinnental und in die Scharte zwischen Sass Rigais und Furchetta aufsteigen. Von der Scharte links

Oberer Teil des SW-Anstieges

Kurz vor dem Gipfel (SW-Anstieg)

über gestuften Fels und Geröll zur ersten Versicherung auf 2826 m. Wenn die Bahn zum Col Raiser nicht fährt, erreicht man die Regensburger Hütte auch bequem auf dem Weg 3 von Wolkenstein, Ortsteil Daunei, 1687 m. Am Ende der Fahrmöglichkeit zu einem Parkplatz: N 46.56501 E 11.75108 (1½ Std.).

Route: Über eine kurze Wandstufe (A) und eine unversicherte Schuttrinne zu den Ausläufern der nächsten Rinne. Anfangs an Trittstiften (B), dann leichter (A) in die Rinne, an deren Ende (A) links hinaus queren und über gestuftes Gelände zum Gipfel. Davor noch kurz versichert (A). Vom Gipfel über den Südwestanstieg auf dem SW-Grat absteigen (A), bis der Weg rechts zur Wand führt (A/B) und über Ausläufer des SW-Grates zu einer Geröllzone in der SW-Wand (A). Dann über gestuftes Gehgelände (Trittsicherheit) abwärts bis zu einer Weggabelung auf 2778 m, dort zwei Möglichkeiten: **a) Villnösser Einstieg** zur Mittagsscharte: Rechts, anfangs waagrechte Querung zu einer Rinne. Danach kurze Wand (B/C) und eine weitere Querung anfangs im Gehgelände, dann leichte Kletterei (I-) zum nächsten Felsspitz, den man über die Südwand (A/B, dann B/C) zu einer Scharte umgeht. Kurzer Aufstieg (A/B) in die nächste Scharte. Dann steil und erdig (A), zuletzt schotterig durch eine Rinne absteigen und rechts zur bereits sichtbaren Mittagsscharte queren (2615 m, GPS: N46 36.279 E11 45.603). Ab dort entweder nach Norden auf dem

Blick auf die Furchetta, 3030 m

English Version

An impressive crossing of the second highest summit of the Geisler-Puez group, known as the mountain home of Luis Trenker. There are three possibilities to ascend, leading you to the highest point with a moderate difficulty. We can only recommend that you start the tour at the eastern ridge. Less strong climbers should take the south-western slope to ascend and descend.

Route: From the top station take path 4 to easily descend to Regensburger hut at 2037m and then follow path 13 below the southern sharp drop of Sass Rigais as far as to the signpost at 2299m. For the crossing you have to go to Wasserrinnental beneath the southern sharp drop and ascend the gap between Sass Rigais and Furchetta. From the gap go westwards, across rock step and scree, to the first securing. For the fixed rope route see topo. From the summit descend on one of the fixed rope routes and the access.

Oberer Teil SW-Anstieg

Weg 29 ins Villnösser Tal oder nach Süden zurück zum Ausgangspunkt (jeweils durch Rinnen). **b) Südwestanstieg:** Bergab über den Südwestanstieg bis auf eine Wiese, der man nach Westen eine Rinne querend zu den Versicherungen folgt. Querung zu einer Wandstelle (B/C), zu einer kl. Holzbrücke und weiter zu einer Rinne. Durch diese unschwierig (A) in wenigen Minuten zum Ende des Klettersteiges in der Rinne, die von der Mittagsscharte herabführt, 2513 m (N 46 36.230, E 11 45.726).

Abstieg: Durch die Rinne zurück zum Wegweiser unter den Südabstürzen des Sass Rigais und auf dem Zustiegsweg zum Col Raiser.

Ausrüstung: Klettersteig-Set und Helm, für Schwächere ein Sicherungsseil.

Bemerkung: Sehr anspruchsvoll ist der Villnösser Einstieg - wegen der sehr steilen Schuttrinnen. Schwächeren Gehern sei der Auf- und Abstieg über den Südwestanstieg empfohlen (siehe Topo). Trittsicherheit und Kletterkönnen bis I erforderlich!

Nives Schartensteig/Piz Duleda (B): Von der Regensburger Hütte zur Roascharte und nach Süden (Weg 2A) leicht ansteigend zu den Seilsicherungen. Über Bänder, Blöcke und eine kleine Schlucht (Leiter) zur Nives-Scharte. Unschwierig auf den Gipfel des Piz Duleda, 2909m. Zurück zur Nives-Scharte und auf dem Weg 2 (Stellen A) zur For. Forces de Sieles und weiter dem Weg 2 oder 17 zur Regensburger Hütte (6 Std.) folgen.

Rif. Firenze (Regensburger Hütte), 2037 m, CAI; Anfang Juni - Mitte Oktober bew. Tel: +39 0471 796307. Infos: www.rifugiofirenze.com

Der Einstieg des SW-Anstieges

Ü-Bild: Sass Rigais Überschreitung

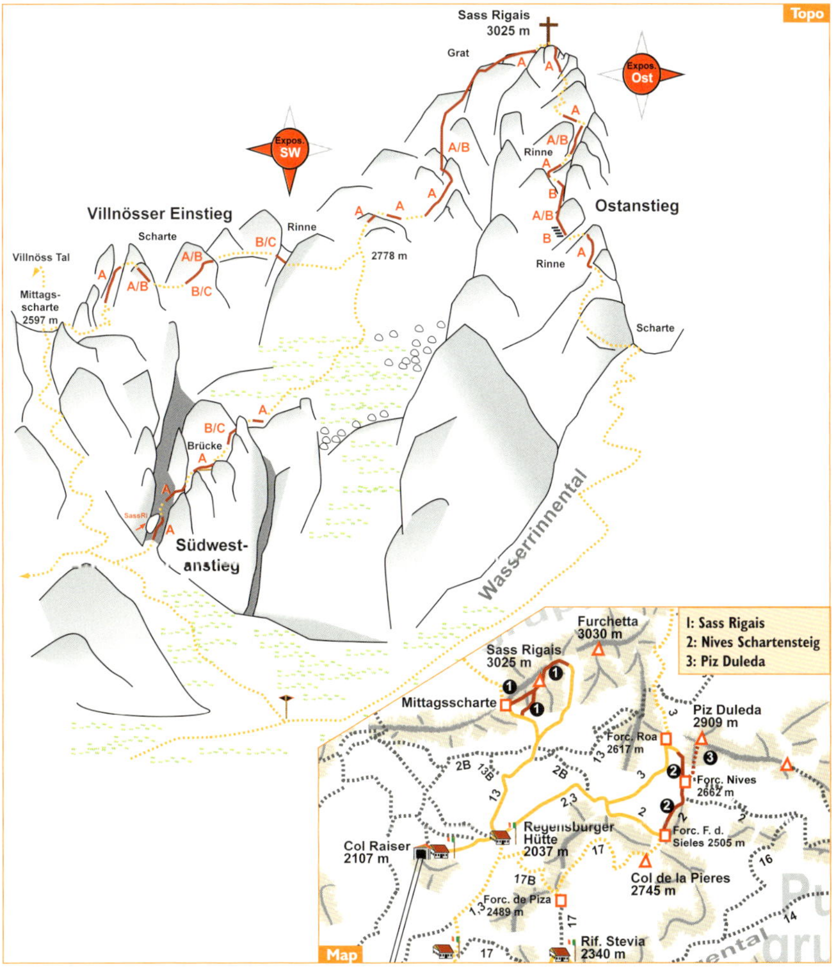

Günther-Messner-Steig Geisler-/Puez Gruppe

Gratwanderung mit grandioser Aussicht oberhalb der Zanser Alm — **Tullen, 2653 m**

In der Variante Difficile

mäßig schwierig 1,5

- Schön
- Gut
- Diff. A/B Var. C
- 6 Std.
- 1200 Hm
- 100 Hm 2 Std.
- 2 Std.
- 2 Std.
- S
- ab 13 J.
- Juli - Sept.
- 2653m

P N 46.63591 E 11.76610

E N 46.65196 E 11.77686

Gehzeiten/Time
Zanser Alm - Einstieg: 2 Std., Einstieg - Steigende: 2 Std., Abstieg Schlüter Htt.: ½ Std. Schlüter Hütte - Zanser Alm: 1½ Std.; Zanser Alm - Peitlerkofel: 4 Std.

Besonderheiten: Der nach dem am Nanga Parbat verstorbenen Bruder des aus St. Magdalena in Villnöss stammenden Südtiroler 8000er Pioniers Reinhold Messner benannte Steig folgt dem Grat des Aferer Geislers zur Schlüterhütte und gewährt im voralpinen Ambiente einen schönen Blick auf die Nordwände des Sass Rigais. Der Steig ist nur an wenigen Stellen versichert (mehr Wanderung), aber markiert bzw. beschildert. Für Klettersteigfreaks bietet die kurze „Variante Difficile" das entsprechende Feeling.

Info

Talort: St. Peter im Villnösstal Tal, 1154 m

Ausgangspunkt: Zanser Alm, 1645 m

Karten: Tabacco Nr. 030, Brixen/Villnöss; Kompass WK 57, Brixen

Anreise: A22 Ausfahrt Klausen – Villnösstal – Zanser Alm (Parkgebühr).

Zustieg: Auf den Wegen 32B (32) zum Oberen Herrnsteig - Weg 32 A (Weg 25), bis bei der Kofelalm der als GM (Günther Messner) markierte Steig rechts abzweigt. Bevor die Versicherungen beginnen kann man bei einem Wegweiser links zum Tullen, 2653 m, abzweigen und diesen unschwierig besteigen (20 Min.). Folgt man aber dem GM-Steig, gelangt man zu Beginn einer Rinne zu den ersten Versicherungen.

Auf der 15-Meter-Leiter

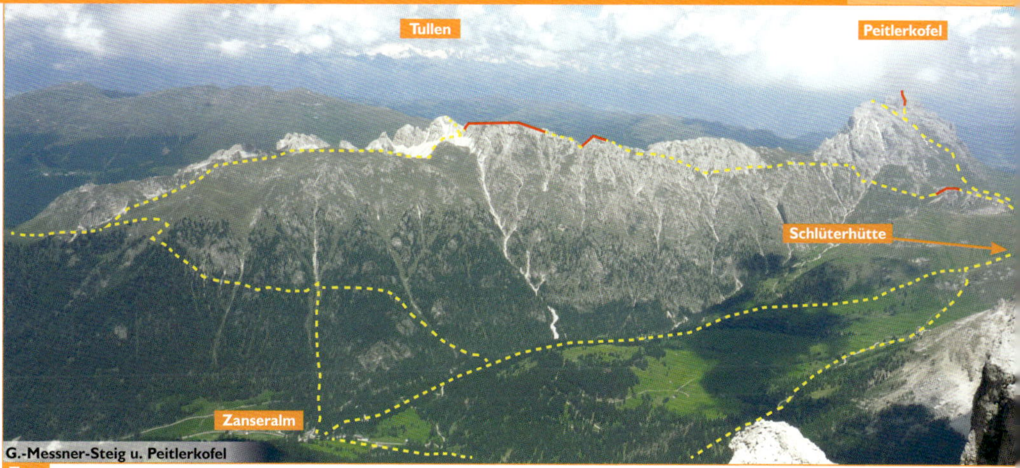

G.-Messner-Steig u. Peitlerkofel

Topo

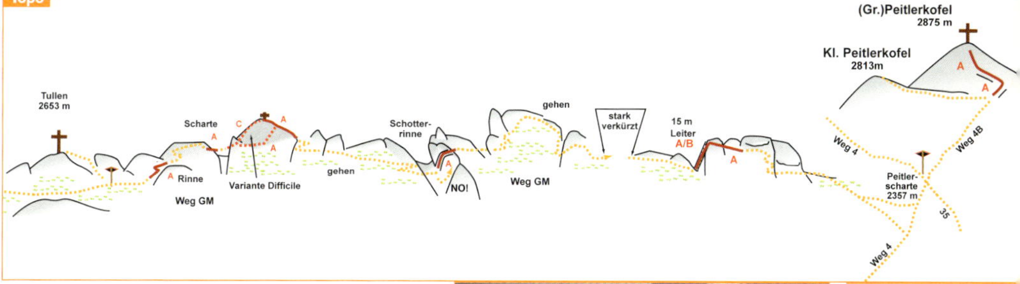

Route: Durch die Rinne (A) und auf dem Grat zu einer markanten Scharte. Dort auf der Nordseite entweder direkt in einer Rinne (C) oder links daneben (A) auf den nächsten Felsaufschwung. Weiter im Gehgelände bis zu einer erdigen Rinne (A) nach einer Scharte (nicht links über die alten Versicherungen!). Neuerliches Gehgelände (längerer Abschnitt) führt zu einem Felsaufschwung mit einer 15 m Leiter (A/B). Anschließend nach Osten über einen Rücken zum Weg 4 Schlüterhütte - Peitlerscharte.

Abstieg: Rechts auf dem Weg 4 zur Schlüterhütte und über den Weg 31, 32 oder 33 zurück zur Zanser Alm.

Ausrüstung: Klettersteig-Set und Helm.

Bemerkung: Stabiles Wetter nötig! Mann kann den Günther-Messner-Steig auch vom Russis Kreuz machen. Russis Kreuz - Kofelwiese - Aferer Geisler - Peitlerscharte - Russis Kreuz (6½ Std.). Von der Peitlerscharte, 2357 m erreicht man in 1½ Std. den Gipfel des **Peitlerkofels, 2875 m** (kurz versichert, A). Zur Peitlerscharte in 1½ Std. vom Würzjoch (Weg 8a).

Schlüterhütte

Map

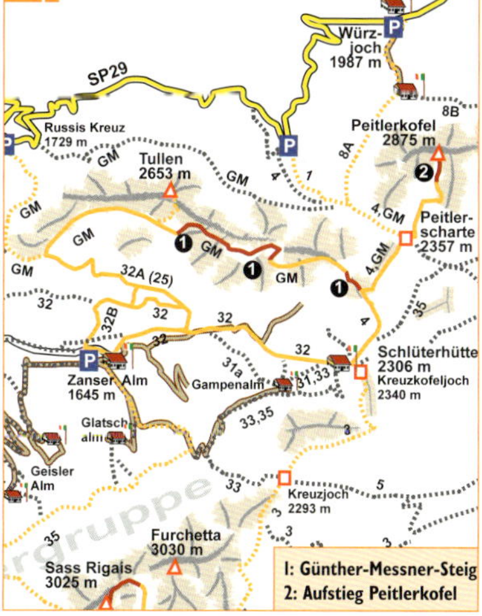

English Version

This route, named after Reinhold Messner's brother, is mostly a hike. Fans of fixed rope routes will find some metres of difficult climbing on „Variante Difficile".

Route: The route is marked as GM and starts at Kofel alp. Before reaching the rope securings, you can climb the summit of Tullen to your left (20 min.). For the fixed rope route see topo. You have to descend past Schlüter hut. Peitlerkofel has a short secured part before the summit.

Schlüterhütte, 2306 m, CAI; Juni bis Oktober bew. Tel: +39 0472 840 132. Infos: schlueterhuette.com

HI

Maximilian Klettersteig Schlern

Schöne Gratüberschreitung oberhalb der Seiser-Alm

Roterdspitze, 2658 m

Auf dem Grat, hoch über der Seiser Alm

mäßig schwierig 1,9

Schön

Mittel

Diff. B, I

6 Std.

1000 Hm

300 Hm
1½ Std.

2¼ Std.

2¼ Std.

W

ab 14 J.

Juli - Sept.

2658 m

P N 46.54036
E 11.61888

E N 46.49868
E 11.63333

Gehzeiten/Time
Kompatsch - Tierser Alpl: 2 Std.; Tierser Alpl - Roterdspitze: 1¾ Std.; Roterdspitze - Tierser Alpl: ¾ Std. Tierser Alpl – Kompatsch: 1½ Std.

Besonderheiten: Trotz der Hüttennähe eine durchaus anspruchsvolle Miniferrata, die den Großen Rosszahn mit der Roterdspitze verbindet und schöne Tiefblicke auf die Seiser Alm und den Rosengarten bietet. Der Steig wurde 1969 vom Hüttenwirt der Tierser Alpl Hütte gebaut und eignet sich bei einer Übernachtung in der Hütte als Draufgabe auf den Laurenzi Klettersteig am nächsten Tag, sowie als Tagesrundtour von der Seiser Alm.

Info

Talort: Seis, 994 m

Ausgangspunkt: Oberster Parkplatz der Seiser Alm in Kompatsch, 1834 m

Karten: Tabacco Nr. 06, Val di Fassa e Dolomiti Fassanae; Kompass, WK 54, Bozen

Anreise: Von Norden: Auf der A22 bis zur Ausfahrt Klausen - Seiser Alm/Schlerngebiet, dann auf der SS12 bis Waidbruck/Ponte Gardena und über Kastelruth auf die Seiser Alm. Von Süden: Auf der A22 bis zur Ausfahrt Bozen Nord - Seiser Alm/Schlerngebiet, dann auf der SS 12 über Blumau bis Seis und weiter auf die Seiser Alm. Dort auf dem obersten Parkplatz in Kompatsch parken (Parkgebühr). Die Straße auf die Seiser Alm ist zu Saisonzeiten von 09:00 Uhr bis 17:00 Uhr für den Privatverkehr gesperrt.

Zustieg: Mit dem Panorama-Sessellift zur Bergstation auffahren (zu Fuß 20 Min.). Auf dem Weg Nr. 2 über die Wiesen der Seiser Alm und einen steilen Hang hinauf zur Rosszahnscharte, 2499 m, und in wenigen Minuten zum Schutzhaus Tierser Alpl absteigen. (Die Hütte erreicht man auch von Tiers/St. Cyprian und aus dem Val Duron/Campitello di Fassa in jeweils 3 Std.) Von der Hütte in 10 Min. auf dem rot markierten Weg zur Südschlucht des Großen Rosszahns.

Route: Vom Schutzhaus Tierser Alpl, kurz südseitig hinauf unter die Schlucht zum ersten Seil (A), hinein in die enge Schlucht und hinauf in die Scharte, mit schönem Ausblick auf die Seiser Alm (Trittstifte und am Ende versichert). Links weiter zum Gipfelgrat (A/B) und Gipfel des Großen Rosszahn, 2.653 m. Westseitig durch ein Felstor und eine Wandstelle (B) hinunter zum Verbindungsgrat und teils kletternd (I) hinüber zur Roterdscharte, 2.556 m (dort Notausstieg und Rückkehr zur Hütte möglich, anfangs A). Anfangs versichert (A) und dann freie Kletterei (I) über den Ostgrat zur höchsten Erhebung des Schlernplateaus, der Roterdspitze, 2658 m, mit großartiger Rundsicht.

Abstieg: Westseitig kurz mäßig steil abwärts zum Weg Nr. 4 (Schlern - Tierser Alpl), und über diesen wieder zurück zum Schutzhaus Tierser Alpl. Wer die Tour als Tagestour von

Übersicht Maximilian Klettersteig

Kompatsch macht, folgt dem Weg Nr. 4 nach Westen Richtung Schlernhaus, 2450 m, und kurz davor rechts über den Touristenweg und Dolomitenweg zurück zur Bergstation des Panorama-Sesselliftes.

Ausrüstung: Komplette Klettersteigausrüstung, Helm.

Bemerkung: Der Steig führt über teils ausgesetzte, unversicherte Gratstellen (Schwierigkeit I) und erfordert Trittsicherheit. Achtung: Wer das Auto über Nacht in Kompatsch parken möchte, braucht eine Genehmigung (bekommt man vom Tierser Alpl).

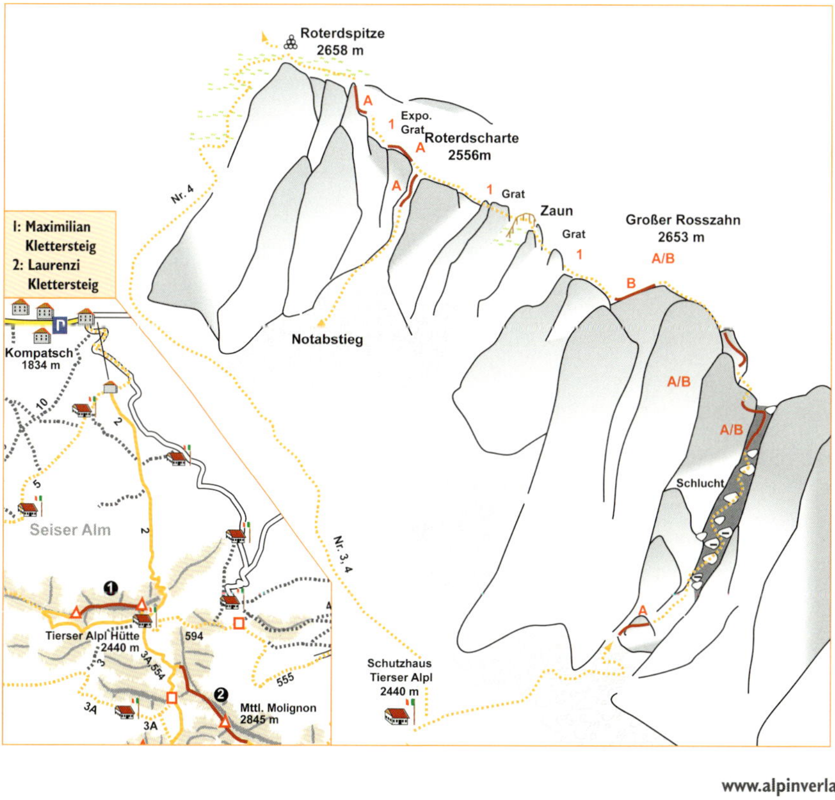

English Version

Nice fixed rope route just above the shelter Tierser Alpl. Not very difficult but some unsecured sections require climbing skills and sure-footedness.

Route: From Kompatsch/Seiser Alm take path 2 to Rosszahn gap (2499 m) and the shelter Tierser Alpl. From the hut ascend the red marked path to the south gorge of Gr. Rosszahn where the climb starts. Route see topo. From Rotderdspitze descend path 4 to the Tierser Alpl or take path 4 in western direction towards Schlernhaus and return on Touristen path to Kompatsch.

Map/Karte

Siehe/look Laurenzi Klettersteig

Schutzhaus Tierser Alpl, 2440 m, privat; Anfang Juni bis Mitte Oktober bew. Tel: +39 0471 707 460, Info: www.tierseralpl.com

H2

Laurenzi Klettersteig Rosengarten Gruppe

Der einsamste und schwierigste Steig im Rosengarten — **Mittlerer Molignon, 2845 m**

Molignonkamm - hinten der Gr. Rosszahn

sehr schwierig 2,7

- Sehr schön
- Mittel
- Diff. D, I-2
- 9 Std.
- 1200 Hm
- 300 Hm 2½ Std.
- 2¾ Std.
- 3½ Std.
- NW
- ab 15 J.
- Juli - Sept.
- 2845 m

P N 46.54036 E 11.61888

E N 46.49143 E 11.64098

Gehzeiten/Time

Kompatsch - Tierser Alpl - Einstieg: 2½ Std., Laurenzi Kletterstg.: 2½ Std. Ausstg. - Tierser Alpl: 3½ Std. Tierser Alpl - Kompatsch: 1½ Std.

Besonderheiten: Die mit Abstand anspruchsvollste und einsamste Route im Rosengarten, für die man als Tagestour vom Val Durant oder Tiers aus eine sehr gute Kondition benötigt. Die Tour lässt sich mit der Überschreitung des Kesselkogels zu einer großartigen Runde ausbauen. Die Überschreitung des Molignonkammes auf einem teils sehr schmalen, ausgesetzten Grat ist ernst und erfordert Kletterkönnen (Trittsicherheit und alpine Erfahrung). Die schwierigste Stelle des vom Errichter des Tierser Alpls 1986 erbauten Steiges wartet am Ende des Abstieges kurz vor dem Antermoia See - eine kurze, aber sehr steile Wandstelle muss abgeklettert werden.

Info

Talort: Seis, 994 m

Ausgangspunkt: Oberster Parkplatz der Seiser Alm in Kompatsch, 1834 m

Karten: Tabacco Nr. 06, Val di Fassa e Dolomiti Fassanae; Kompass, WK 54, Bozen

Anreise: Von Norden: Auf der A22 bis zur Ausfahrt Klausen - Seiser Alm/Schlerngebiet, dann auf der SS12 bis Waidbruck/Ponte Gardena und über Kastelruth auf die Seiser Alm. Von Süden: Auf der A22 bis zur Ausfahrt Bozen Nord - Seiser Alm/Schlerngebiet, dann auf der SS 12 über Blumau bis Seis und weiter auf die Seiser Alm. Dort auf dem obersten

Stetes Auf und Ab im schwierigen Teil

Viele, sehr ausgesetzte Gratpassagen

Parkplatz in Kompatsch parken (Parkgebühr) Die Straße auf die Seiser Alm ist zu Saisonzeiten von 09:00 Uhr bis 17:00 Uhr für den Privatverkehr gesperrt.

Zustieg: Mit dem Panorama-Sessellift zur Bergstation auffahren (zu Fuß 20 Min.). Auf dem Weg Nr. 2 über die Wiesen der Seiser Alm und einen steilen Hang hinauf zur Rosszahnscharte, 2499 m, und in wenigen Minuten zum Schutzhaus Tierser Alpl absteigen. (Die Hütte erreicht man auch von Tiers/St. Cyprian und aus dem Val Duron/Campitello di Fassa in jeweils 3 Std.). Von der Hütte auf dem Weg Nr. 554 Richtung Rosengarten und kurz vor dem Molignonpass, 2600 m, links weiter (beschildert, rot markiert) zum ersten Seil hinauf (Tafel; ¾ Std. ab Hütte).

Route: Über eine Rampe, die ersten 30 m versichert (A), danach gehen und (I-) zum Grat des Molignonkammes. Auf dem bald breiter werdenden, unversicherten Kamm nach Südosten zum Gipfel des Nordwestlichen Molignon, 2.778 m. Vom Gipfel leicht absteigend dem wieder schmalen Grat im stetigen Auf und Ab (A/B) zu einem Gratturm folgen und steil nach Süden in eine schluchtartige Rinne absteigen (C/D), nach einigen Metern links auf eine Rampe (B, ohne Sicherungsseil) und zum Wandbuch. Über die Rampe unversichert zum Grat aufsteigen und leichte Kletterei bis zum Gipfel der Mittleren Molignon, 2845 m. Anschließend südseitig immer steiler werdend über Geröll absteigen.

Schwieriger Abstieg in eine Scharte

English Version

The most difficult and alpine route in the Rosengarten group follows a very small rigde. The highest difficulties of the lonely route are at the end of the descent from Mittlerer Molignonkamm. Only recommended for experienced climbers.

Route: From Compatsch/Seiser Alm take path 2 to Rosszahn gap (2499 m) and the shelter Tierser Alpl. From there follow path 554 towards Grasleitenpass and just before Molignonpass (sign) turn left upward to the beginning of the climb. Route see topo. From the end of the securings descend to path 584 and follow it right up to Pso. Antermoia and Grassleitenpass. From there take path 554 to Tierser Alpl. From the end of the climb you can also reach Rif. Antermoia in ½ h (see map).

H2 Laurenzi Klettersteig Rosengarten Gruppe

Laurenzi Klettersteig Aufstieg

Grasleitenpasshütte, 2601 m, CAI, Mitte Juni bis Ende Sept. bew. Tel: +39 0462 764244, Info: www.rifugiopassoprincipe.com

Schutzhaus Tierser Alpl, 2440 m, privat; Anfang Juni bis Mitte Oktober bew. Tel: +39 0471 707 460, Info: www.tierseralpl.com

Rifugio Antermóia, 2497 m, CAI, Mitte Juni bis Mitte Sept. bew. Tel: +39 0462 602 272

Anfangs südlich, dann vor der Scharte wieder in östlicher Richtung hinunter bis zu einem Felsgrat oberhalb einer Rinne. Versichert (anfangs B, dann C) hinunter und zuletzt über eine kurze, glatte und steile Wandstelle (D) zu den letzten Versicherungen am oberen Ende einer Geröllrinne. (Die Route hat stellenweise rote Markierung und Steinmänner).

Abstieg: Durch die Geröllrinne hinunter zum Weg 584 oberhalb des Antermoia Sees und rechts über den Passo de Antermoia zum Grasleitenpass. Auf dem Weg 554 über den Molignon Pass zum Schutzhaus Tierser Alpl zurück (2 Std. bis Hütte) und nach Kompatsch absteigen (1 ½ Std.). Wer vom Val Duron kommt geht auf dem Weg 584 links zum Rif. Antermoia, folgt kurz dem Weg 589 und zweigt bald links auf den Weg 578 ins Tal ab (3 Std). Nach Tiers gelangt man über den Weg 584 zum Grasleitenpass. Abstieg auf dem Weg 3A über die Grasleitenhütte nach St. Cyprian (3 Std.).

Ausrüstung: Komplette Klettersteigausrüstung und Helm.

Bemerkung: Der Steig führt über teils ausgesetzte, unversicherte Gratstellen (Schwierigkeit I - 2). Achtung: Nachtparken in Compatsch (siehe Maximilian Klettersteig). Bei einer Nächtigung auf dem Tierser Alpl lässt sich der Steig gut mit der Kesselkopf-Route kombinieren - ein Traum!

Abstieg ins Antermoiatal - unten der See

Topo

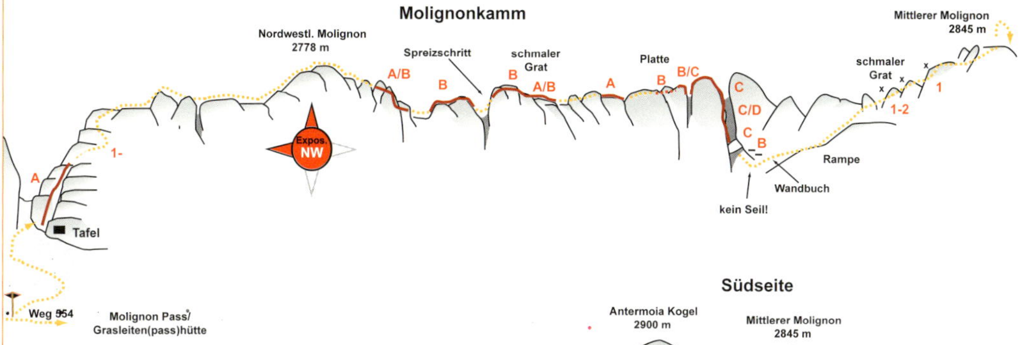
Molignonkamm
Nordwestl. Molignon
2778 m
Spreizschritt
schmaler
Grat
Platte
Mittlerer Molignon
2845 m
schmaler
Grat
A/B
B
B
A/B
A
B
B/C
C
C/D
C
B
1
1-2
1-
A
Expos.
NW
Rampe
Wandbuch
kein Seil!
Tafel
Weg 554
Molignon Pass/
Grasleiten(pass)hütte

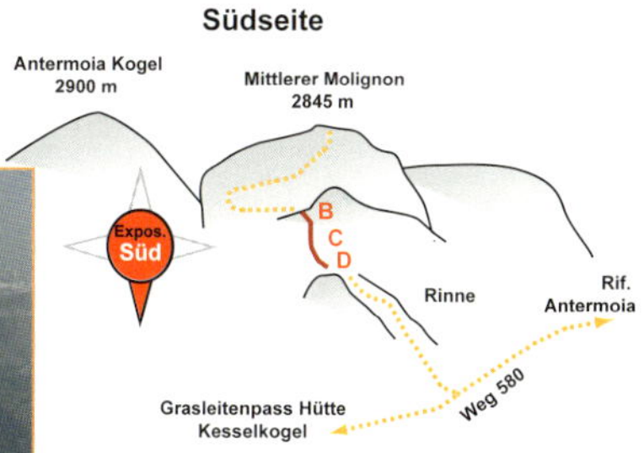
Südseite
Antermoia Kogel
2900 m
Mittlerer Molignon
2845 m
B
C
D
Expos.
Süd
Rinne
Rif.
Antermoia
Weg 580
Grasleitenpass Hütte
Kesselkogel

Übersicht Laurenzi Klettersteig - Abstieg
Mittlerer Molignon

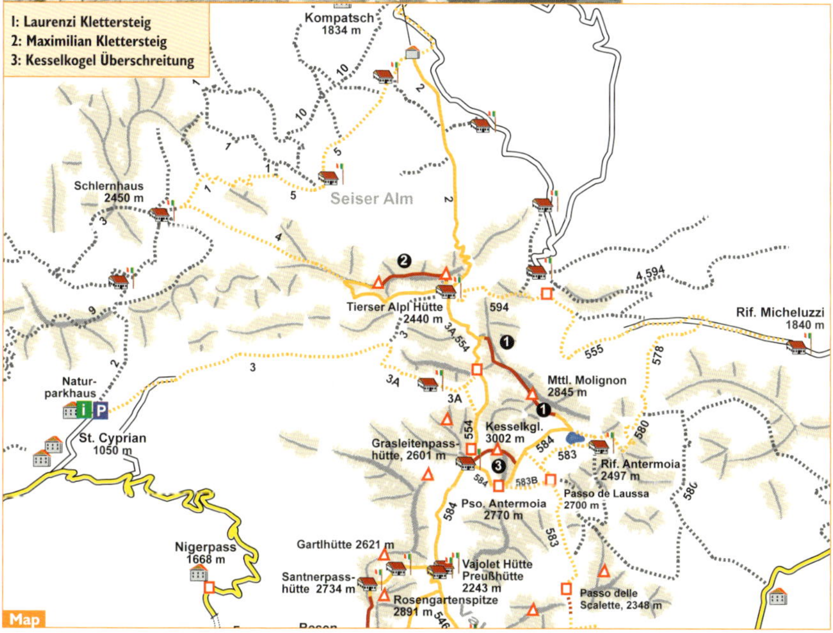
1: Laurenzi Klettersteig
2: Maximilian Klettersteig
3: Kesselkogel Überschreitung
Kompatsch
1834 m
Seiser Alm
Schlernhaus
2450 m
Tierser Alpl Hütte
2440 m
Rif. Micheluzzi
1840 m
Natur-
parkhaus
St. Cyprian
1050 m
Mttl. Molignon
2845 m
Kesselkgl.
3002 m
Grasleitenpass-
hütte, 2601 m
Rif. Antermoia
2497 m
Passo de Laussa
2700 m
Pso. Antermoia
2770 m
Nigerpass
1668 m
Gartlhütte 2621 m
Santnerpass-
hütte 2734 m
Vajolet Hütte
Preußhütte
2243 m
Rosengartenspitze
2891 m
Passo delle
Scalette, 2348 m
594
555
578
580
584
583
583B
554
3A
4,594

Map

H3

Kesselkogel Überschreitung **Rosengarten Gruppe**

Ausbaufähige Überschreitung des einzigen Rosengarten 3000ers — **Kesselkogel, 3002 m**

Das Gehgelände auf dem oberen Band

mäßig schwierig 1,7

Sehr schön

Gut

Diff. B, I-

7 Std.

1180 Hm

350 Hm 2½ Std.

2½ Std.

2 Std.

0, W

ab 14 J.

Juli - Sept.

3002 m

P N 46.43822 E 11.69404

E N 46.47425 E 11.64009

Gehzeiten/Time

Rif. Gardeccia - Grasleitenpasshütte: 2 Std., Grasleitenpass – Kesselkogel – Antermoiatal: 2¾ Std., Ausstieg Antermoiatal – Rif. Gardeccia: 2 Std.

Besonderheiten: Der Kesselkogel überragt mit zwei Metern die 3000er Grenze und ist damit auch die höchste Erhebung im Zentrum von König Laurins Reich. Die Kesselkogel Überschreitung lässt sich perfekt mit anderen Steigen zu einer Zwei- oder Mehrtagestour verbinden. Von Norden kommend mit dem Laurenzi Klettersteig und von Süden mit den Rotwandsteigen oder dem Santnerpass Klettersteig. Wer es leichter mag, dem sei die Verknüpfung mit dem Scalette Steig ans Herz gelegt.

Info

Talort: Pera di Fassa 1326 m

Ausgangspunkt: Rif. Gardeccia, 1949 m

Karten: Tabacco Nr. 06, Val di Fassa e Dolomiti Fassanae; Kompass, WK 54, Bozen

Anreise: A22 - Autobahnausfahrt Bozen Nord und auf der SS 241 über den Karerpass und Vigo di Fassa nach Pera (ca. 1 km nach Pozza di Fassa), von wo aus man mit einem Shuttle Bus (fährt während der Öffnungszeiten der Hütte, ab 8.00 Uhr, alle 20 Min.) das Rif. Gardeccia erreichen kann. Man kann auch mit dem Sessellift zum Pian Pecei auffahren und in einer ½ Std zum Rif. Gardeccia gelangen (auch von Campedie möglich, ¾ Std.).

Auf der Leiter des Ostanstiegs

Schneereste beim Westanstieg

Zustieg: Vom Rif. Gardeccia auf dem Weg 546 zum Rif. Vajolet (1 Std.) und dann auf dem Weg 584 zur Grasleitenhütte auf den gleichnamigen Pass hinauf, 2601 m. Der Einstieg des Westanstieges liegt nur wenige Meter östlich, oberhalb der Passhöhe und wird über leichtes Geröll erreicht.

Route: **Westanstieg:** Kurz in eine von einem Vorbau verdeckte Rinne queren, und durch diese zu einem Band aufwärts (Stellen I-). Dem Band (A) zu einer Leiter folgen, über welche man (A) auf ein weiteres Band absteigt. Dort anfangs auf dem noch schmalen und versicherten (A u. A/B) Felsband leicht ansteigen, bis der Steig links über eine steile Felsstufe (A/B und B) zum nächsten Querband führt. Diesem linkshaltend, stellenweise versichert (A) bis kurz vor den Nordgrat folgen. Auf diesem rechts, gestuft (A) zum Gipfelgrat und auf dem Grat südlich zum höchsten Punkt. **Ostanstieg** (Abstieg): Auf dem Gipfelgrat noch ein kurzes Stück nach Süden, bis man auf die ersten Versicherungen trifft, die unschwierig (A) zur Ostwand leiten. Links einer Geröllrinne auf ein anfangs wieder schmales Band absteigen (A). Dem Band nach Norden, um ein Eck herum folgen (A) und auf der großen Schotterrampe auf einer Wegspur weiter absteigen, bis der Steig das Band nach links zu den Felsen verlässt. Weiter abwärts (seilversichert und zwei Leitern) zum Vorbau, der spaltartig vom Hauptfels getrennt ist. Den Vorbau, an dessen

Oberer Steigabschnitt des SW-Anstiegs

English Version

The crossing of the highest peak in Rosengarten group is very popular and regularly done form the west to the east.

Route: A shuttle service from Pera brings you just before Rif. Gardeccia or take the chairlift to Pian Pecei and walk ½ h. From Rif. Gardeccia take path 546 to Rif. Vajolet (1 h) and path 584 to Grassleitenpass with a small refuge. The beginning of the climb is a view meters west above the pass. Route see topo! From the end of the climb traverse along the face to Antermoiapass and on path 584 to Grassleitenpass. From there return the approach path to Rif. Gardeccia. You can also return on Scalette trail which is an easy fixed rope route: Pso. Antermoia (path 583b) – Passo Laussa – Passo delle Scallete (path 583) – Gardeccia (or directly to Pera, see map!).

Kesselkogel Überschreitung **Rosengarten Gruppe**

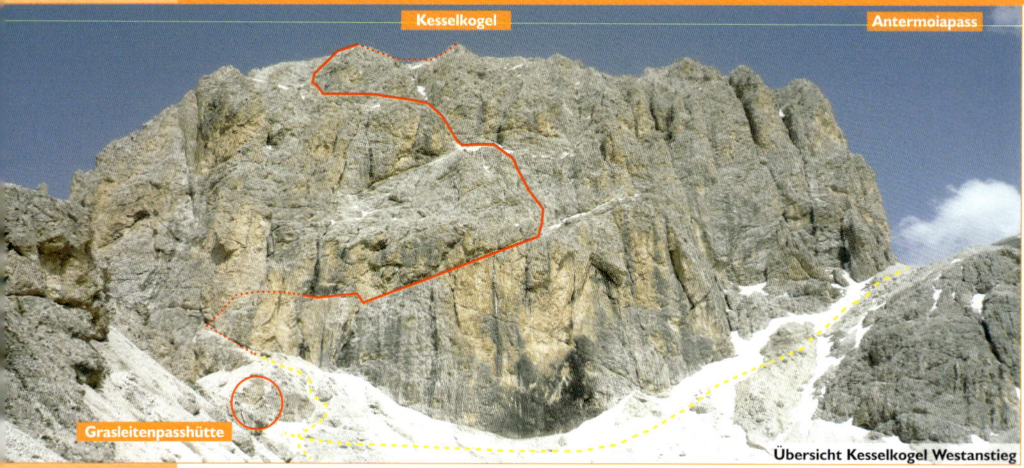

Übersicht Kesselkogel Westanstieg

Rifugio Gardeccia, 1949 m, priv. Anfang Juni bis Ende Sept. bew. Tel: +39 0462 763 152, Info: www.gardeccia.it

Rifugio Vajolet, 2243 m, CAI, Mitte Juni bis Ende Sept. bew. Tel: +39 0462 764847, Info: www.rifugiovajolet.com

Grasleitenpasshütte, 2601 m, CAI, Mitte Juni bis Ende Sept. bew. Tel: +39 0462 764244, Info: www.rifugiopassoprincipe.com

Rifugio Antermóia, 2497 m, CAI, Mitte Juni bis Mitte Sept. bew. Tel: +39 0462 602 272

rechten Rand, anfangs im Gehgelände, dann versichert (A) weiter absteigen und nach rechts durch eine Rinne verlassen. Noch eine kurze versicherte Passage (A) und schon steht man im Antermoia-Tal.

Abstieg: Wer zur Grasleitenpasshütte zurück will, hält sich auf einem kleinen Pfad scharf rechts, quert unter der Ostwand zum Antermoiapass, 2770 m, hinüber. Von dort in wenigen Minuten auf dem Weg 584 zur Grasleitenpasshütte zurück. Von der Hütte hinunter über den Aufstiegsweg (2 Std. bis Rif. Gardeccia + ½ Std. bis Pian Pecei oder + 1 Std. bis ins Tal nach Pera). Vom Ausstieg erreicht man auch auf dem Weg 584 in einer ½ Std. das Rifugio Antermoia.

Ausrüstung: Komplette Klettersteigausrüstung und Helm.

Bemerkung: Eine schöne Runde nach dem Abstieg über den Ostanstieg: Im Antermoiatal über den **Scalette Steig**, welcher noch vor dem Antermoia See auf dem Weg 583 B rechts zum Passo Laussa (2700 m) führt. Dort weiter über den Passo Scalette (dort kurz versichert, A) zum Rifugio Gardeccia zurück (ca. 2 Std.). Talabstieg Gardeccia – Pera (Val di Fassa) ca. 1 Std..

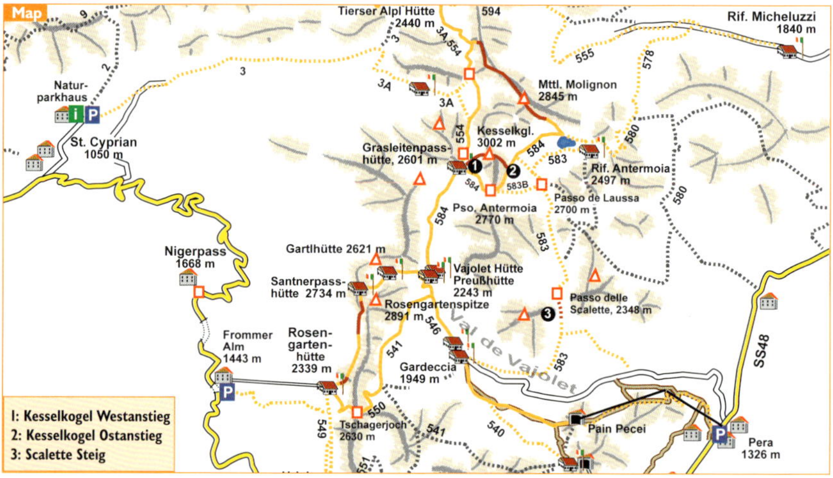

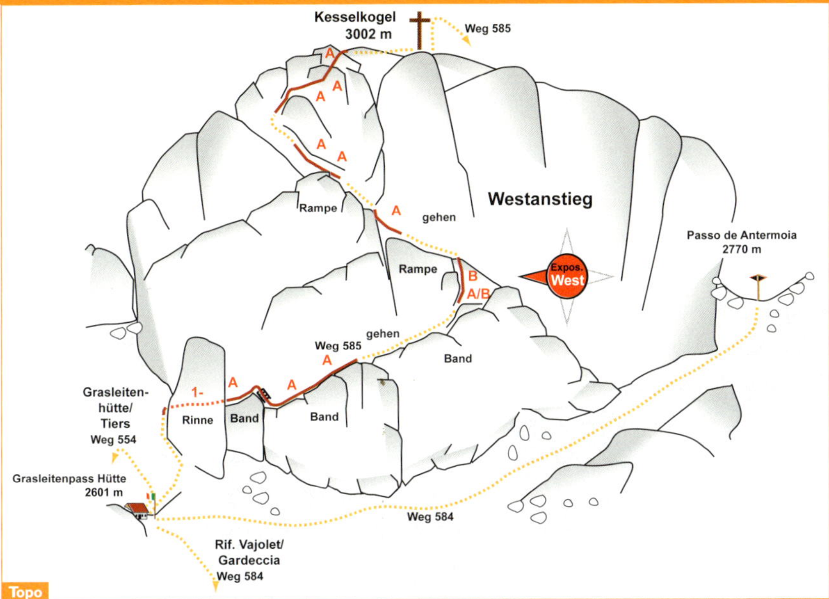

Topo

Topo

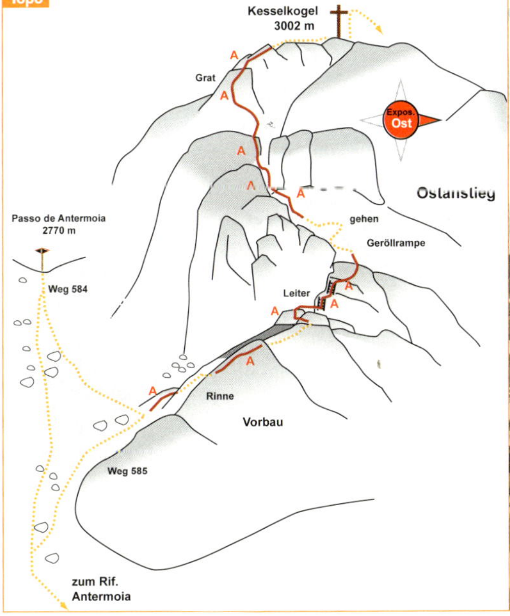

Übersicht Kesselkogel Ostanstieg

Santnerpass Klettersteig Rosengarten Gruppe

Dolomitenklassiker im Herzen des Rosengartens

Santnerpass, 2745 m

Beim gestuften Abstieg hinunter zur Eisrinne

mäßig schwierig 2,2

Sehr schön

Gut

Diff. B, 2

5¼ Std.

800 Hm

440 Hm 2 Std.

2 Min.

3¼ Std.

W

ab 14 J.

Juli - Sept.

2745 m

P N 46.44353 E 11.58911

E N 46.44264 E 11.6125

Gehzeiten/Time

Rosengartenhütte - Santnerpasshütte: 2 Std., Santnerpasshütte - Rif. Vajolet: 1 Std., Rif. Vajolet - Tschagerjoch - Rosengartenhütte: 1Std.

Besonderheiten: Der nach dem Entdecker, dem Bozener Bergsteiger Johann Santner, benannte Steig ist ein Klassiker in den Dolomiten, der jedoch nur im obersten Abschnitt eine typische, komplett mit Drahtseilen gesicherte Ferrata ist. Die meiste Zeit bewegt man sich ungesichert auf natürlichen Bändern und über einige kleinere Felsbrocken entlang der beeindruckenden Westabstürze der Rosengartenspitze. Diese sehr alpinen Passagen verlangen sowohl Trittsicherheit als auch Bergerfahrung. Die Kulisse des oberen Abschnitts mit den über hundert Meter in den Himmel aufragenden Felszähnen und der imposanten Eisrinne zählt ohne Zweifel zu den beeindruckendsten Dolomitenlandschaften. Auch der Rückweg bietet mit den berühmten Vajolettürmen, dem Blick in das ostseitige Vajolettal und der Felskulisse des Tschager-Jochs weitere Highlights.

Info

Talort: Pera di Fassa 1326 m

Ausgangspunkt: Bergstation des Laurin II-Sesselliftes (Rosengartenhütte), 2339m

Karten: Tabacco Nr. 06, Val di Fassa e Dolomiti Fassanae; Kompass, WK 54, Bozen

Anreise: Auf der A22 bis zur Ausfahrt Bozen Nord, über die SS241 zum Karerpass und auf der Passhöhe links Richtung Nigerpass bis zur Frommeralm (Sessellift Talstation).

Die kurze Leiter im Kamin

Die luftig gelegene Santnerpass Hütte

Zustieg: Der Steig beginnt gleich hinter der Hütte (Bergstation Laurin II-Sesselliftes).

Route: Gleich hinter der Hütte über einen ca. 40 m hohen Felsaufschwung, stellenweise versichert (A), auf das große Schuttband, dem man nach links zu den Westabstürzen der Rosengartenspitze folgt (bei einer Abzweigung mit Wegweiser nach links auf den Steig 542S), bis der Weg die Felsen erreicht. Auf Bändern - ungesicherte Kletterei bis Schwierigkeit 2, ausgenommen eine kurze, leichte Seilstelle - aufwärts bis zu einer Leiter. Über die Leiter (A) hinauf und eine kurze Kletterei zu Blöcken, an denen ein Seil hochführt (A). Dann erreicht man eine Scharte (rechts; rote Schrift), über die man auf ein weiteres Band absteigt, welches bereits zur Eisrinne führt (Anfangs B, dann A). Die Eisrinne wird mittels vorhandenen Seils überwunden. Es folgt zunächst eine kleine, fast senkrechte Steilstufe mit guten Griffen (B/C), die bei Nässe deutlich schwieriger zu überwinden ist und noch eine letzte harmlose Passage. Die Orientierung ist im unteren ungesicherten Abschnitt an einigen Stellen schwierig. Man achte auf Steinmännchen und ein in roter Farbe geschriebenes „S“.

Abstieg: Auf dem Weg Nr. 542S, hinab zur Gartlhütte, 2621 m, direkt unter den bekannten Vajolettürmen. Der Weiterweg führt, teilweise gesichert, durch einen Talkessel hin-

Auf dem Steig oberhalb des Liftes

English Version

A classical Dolomites ferrata that has some fixed ropes only in the last section with its famous ice-gully. Most of the climb leads unsecured over ledges and easy rock, that requires 100% secure footness and climbing skills grade I - 2 !

Route: The climb starts just behind Rosengarten hut (top station of Laurin II chair lift). Route see topo! From Santnerpass with a small hut descend on path 542S to Gartl hut located under the famous Vajolet needles. Continue partly secured to Preuß and Vajolet hut. From there follow the road towards Gardeccia shortly and turn right onto path 541 that leads up to Tschager gap. From there path 550 goes straight down (quite steep) to Rosengarten hut.

Santnerpass Klettersteig Rosengarten Gruppe

Scharte unterhalb des Santnerpasses

Santnerpasshütte, 2734 m, priv., Anfg. Juni - Ende Sept. bew. Tel: +390461764093

Gartlhütte, 2621 m, Mitte Juni bis Ende Sept. bew. Tel: +39 0462 763428, Info: www.rifugiorealberto.com

Rosengartenhütte, 2339 m, CAI, Mitte Juni bis Ende Sept. bew. Tel: : +39 0462 764461, www.rifugiofronza.com

Rifugio Vajolet, 2243 m, CAI, Mitte Juni - Ende Sept. bew. Tel: +39 0462 763292, Info: www.rifugiovajolet.com

Preußhütte, 2243 m, privat Tel: +39 0462 764847

unter zur Preuß- und Vajolethütte, 2243m. Von dort ein kurzes Stück auf dem Fahrweg 546 Richtung Gardeccia hinab und rechts auf dem Weg 541 sanft ansteigend Richtung Tschagerjoch, wo auf 2410 m der Weg 550 nach Osten abzweigt und steil zum Tschagerjoch, 2630m, führt, dann steil hinab zur Rosengartenhütte.

Ausrüstung: Komplette Klettersteigausrüstung, Helm, im Frühjahr Steigeisen.

Bemerkung: Obwohl der Santnerpass-Klettersteig auch für Einsteiger geeignet ist, ist ein gewisses Maß an Bergerfahrung und vor allem Trittsicherheit unbedingte Voraussetzung für den langen, ungesicherten Aufstieg entlang der Westabstürze der Rosengartenspitze. Der Aufstieg weist einige leichte Kletterpassagen im 1. und 2. Schwierigkeitsgrad auf, sowie an manchen Stellen sehr schmale, mit Schotter und Geröll bedeckte Pfade über natürliche Bänder durch Absturzgelände.

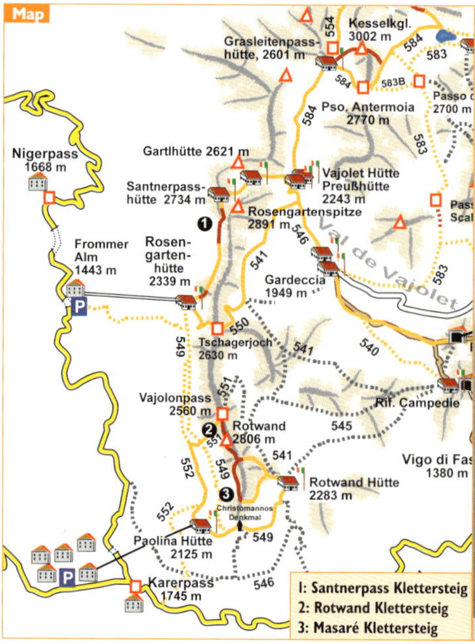

Vor der Schroffenegger-Nadel

1: Santnerpass Klettersteig, 2: Rotwand Klettersteig, 3: Masaré Klettersteig

Topo

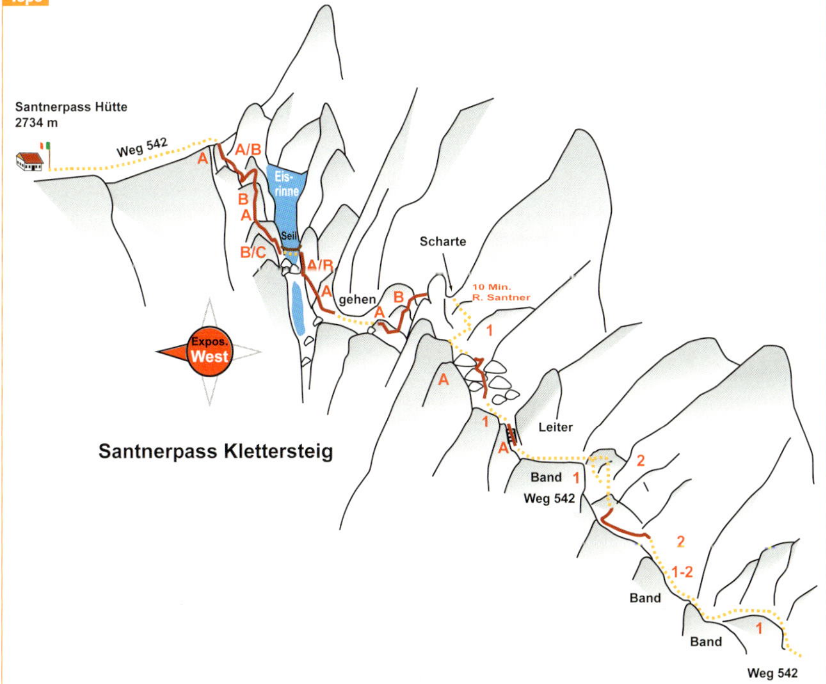

Masaré Klettersteig Rosengarten Gruppe

Lohnende Verlängerung des Rotwandklettersteiges

Punta Masaré, 2585 m

Der erste Steilaufschwung beim Torre II

schwierig 1,9

Sehr schön

Gut

Diff. C

4¾ Std.

1100 Hm

350 Hm
2 Std.

1½ Std.

1¼ Std.

SO

ab 14 J.

Juli - Sept.

2585 m

P N 46.40752
E 11.59148

E N 46.41752
E 11.62263

Gehzeiten/Time
Rif. Paolina - Rotwandhtt. - Einstg. Masarè Klstg.: 1½ Std. Einstieg - Rotwandklettersteig: 2 Std.; Wegweiser Fensterlturm - Rotwandhütte: ½ Std.

Besonderheiten: Der Masaré-Klettersteig zählt zu den schönsten Klettersteigen der Dolomiten. Es handelt sich um einen äußerst abwechslungsreichen Grat-Klettersteig, der dem Verlauf des Masaré-Kamms im Süden des Rosengartenmassivs folgt. Dabei überwindet die Ferrata zahlreiche Grattürme, schlängelt sich durch Felsspalten und an einigen Stellen sehr luftig um große Felsformationen herum. Dem Bergsteiger bieten sich zu beiden Seiten des Massivs fantastische Aus- und Tiefblicke auf die umliegenden Täler und Gipfel, wobei die Kletterei zwischen und an den Türmen niemals besonders schwierig ist. Der Steig lässt sich ideal mit dem Rotwandklettersteig verbinden, wobei man in diesem Fall zu Beginn eine schwierige Wandstufe (C) im Abstieg meistern muss.

Info

Talort: Pera di Fassa 1326 m

Ausgangspunkt: Bergstation Rosengartensessellift beim Rif. Paolina, 2125 m

Karten: Tabacco Nr. 06, Val di Fassa e Dolomiti Fassanae; Kompass, WK 54, Bozen

Anreise: Auf der A22 bis zur Ausfahrt Bozen Nord und über die SS241 die „Große Dolomitenstraße" Richtung Karerpass, kurz davor im Feriendorf Carezza, 1670 m, bei der Talstation des Rotwandsesselliftes parken.

Querung beim Abstieg zur Hochwiese

Der zweite Steilaufschwung

Zustieg: Vom Rif. Paolina (erreichbar in 1 Std. vom Karerpass) auf dem Weg 549 vorbei am Christomannos Denkmal (ein großer Bronzeadler zum Andenken an Dr. Theodor Christomannos, einem Förderer des Südtirol Tourismus) zur Rotwandhütte. Hinter der Hütte (Wegweiser) bei einer Weggabelung links hinauf zur Punta Masaré.

Route: Vom Einstieg leicht hinter einem Turm auf Geröll vorbei, bis die Versicherungen (A/B) zu einer schwierigen 10 Meter Wand (C) leiten. Danach eine leichte Querung zu einem engen Kamin, durch den man auf Eisenstufen 8 m absteigt (C), kurz leicht nach links unter die Torre de le Stries queren, steil wieder 8 m (C) hinunter und leicht zu einem Gehstück, das zur nächsten Wand führt. Leicht (A) geht es zur Schlüsselstelle, ein steiler Abstieg ohne Versicherungen (C). Danach eine U-förmige Querung zu einem Spalt mit schönem Ausblick nach Westen. Dann ein homogener Abstieg (meist B, Stellen bis C) hinunter zu einem Wiesenkar, das zum Fensterlturm hinaufzieht. Das Wiesenkar waagrecht zur anderen Seite queren, zu einer Tafel unterhalb des Fensterlturmes. Dort entweder links entlang der Felsen aufwärts (Rotwandüberschreitung) oder rechts den Steig beenden, wobei auf dem Weg zur Hütte noch ein enger Spalt (B/C) mit Trittleiter und ganz zum Schluss eine etwas rutschige Wandstelle (C) überwunden werden muss.

Die schwierige Passage vor dem Hexenturm

English Version

One of the most beautiful fixed rope routes in the Dolomites. It always follows the ridge of Masaré crest with nice views and interesting climbing sections. Perfect in combination with Rotwand fixed rope route. In this case you have to descend a short difficult wall (C) to the beginning of Rotwand route.

Route: From Rif. Paolina take path 549 to Rotwand hut. Begin the ascend to Punta Masarè right behind the hut. Route see topo. From the end of the climb descend a path in ½ h to Rotwand hut and return path 549 to Rif. Paoline (top station of the chairlift). Weaker climbers should start the route the other way round in order to begin with the difficult section.

Masaré Klettersteig Rosengarten Gruppe

Kurze Querung im Bereich des Torre II

Rotwandhütte, 2283 m, CAI. Mitte Juni bis Ende Sept. bew. Tel: +39 0462 764450 Info: www.rodadivael.it

Rif. Paolina, 2125 m, priv. Anfang Juni bis Mitte Okt. bew. Tel: +39 0471 612008

Abstieg: Vom Ende der Versicherungen in einer ¼ Stunde zur Rotwandhütte und zurück über den Aufstiegsweg.

Ausrüstung: Komplette Klettersteigausrüstung, Helm.

Bemerkung: Ideal in Verbindung mit dem Rotwandklettersteig, wobei man nach dem Fensterlturm eine schwierige Wandstelle (C) im Abstieg bewältigen muss. Danach rechts noch ein weiterer Notabstieg zur Rotwandhütte (weiße Tafel, nach Gewittern rutschig und schmutzig). ACHTUNG: Schwächere Geher und jene, die nicht die Rotwandüberschreitung anhängen wollen, sollten den Steig unbedingt am Fensterlturm (erreichbar in etwa 35 Min. von der Rotwandhütte) beginnen. Die Schwierigkeiten kommen so gleich am Anfang, wenn man noch Kraft hat. Die schwierige Felsstufe beim Fensterlturm (zur Rotwand) soll im Sommer 2009 entschärft werden; Infos bei der Rotwandhütte.

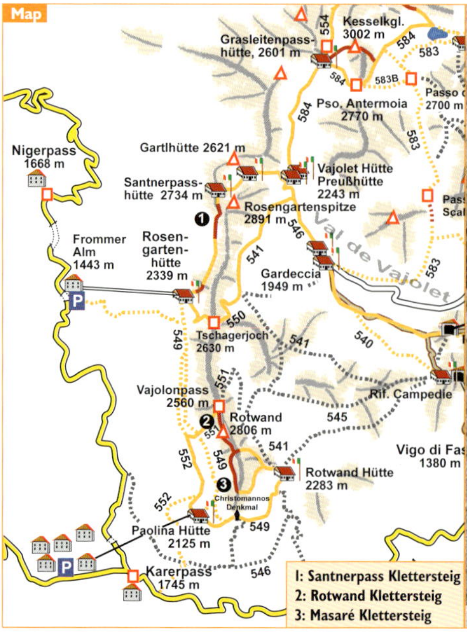

Beim Aufstieg durch den Spalt

Übersicht Masaré Klettersteig (Westansicht)

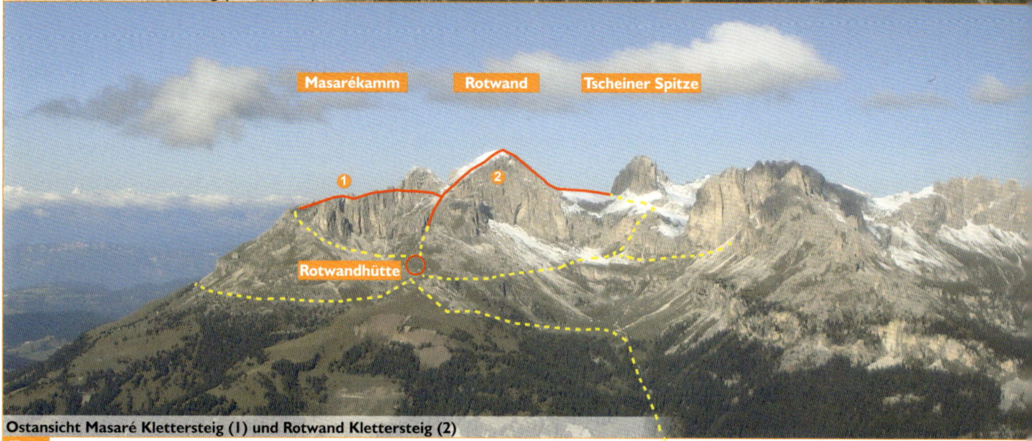

Ostansicht Masaré Klettersteig (1) und Rotwand Klettersteig (2)

Topo

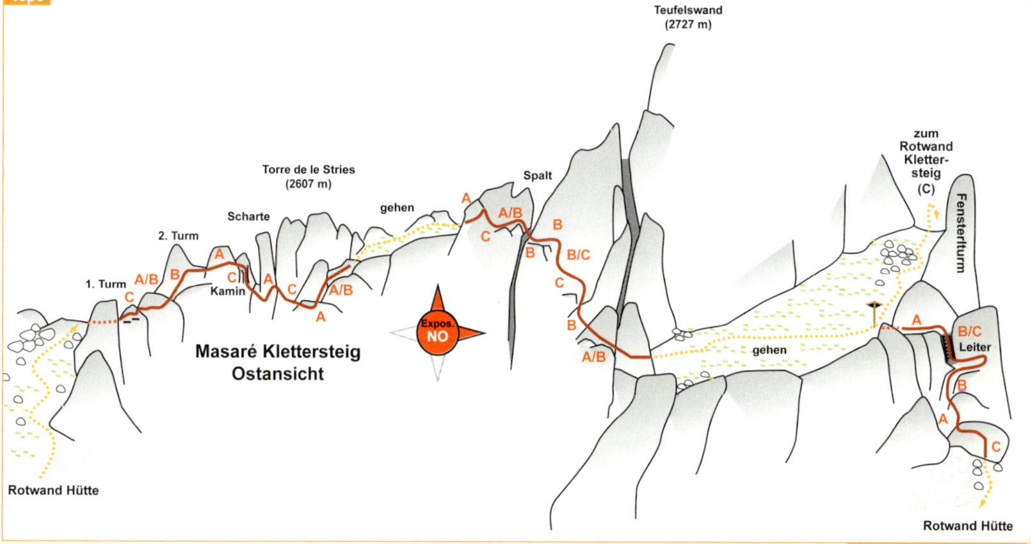

H6

Rotwandklettersteig Rosengarten Gruppe

Leichter Aufstieg auf den schönsten Rosengartengipfel

Rotwand, 2806 m

Schwierige Steilstufe beim Fensterlturm

mäßig schwierig 1,5

Sehr schön

Gut

Diff. A/B (B)

4¾ Std.

700 Hm

250 Hm 1½ Std.

1½ Std.

1¾ Std.

N

ab 13 J.

Juli - Sept.

2806 m

P N 46.40752 E 11.59148

E N 46.42898 E 11.61852

Gehzeiten/Time

Rif. Paolina - Rotwandpass: 1½ Std.
Rotwandpass - Gipfel: 1½ Std.
Gipfel - Rotwandhtt.: 1¼ Std.
Gipfel - Vajolonpass - Paolina Hütte: 1¾ Std.

Besonderheiten: Bei dem über den Nordgrat der Rotwand, im Süden des Rosengartenmassivs verlaufenden Steig handelt es sich um einen sehr homogenen und meistens nicht sehr steilen Gratklettersteig. Die Berühmtheit des technisch wenig anspruchsvollen Klettersteigs resultiert aus der schönen Kulisse, dem landschaftlich beeindruckenden Zu- und Abstieg, sowie dem überwältigenden Panorama, das man während des gesamten Aufstiegs und natürlich vom Gipfel der Rotwand genießen kann. Vom Gipfel kann man auf dem Ostgrat absteigen und den Masarè-Klettersteig zu einer großartigen Überschreitung anhängen. Schwächere Geher „begnügen sich" mit der großartigen Aussicht vom Gipfel und steigen wieder über den Nordgrat ab.

Info

Talort: Pera di Fassa 1326 m

Ausgangspunkt: Bergstation Rosengartensessellift beim Rif. Paolina, 2125 m

Karten: Tabacco Nr. 06, Val di Fassa e Dolomiti Fassanae; Kompass, WK 54, Bozen

Anreise: Auf der A22 bis zur Ausfahrt Bozen Nord und über die SS241 die „Große Dolomitenstraße" Richtung Karerpass, kurz davor im Feriendorf Carezza, 1670 m bei der Talstation des Rotwandsesselliftes parken.

Zustieg: Vom Rif. Paolina (erreichbar auch auf dem Weg 552 vom Karerpass) auf dem Weg 539 nach Norden und bei der ersten Wegkreuzung rechts auf dem Weg 551 zum Vajolonpass (2560 m), kurz davor bereits eine versicherte Stelle mit einer Leiter (435 Hm, 1½ Std.).

Route: Die Route führt im Gratbereich zum Gipfel - siehe Topo.

Abstieg: Entweder wieder über den Aufstiegsweg zurück oder vom Gipfel über den Wiesenkamm, am Ende eine kurze Steilstufe (B), hinunter zur Schar-

Blick auf die Rotwandhütte

Übersicht Rotwand Klettersteig

te zwischen Rotwand und Masarèkamm (weiße Tafel). Von dort in einer ½ Stunde zur Rotwandhütte (nach Gewittern rutschig und schmutzig) absteigen und auf dem Weg 549 in einer ¾ Std. zurück zur Bergstation bei der Paolinahütte. Von der Scharte südlich des Gipfels kann man auch über eine kurze, steile und schwierige Wandstufe (C) hinauf zum Masarèkamm und danach über einen kurzen Wiesenrücken hinunter zur nächsten kurzen Wandstufe (B/C) und danach zur Rotwandhütte (siehe Topo Masarè-Klettersteig).

Bemerkung: Die Tour wird in der Regel in Verbindung mit dem Masaré Klettersteig gemacht, die schwierige Wandstelle (C) beim Fensterlturm ist dann im Abstieg. Vom Rotwandgipfel steigt man auf dem Nordgrat-Klettersteig zum Vajolonpass ab.

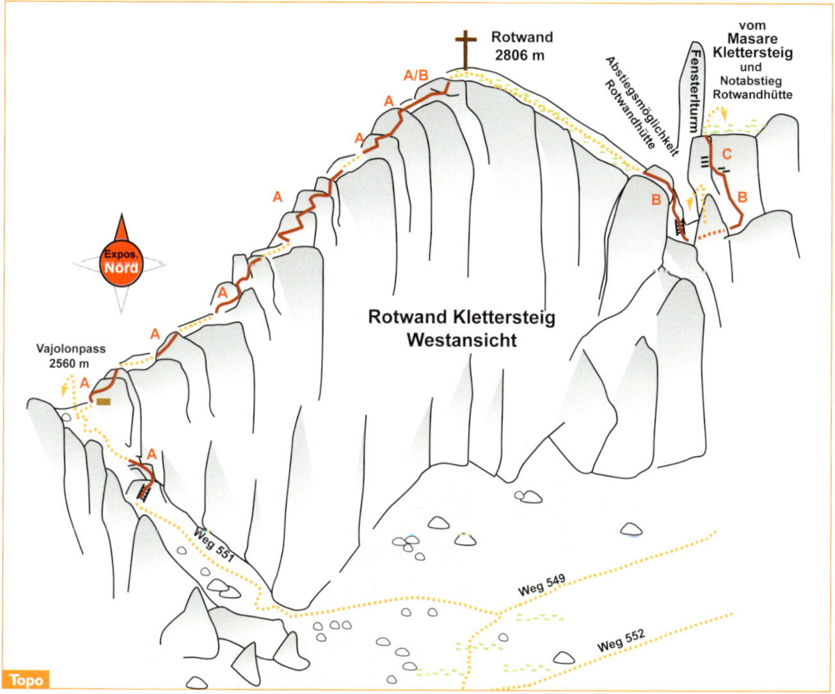

Topo

Rotwandhütte, 2283 m, CAI. Mitte Juni bis Ende Sept. bew. Tel: +39 0462 764450 Info: www.rodadivael.it

Rif. Paolina, 2125 m, priv. Anfang Juni bis Mitte Okt. bew. Tel: +39 0471 612008

Map/Karte

Siehe/look Masaré Klettersteig

English Version

An easy and continuous fixed rope route at the north ridge of Rotwand. Ideal for beginners if they return the same way down. Better climbers can descend via the east ridge and add Masarè fixed rope route.

Route: From Rlf. Paolina (top station of the chairlift) follow path 539 until the first junction where you turn right onto path 551 up to the Vajolonpass. Route see topo. Descent: Either the same way down (recommended for beginners) or descend via the east ridge (B, see topo) to a gap. From there you can descend to Rosengarten hut to the left or continue with Maserè fixed rope route.

Latemartürme-Klettersteig Latemargruppe

Sehr schöner Panoramaklettersteig unterhalb der Latemartürme — **Latemartürme, 2842 m**

Bänder zu Beginn der Tour

schwierig 1,3

Sehr schön

Sehr gut

Diff. C

6 Std.

960 Hm

160 Hm
1 Std.

2½ Std.

2½ Std.

S

ab 12 J.

Juni - Sept.

2842 m

P N 46.38379
E 11.526074

E N 46.38138
E 11.56777

Gehzeiten/Time

Bergst.- Gamsstll.Sch.: 1¼ Std.
E.Laner - Gamsstll.Sch.: 2 Std.
Gamsstll.Sch.- Einstieg: 1¼ Std.
Einstieg - Bivacco: 1 Std.
Bivacco-Latemarspitze: 20 Min.
Bivacco-Gamsstll.Sch.: 1½ Std.
Gamsstll.Sch. - Bergst.: 1 Std.

Besonderheiten: Prachtferrata unweit des Karerpasses, die im stetigen Auf und Ab unterhalb der Latemartürme quert. Der 1,4 km lange Latemartürme-Klettersteig (Via ferrata Campanili del Latemar) verläuft auf einer Höhe von etwa 2700 m auf der Sonnenseite der bekannten Latemartürme. Im Gegensatz zu den fast senkrechten Nordabbrüchen sind die Flanken nur mäßig steil. Die Versicherungen dieses Panoramasteiges erster Güte beschränken sich daher auf einzelne, durchaus interessante Stellen. Natürliche Bänder mit viel Gehgelände verbinden sich mit Kletterpassagen, die sich zumeist in den Scharten befinden. Gibt der Fels den Blick Richtung Norden frei, hat man tolle Ausblicke in den Rosengarten. Geologisch interessant ist auch der Gesteinswechsel in den Scharten, oft steigt man vom lehmig wirkenden Flachstück zur darauf folgenden Steilstufe auf. Vom Ende des Klettersteiges, in der Scharte mit dem Biwak, kann man in 20 Min. auf die Latemarspitze steigen - also inklusive Gipfelsieg, was will man mehr!

Info

Talort: Obereggen, 1561 m

Ausgangspunkt: Bergstation Oberholz, 2100 m

Karten: Tabacco Nr. 029, Latemar; F&B, WKS 7, Überetsch; Kompass WK 54, Bozen

Die Große Latemarscharte

Schöner Gesteinswechsel

Anreise: Auf der Autobahn A22 bis zur Ausfahrt Bozen Nord. Weiter auf der Staatsstraße 241 nach Birchabruck und auf der Staatsstraße 620 etwa einen Kilometer weiter. Dort links abzweigen und auf der Straße 76 nach Obereggen; beim Sessellift parken. Ohne Sesselliftbenützung: Man kann auch im Ort scharf links auf die Reiterjoch-Straße und zum Epircher Laner (1826 m) hinauf. Alternativ Anreise von Süden auf der Staatsstraße 620 über das Lavazèjoch möglich.

Zustieg: Von Oberholz (erreichbar in ca. 45 Min. vom Epircher Laner auf dem Weg 18) steigt man weiter auf dem Weg 18 zur Gamsstallscharte (2590 m) auf. Dort in nördlicher Richtung durch den oberen Valsorda-Kessel in die Rotlahnscharte (2685 m) zur Einstiegstafel (zuletzt kurzer Anstieg). Im Gehgelände in Kürze zu den ersten Versicherungen.

Route: Vom Einstieg (A/B) auf ein bequemes Band (A) und im Gehgelände zu einer erdigen Rinne mit markantem Felsblock (A/B) - sehr schöner Gesteinswechsel in der Scharte. Von der Scharte gestuft (B) auf ein weiteres Band (A). Im Gehgelände (eine Stelle A) zu einer Rinne mit einer Klammer und weiter zu einer Scharte (A). Abermals im Gehgelände zu einem Durchschlupf hinter einem Block (dort zwei Stellen A) und zur nächsten Rinne (A bis A/B). Nach einem kurzen Stück Gehgelände absteigend (A) zur Schlüsselstelle in

Spreizschritt im Mittelteil

English Version

This gorgeous 1.4 km long ferrata crosses up and down on the sunny side of the well-known Latemar rock towers in approximately 2700 m above sea level. Contrary to the nearly vertical north face the edges here are only moderately steep. The securings of this panorama ferrata of the first water is limited to several quite interesting places. Natural shelves with much walking terrain connect the climbing passages which are mostly in the gaps. If the rock enables a view to the north you have mad vistas into Rosengarten again and again.

Route: From Oberholz ascend trail 18 to Gamsstallscharte (2590 m) and head north to Rotlahnscharte (2685 m) where the climb starts. Route see topo! Descend to Große Latemarscharte (2650 m, bivouac) and follow trail 18 back to the ascent.

Der Blick zum Rosengarten

Biv. E. Rigatti, 2620 m, Notunterkunft, immer offen

Latemarhütte, 2671 m, privat; Anfang Juni – Mitte Okt. bew. Tel: +39 0462 501564.

einer Schlucht. Mit Hilfe von Klammern wird eine leicht überhängende Wand (C) zum Schluchtboden abgeklettert. Auf der anderen Seite im Zickzack (B) auf einen kleinen Grat (A) und zum Ende der Versicherungen absteigen.

Abstieg: Vom Ausstieg in Kürze zur Großen Latemarscharte (2650 m), auf deren Wiese das orange Biwak E. Rigatti steht, absteigen. Auf dem Weg 18 - dieser verläuft quasi parallel zum Klettersteig zurück in die Rotlahnscharte - in südwestlicher Richtung zurück zum Aufstiegsweg, und über diesen ins Tal absteigen. Ohne Seilbahnfahrt sind es ca. 30 Minuten mehr als angegeben. Beim Abstieg kann man von der Gamsscharte zur Latemarhütte (2671 m) gehen, von dort zur Meieralm (2037 m) und auf dem Weg 23 zur Bergstation (Mehraufwand ca. ½ Std.).

Ausrüstung: Komplette Klettersteigausrüstung, Helm.

Bemerkung: Der Klettersteig wird auch gerne in der Gegenrichtung begangen. Die Tour lässt sich außerdem gut zur Überschreitung der Latemargruppe erweitern. Im Abschnitt Latemarspitze – Kleine Latemarscharte sind allerdings zahlreiche leichte Kletterstellen zu bewältigen. Wer beim Karerpass kein zweites Fahrzeug geparkt hat, kommt mit dem Bus über Birchabruck wieder zum Ausgangspunkt zurück.

Auf dem Gipfel der Latemarspitze

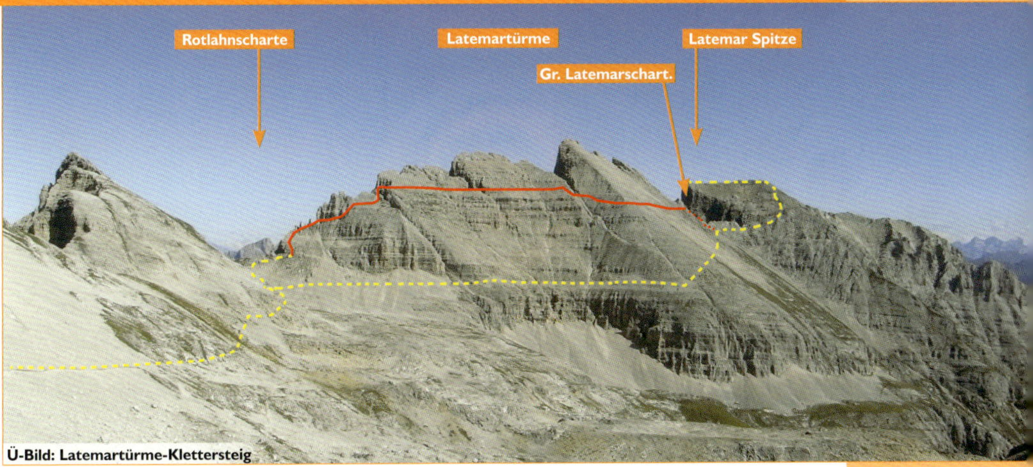

Ü-Bild: Latemartürme-Klettersteig

Topo

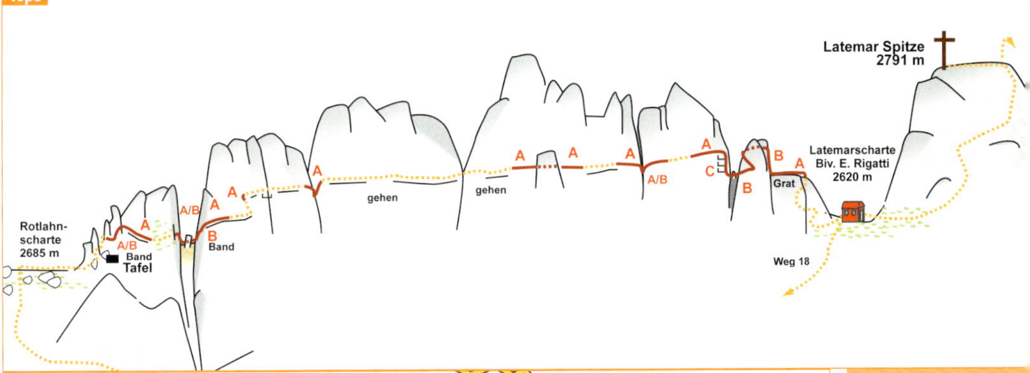

Map

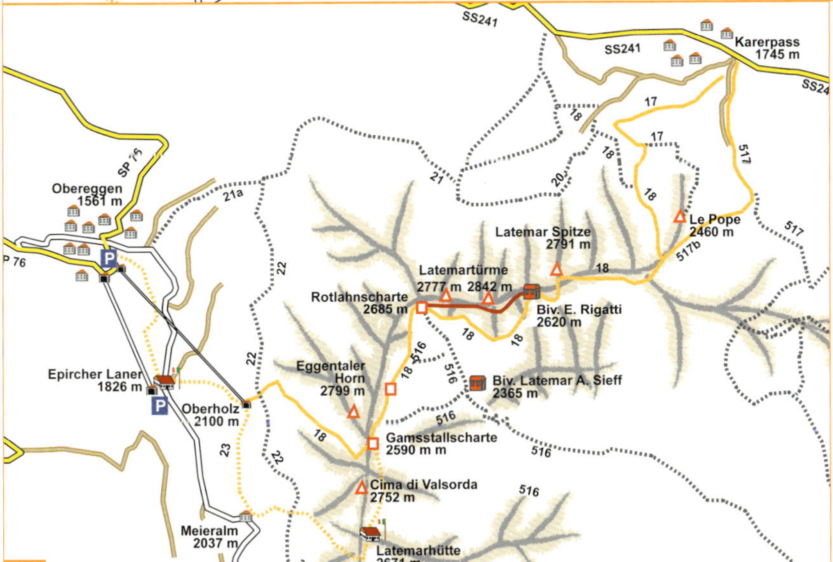

12

Sentiero attrezzato Attilio Sieff Latemargruppe

Schöner Nachmittagsausflug über Ziano di Fiemme

Punta Polse, 1450 m

Die leichte Rampe nach dem Einstieg

mäßig schwierig 1,2

Mittel

Gut

Diff. B

3¼ Std.

550 Hm

80 Hm ½ Std.

1½ Std.

1¼ Std.

S

ab 10 J.

April - Nov.

1450 m

P N 46.28692 E 11.56108

E N 46.29254 E 11.55951

Gehzeiten/Time
Kirche - Einstieg: 1½ Std.
Einstieg - Gipfel: ½ Std.
Abstieg zur Kirche: 1¼ Std.

Besonderheiten: Direkt oberhalb des Ortes Ziano di Fiemme blitzt das Gipfelkreuz der Punta Polse (1450 m). An der Ostseite des Berges zieht eine kurze Miniferrata durch eine mit zwei Klemmblöcken blockierte Schluchtrinne zum Gipfel. Auf der Gipfelbank kann man die schöne Aussicht auf das kleine Örtchen Ziano di Fiemme genießen. Mit etwas Geschick lassen sich die Rötelinschriften der Hirten an den Felsen kurz vor dem Einstieg aufspüren.

Info

Talort: Ziano di Fiemme, 952 m

Ausgangspunkt: Parkplatz bei der Kirche von Ziano di Fiemme, 952 m

Karten: Tabacco WK 022, Pale di San Martino; Kompass WK 76, Pale di San Martino

Anreise: A22 Brennerautobahn bis Ausfahrt Auer/Ora und über die Staatsstraße 48 nach Ziano di Fiemme (etwas vor Predazzo). Im Ort direkt bei der Kirche parken.

Zustieg: Vom Parkplatz über die stark befahrene Straße hinter dem Friedhof. Der Straße nach rechts folgen und auf dem Weg 509 (tlw. Forststraße) bis zu einer Abzweigung (gut beschildert). Dort links und am Ende unter Felsen zum Einstieg queren.

Route: Auf einer Rampe (A/B), die zwei kurze Steilstücke (B) hat, erreicht man die Rinne. Am Beginn steil (B) höher, danach leicht bis unter die Klemmblöcke. Zwischen den Blöcken hindurch (B) gelangt man in eine kleine Scharte. Über die kurze, etwas steilere Gipfelwand (B) erreicht man das Gipfelplateau und geht zum höchsten Punkt (Kreuz und Bank).

In der steileren Gipfelwand

Ü-Bild: Sent. attrezzato A. Sieff

Ausrüstung: Klettersteig-Set und Helm, für Schwächere Sicherungsseil.

Bemerkung: Kurztour, die auch für Kinder interessant ist. In der Schluchtrinne ist aber auf Steinschlag zu achten! **Bei Nässe sehr heikel!** Die roten Felsmalereien beim Zustieg muss man suchen - gute Ablenkung für Kinder, wenn oben der Weg lang wird. **Tipp:** Im Ort ist die LaSportiva Bergschuhfabrik - ein Besuch könnte sich lohnen.

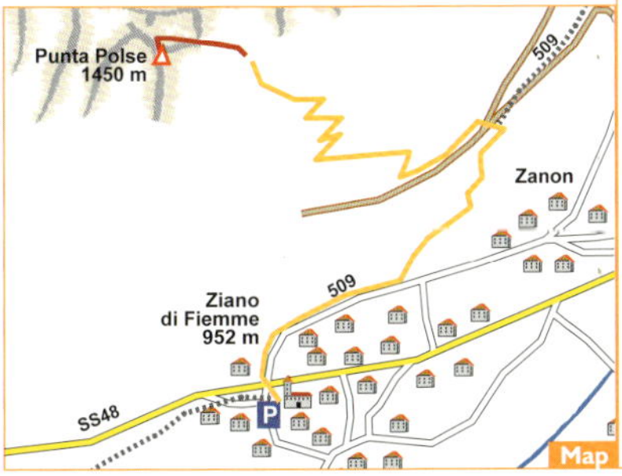

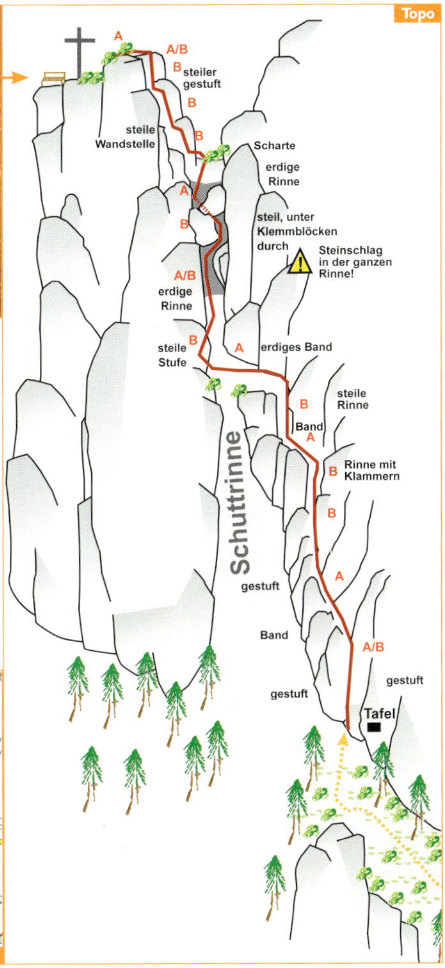

English Version

Right above Ziano di Fiemme village, this short mini ferrata proceeds through a gorge channel, which is blocked with two chockstones, leading you to the summit at the east face of Punta Polse. It is dangerous when wet. Tip: Down in the village there is a La Sportiva shoe factory.

Route: From the parking area you have to cross the busy road behind the cemetery. Keep following the road to the right and take path 509 (partially a forest road) as far as to a turn-off (good signposts), at which you go left and at the end cross to the beginning of climb beneath some rocks. For the fixed rope route see topo. Descend the same way.

Palagruppe

Zwillingstürme Sass Maor und Cima della Madonna

Touristeninfo

Tourismusbüro: San Martino di Castrozza

www.sanmartino.com
Via Passo Rolle 165
I-38058 TN
tel. +39 0439.768867
fax +39 0439.768814
info@sanmartino.com

Fiera di Primiero

Via Dante 6
I-38054 TN
Tel. +39 0439.62407
Fax +39 0439.62992
infoprimiero@sanmartino.com

Canal San Bovo

P.zza Vittorio Emanuele III, 9 – I-38050 TN
Tel. und Fax +39 0439.719041
infovanoi@sanmartino.com

Besonderheiten: Die Palagruppe (auch Pale di San Martino genannt) liegt im Süden der Dolomiten und hat neben den berühmten Dreitausendern eine gute Hütten- und Biwakinfrastruktur. Die Kletterberge sind bekannt für die landschaftliche Vielfalt; schroffe Felsgipfel, wie z.B. der Sass Maor, stehen der endlosen Steinwüste des Altopiano delle Pale gegenüber. Den Ferratisten bietet dieses Gebiet verschiedene Möglichkeiten in jeder Schwierigkeit und auch eine Durchquerung ist sehr gut machbar. Die interessantesten Highlights in dieser Region sind die Via ferrata Bolver-Lugli und die Via ferrata Stella Alpina (der anspruchsvollste Klettersteig in den gesamten Dolomiten) auf den Monte Agnér, aber auch für weniger ambitionierte Geher steht mit der Via ferrata del Velo eine Bilderbuchquerung unter den Zwillingstürmen Sass Maor, 2814 m, und Cima della Madonna, 2572 m, bereit. Wer es einsamer und wilder mag, dem empfehlen wir das Val Canali und das Valle di Angheraz. Dort geht man auf wilden Jagdsteigen in eine andere Welt. Zentraler Ausgangspunkt in der Palagruppe ist San Martino di Castrozza mit der einzigen Seilbahn in dieser Region. Dort wird Tourismus groß geschrieben und die meisten Steige lassen sich mit der Rosetta-Seilbahn gut erreichen. Das Val di Angheraz und den Monte Agnér (Via ferrata Stella Alpina) fährt man hingegen im touristisch weniger erschlossenen Osten von Agordo an.

Via ferrata del Velo - unten San Martino

Die Palagruppe oberhalb von San Martino

Anreise mit öffentlichen Verkehrsmitteln: Mit der Bahn nach Borgo Valsugana und weiter mit den Linienbussen der Trentino Trasporti (www.ttesercizio.it) nach San Martino di Castrozza bzw. Fiera di Primiero. Alternative Zufahrt nach Agordo (Ostseite Palagruppe) mit dem Bus von Belluno aus.

Anreise mit dem Auto: Siehe Beschreibung bei den jeweiligen Touren.

Tourenkombinationen

Pala Durchquerung (4 Tage): 1. Tag: Via ferrata Bolver-Lugli auf die Cima Vezzana. Die Via ferrata Gabitta d'Ignotti absteigen, durch das Val Strut und auf dem Sentiero delle Farangole zum Rifugio Rosetta. **2. Tag:** Vom Rifugio Rosetta zum Passo di Ball und über den Sentiero N. Gusella (leichte Variante) oder (schwieriger) über das Rifugio Pradidali und die Via ferrata del Porton zur Forc. Porton. Weiter auf der Via ferrata del Velo zum Rifugio Velo. **3. Tag:** Vom Rifugio Velo über den Sentiero del Cacciatore/Sentiero Dino Buzzati in das Val Canali und zum Rifugio Treviso aufsteigen und als Abendprogramm die Ferrata del Canalone. **4. Tag:** Vom Rifugio Treviso auf dem Sentiero Vani Alti hinauf zum Biv. Reali und über die Via ferrata Fiamme Gialle zurück.

Provinz Belluno

Region: Venetien

Einwohner: ca. 212000

Fläche: ca. 3.600 km²

Berg: Marmolada, 3343 m

Web: www.provincia.belluno.it

English Version

Pala group offers famous climbing mountains and a good hut and bivouac infrastructure. The relatively difficult, but often alpine fixed rope routes contain hunting paths as well as classic via ferrata. Starting points are San Martino and Agordo.

Tour combinations:

Pala crossing (4 days): Day 1: Via ferrata Bolver-Lugli – Gabitta d'Ignotti – Rif. Rosetta. Day 2: Passo di Ball – Sent. N. Gusella (easy) or (mor difficult) – Rif. Pradidali – Via ferrata del Porton - Forc. Porton-Ferrata del Velo Rif. Velo. Day 3: Sent. d. Cacciatore/Sent. D. Buzzati – Val Canali – Rif. Treviso – Ferrata del Canalone (afternoon trip). Day 4: Sentiero Vani Alti – Biv. Reali – Via ferrata Fiamme Gialle – Val Canali.

Via ferrata Bolver-Lugli Palagruppe

Der beliebteste Palasteig schlechthin

Cima Vezzana, 3192 m

Eine Plattenpassage im Mittelteil

schwierig 2,2 (3 2 1)

Sehr schön

Mittel

Diff. C, 1+

7 Std.

1250 Hm

560 Hm 3 Std.

1 Std.

3 Std.

SW

ab 14 J.

Juli - Sept.

3005 m

P N 46.26397 E 11.80504

E N 46.27968 E 11.82503

Gehzeiten/Time

Rif. Colverde - Einstieg: 1 Std.
Rif. Rosetta - Einstieg: 1 Std.
Einstieg - Biv. F. Gialle: 3 Std.
Biv. F. Gialle - Colverde: 3 Std.
Biv. Gialle - C. Vezzana: 1¼ Std.
Biv. Gialle - Rif. Rosetta: 2 Std.
Rif. Colverde - Tal: ½ Std.

Besonderheiten: Diese kühne Ferrata ist einer der besten Pala-Klettersteige und in Kombination mit dem Rückweg über den malerischen Travignolo Pass ein sowohl sportlicher als auch landschaftlicher Dolomiten-Höhepunkt! Die beliebte Via ferrata Bolver-Lugli durch die Südwestwand des Cimon della Pala ersetzte 1970 eine alte Kletterroute. Für den Klettersteig wurden 500 m Stahlseil, sowie einige Stifte und Klammern verbaut. Die Route zeichnet sich durch eine großartige Dolomitenkulisse und einen überraschenden Szeneriewechsel am Ende aus. Der Fels ist meist fest und erlaubt auch, statt dem Stahlseil den Fels anzupacken. Bis zu den ersten Sicherungen hat man sowieso keine Wahl, der Wandvorbau muss mit leichter Schrofenkletterei überwunden werden. Vom Ausstieg kann man noch den höchsten Pala Gipfel die Cima Vezzana, 3192 m, anhängen und optional über die **Via ferrata Gabitta d'Ignotti** eine lange, eindrucksvolle Klettersteigrunde machen.

Info

Talort: San Martino di Castrozza, 1444 m

Ausgangspunkt: Bergstation Kabinenbahn Colverde, 1965 m

Karten: Tabacco WK 022, Pale di San Martino; Kompass WK 76, Pale di San Martino

Landschaftlich eindrucksvoll

Via ferrata Bolver-Lugli

Tiefblick nach San Martino

Anreise: Auf der Autobahn A22 bis zur Ausfahrt Neumarkt/Auer. Weiter auf der Staatsstraße 48 nach Predazzo und auf der Staatsstraße 50 über den Passo di Rolle nach San Martino di Castrozza. Bei der Seilbahn parken. Alternativanreise von Süden auf der Staatsstraße 50 über Artèn möglich.

Zustieg: Mit der Seilbahn (oder zu Fuß auf dem Weg 701, ca. 1 Std. zusätzlich) auf den Col Verde. Dann den Wegweisern zur Einstiegstafel folgen und mit leichter Kletterei (max. I+) zu den ersten Versicherungen.

Route: Nach einem kurzen versicherten Stück (A) im Gehgelände zu einer Rinne. Durch diese hinauf (A/B) zu einem Pfeiler (B). Im Geröll (Gehgelände) zu einer großen Rampe, und diese im Zickzack empor (A/B bis B). Auf einem Band (A) knapp an den Schluchtrand und daran entlang (A/B) zu einem Spalt. Mit Hilfe von Klammern durch den Spalt (B/C) und über eine kleine Steilstufe (C), welche die Schlüsselstelle des Klettersteiges darstellt. Durch einen Kamin (B) in leichteres Gelände (A/B) und hinter einem Turm durchschlüpfen (B). Im gestuften, flacheren Gelände (A bis A/B) zu einer Rinne und ansteigend in eine Scharte. Nach einer Querung (A) wird der Ausstieg erreicht.

Abstieg: Vom Ausstieg in Kürze zum Bivacco Fiamme Gialle (3005 m) und auf dem Weg 706 zum Passo di Travignolo (2925 m) absteigen. Rechtshaltend auf dem Weg 716 durch

Türme im oberen Teil der Tour

English Version

This venturous route is one the best Pala ferratas and – in combination with the return path via pictorial Travignolo pass – a sportive as well as scenic dolomite highlight. This popular ferrata through the southwest face of Cimon della Pala replaced an old climbing route in 1970. 500 m steel cable plus some bolts and cramps were obstructed. The route is characterised by great dolomite scenery and a surprising scene change at the end. The rock is usually compact and allows climbing the rock instead of the steel cable.

Route: From Col Verde follow the signs to the foot of the wall and climb (I+) up to the beginning of the securings. Route see topo! Descend back to Col Verde via Passo di Travignolo, Val dei Cantoni (partly quiet exposed) and Passo Bettega.

Via ferrata Bolver-Lugli Palagruppe

Im Mitteltheil der Ferrata

Rif. Rosetta, 2581 m, CAI; Ende Juni bis Ende Sept. bew. Tel: +39 0439 68308. Infos: www.rifugiorosetta.it

Biv. Fiamme Gialle, 3005 m, einfache Notunterkunft immer offen.

Biv. G. Brunner, 2667 m, einfache Notunterkunft immer offen.

Rif. Colverde, 1965 m, nur Restaurant, Tel: +39 0439 68168. Infos: www.colverderosetta.it

das Val dei Cantoni mit den teilweise recht ausgesetzten Felsstufen absteigen. Der zu Beginn meist vorhandene Altschnee kann Steigeisen erforderlich machen. Es folgt eine Gegensteigung zum Passo Bettega (2667 m). Der Abstieg zum Col Verde ist teilweise versichert (meist A, eine Stelle B). Mit der Seilbahn oder zu Fuß über die Schipiste (½ Stunde zusätzlich) ins Tal.

Ausrüstung: Komplette Klettersteigausrüstung, Helm, evtl. Steigeisen für den Abstieg.

Bemerkung: Die Tour lässt sich mit der Besteigung der Cima della Vezzana (3192 m) und dem Abstieg über die **Via ferrata Gabitta d'Ignotti** durch das Val Strut (Gletscherrest) zu einer großartigen Überschreitung erweitern: Vom Ausstieg nach Norden zum Passo di Travignolo, 2925 m absteigen, unter der Südwand zum Südostgrat aufsteigen und über leichten Fels (Kletterei bis I-) zum Gipfel der Cima della Vezzana (30 Min. vom Pso.d. Travignolo). Vom Gipfel in nordöstlicher Richtung einer Wegspur folgen, bis eine Stange die ersten Versicherungen der Ferrata Gabitta d'Ignotti anzeigt. Über die versicherte Felsstufe (80 Hm; Stellen B) hinab in das Val Strut und über den harmlosen Gletscher zum Biv. G. Brunner absteigen. Von dort weiter absteigen, bis man auf ca. 2300 m den Weg 703 „**Sentiero delle Farangole**" trifft. Diesem Weg nach Süden zum Rif. Rosetta (G. Pedrotti), 2581 m, folgen (3 ½ - 4 Std. vom Gipfel).

Abstieg Cima della Vezzana

Übersicht Ferrata Bolver-Lugli

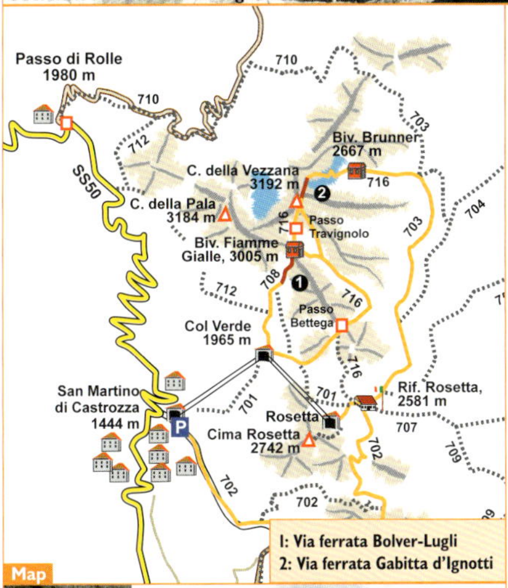

Map

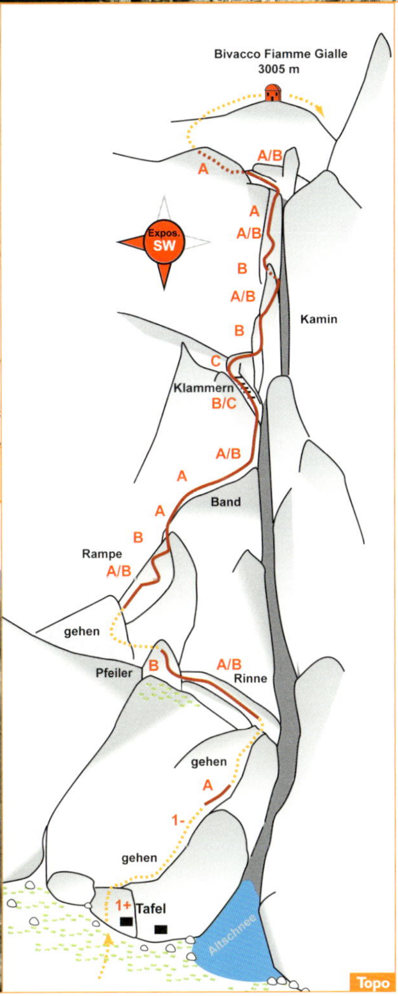

Topo

J2

Sent. N. Gusella u. Ferrata del Velo Palagruppe

Zu den Zwillingsfelstürmen der Pala

Cima Val di Roda, 2791 m

Steilstufe der Ferrata del Velo

mäßig schwierig 1,9

Sehr schön

Mittel

Diff. B/C, I

8 Std.

700 Hm

300 Hm 3½ Std.

1¾ Std.

2¾ Std.

SW

ab 14 J.

Juli - Sept.

2650 m

P N 46.26397 E 11.80504

E N 46.24567 E 11.84397

Gehzeiten/Time

Rosetta - Einstieg Sentiero Gusella: 2 Std.
Einstieg - Forc. Portón: 2 Std.
Forc. Portòn - Ferrata Velo - Rif. Velo: 1 ½ Std.
Rif. Velo - San Martino: 2¾ Std.

Besonderheiten: Die Gipfelzwillinge Sass Maor, 2814 m, und Cima della Madonna, 2572 m, gehören zwar nicht zu den höchsten Palagipfeln, lassen aber jedes Klettererherz höher schlagen – perfekter, senkrechter Plattenkalk direkt oberhalb des Rifugios Velo. Am Fuß dieses Traum-Gipfelpaars führt die Via ferrata del Velo zur gleichnamigen kleinen Hütte, in der die Bergsteiger noch unter sich sind. Der Zustieg erfolgt über den Sentiero Nico Gusella und bietet großartige Blicke auf die Felsnadeln. Fazit: Eine Traumrunde mit vielen Kombinationsmöglichkeiten.

Info

Talort: San Martino di Castrozza, 1444 m

Ausgangspunkt: Bergstation Seilbahn Rosetta, 1965 m

Karten: Tabacco WK 022, Pale di San Martino; Kompass WK 76, Pale di San Martino

Anreise: Auf der A22 bis zur Ausfahrt Neumarkt/Auer. Weiter auf der Staatsstraße 48 nach Predazzo und auf der Staatsstraße 50 über den Passo di Rolle nach San Martino di Castrozza. Bei der Seilbahn parken. Von Süden auf der SS 50 über Artèn anreisen.

Zustieg: Mit der Seilbahn zur Rosetta auffahren, zur gleichnamigen Hütte queren, und auf den Wegen 702 und 715 unter der Pala di San Martino, 2982 m, zum Passo di Ball,

Sass Maor und Cima d. Madonna

Aufstieg auf dem Sentiero Nico Gusella

2443 m queren (15 Min. südöstlich darunter liegt das Rif. Pradidali, 2278 m). Kurz vor dem Pass versichert (A). Vom Pass rechts der markanten Felsnadel, direkt oberhalb des Passes, einen Geröllhang (Weg) zum Einstieg in eine Rinne hinauf.

Route: Sentiero Nico Gusella (B): Links der Rinne anfangs gestuft (A), dann über Platten bis zu einem kleinen Aufschwung (B). Danach in einem Linksbogen plattig (A/B, B) in die Forc. Stephen, 2650 m. Dort kann man unschwierig eine Stichtour auf die Cima Val di Roda, 2791 m, unternehmen (15 Min.). Der Steig führt auf der Westseite leicht Richtung Süden hinab, ist dort nur an wenigen Stellen (A, A/B) versichert und verlangt in diesem Bereich 100%ige Trittsicherheit. Es folgt ein Aufstieg in eine Scharte (A/B u. I), wo die Versicherungen enden (N46.24114, E11.84240). Dort hat man erstmals einen imposanten Blick auf das Traumpaar, Sass Maor und Cima d. Madonna und auf die darunter liegende Ferrata Velo. Steil über Wiesen und Geröll hinunter in die Forc. Porton, 2460 m (Tafel; N46.23933, E11.84675). Dort drei Möglichkeiten: 1) Rechts auf dem Weg 739b hinunter zur **Via ferrata della Vecchia (B)** (alte und von oben schwierig zu findende Versicherungen, siehe Topo) 2) Links hinauf in die eigentliche Scharte, wo die Via ferrata del Portòn (C) beginnt (siehe dort). 3) Geradeaus dem Weg 739, **Via ferrata del Velo (B/C)** unter die Cima d. Madonna folgen. Anfangs ein gutes Stück im Gehgelände, bis bei

Auf der Ferrata della Vecchia

English Version

The summit twins Sass Maor and Cima della Madonna make the heart of every climber flutter – perfect, vertical slab limestone right above Rifugio Velo. At the foot of this perfect couple of summits, Via ferrata del Velo leads you to the little mountaineer hut of the same name with a local flavour. You have access from Sentiero Nico Gusella, offering a great view on the stacks. Conclusion: a perfect tour, you have to be 100%ly sure footed and will find climbs up to I.

Route: Take the cable car up Rosetta, then paths 702 and 715 to Passo di Ball and right of the prominent stack above the pass, follow a path on a scree slope to the beginning of climb of Sentiero Nico Gusella (B). For the fixed rope routes see topo. To descend, you have to take path 712 from Rif. Velo to San Martino.

Sent. N. Gusella u. Ferrata del Velo **Palagruppe**

Stufe der Ferrata Velo

Rif. Rosetta, 2581 m, CAI; Ende Juni bis Ende Sept. bew. Tel: +39 0439 68308. Infos: www.rifugiorosetta.it

Rifugio Velo della Madonna, 2358 m, CAI; Ende Juni - Ende Sept. bew. Tel: +39 0439 768731

Rifugio Pradidali, 2278 m, CIA, Ende Juni bis Ende Sept. bew. Tel: + 39 0439 67408

einer Platte die Versicherungen beginnen (N46.23411, E11.84558). Man steigt neben einer Rinne auf ein Band ab (A/B) und quert zu einer Plattenzone, die man im Abstieg (B/C) zu einem weiteren Band überwindet; Ende der Versicherungen. Weiter unschwierig zu dem nahe gelegenen Rif. Velo.

Abstieg: Vom Rif. Velo auf dem Weg 721 nach San Martino oder über den **Sentiero Camillo de Paoli** (Weg 734 im obersten Teil auf ca. 100 Hm versichert (A)) über Prati Fosne nach Fiera di Primiero, 3 ¼ Std..

Ausrüstung: Komplette Klettersteigausrüstung, Helm.

Bemerkung: Für den Sent. N. Gusella ist 100%ige Trittsicherheit nötig! Man kann die Tour auch vom Val Canali (Rif. Cant del Gal, 1180 m) aus machen. Aufstieg auf dem Weg 709 zum Rif. Pradidali und weiter zum Passo di Ball. Nach dem Sent. N. Gusella und der Ferr. del Velo vom Rif. Velo über den Sentiero Camillo de Paoli bis Prati Fosne und wieder zum Ausgangspunkt (9 Std). Wer noch mehr Kondition hat, kann vom Rif. Velo auch über den Sent. Dino Buzzati oder Sent. Cacciatore (9 ½ Std., siehe dort!) ins Val Canali zurück (9 ½ Std.). Wer es etwas schwieriger mag, macht ab dem Rif. Pradidali statt dem Sentiero N. Gusella die Ferrata del Portòn (C, siehe dort!).

Klammernpassage Ferrata d. Vecchia

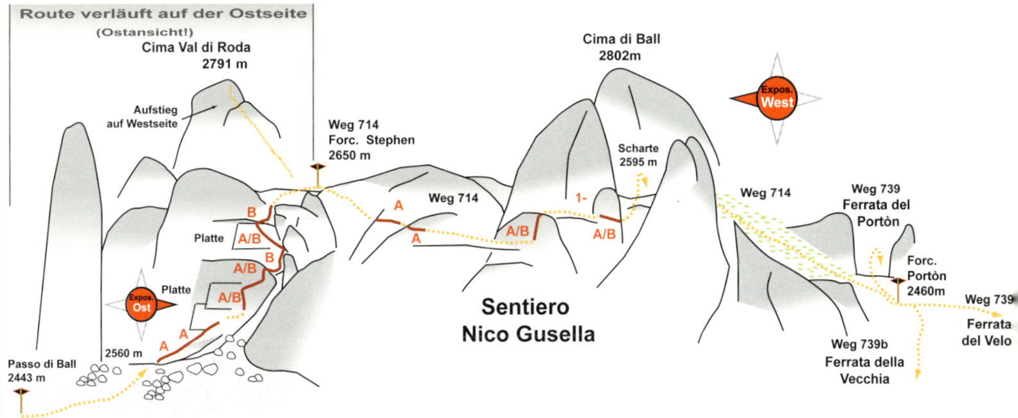

Topo

Sent. N. Gusella und Ferr. del Velo

Topo

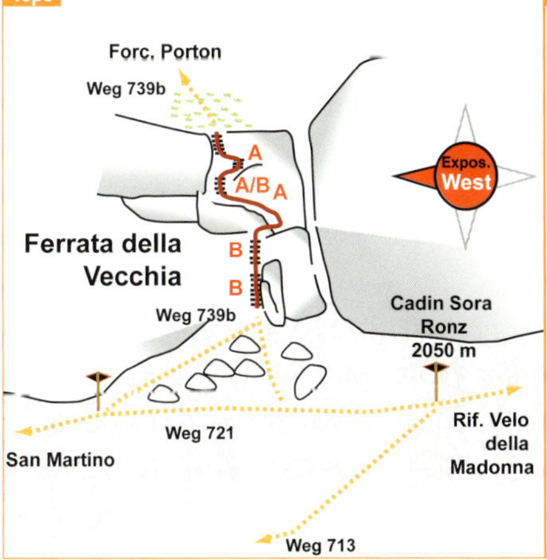

Topo

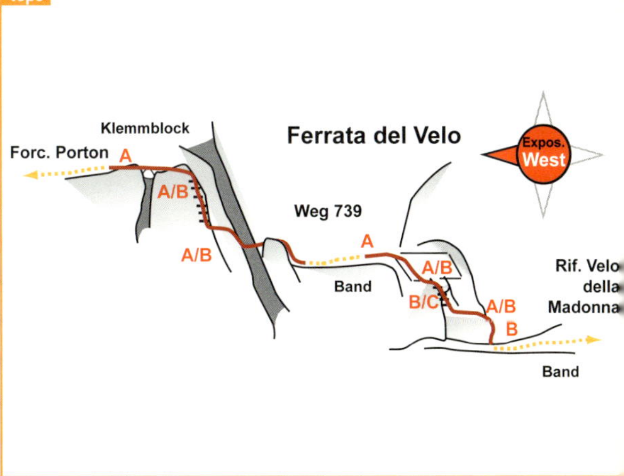

J3

Via ferrata del Portòn Palagruppe

Rassiger Klettersteig oberhalb des Rif. Pradidali

Forc. Portòn, 2460 m

Klammern im Mittelteil der Tour

schwierig 2

Sehr schön

Sehr gut

Diff. C

8½ Std.

▲ 500 Hm ▼1000 Hm

280 Hm 1¾ Std.

2½ Std.

4¾ Std.

0

ab 14 J.

Juli - Sept.

2460 m

P N 46.26397 E 11.80504

E N 46.24217 E 11.85152

Gehzeiten/Time

Rosetta - Einstieg: 2½ Std. Einstieg - Forc. Portón: 2 Std. Forc. Portòn - Sent. Gusella - Rosetta: 3¾ Std.; Forc. Portòn - Ferr. Vecchia - San Martino: 3 Std.; Forc. Portòn - Ferr. Velo - Rif. Velo: 1½ Std.; Rif. Velo – San Martino: 2¾ Std.

Besonderheiten: Die Via ferrata del Porton und die Bolver-Lugli sind die schwierigsten längeren Klettersteige in der Pala, der weitere Zustieg schreckt aber die Massen ab. Doch wer sich von der Rosetta oder dem Val Canali zum Rif. Pradidali wagt, wird am Ende mit einzigartigen Ausblicken auf das Traum-Gipfelpaar der Pala, Sass Maor und Cima della Madonna, belohnt. Bis dahin muss man aber noch knapp 300 knackige Klettersteigmeter überwinden, um zur Forc. Porton und danach über die Via ferrata del Velo zum Rifugio Velo, der wohl urigsten Bergsteigerhütte in der Pala, zu gelangen. Mit etwas Glück kann man am Nachmittag noch die Kletterer an der berühmten Schleierkante beobachten. Die Route beim Rif. Velo gehört zu den schönsten Klettertouren der Dolomiten.

Info

Talort: San Martino di Castrozza, 1444 m

Ausgangspunkt: Bergstation Seilbahn Rosetta, 1965 m

Karten: Tabacco WK 022, Pale di San Martino; Kompass WK 76, Pale di San Martino

Anreise: Auf der A22 bis zur Ausfahrt Neumarkt/Auer. Weiter auf der Staatsstraße 48 nach Predazzo und auf der Staatsstraße 50 über den Passo di Rolle nach San Martino di Castrozza. Bei der Seilbahn parken. Von Süden auf der SS 50 über Artèn anreisen.

Die steile Schlüsselstelle des Steiges

Eine lange, steile Klammernreihe

Zustieg: Mit der Seilbahn zur Rosetta auffahren, zur gleichnamigen Hütte queren und auf dem Weg 702 und 715 unter der Pala di San Martino, 2982 m, zum Passo di Ball, 2443 m, queren. Auf der anderen Seite in 15 Min. südöstlich zum Rif. Pradidali, 2278 m, absteigen. Von der Hütte in weiteren 15 Min. in südwestlicher Richtung über einen Rücken und eine Schlucht zum Einstieg (N46.24217, E11.85152). Das Rif. Pradidali erreicht man auch in 3 Std. vom Rif. Cant del Gal im Val Canali (2 ½ Std.).

Route: Anfangs ein paar Meter über Schrofen zu den ersten Versicherungen emporklettern (Schwierigkeit I). Es folgt eine steile Klammernserie links der Verschneidung (B). Danach quert der Steig links in die Plattenzone und über Bänder (A/B), bis man sich links der Schluchtkante nähert. An der steiler werdenden Kante wieder mit Hilfe von Klammern, anfangs B dann B/C und schließlich kurz C, hinauf und um die Kante herum. Dort kurz überhängend (Schlüsselstelle C, steil) absteigen und über ein Band zum Schluchtboden queren (A/B). In der Schlucht unangenehm über Geröll und lose Erde zu zwei großen Blöcken mit Versicherungen. Die Blöcke überklettern (A/B, A) und im Gehgelände bis an das Ende der Schlucht. Dort führt eine kurze, senkrechte Leiter hinauf zur Forc. Portòn; Ende der Versicherungen. Dort kurz zur Wegkreuzung mit Tafel Sent. N. Gusella, Via ferrata del Velo und Ferrata della Vecchia auf 2460 m absteigen.

Beim Zustieg von der Rosetta

English Version

This via ferrata is one of the most difficult fixed rope routes of the pala group and the second access scares off most of the people. If you, however, dare to go to Rif. Pradidali from Rosetta or Val Canali, you will be rewarded with a unique view on the perfect couple of summits of Pala: Sass Maor und Cima della Madonna.

Route: Take the cable car to Rosetta, paths 702 and 715 to Passo di Ball and on the other side descend south-eastwards to Rif. Pradidali. From the hut go south-westwards across a ridge and a gorge to get to the beginning of climb. You can also reach Rif. Pradidali within 3 hours from Rif. Cant del Gal in Val Canali (2½ hours). For the fixed rope route see topo. For the descent see Ferrata Velo, return to Rosetta top station on Sent. Gusella.

J3 Via ferrata del Portòn Palagruppe

Kante vor der Schlüsselstelle

Rif. Rosetta, 2581 m, CAI; Ende Juni bis Ende Sept. bew. Tel: +39 0439 68308. Infos: www.rifugiorosetta.it

Rifugio Velo della Madonna, 2358 m, CAI; Ende Juni - Ende Sept. bew. Tel: +39 0439 768731

Rifugio Pradidali, 2278 m, CIA, Ende Juni bis Ende Sept. bew. Tel: + 39 0439 67408

Abstieg: Es gibt einige Möglichkeiten: Der kürzeste Weg führt von der Forc. Portòn auf dem Weg 739b (Ferrata della Vecchia, B, alte und von oben schwierig zu findende Versicherungen – Topo siehe Sentiero N.Gusella) hinunter zum Weg 721, dem man nach San Martino zurück folgt. (3½ Std.) Man kann aber auch links über die Via ferrata del Velo (Details siehe dort) zum Rif. Velo queren, von dort (gestärkt) über den Weg 721 nach San Martino absteigen (gesamt 4¼ Std.) oder über den **Sentiero Camillo de Paoli** (Weg 734 im obersten Teil auf ca. 100 Hm versichert (A)) über Prati Fosne nach Fiera di Primiero, 4 ¼ Std. Wer vom Val Canali kommt, übernachtet am besten in der urigen Bergsteigerhütte und steigt am nächsten Tag auf dem Sentiero Camillo de Paoli (Weg 734 im obersten Teil auf ca. 100 Hm versichert (A)) über Prati Fosne oder auf dem Sentiero attrezzato Dino Buzzati bzw. auf dem Sentiero Cacciatore (Details siehe dort!) zum Rif. Cant del Gal ab.

Ausrüstung: Komplette Klettersteigausrüstung, Helm.

Bemerkung: In der Schlucht Steinschlaggefahr; im Frühjahr oft Restschnee! Trittsicherheit! Wer zur Bergstation der Rosetta Seilbahn bzw. auf das Plateau zum Rifugio Rosetta zurück möchte, geht am schnellsten von der Forc. Portòn über den Sentiero N. Gusella (Details siehe dort) zum Passo di Ball und auf den Wegen 715 und 702 zurück.

Blick zurück zur Schlüsselstelle

Übersicht Ferrata del Portòn

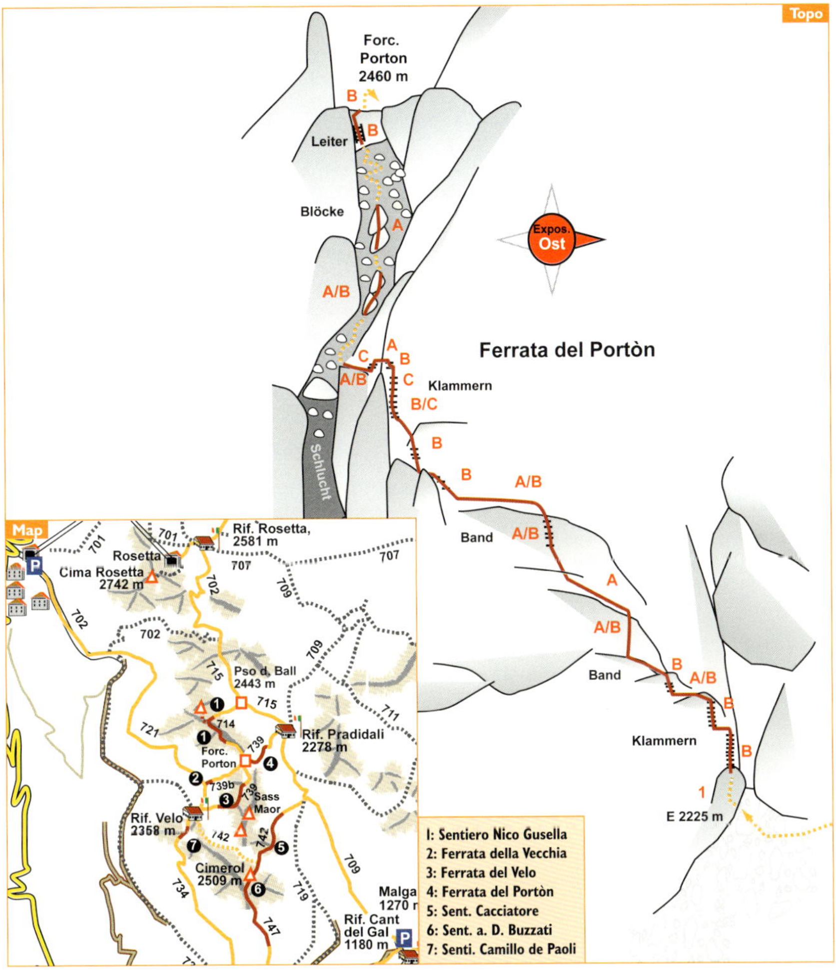

Sent. d. Cacciatore/Sent. D. Buzzati Palagruppe

Schöne Klettersteigrunde in der südlichsten Pala

Cimerol, 2509 m

Gipfel mit Blick zum Sass Maor

mäßig schwierig 1,7

Sehr schön

Mittel

Diff. B/C, I-

6½ Std.

1400 Hm

710 Hm
3 Std.

1¾ Std.

1¾ Std.

O, S

ab 14 J.

Juli - Sept.

2509 m

P N 46.21751
E 11.87755

E N 46.23242
E 11.85256

Gehzeiten/Time
P. Canali – Einstieg: 1¾ Std.
Einstieg - Abzweigung zum Rif. Velo: 1¼ Std.
Einstg. - Gipfelkamm: 1¾ Std.
Abstieg F. Buzzati: 1¼ Std.
Rückweg z. Parkpl.: 1¾ Std.

Besonderheiten: Sehr schöne und zu unrecht oft vernachlässigte Klettersteigrunde im Val Canali. Ausgehend vom Wanderparkplatz steigt man zuerst über den Jägersteig/Sentiero del Cacciatore zum Cimerol auf. Spätestens bei der kurzen, aber sehr knackigen Steilstufe im Mittelteil sieht man, dass früher viele Jäger meist gute Kletterer waren. Steht man schlussendlich im Gipfelbereich kann man mit etwas Klettererfahrung auf einen der Blöcke (das ist der Klettersteiggipfel) klettern. Die Gipfeljause sollte nicht zu üppig ausfallen, sonst bleibt man im engen Spalt des Sentiero attrezzato Dino Buzzati stecken. Landschaftlich und klettertechnisch eine schöne, ausgefüllte Palarunde.

Info

Talort: Fiera di Primiero, 745 m

Ausgangspunkt: Wanderparkplatz beim Rif. Cant del Gal, 1180

Karten: Tabacco WK 022, Pale di San Martino; Kompass WK 76, Pale di San Martino

Anreise: A22 Brennerautobahn bis Ausfahrt Auer/Ora und über die Staatsstraße 48 nach Predazzo, weiter auf der Staatstraße 50 über den Passo di Rolle nach Fiera di Primiero. Dort links Richtung Passo Cereda/Agordo und in der vierten Kehre links (gerade) ins Val Canali zum Rif. Cant del Gal.

Auf dem Band des Jägersteiges

Schlüsselstelle des Jägersteiges

Zustieg: Vom Wanderparkplatz folgt man dem Weg 709 zum Rif. Pradidali bis zur Abzweigung auf ca. 1640m, dort links auf Weg 742 zum Einstieg unter dem Sass Maor.

Route: **Jägersteig/Sentiero del Cacciatore:** Über Bänder und Rampen (Stellen A/B) erreicht man die Steilstufe (B/C) im Mittelteil, danach in einer Rinne (I-) zur Abzweigung auf dem Kamm. Links auf dem Weg 747 über einige Kletterpassagen (Stellen B) zum Kamm mit Blöcken im Gipfelbereich. **Sentiero attrezzato Dino Buzzati:** Vom Kamm über Schotter und Wiese hinunter zu einem Abbruch, bei einem Klemmblock ist der Einstieg in den engen Spalt. Steil (bis B/C) in das düstere Loch, bis man unten (am Ende sehr eng) wieder ins Freie kommt. Dann gestuft im Zickzack über Bänder (bis A/B) und Rampen (B) zum Ende des Steiges (N 46.22116, E 11.85246, 2147 m).

Abstieg: Auf dem Weg 747 hinunter, dann links bis man auf den Weg 719 trifft. Auf diesem rechts hinunter bis zur Straße, über die man zurück zum Parkplatz geht.

Ausrüstung: Komplette Klettersteigausrüstung, Helm.

Bemerkung: Der Sentiero attr. D. Buzzati lässt sich auch gut mit der Ferrata del Velo verbinden. Nach einer Nächtigung im Rif. Velo kann man den Sentiero als Abstiegs- bzw. Verbindungs-Klettersteig zum Rif. Treviso machen.

Unterer Teil Sent. Buzzati

English Version

A very beautiful route in Val Canali, which is often unjustly disregarded. On Sentiero del Cacciatore you get to Cimerol. Once close to the summit, you can climb onto one of the blocks, if you have climbing experience (summit of the fixed rope route). You should not have a very big summit snack, because you might get stuck in the narrow crevasse of Sentiero attrezzato Dino Buzzati.

Route: From the parking area follow path 709 to Rif. Pradidali as far as to the turn-off at about 1640 m, where you turn left and follow path 742 to the beginning of climb beneath Sass Maor. For the fixed rope route see topos (You climb up Sentiero del Cacciatore, than descend on Sentiero attrezzato Dino Buzzati). To descend take path 747 downwards, turn left and keep walking until you reach path 719. Follow path 719 down to the road, which you have to cross to get to the parking area.

Sent. d. Cacciatore/Sent. D. Buzzati Palagruppe

Ü: Jägersteig/Sent. Cacciatore

Topo

Kurz vor der Abzweigung

Übersicht Sent. D. Buzzati

Im engen Spalt des Sent. Buzzati

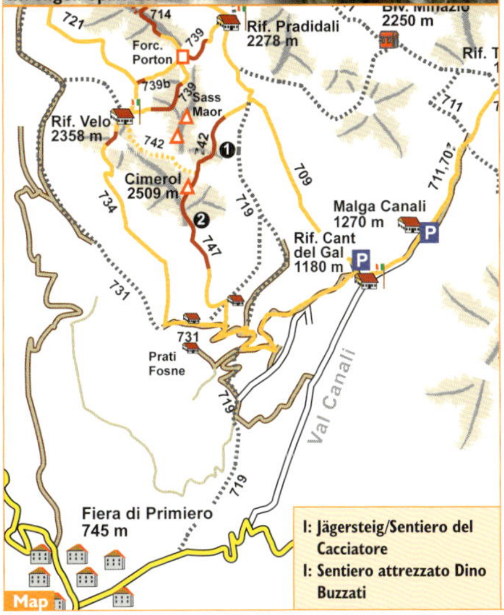

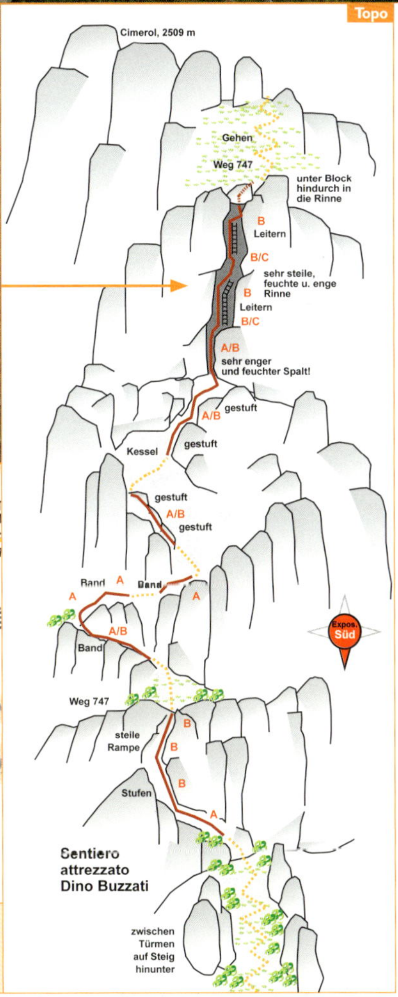

J5

Via ferrata del Canalone Palagruppe

Kurze, aber sehr knackige Hütten-Ferrata

Rifugio Treviso, 1631 m

Kurz nach der steilen Schlüsselstelle

sehr schwierig 1,4

Mittel

Gut

Diff. D

2¾ Std.

550 Hm

70 Hm ½ Std.

1¼ Std.

1 Std.

S

ab 15 J.

Juni - Sept.

1715 m

P N 46.216709 E 11.878152

E N 46.23594 E 11.90392

Gehzeiten/Time

M. Canali - Einstieg: 1¼ Std.
Klettersteigrunde: ½ Std.
Abstieg M. Canali: 1 Std.

Besonderheiten: Knackiger Eisenweg gleich neben dem Rifugio Treviso. Die kurze Ferrata hat schon einige Begeher abgeworfen (das Hüttenteam rückte dann zur Rettung aus). Relativ unscheinbar, gleich hinter der Hütte, führen die Stahlseile an einer steilen Kante empor und verlaufen oben im Latschenwirrwarr – wählt man als Abstieg den leichten, linken Klettersteig, kommt eine schöne Klettersteigrunde heraus. Als eigenständiges Klettersteigziel sicher uninteressant, aber genau richtig um sich an einem Hüttennachmittag kurz die Finger lang zu ziehen.

Info

Talort: Fiera di Primiero, 745 m

Ausgangspunkt: Parkplatz Malga Canali, ca. 1270 m

Karten: Tabacco WK 022, Pale di San Martino; Kompass WK 76, Pale di San Martino

Anreise: A22 Brennerautobahn bis zur Ausfahrt Auer/Ora und über die Staatsstraße 48 nach Predazzo, weiter auf der Staatstraße 50 über den Passo di Rolle nach Fiera di Primiero. Dort links Richtung Passo Cereda/Agordo und nach den ersten Kehren links (gerade) ins Val Canali zum Rif. Cant del Gal. Man kann von der Hütte noch 1,2 km weiter zu einem kleinen Wanderparkplatz auffahren.

Zustieg: Vom Parkplatz auf dem Weg 707 zum Rif. Treviso. Rechts an der Hütte vorbei, auf einem Steig in das rechts der Hütte liegende Bachbett und den Steigspuren zum schon sichtbaren Einstieg folgen.

Route: Siehe Topo; die Schlüsselstelle (D, steile Kante) in der Steigmitte.

Im Bachbett auf der Abstiegsferrata

Übersicht Ferrata del Canalone

Abstieg: Zu Beginn der Latschenzone links über den schönen Abstiegsklettersteig (B) wieder zum Einstieg und Zustiegsweg absteigen.

Ausrüstung: Klettersteig-Set, für Schwächere Sicherungsseil.

Bemerkung: Kurze Hütten-Ferrata, die man evtl. in Verbindung mit der Via ferrata Fiamme Gialle bzw. an einem nicht so wetterstabilen Tag machen kann. Der Weiteraufstieg durch die Latschen lohnt sich nicht (oben quert man dann links zum Wanderweg, auf dem man zur Hütte absteigen kann).

English Version

An interesting fixed rope route next to Rifugio Treviso. A lot of walkers got thrown off this short via ferrata (the team of the hut turned out to rescue them). There are relatively inconspicuous steel ropes ascending along a steep edge from right behind the hut and get lost in the tangle of the mountain pines. Descending on the easy left fixed rope route, you will have a beautiful tour. It surely is not that interesting itself, but it is a good evening tour before climbing Via ferrata Fiamme Gialle the next morning.

Route: see topo.

Rif. Treviso, 1631 m, CAI; Anfang Juni bis Ende Sept. bew. Tel: +39 0439 62311. Infos: www.rifugiotreviso.it

Via ferrata Fiamme Gialle Palagruppe

Alpine Runde über dem Val Canali mit kurzem Klettersteig

Croda Granda, 2849 m

Aus dem Nebel über die Kante

schwierig 2,8

- Sehr schön
- Gut
- Diff. B, I+
- 7½ Std.
- 1550 Hm
- 180 Hm, 1 Std.
- 3 Std.
- 3½ Std.
- W
- ab 14 J.
- Juli - Sept.
- 2595 m

P: N 46.21916, E 11.88271
E: N 46.24769, E 11.91890

Gehzeiten/Time
M. Canali - Rif. Treviso: 1 Std.
Rif Treviso - Einstieg: 2 Std.
Einstieg - Biv. Reali: 1 ¼ Std.
Biv. Reali - Vani Alti - Malga Canali: 3 ½ Std.

Besonderheiten: Großartige Runde, die zu den lohnendsten Touren in der Pala gehört. Dabei steht das Bergerlebnis im Vordergrund und nicht der kurze, sehr gut versicherte Klettersteig. Die gesamte Tour verläuft in einer wilden Felsszenerie mit Schluchten und Scharten und findet den Höhepunkt in der optionalen Stichtour auf die imposante Croda Granda. Der Abstieg „**Sentiero Vani Alti**" und der Aufstieg auf den Gipfel Croda Granda sind nicht mit Seilen versichert (wurden entfernt) und erfordern Kletterkönnen und alpine Erfahrung.

Info

Talort: Fiera di Primiero, 745 m

Ausgangspunkt: Parkplatz Malga Canali, ca. 1270 m

Karten: Tabacco WK 022, Pale di San Martino; Kompass WK 76, Pale di San Martino

Anreise: A22 Brennerautobahn bis Ausfahrt Auer/Ora und über die Staatsstraße 48 nach Predazzo, weiter auf der Staatstraße 50 über den Passo di Rolle nach Fiera di Primiero. Dort links Richtung Passo Cereda/Agordo und nach den ersten Kehren links (gerade) ins Val Canali zum Rif. Cant del Gal. Man kann von der Hütte noch 1,2 km weiter zu einem kleinen Wanderparkplatz auffahren.

Ohne Stahlseil auf dem Sent. Vani Alti

Im Mittelteil der Ferrata F. Gialle

Zustieg: Vom Parkplatz auf dem Weg 707 zum Rif. Treviso (1631 m, 1 Std.), vorbei an der Abzweigung „Vani Alti“ zur Abzweigung der Via ferrata Fiamme Gialle (Tafel) und weiter zum Einstieg auf 2410 m (2 Std. ab Rif. Treviso).

Route: Über eine Platte (A/B) und glatte Bänder (A) zur Rampe unter einem markanten Überhang queren. An der Rampe (A/B) links aufwärts zur Schlucht, kurz davor rechts über eine enge Rampe (B) und gestuftes Gelände mit Trittstiften (A-B) zwischen zwei Schluchten aufwärts. Dann links über die Schlucht (A/B) und Ausstiegswand (B) in die Forc. del Marmor (2570 m). **Weiterweg Croda Granda:** Von der Forcella Marmor in 15 Min. zum Bivacco Reali, ein kurzes Stück dem Abstiegsweg Vani Alti folgen und links ca. 50 Hm in die Forcella Sprit absteigen. Anschließend auf dem Weg, unter der Croda Granda vorbei, über Geröll aufsteigen, in eine Scharte und zum Gipfel der Croda Granda (2849 m); Kletterstellen bis Schwierigkeit I (2 ¼ Std. für Auf- und Abstieg).

Abstieg: Ungeübte Geher steigen am besten wieder über den Klettersteig ab (2 ½ Std. bis Malga Canali). **Runde mit Abstieg Vani Alti:** Von der Forcella del Marmor zum Bivacco Reali (15 Min.) und weiter anfangs leicht bergauf in der Ostflanke der Cima Vani Alti (2728 m), dem mit roten Punkten markierten Weg Richtung „Vani Alti“ in eine Schar-

Unterer Teil der Ferrata F. Gialle

English Version

One of the most worthwhile Pala fixed rope routes, on which experiencing the mountain is more important than the short, very well secured route. The whole tour proceeds in a wild rock scenery with gorges and gaps and has its highlight in the optional trip to Croda Granda. The descent „Sentiero Vani Alti“ and the ascend to the summit are not secured with ropes and require climbing skills (up to level of difficulty 2) and alpine experience. Climbers, who are not that strong, should NOT descend on Vani Alti, but on the fixed rope route!

Route: From the parking area take path 707 to Rif. Treviso and go further on past turn-off „Vani Alti“ to the turn-off of Via ferrata Fiamme Gialle (signpost) and up to the beginning of climb. For the fixed rope route see topo and map.

Das Gipfelziel Croda Granda

Rif. Treviso, 1631 m, CAI; Anfang Juni bis Ende Sept. bew. Tel: +39 0439 62311. Infos: www.rifugiotreviso.it

Bivacco Renato Reali, 2595 m, Notunterkunft, immer offen.

te folgen. Von dort zwischen der Cima Vani Alti und des links markanter werdenden Sass da Camp (2733 m) absteigen, bis der Weg in eine Scharte mit Felsplatten führt, der Forcella Vani Alti (2518 m, N46.24129, E11.92101). Anschließend rechts hinab Richtung Rifugio Treviso (rote Aufschrift auf Stein) bis zu einem Felsabbruch, den man im Zickzack auf Bändern (I+) zum Wandfuß (N46.24073, E11.91831) abklettert (schwache rote Markierungen). Vom Wandfuß durch das Vallone Vani Alti, bis man auf 1959 m (rote Markierung „Vani Alti", N46.24312, E11.91137) wieder auf den Weg 707 zum Rif. Treviso trifft, dem man zurück zum Ausgangspunkt folgt.

Ausrüstung: Komplette Klettersteigausrüstung, Helm und ggf. Sicherungsseil.

Bemerkung: Der Abstieg über den Sentiero Vani Alti und der Aufstieg auf die Croda Granda sind ernste alpine Touren. In der ca. 100 m hohen Felsstufe Vani Alti sind Eisenstifte, an denen man mit dem Seil sichern kann. Bei Nebel und Schlechtwetter ist die Orientierung im Bereich Bivacco Reali schwierig. Die Via ferrata Fiamme Gialle ist sehr gut versichert. **Weniger erfahrene Alpinisten sollten wieder über den Klettersteig absteigen und NICHT über den Sentiero Vani Alti.**

Tipp: Die Runde mit dem Aufstieg über den Sentiero Vani Alti beginnen, damit man die ungesicherte Kletterei im Aufstieg machen kann.

Routenverlauf des Sent. Vani Alti

Croda Granda
1
2
1: Ferr. Fiamme Gialle, 2: Sent. Vani Alti

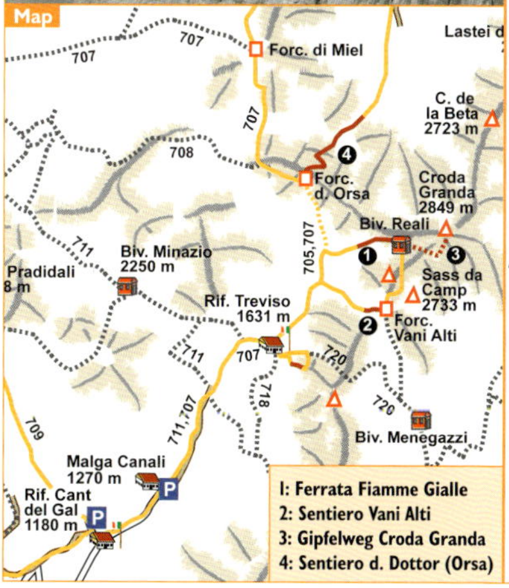
Map
707
707
Forc. di Miel
Lastei d
707
C. de la Beta 2723 m
708
4
Forc. d. Orsa
Croda Granda 2849 m
Biv. Reali
711
Biv. Minazio 2250 m
705,707
1
3
Pradidali
8 m
Sass da Camp 2733 m
Rif. Treviso 1631 m
2
Forc. Vani Alti
711
707
720
718
720
709
711,707
Biv. Menegazzi
Malga Canali 1270 m
P
Rif. Cant del Gal 1180 m
P
1: Ferrata Fiamme Gialle
2: Sentiero Vani Alti
3: Gipfelweg Croda Granda
4: Sentiero d. Dottor (Orsa)

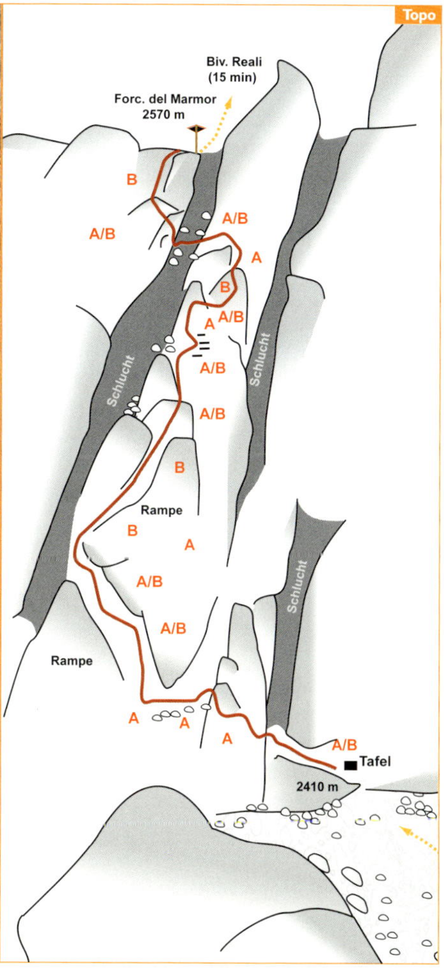
Topo
Biv. Reali (15 min)
Forc. del Marmor 2570 m
B
A/B
A/B
A
B
A/B
A
Schlucht
A/B
Schlucht
A/B
B
Rampe
B
A
A/B
Schlucht
A/B
Rampe
A
A
A
A/B
Tafel
2410 m

J7

Sent. dell Dottor (Ferrata dell Orsa) Palagruppe

Einsamer Jagdsteig in dem wildesten Teil der Pala — **Forc. dell Orsa, 2330 m**

Eine der gesicherten Steigstellen

schwierig 2,5

Schön	★★★
Mittel	xx
Diff.	B/C, I
Zeit	9 Std.
Hm	1500 Hm
Aufstieg	740 Hm 2½ Std.
Zustieg	2 Std.
Abstieg	4½ Std.
Exposition	S
Alter	ab 16 J.
Jahreszeit	Juli - Sept.
Höhe	2330 m

P N 46.29601 E 11.93267

E N 46.26061 E 11.91743

Gehzeiten/Time
Col di Pra - Einstieg: 2 Std.
Einstieg - Forc. dell Orsa: 2½ Std.
Forc. dell Orsa - Col di Pra: 4½ Std.

Besonderheiten: Auf der Rückseite der Pala führt ein wilder und anspruchsvoller Jagdsteig in die Bärenscharte (Forc. dell Orsa), der nur von erfahrenen und trittsicheren Bergsteigern begangen werden sollte. Die Gegend ist einsam und gewährt einzigartige Blicke auf die wilden Nordabstürze des Monte Agner.

Info

Talort: Col di Pra, 843 m

Ausgangspunkt: Parkplatz Col di Pra, 843 m

Karten: Tabacco Nr. 022, Pale di San Martino; Kompass WK 76, Pale di San Martino

Anreise: A22 Brennerautobahn bis Ausfahrt Auer/Ora und auf der Staatsstraße 48 über Cavalese und Predazzo nach Moena, dort auf der SS346 über den Pso. di S.Pellegrino nach Cencenighe, dann auf der SS203 ca. 8 km bis Taibon/Agordino, rechts nach Col di Pra und beim Gasthaus parken. Von Norden über den Falzaregopass oder das Pordoijoch nach Alleghe und Taibon.

Zustieg: Vom Parkplatz beim Gasthaus links über die Brücke, der Straße, die bald zum Forstweg wird bis zum Ende folgen und über den beginnenden Weg Nr. 767 schwach markiert ins Valle di Angheraz. Der Weg mündet in ein Flussbett, das zum Talschluss führt. Der Einstieg befindet sich auf 1614 m am linken Rand einer markanten Felswand, die von einem schrägen Riss durchzogen wird.

Route: Leicht zur ersten Leiter (B) links des Felsturmes. Es folgen vier steile Leitern (B/C), die zu einem Band am Ende der ersten Wand führen, dem man zur ersten markanten Rinne folgt (A/B). Diese überqueren und in Gras/Latschen zur nächsten Rinne emporsteigen. In dieser anfangs kurz versichert (A) aufwärts, bis man die Rinne links verlässt und über den Grashang wieder zur ursprünglichen Rinne zurückquert, welche nach links zu einem Grasabsatz überquert wird. Auf diesem in einer Rechtskehre, zuletzt kletternd (I), in die Rinne zurück und aufwärts (A), bis man über steile Wiesen zu einem Geröllfeld kommt. Über das Geröll empor und über eine Rampe auf ein wei-

Leiter am Anfang des Steiges

Übersicht Ferrata dell Orsa

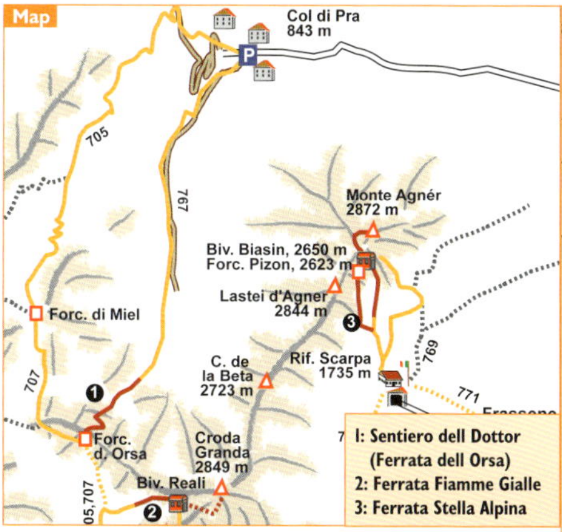

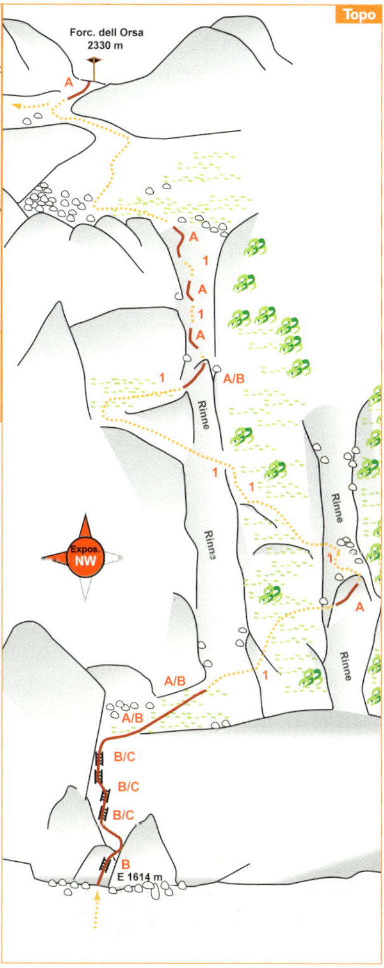

teres Geröllfeld, das man links aufsteigend zu den letzten Versicherungen (A), die zur Bärenscharte (N 46.25453, E 11.90827) führen, verlässt.

Abstieg: Von der Forcella dell Orsa (Bärenscharte) nach rechts auf dem Weg 707 zur Forcella di Miel aufsteigen, dann rechts auf dem Weg 705 über die kargen Grashänge des Vallone del Miel zur Casera di Miel, 1866 m (Hütte), absteigen. Weiter mit großartigen Ausblicken auf den Monte Agner ins Tal nach Col di Pra.

Ausrüstung: Klettersteigausrüstung u. Helm.

Bemerkung: Der Steig ist nicht durchgehend versichert und führt über steile, gefährliche Grashänge. Trittsicherheit nötig, bei Nässe und Vereisung sehr gefährlich!

English Version

On the back of Pala, there is a lonely, wild and demanding hunting path you should only walk, if you are an experienced and sure footed mountaineer. Unique view on the wild north face of Monte Agner.

Route: Take path 767, which is faintly marked, into Valle di Angheraz, later leading you to the end of the valley through a riverbed. You will find the beginning of climb at 1614 m on the left side of a rock face. For the fixed rope route see topo. From Forcella dell Orsa, take 707 to Forcella di Miel and descend on path 705 to Col di Pra. When wet and snowy, there is a risk of death!

J8

Via ferrata Stella Alpina Palagruppe

Eine der gewaltigsten Dolomiten Ferratas

Monte Agnér, 2872 m

Letzter Abschnitt nach dem Biwak

sehr schwierig 2,9

Sehr schön

Mittel

Diff. C/D, I-

10 Std.

1800 Hm

950 Hm
4 Std.

2½ Std.

3½ Std.

0

ab 16 J.

Juli - Sept.

2872 m

P N 46.25464
E 11.98349

E N 46.26695
E 11.95514

Gehzeiten/Time
Parkplatz - Einstieg: 2½ Std.
Bergstation - Einstieg: ½ Std.
Einstieg - Biwak: 3¼ Std.
Biwak - Gipfel: ¾ Std.
Gipfel - Bergstation: 2¼ Std.
Bergstation - Auto: 1¼ Std.

Besonderheiten: Wegen der vielen nicht versicherten Passagen ist die Via ferrata Stella Alpina ein eindrucksvolles, aber auch sehr alpines Klettersteigabenteuer und gehört mit Abstand zu den anspruchsvollsten Eisenwegen in der Palagruppe. Nach einem luftigen Vertikal-Stück mit einigen knackigen Steigpassagen zu Beginn quert man sehr lange über die sog. Edelweißwiese - die auch mit etlichen leichten Kletterstellen gespickt ist - hinüber zur Forc. Pizon und zum Biasin Biwak. Vom Biwak in nördliche Richtung zum fast 3000-Meter hohen Gipfel des Monte Agnér, auf dem man einen imposanten Rundblick genießen kann. Auch der lange Abstieg hat es in sich - man kann zwischen der riesigen Südschlucht (erhöhte Steinschlaggefahr) oder dem besseren, aber etwas längeren „Weg der Erstbesteiger" wählen.

Info

Talort: Frassene, 1084 m

Ausgangspunkt: Parkplatz im Nahbereich des Sesselliftes in Frassene, 1084 m

Karten: Tabacco Nr. 022, Pale di San Martino; F&B WKS 15; Kompass WK 76

Anreise: Über Karerpass, San Pellegrinopass oder Alleghe nach Cencenighe. Kurz vor Agordo an der Südwestrampe des Passo Duran zweigt man südwestlich zum kleinen Ort

Eine Tafel vor dem Einstieg

Ungesicherte Platten im Mittelteil

Frassene ab. Mitten im Ort beginnt der Sessellift zum Rif. Scarpa. Ist der baufällige Lift außer Betrieb, kann man im Ort noch etwas weiter hinauffahren (siehe Karte).

Zustieg: Mit dem Lift oder zu Fuß (Zeitersparnis bei der Auffahrt mit dem Sessellift ca. 1½ Stunden) auf dem markierten Steig zum Einstieg des Klettersteiges in ca. 1950 m Höhe (Tafel).

Route: Vom Einstieg am rechten Rand einer Schlucht aufwärts (A/B und B). Danach leiten Schrofen (I-) ins Gehgelände bei einem Band. Nach dem Band und einer leichten Querung (A) gelangt man zur ersten Wandstelle (C/D), die zu einem Rampensystem (C) führt. Dieses hat zwei Engstellen (jeweils C/D) und endet auf einem Band. Nach einer weiteren Linksquerung (A und B) kommt man auf eine oft nasse Platte (C/D) und erreicht eine kurze Steilstufe (C) und leichtes Blockgelände (B und A). Es folgt eine mit Rissen durchzogene Platte (C und C/D), die im flacheren Gelände ausläuft und auf dem Edelweißband endet. Zuerst aufwärts (Platte, I-), den nicht immer gut sichtbaren Markierungen leicht rechtshaltend - teilweise auch absteigend - folgen. Einige versicherte Passagen (bis B) führen zur Forc. Pizon und dem gleich darüber liegenden Biasin Biwak (2650 m). Ab der Biwakschachtel geht es seilgesichert zum Gipfel weiter. Dieser Teil wird neuerdings auch

Eine der sehr steilen Seilpassagen

English Version

Stella Alpina is a very long alpine fixed rope route with unsecured spots in the long traverse. Some tough spots combined with an elevation gain of 1800m from the valley make this route one of the most challenging fixed rope routes in Pala.

Route: Walk on marked path or take the lift (time saving at ascent ca. 1½ hours) to the beginning of the climb in ca. 1950m. Route see topo! From the summit return the way you came to Forc. Pizon and descend southeast until you reach a noticeable marking. From here either straight down via Sent. del Canalone (south ravine, secured, spots B, danger of rockfall) or keep slightly left and follow „the way of the first ones climbed the mountain" (not secured, but very well marked, short climbing spots up to I+) back to the ascent.

Kurz vor dem Gipfel - leichte Kletterei

Rif. Scarpa, 1735 m, CAI; Mitte Juni bis Mitte Sept. bew. Tel: +39 0437 67010 bzw. +39 348 4935967. Info: www.seggioviafrassene.com

Biv. Biasin, 2650 m, Notunterkunft, immer offen

„**Via ferrata Monte Agnér**“ genannt. Nach dem Biwak folgt eine versicherte Querung auf Bändern (A und B) und mit leichter Kletterei (I-) gelangt man in einen Kessel, den man wieder auf Bändern verlässt. Eine letzte Steilstufe (B) führt über Schrofen (I-) zum Gipfelgrat und zum höchsten Punkt (das Kreuz steht unter dem höchsten Punkt).

Abstieg: Vom Gipfel wie beim Aufstieg zurück zur Forc. Pizon (Biwak) und südöstlich absteigen bis man zu einer auffälligen Markierung kommt. Dort entweder gerade hinunter über den **Sentiero del Canalone** (Südschlucht, versichert, Stellen B, bei vielen Bergsteigern Steinschlaggefahr) oder leicht linkshaltend dem „Weg der Erstbesteiger“ folgen (nicht versichert, aber sehr gut markiert; kurze Kletterstellen bis I+). Am Ende trifft man je nach gewählter Abstiegsvariante früher oder später wieder auf den Aufstiegsweg über den man dann zur Bergstation bzw. ins Tal absteigt.

Ausrüstung: Klettersteig-Set, Klettersteighandschuhe und evtl. kurzes Sicherungsseil.

Bemerkung: Schwerer, langer Klettersteig, einige Stellen C/D. Teilweise nicht versicherte leichte Kletterei. Hochalpine Lage, bei Schnee und Nässe heikel! Die Route ist sehr lang (vor allem, wenn der alte Lift nicht in Betrieb ist, bei Liftbenützung Gesamtdauer ca. 7 Std.), daher ist eine sichere Wetterlage Voraussetzung. Keine Fluchtmöglichkeit vor dem Biwak!

Abstieg Sentiero del Canalone

Übersicht Ferrata Stella Alpina

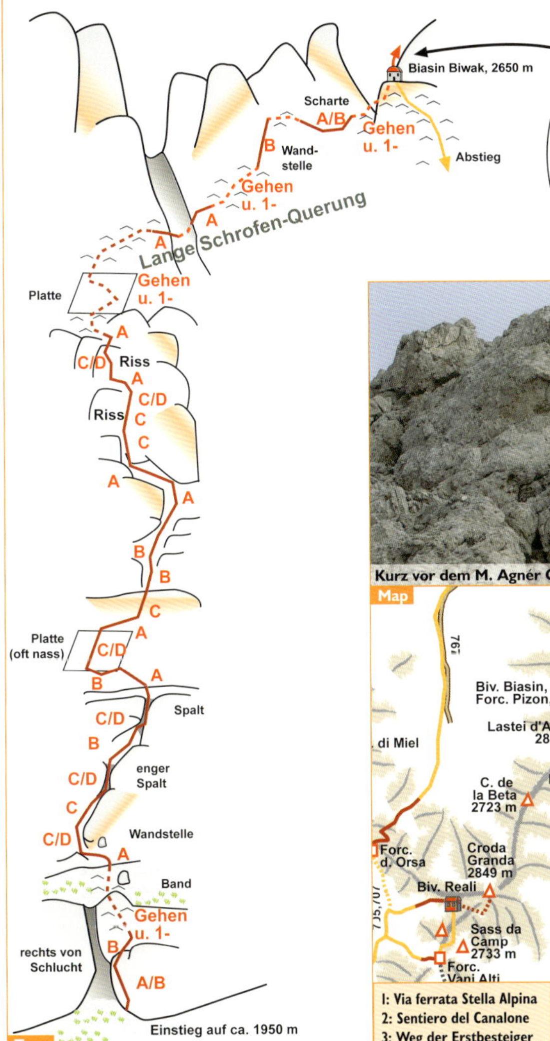

Topo

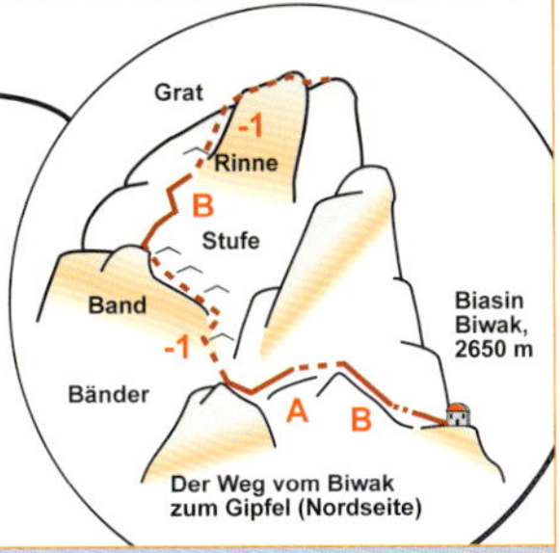

Kurz vor dem M. Agnér Gipfel

Map

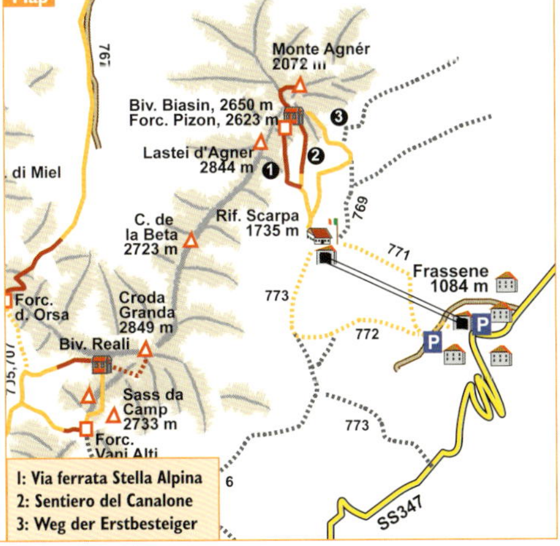

1: Via ferrata Stella Alpina
2: Sentiero del Canalone
3: Weg der Erstbesteiger

Civetta- und Schiara-Gruppe

Civetta, 3220 m und Monte Schiara, 2565 m

Die mächtige Civetta NW-Wand

Touristeninfo

Tourismusbüro: Alleghe
Ufficio Turistico Provinciale - Alleghe
Piazza Kennedy 17
Alleghe I-32022
Tel: +39 0437 523333
E-Mail:
alleghe@infodolomiti.it

Belluno
Dolomiti Turismo S.R.L.
Piazza Del Duomo, 2
I-32100 Belluno (BL)
Tel: +39 0437 940083

Besonderheiten: Die Civetta gehört wegen der imposanten Nordwestwand zu den größten Herausforderungen der Dolomitenkletterer. Die Eisenwege zu dem Traumgipfel haben es, abgesehen vom leichten, aber etwas alpinen Normalweg (den man nach der Ferrata degli Alleghesi absteigen muss), alle in sich. Am schönsten und leichtesten ist die Ferrata degli Alleghesi, die Ferrata A. Tissi und Ferrata Fiamme Gialle haben bereits Schwierigkeit D und die Ferrata Costantini ist der vielleicht schwerste und auch anspruchsvollste Klettersteig in den Dolomiten. Die Civetta ist für den Ferratisten also eher ein High End Gebiet. Ganz anders die Steige im Schiaramassiv. Der südlichste Dolomitenausläufer mit den kantigen Graten und freistehenden Türmchen ist der Ferrata-Geheimtipp, selten findet man so viele Steiganlagen auf engem Raum! Trotzdem trifft man auf den Steigen dieses Gebirgszuges oberhalb der Metropole Belluno sehr selten auf Deutsch sprechende Bergsteiger, vermittelt doch dieser Mix aus mediterranem Flair und wildem Dolomit ein ganz besonderes Urlaubsgefühl! Alles spielt sich im Kessel um das Rif. 7° Alpini ab, fünf Klettersteige auf engstem Raum, mit drei Biwakschachteln an den neuralgischen Punkten – nichts wie hin! Die Ausgangspunkte sind nicht so klar festlegbar wie in den anderen Regionen. Alleghe für Civetta und die Großstadt Belluno für die Schiara.

Der Eingang des Rifugios Torrani

Der Guselaturm in der Schiara

Anreise mit öffentlichen Verkehrsmitteln: **Civetta:** Mit der Bahn nach Longarone und weiter mit dem Dolomiti Bus zum jeweiligen Ausgangspunkt. Cencenighe erreicht man mit dem Bus vom Bahnhof Belluno aus (www.dolomitibus.it). **Schiara:** Mit dem Zug nach Belluno und weiter mit dem Bus nach Bolzano - ab dort zu Fuß.

Anreise mit dem Auto: Siehe Beschreibung bei den jeweiligen Touren.

Tourenkombinationen

Große Civetta Überschreitung: **1. Tag:** Fiamme Gialle - Rif. Vazzoler. **2. Tag:** Ferrata Tissi - Rif. Torrani. **3. Tag:** Ferrata Alleghesi - Rif. Coldai. **4. Tag:** Rückweg vom Rif. Coldai auf Weg 560 unter der imposanten Nordwand zur Forc. Col Mandro und auf dem Weg 567 zurück zum Ausgangspunkt. Auch an zwei Tagen nur mit Ferrata Tissi und Ferrata Alleghesi möglich.

Schiara: **1 Tag:** Ferrata Sperti, danach über die Ferrata Berti (Schiara-Gipfel) zum Bivacco Marmol und Abstieg über die Ferrata Marmol zum Rif. 7° Alpini. **2 Tag:** Aufstieg über die Ferrata Zacchi, danach Ferrata Berti - Forc. del Marmol - Sentiero alpinistico M. Guardino auf den Monte Pelf, von diesem entweder zurück zum Rif. 7° Alpini oder über das Bivacco Medassa direkt ins Tal absteigen.

Provinz Belluno
Region: Venetien
Einwohner: ca. 212000
Fläche: ca. 3.600 km²
Berg: Marmolada, 3343 m
Web: www.provincia.belluno.it

English Version

Its steep north west face makes Civetta one of the biggest challenges of the Dolomites – also the fixed rope routes are very difficult. „Ferrata Costantini" is the most difficult route in the book. Schiara, however, is an inside tip of the Dolomites containing five relatively difficult routes with Mediterranean flair, situated very closely together. Starting points are Alleghe (Civetta) and Belluno (Schiara).

Tour combinations:

Civatta crossing: Day 1: Fiamme Gialle – Rif. Vazzoler. Day 2: Ferrata Tissi – Rif. Torrani. Day 3: Ferrata Alleghesi – Rif. Coldai. Day 4: Rif. Coldai – Forc. Col Mandro – starting point

Schiara: Day 1: Ferrata Sperti – Ferrata Berti – Ferrata Marmol Day 2: Ferrata Zacchi – Ferrata Berti – Sentiero alpinistico M. Guardino.

Via ferrata degli Alleghesi Civettagruppe

Grandiose Ferrata auf einen der höchsten Dolomitengipfel

Monte Civetta, 3220 m

Eine luftige Passage zu Beginn

schwierig 2,7

- Sehr schön
- Gut
- Diff. C
- 11 Std.
- 2150 Hm
- 880 Hm 3½ Std.
- 3 Std.
- 4½ Std.
- NO
- ab 15 J.
- Juli - Sept.
- 3220 m

P N 46.40256 E 12.10088

E N 46.38387 E 12.06162

Gehzeiten/Time

Parkpl. - Rif. Coldai: 2 Std.
Rif. Coldai - Einstieg: 1 Std.
Einstieg - Gipfel: 3½ Std.
Gipfel - Rif. Torrani: ½ Std.
Rif. Torrani - Parkpl: 4 Std.

Besonderheiten: Ganz großes Ferrata-Abenteuer auf einen der höchsten Dolomitengipfel! Die Via ferrata degli Alleghesi bietet einen unvergesslichen Mix aus vertikalen Stahlseilpassagen und alpinem Flair, der den Begeher noch beim Abstieg über den Normalweg begeistert. Der logische Routenverlauf führt anfangs direkt über den etwa 400 m hohen Ostsporn der Punta Civetta. Weiter oben ist das Felsgelände zerklüfteter und mit zahlreichen Türmen gespickt, ehe über den Nordgrat der Gipfel erreicht wird. Die Route ergibt, dank der verwegenen Trassierung und trotz der Länge, ein abwechslungsreiches, spannendes Klettersteigerlebnis. Dass die grandiose Aussicht von diesem mächtigen Dreitausender das Tüpfelchen auf dem „I" ist, braucht wohl nicht extra erwähnt werden. Alpines Unternehmen - Trittsicherheit!

Info

Talort: Pecol di Zoldo Alto, 1388 m

Ausgangspunkt: Parkplatz beim Rifugio Palafavera, 1507 m

Karten: Tabacco WK 015, Civetta; Kompass WK 55, Cortina d'Ampezzo

Anreise: Von Cortina d'Ampezzo kurz in Richtung Passo Falzàrego, dann links über den Passo Giau nach Selva di Cadore. Dort abermals links und über Pescul bis Palafavera

Eine Ferrata wie aus dem Bilderbuch

Auf dem Gipfel der Civetta, 3220 m

kurz vor Pecol. Von Süden: Nach Longarone und links über Forno di Zoldo und Dont bis Pecol, von dort ein paar Kehren bis Palafavera.

Zustieg: Von Palafavera auf einer Fahrstraße (mittlerweile Fahrverbot, Weg 564/556) zur Malga Pioda (1816 m) hinauf, dort links auf einem Wanderweg (weiterhin Weg 556) zum Rifugio A. Sonino al Coldai aufsteigen. Von der Hütte dem Weg in einen Kessel folgen und links auf dem Weg 557 (Sentiero Tivan) bis zur Porta del Masare, wo der kurze Zustiegsweg rechts abzweigt (Abzweigung: N46.38603, E12.06337).

Route: Vom Einstieg (A) an einem Pfeiler zu einer steilen Wand, die mit Stiften, Klammern und einer Leiter gesichert ist (B), und durch zwei Rinnen (B bis B/C und A bis B). Im gestuften Gelände (A/B und Gehgelände) gelangt man zu einem Band (Gehgelände), welches man nach links quert. Es folgt die Schlüsselstelle, in Form eines steilen, mit zahlreichen Klammern gesicherten Kamins (B bis C). In rascher Abfolge von Gehgelände und versicherten Abschnitten (A/B bis B) geht es auf Platten, Bändern und Felsstufen in eine Rinne (Gehgelände, kurz A/B). Es folgen zwei Scharten (A/B), ein Band (A) und wieder eine Rinne (A/B bis B). Über den immer flacher werdenden Nordgrat (anfangs B bis B/C, dann Gehgelände und A bis A/B) zum Ausstieg und in wenigen Minuten zum Gipfel der Civetta, 3220 m.

Der schwere Kamin (Schlüsselstelle)

Siehe DVD-ROM Tour als Film

English Version

Great ferrata adventure onto one of the highest summits in the dolomites with magnificent vista from the top! The route offers an unforgettable mix of vertical steel cable passages and alpine flair. At the beginning the climb leads directly at the about 400 m tall east spur of Punta Civetta. Before the summit is reached via the north ridge the rock terrain is more broken-up and peppered with numerous rock towers. The route is – despite the length – a varied, exciting climbing experience.

Route: Ascend to Rif. Coldai and take trail 557 (Sentiero Tivan) to Porta del Masare where you turn right and reach the beginning of the climb within minutes. Route see topo! Descend the normal route (A – B) via Rif. Torrani to trail 557. Turn left and return to the ascent route.

Via ferrata degli Alleghesi Civettagruppe

Der Abstieg auf der „Via Normale“

Abstieg: Vom Gipfel über den Normalweg im Geröll zum Rifugio M. V. Torrani (2984 m). Der weitere Abstieg auf der **Via Normale** ist großteils versichert (A bis B) und führt über eine Steilstufe mit Bändern, Geröll, Platten und einen Kamin in einen Schuttkessel. Dort links halten und im Geröll zum Sentiero Tivan (Weg 557) absteigen. In nördlicher Richtung zum Aufstiegsweg, über diesen ins Tal.

Ausrüstung: Komplette Klettersteigausrüstung, Helm.

Bemerkung: Aufgrund der Länge und der fehlenden Fluchtmöglichkeit nur bei ganz sicherem Wetter einsteigen. Die „Via Normale“ ist über weite Strecken versichert und kann somit als eigener Klettersteig (B) gelten. Bei Schneelage und Regen sind der Abstieg vom Gipfel zum Rif. Torrani und nicht gesicherte Stellen des Normalabstieges heikel!

Tipp: Aufstieg Rifugio Coldai, am nächsten Tag die Ferrata Alleghesi und Abstieg über die Ferrata Tissi (sehr schwerer Klettersteig, aber im Abstieg naturgemäß leichter). Nach der Tissi kann man entweder über die Forc. delle Sasse (558), dann auf dem Weg 587 zurück nach Pecol, oder man steigt zum Rif. Vazzoler ab und macht nach einer Nächtigung die Umrundung auf dem Weg 560 als Ausklang.

Die erste Leiter

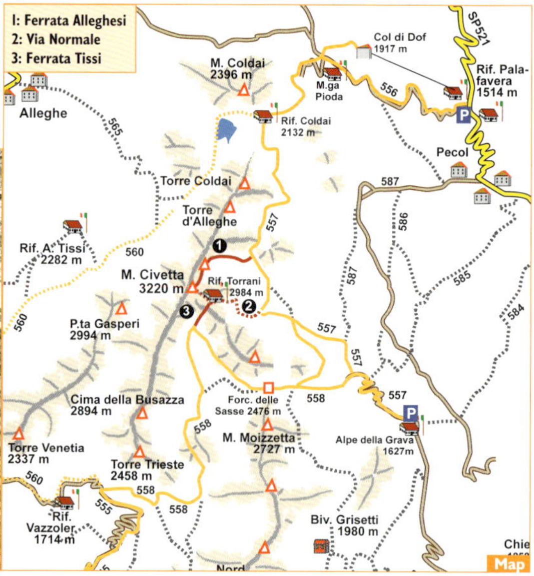

Rifugio A. Sonino al Coldai, 2132 m, CAI; Mitte Juni bis Mitte Sept. bew. Tel: +39 0437 789160

Rifugio Maria Vittoria Torrani, 2984 m, CAI; Anfang Juli bis Mitte Sept. bew. Tel: +39 0437 789150.

Rifugio Trieste, 1135 m, Juni bis Sept bew. Tel: +39 0437 660122

Rifugio Mario Vazzoler, 1714 m, CAI; Mitte Juni bis Mitte Sept. bew. Tel: +39 0437 660008

Rif. Palafavera, 1514 m, privat; Juni bis Sept. bew. Tel: +39 0437 789472. Infos: www.palafavera.com

1. Ferrata Alleghesi, 2. Via Normale

Siehe DVD-ROM Tour als Film

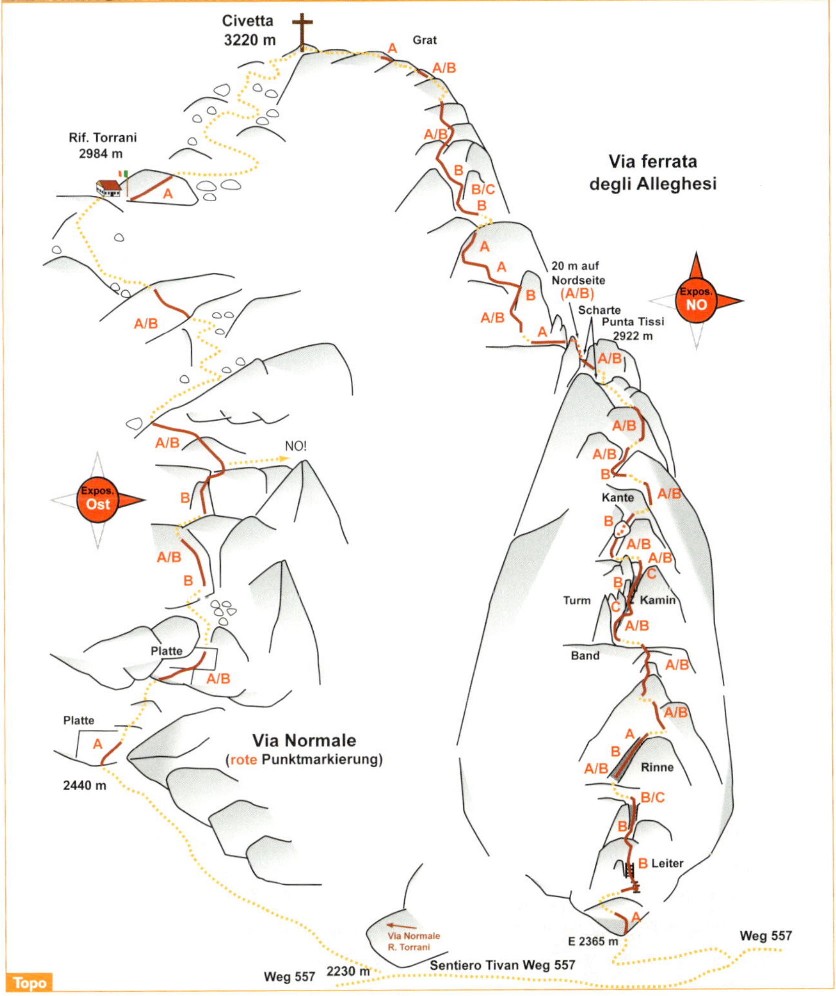

Topo

Via ferrata Tissi Civettagruppe

Wild berüchtigter Eisenweg an der Civetta

Monte Civetta, 3220 m

Steilpassage in der Via ferrata Tissi

sehr schwierig 2,7

- Schön
- Gut
- Diff. C/D
- 8 Std.
- 1600 Hm
- 300 Hm 1¾ Std.
- 2¾ Std.
- 3½ Std.
- S
- ab 15 J.
- Juli - Sept.
- 3220 m

P N 46.36332 E 12.09011

E N 46.37424 E 12.05783

Gehzeiten/Time

Grava - Einstieg: 2¾ Std.
Einstieg - Rif. Torrani: 2 Std.
Rif. Torrani - Gipfel: ¾ Std.
Rif. Torrani - Grava: 3½ Std.

Besonderheiten: Wilder, berühmter und berüchtigter Eisenweg, der zu den ältesten Ferrata-Routen in den Dolomiten gehört. Der Klettersteig wurde früher wegen der schlechten Versicherungen gemieden, ist aber seit der Umtrassierung wieder beliebt. Im hinteren Winkel des Val d. Sasse Kessels führt der Klettersteig über einen 300 m hohen Abbruch und endet genau beim Rif. Torrani (von dort noch ca. 30 Min. bis zum Gipfel, zu Beginn kurz A/B) zwischen Civetta und Cima di Tomb. Beginnt man mit der Tour bei der Alpe della Grava, ergibt das einen ausgefüllten Klettertag für konditionsstarke Geher.

Info

Talort: Chiesa, 1252 m

Ausgangspunkt: Parkplatz bei der Alpe della Grava 1627 m

Karten: Tabacco Nr. 15, Marmolada - Pelmo - Civetta - Moiazza; Kompass WK 77

Anreise: An der Ostseite des Passo Duran liegt der Ort Chiesa. Dort kann man bis zur Alpe della Grava auffahren (Fahrverbot, Zufahrt wird geduldet).

Zustieg: Von der Alpe della Grava zur Forc. della Grava und links vorbei an der Materialseilbahn des Rif. Torrani zur Forc. delle Sasse aufsteigen (Weg 558). Von der Scharte auf Steigspuren rechtshaltend in den Winkel des Val delle Sasse zum Einstieg bei einem markanten Farbpunkt.

Route: Siehe Topo, die Schlüsselstelle (D) ist eine Steilstufe in Wandmitte. Sonst geht es meist auf Rampen und Bändern aufwärts.

Abstieg: Vom Ausstieg über Geröll zur Hütte und auf dem Abstiegsweg (tlw. versichert, Stellen B) bis auf ca. 2400 m absteigen und zur Forc. della

Band im oberen Teil der Tour

Übersicht der Via ferrata Tissi

Grava und zur Alpe della Grava zurück (Parkplatz).

Ausrüstung: Klettersteig-Set, evtl. Pickel und Leichtsteigeisen!

Bemerkung: Hochalpine und wilde Lage; bei Schnee heikel - sehr sicheres Wetter erforderlich! Die Tour wird oft vom Rif. Trieste aus gemacht (PKW-Zufahrt möglich, Rif. bis Einstieg 3¾ Std.) bzw. als Kombination mit der Ferrata degli Alleghesi (Alleghesi im Aufstieg und Abstieg über die Ferrata Tissi zum Rif. Vazzoler und entlang der NW-Seite (560) oder der Ostseite zurück.).

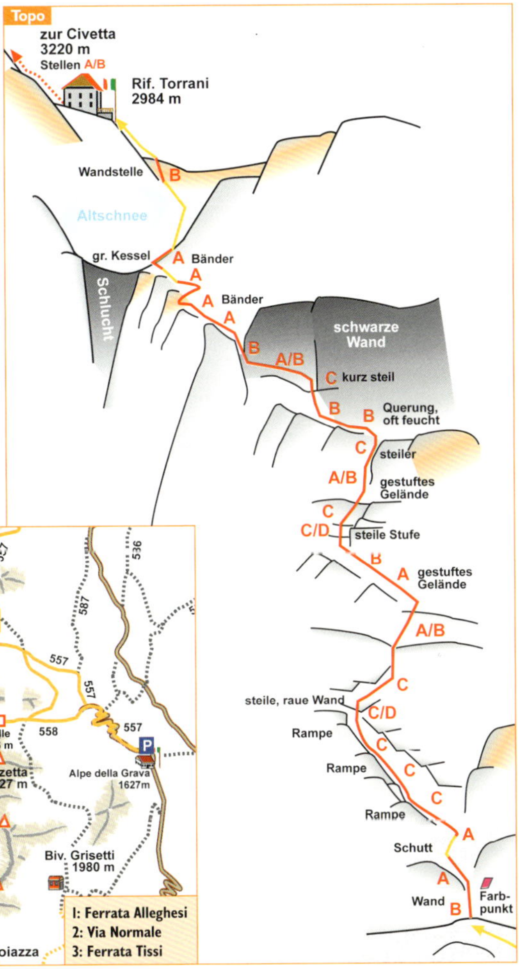

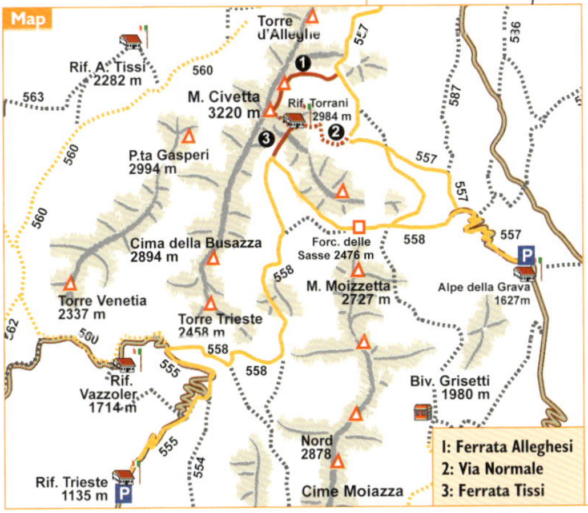

English Version

Tissi fixed rope route is a wild and notorious climb. The route leads through a 300m high vertical rock wall. The combination with Alleghesi fixed rope route results in a good and popular round tour with the highlight Civetta summit.

Route: From Alpe delle Grava ascend to the corner of Val delle Sasse via Forc. della Grava and Forc. Delle Sasse. The beginning of the climb is marked with a noticeable colour dot. Route see topo! Ascend to the hut, descend on Civetta normal route to Sentiero Tivan (trail 557) and turn right back to the ascent.

Rifugio Torrani, 2984 m, CAI; Anfang Juli bis Ende August bew. Tel: +39 0437 789150. Siehe auch Ferr. Alleghesi

Via ferrata Gianni Costantini Civettagruppe

Die schwerste Ferrata in den Dolomiten — **Cima Moiazza Süd, 2878 m**

Die glatte und steile Schlüsselstelle

extrem schwierig 3

★★★★	Sehr schön
XXX	Gut
Diff.	D/E
Zeit	10 Std.
Hm	1550 Hm
Aufstieg	1450 Hm 6 Std.
Zustieg	1¼ Std.
Abstieg	3 Std.
Exposition	S
Alter	ab 16 J.
Saison	Juli - Sept.
Höhe	2878 m

P N 46.32532 E 12.09599

E N 46.32455 E 12.07074

Gehzeiten/Time
Passo Duran - Rif. Carestiato: 1 Std.; Rif. B. Carestiato - Einstieg: ¼ Std.; Einstieg - Cresta d. Masenade: 3 Std.; Cresta d. Masenade - Biv. Ghedini: 3 Std.; Biv. Ghedini - Rif. Carestiato- Passo Duran: 3 Std

Besonderheiten: Der Superlativ unter den Dolomitenklettersteigen, sehr ausgesetzt, sehr anstrengend, extrem lang und sehr alpin! Wegen der landschaftlichen Schönheit, der kühnen Wegführung über das luftige „Engelsband" und der beachtlichen Länge der derzeit anspruchsvollste Klettersteig in den Dolomiten. Der Steig versteht sich nicht als Sportklettersteig, obwohl er eine sehr ausgesetzte Schlüsselstelle im ersten Drittel hat, sondern als gewaltige Überschreitung, bei der man teils recht luftig und immer knapp unter der 3000-Meter-Marke unterwegs ist (gesichert mit Drahtseilen und wenigen Klammern). Auch der Abstieg vom Ghedini Biwak ist sehr lang und ausgesetzt. Somit ist der „Costantini" die Nummer 1 in den Dolomiten und nur für sehr konditionsstarke Klettersteiggeher, bei absolut sicherer Wetterlage!

Info

Talort: Chiesa, 1252 m

Ausgangspunkt: Passo Duran, 1601 m

Karten: Tabacco Nr. 15, Marmolada - Pelmo - Civetta - Moiazza; Kompass WK 77

Anreise: Von Canazei oder Cortina d'Ampezzo Richtung Alleghe und nach Agordo. Kurz nach dem Ort geht es links auf den Passo Duran (1601 m). Parken auf der Passhöhe.

Abstieg zum Bivacco Ghedini

Via ferrata Gianni Costantini

Das schmale und luftige „Engelsband"

Zustieg: Vom Passo Duran auf dem markierten Weg zum Rif. Carestiato. Vom Rifugio zuerst kurz dem Weg 554 folgen, dann auf einer Art Kamm (Wegspuren, beschildert) zum Einstieg links einer gelben überhängenden Wandzone (Einstieg bei der Tafel und einem gut sichtbaren orangen Punkt).

Route: Vom Einstieg quert man gleich extrem glatt und steil (D), später leichter (A/B) zur großen Plattenrampe. Die Rampe im Zickzack hinauf bis unter die senkrechte Schlüsselstelle - eine glatte und leicht überhängende Linksquerung (D/E). Weiter steil (C/D) auf ein großes Schuttband, von dem man nach links flüchten kann. Auf dem Band nach rechts zur Tafel (Pala del Belia) und über glatte Platten (C/D) in eine Schlucht, und durch diese (B/C) auf das nächste Geröllband. Weiter über eine gestufte Wand (A u. gehen) bis zur Cima Cattedrale (2557 m, Schild). Über gestuftes Gelände und eine schöne Platte (B/C) zur Cresta delle Masenade (2737 m, Steinmann), wo man nach Nordosten zum Passo Duran absteigen kann. Weiter (ca. 500 m) über den Grat mit der Forcella delle Masenade - wo man zum Biv. Grisetti (1980 m) und zum Passo Duran absteigen kann - zur Cima Moiazza. Über einen Steilaufschwung (D) auf das Geröllfeld, auf dem man zur Abzweigung Gipfelgrat/Engelsbänder ansteigt. Der Gipfelgrat ist anfangs steil (C/D), dann schön plattig (B) und muss wieder abgeklettert werden, da man über die Engelsbänder (A) zum

Vor der Cima Moiazza Süd

English Version

The hardest fixed rope route in the Dolomites. A very long climb in alpine surroundings with a technical key to climb (D/E) after a quarter of the route followed by multiple hard sections and quite a lot of walking. Only recommended at perfect weather!

Route: From Passo Duran walk on path 554 to Rif. Carestiato, continue a short time on path 554 and follow a ridge (signpost) to the beginning of the climb. Route see topo. Either from Forc. d. Masenade back to Passo Duran in north-eastern direction by passing Biv. Grisetti or – after descending the headwall auf Cima Moiazza – on "Cengia Angelini" to Biv. Gehdini, a fixed rope route (C) down to path 554 and back to Passo Duran.

Abstiegsferrata vom Biv. Ghedini

Rifugio Bruton Carestiato, 1834 m, CAI, im Sommer bewirtschaftet Tel: 0039 0439-64459. Infos: www.caiagordo.it

Bivacco Ghedini, 2601 m, einfach Notunterkunft immer offen.

Bivacco Ghedini und von dort über die Forcella delle Nevere (B/C) nach Süden absteigt. Gesamter Steig ist schwach orange markiert.

Abstieg: Entweder zurück und von der Forcella delle Masenade nach Nordosten über das Bivacco Grisetti zum Passo Duran hinunter, oder von der Cima Moiazza zurück zur Abzweigung der Engelsbänder, und über diese zum Bivacco Ghedini absteigen (dort evtl. Fluchtmöglichkeit zum Rifugio Vazzoler). Von der Forcella delle Nevere weiter über den **Abstiegsklettersteig** (B/C) in einer sehr dem Steinschlag ausgesetzten, sehr breiten Rinne in das Van dei Cantoi zum Dolomiten-Höhenweg und auf diesem links zum Rif. Carestiato und Passo Duran zurück.

Ausrüstung: Komplette Klettersteigausrüstung, Klettersteighandschuhe und Helm; evtl. Sicherungsseil, Leichtsteigeisen und Pickel!

Bemerkung: Extrem schwerer, sehr langer Klettersteig - nur etwas für versierte, sehr konditionsstarke Geher bei sehr sicherer Hochdrucklage! Die Runde wird in der Regel, wie hier beschrieben, mit Abstieg vom Biv. Ghedini ins Van dei Cantoi gemacht. Wegen der südlichen Ausrichtung genug Flüssigkeit mitnehmen. Nicht vor dem Hochsommer begehen, da vereist. Bei Schlechtwetter rechtzeitig umdrehen!

In einer der steileren Passagen

Übersicht der Ferrata Costantini

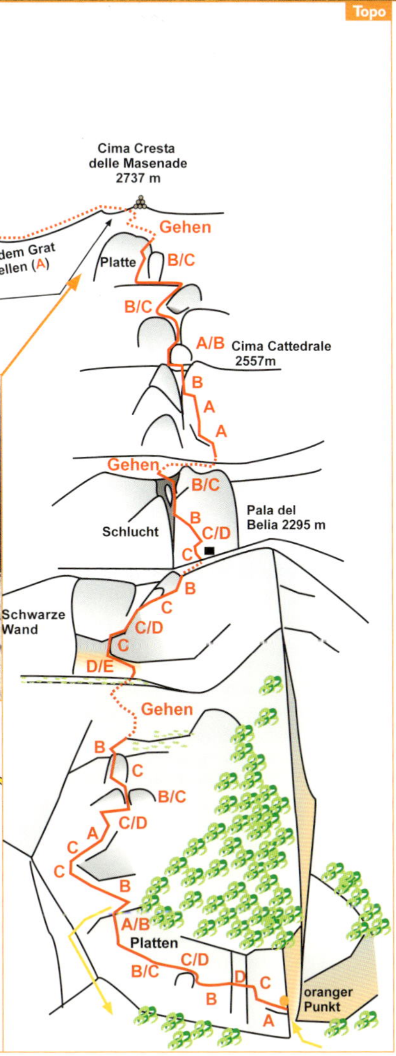

„Trink dir Flügel“ für die 2te Hälfte

K4

Via ferrata Fiamme Gialle Civettagruppe

Schwere Ferrata auf den reizvollen Plateaugipfel am Fuß der Civetta — **M. Alto di Pelsa, 2417 m**

Eine luftige Passage zu Beginn

sehr schwierig 2,3

Schön	
Gut	
Diff.	D
	7 Std.
	1200 Hm
	720 Hm 3 Std.
	1½ Std.
	2½ Std.
	SW
	ab 15 J.
	Juni - Sept.
	2255 m

P N 46.35635 E 11.97931

Gehzeiten/Time
Parkplatz - Einstieg: 1½ Std.
Einstieg - Ausstieg: 3 Std.
Weg 562 - Parkplatz: 2½ Std.
Abstieg über Weg 571 bzw. 567: 3½ Std.; Abstieg über Forc. di Mandro: 4 Std.

Besonderheiten: Steht man unter der latschendurchsetzten Wand des Monte Pelsa, so würde man nie erahnen, dass auf dessen Nebengipfel ein wirklich einladender Klettersteig führt. Der Steig verläuft elegant in der fast 800 m hohen Wand, hat einen steilen Beginn und ein luftiges Finale an einem Pfeiler. Der absolute Höhepunkt ist aber der wunderbare Ausblick vom Plateaugipfel der Palazza Alta auf die Civetta. Die Tour ist ein sehr beliebtes Anlaufziel zu Saisonbeginn. Die Südwestwand ist meist schon aper, wenn die hohen Gipfel noch mit Schnee bedeckt sind. Der Route fehlt etwas der alpine Touch der großen Dolomitensteige. Trotzdem sollte der Steig aufgrund der Länge keinesfalls unterschätzt werden.

Info

Talort: Cencenighe - Agordino, 800 m

Ausgangspunkt: Parkplatz bei der Häusergruppe Bricol, 1097 m

Karten: Tabacco Nr. 15, Marmolada - Pelmo – Civetta – Moiazza; Kompass WK 77

Anreise: Von Canazei oder Cortina d'Ampezzo Richtung Alleghe und nach Cencenighe. Am Anfang des Ortes links hinauf nach Bastiani bzw., wenn man den direkten Abstieg nimmt, noch etwas weiter nach Bricol (1097 m).

Im unteren Teil der Ferrata

Via ferrata Fiamme Gialle

Auf dem Plateau vor der Civetta

Zustieg: Von Bastiani bzw. von Bricol auf dem Weg Nr. 562 bis unter die Wand, dann rechts unter der Wand zum Einstieg (1420 m) queren; beschildert und rote Punkte.

Route: Der Einstieg befindet sich auf einem Band bei einer kurzen Plattenwand rechts von einer kleinen Schlucht. Zuerst über eine steile Wandpassage C/D, dann C, danach beginnt ein etwas mühsamer Gehteil durch Latschen mit kurzen felsigen Unterbrechungen (A). Dort kann man auch leicht über einen Notabstieg (dieser ist beschildert „Variante Facile per la Discesa") flüchten. Nach einer weiteren Felsstufe (B/C) erreicht man eine kompakte Verschneidung (C/D) mit anschließender kurzen Wandstelle (C), die auf einen großen Wiesenabsatz unter glatten Überhängen führt. Eine glatte Wandstelle (C/D) und eine steile Verschneidung (C/D) leiten zum nächsten Absatz unter einer schönen Kante (B/C), die auf das letzte große Band hinaufführt. Die „Variante facile" (A/B) führt auf das Gipfelplateau, das man über eine rinnenartige Schlucht erreicht. Ein altes Holzschild weist auf den bereits etwas weiter links sichtbaren, markanten Abschlusspfeiler der „Variante Difficile" hin - einer der Höhepunkte, den man sich bei genügend Kraftreserven nicht entgehen lassen sollte. Die schwere Ausstiegsmöglichkeit verläuft anfangs gestuft über Platten (C), dann sehr ausgesetzt und überhängend um die Kante (D) und sehr schön über Platten zum Ausstieg (C) auf ca. 2250 m.

Der Plattenpanzer im Mittelteil

English Version

Beautiful fixed rope route with a difficult beginning and a perfect final pillar. Enjoy the great view from the summit to Civetta. Alternatively a long or a difficult direct (climbing up to grade II, dangerous if it's wet!) descent is possible.

Route: From Bastiani or Bricol ascend path 562 to the beginning of the climb. Route see topo. From the end of the climb follow the plateau-edge to the left to a small gap with the sign "Cencenighe". Descend steeply to a ledge and head straight down to Bastiani (climbing grade 2, very dangerous if wet) or walk right hand along the ledge to Biv. C. Mandro and back on path 567 or from the end of the climb walk right hand on path 562 in a round to Biv. C. Mandro (see map).

Via ferrata Fiamme Gialle Civettagruppe

Der Schnellabstieg (Weg 562)

Bivacco Col di Mandro, 1844 m, Notunterkunft, immer offen

Abstieg: Man folgt der Plateaukante durch Latschengassen bis in eine kl. Scharte mit rotem Hinweis „Cencenighe". Dort steil hinab bis man auf ein Band mit einer beschilderten Weggabelung kommt. Dort entweder **1.** Über den ungesicherten Direktabstieg nach Bastiani (Kletterstellen bis II, bei Nässe extrem gefährlich!). **2.** Orographisch rechts auf dem Band bis zur Einmündung in den Weg Nr. 567 beim Biv. Col. Mandro (1844 m) und den Weg Nr. 567 zurück nach Collaz und Bastiani. Man kann auch vom Ausstieg in Richtung Rif. Vazzola absteigen und auf dem Weg 562 in die Forcella di Col Mandro (2032 m) zum Biv. Col Mandro. Von dort weiter nach Collaz (bei unsicherem Wetter zu empfehlen, 4 Std.).

Ausrüstung: Komplette Klettersteigausrüstung, Klettersteighandschuhe, Helm, Sicherungsseil für den Direktabstieg.

Bemerkung: Bei Schneelage und Nässe ist die Tour nicht zu empfehlen, da es einige Graspassagen gibt. Der direkte Schnell-Abstieg ist heikel und verlangt alpine Erfahrung (teilweise kurze, etwas ausgesetzte, ungesicherte Kletterstellen). Die Parkmöglichkeiten im Örtchen Bastiani sind beschränkt (max. drei Parkplätze; wenn möglich mit Anrainern Rücksprache halten), evtl. bei einer Kurve vor dem Ort parken.

In der „Variante Difficile"

La Palazza Alta
Schnellabstieg
Weg 562
Übersicht Ferrata Fiamme Gialle

2255 m
C
D
C
A/B
steiler
Pfeiler
Gehen
B
A
B
schöne
Kante
C
B
A
B
glatte
Verschneidung
C/D
B
glatte
Wand
C/D
C
C/D
Gehen
B/C
B
A/B
A
Notabstieg
Gehen
A
C
steile
Wand
B/C
C/D
Topo
VARIANTE FACILE
PER
LA DISCESA

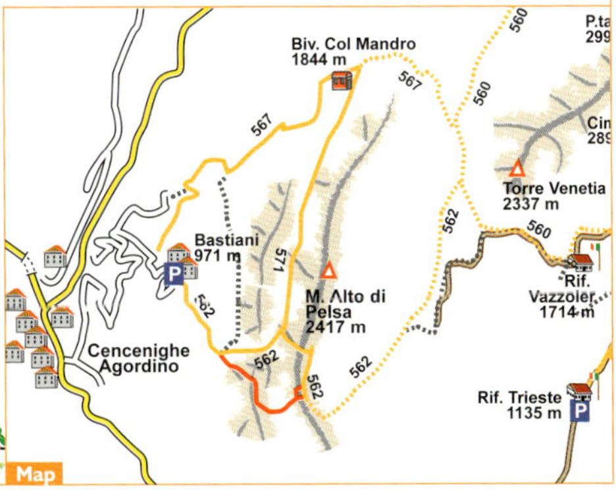
Biv. Col Mandro
1844 m
567
567
560
560
Torre Venetia
2337 m
560
562
Bastiani
971 m
571
M. Alto di
Pelsa
2417 m
Rif.
Vazzoler
1714 m
Cencenighe
Agordino
562
562
562
562
Rif. Trieste
1135 m
Map

Via ferrata Sperti Schiara-Gruppe

Langer, wilder Steig zum Gipfelkamm

Bivacco della Bernardina, 2320 m

Der Einstieg der Via ferrata Sperti

mäßig schwierig 2,2

Sehr schön

Gut

Diff. B/C

6½ Std.

1000 Hm

650 Hm 3¼ Std.

¾ Std.

2½ Std.

S, N

ab 14 J.

Juli - Sept.

2350 m

P N 46.18299 E 12.19568

E N 46.22320 E 12.17984

Gehzeiten/Time

Rifugio 7° Alpini - Bivacco Sperti: 1¾ Std.

Bivacco Sperti - Bivacco Bernardina: 2¼ Std.

Biv. Bernardina - Rif. 7° Alpini: 2½ Std.

Besonderheiten: Von den Schiara-Klettersteigen gehört die Ferrata Sperti sicher zu den wildesten, steigt man doch oben direkt durch eine große Schlucht auf den Schiara-Kamm. Gerade dieser Umstand macht den Steig zum attraktiven Ziel. Man ist meist mit wenigen Gleichgesinnten unterwegs. Hat man den Kamm erreicht und die zahlreichen kleinen Stufen an der Rückseite gemeistert, steht man direkt beim Felsenfinger „Gusela del Vescova" - einem der Schiara-Wahrzeichen. Je nach Ausdauer und Kondition steigt man danach entweder über die Ferrata Zacchi ab oder hängt die Ferrata Berti zum Hauptgipfel der Schiara an.

Info

Talort: Belluno, 241 m

Ausgangspunkt: Parkplatz Case Bortot über Bolzano-Bellunese, 730 m

Karten: Tabacco 024, Prealpi e Dolomiti Bellunesi; Kompass WK 77, Alpi Bellunesi

Anreise: In Belluno (erreichbar über die A22 bis Trient, dann auf der SS47, SP76, SS50 und SR50 über Feltre in die Stadt) auf der SR204 in Richtung Agordo. Noch im Stadtgebiet nördl. nach Bolzano und zum Weiler Casa Bortot (730 m) - am Ende der Fahrmöglichkeit Parkplatz.

Auf der Wiese vor dem Biv. Sperti

Die Leitern in der gr. Schlucht

Zustieg: Vom Rif. 7° Alpini (erreichbar vom Parkplatz in 2½ Std. auf dem Weg 501) links hinter der Hütte auf dem Weg 502 in ein Bachbett und auf dem Weg 504 zum Einstieg hinauf (1840 m, ca. ¾ Std.), am Ende durch Latschen.

Route: Vom Einstieg über eine kurze Steilstufe (B) von links in einen Kessel und am rechten Rand steil höher (B). Über gestuftes Gelände (A/B) und eine mit einigen Türmchen bestückte Felsstufe aufwärts bis zum Gehgelände. Links erreicht man eine steile Rinne (B) und gelangt vorbei an einem Felsenfenster zu einem leichteren Abschnitt (A/B). Eine zweite Rinne (B) führt zur letzten Wandstelle (B) und zum Wiesenabsatz mit dem Bivacco Sperti (ca. 2000 m). Nach dem Biwak ungesichert über den Grat zu einer Steilstufe (B/C). Danach am rechten Rand einer Schlucht höher (B) und auf schönen, leichten Bändern (A) unter der Pala Belluna in die schon sichtbare große Schlucht queren. In der Schlucht zuerst rechts, dann links höher (immer wieder Stufen bis B), bis man zum flachen Gelände (A) kommt. Dort in die rechte Schlucht (nicht gerade hinauf) und gestuft (A) aufwärts zu den am linken Schluchtrand angebrachten Leitern. Über Leitern (B) und Schrofen hinauf auf den Schuttabsatz. Dort rechts den Steigspuren in eine Rinne folgen, über die man steil (B, dann A/B) eine Art Scharte erreicht. Dann auf der Nordseite auf- und absteigend den Markierungen folgen (A und A/B), bis man nach einem steileren Anstieg (B) in eine

Die B/C Stelle nach dem Biwak

English Version

Ferrata Sperti surely is one of the wildest fixed rope routes of Schiara. On top you directly climb onto Schiara crest through a big gorge, which is what makes it a very attractive, but rather lonely route. You should not underestimate this route! It requires notably more time than the other Schiara routes. In the early summer the gorge can still be filled with snow and it is not recommendable to walk Ferrata Sperti.

Route: From Rif. 7° Alpini (can be reached from parking area within 2½ hours on path 501) take path 502/504 to the beginning of climb. For the route see topo. From Bernardina bivouac you can either descend directly to Rif. 7° Alpini via Ferrata Zacchi (path 303, a difficult ferrata, but the fastest way down) or follow Ferrata Berti to Ferrata Màrmol.

Via ferrata Sperti Schiara-Gruppe

1: Ferrata Sperti, 2: Ferrata Zacchi, 3: Ferrata Màrmol

Rif. 7° Alpini, 1502 m; Mitte Juni bis Mitte Okt. an den Wochenenden bew. Tel. 0039 0437 941631; Infos: www.rifugiosettimoalpini.it

Bivacco Gianangelo Sperti ca. 2000 m, einfache Notunterkunft.

Bivacco della Bernardina, 2320 m, einfache Notunterkunft.

Mulde (B) vor der Gusela del Vescova (Felsnadel) kommt. Von dort ist das Biwak schon zu sehen, man muss aber noch in eine Scharte absteigen und auf der gegenüberliegenden Seite über eine Steilstufe (B) und ein Querband (A) zur Biwakschachtel (Bivacco della Bernardina) aufsteigen.

Abstieg: Über die Ferrata Zacchi (Weg 303, C, schnellster Abstieg) direkt zum Rif. 7° Alpini absteigen oder über den Aufstiegsweg wieder hinunter (3½ Std.).

Ausrüstung: Kompl. Klettersteigausrüstung; evtl. Steigeisen und Pickel, wenn noch Schneereste in der großen Schlucht sind.

Bemerkung: Der Steig ist nicht zu unterschätzen! Für die Tour benötigt man, wegen der langen Kammquerung, deutlich mehr Zeit als für die zentralen Schiara Klettersteige. Die große Schlucht kann im Frühsommer noch mit Schnee gefüllt sein, dann ist von einer Begehung der Via ferrata Sperti abzuraten (am besten man erkundigt sich beim Hüttenwirt nach den Verhältnissen). Tipp: Abstieg von der Nordseite (bei der Gusela) zum Rif. Bianchet (1245 m), am nächsten Tag Wiederaufstieg zur Forc. Màrmol und entweder über die Via ferrata Màrmole (B/C, 500 Hm, 3 Std.) oder den **Sentiero alpinistico Marino Guardino** (B/C, 320 Hm; 3½ Std., bei Nässe heikel!) zurück zum Rif. 7° Alpini.

Die kühne Felsnadel der Gusela

Topo

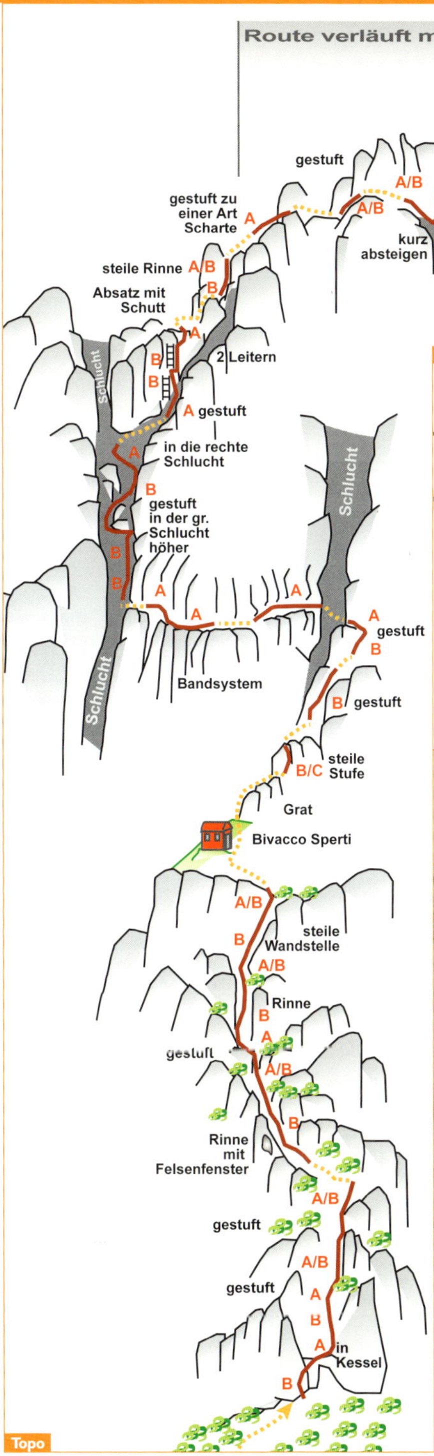

Map

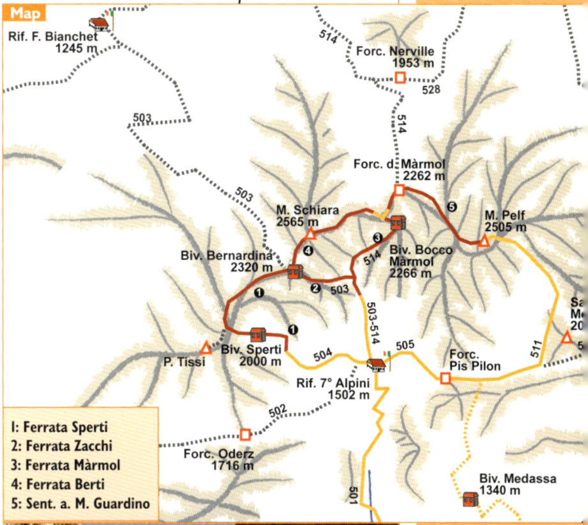

Die letzte, rechte Schlucht

Via ferrata Zacchi - ferrata Màrmol

Die zwei zentralen Klassiker der Schiara

Schiara-Gruppe
Monte Schiara, 2565 m

Im unteren Teil der Ferrata Zacchi

schwierig 2,2

- Sehr schön
- Gut
- Diff. C u. B/C
- 5¼ Std.
- 860 Hm
- 620 Hm 2 Std.
- ¾ Std.
- 2½ Std.
- S
- ab 14 J.
- Juli - Sept.
- 2320 m

P N 46.18299 E 12.19568

E N 46.22717 E 12.18762

Gehzeiten/Time
Rifugio 7° Alpini - Einstieg: ¼ Std.; Klettersteig zum jeweiligen Biwak: 2 Std.; Schiara-Überschreitung zum jeweiligen Biwak: 1½ Std. Abstieg über Ferrata: 2½ Std.

Besonderheiten: Die beiden Ferratas liegen direkt oberhalb der Alpinihütte und gelten als Herzstück des Klettersteiggebietes im Schiarakessel. Vor allem die kühne Ferrata Zacchi mit dem grandiosen Finale an einem ausgesetzten Pfeiler wird gerne als Auftakt zur Schiaraüberschreitung gemacht. Die Ferr. Màrmol ist der klassische Abstiegsklettersteig für all jene, die über die Sperti oder Zacchi aufgestiegen sind und die Gipfelüberschreitung der Schiara auf der Berti gemacht haben. Landschaftlich einzigartig ist vor allem das Ende der Ferrata, steht man doch in unmittelbarer Nähe des Gusela-Felsturmes und kann den Blick - klares Wetter vorausgesetzt - bis zum Meer schweifen lassen.

Info

Talort: Belluno, 241 m

Ausgangspunkt: Parkplatz Case Bortot über Bolzano-Bellunese, 730 m

Karten: Tabacco 024, Prealpi e Dolomiti Bellunesi; Kompass WK 77, Alpi Bellunesi

Anreise: In Belluno (erreichbar über die A22 bis Trient, dann auf der SS47, SP76, SS50 und SR50 über Feltre in die Stadt) auf der SR204 in Richtung Agordo. Noch im Stadtgebiet nördl. nach Bolzano und zum Weiler Casa Bortot - am Ende der Fahrmöglichkeit Parkplatz.

Steilstufe in der Via ferrata Zacchi

Via ferrata Zacchi - ferrata Màrmol

Leiter im Mittelteil der Zacchi

Zustieg: Vom Rif. 7° Alpini (erreichbar vom Parkplatz in 2½ Std. auf dem Weg 501) führt links hinter der Hütte der Weg 503-514 (rot/weiß/rot markiert) über einen Wiesenhang nach Norden hinauf zum gemeinsamen Einstieg der beiden Touren, der sich rechts neben einer markanten, großen Felsnische befindet.

Route: **Via ferrata Zacchi** (C, 620 Hm, schwierig): Nach rechts in den Kamin, zwei Leitern hinauf (A/B) und über ein schmales, überdachtes Band zu einem Rinnensystem. Durch die Rinnen auf einen Latschenabsatz, dort ist die Abzweigung der Ferrata Màrmol (Tafel, 1855 m, N 46.22759, E 12.18625). Dann nach links zum gestuften Beginn eines rampenartigen Grates. Nach einer mit Klammern versehenen Felsstufe (A/B) kommt man zur Schlüsselstelle - einer mit Seil versehenen steilen Rinne (C). Danach aufwärts (A, dann A/B) mit kurzer Leiter (B), bis man auf einen markanten Grat mit Steinmann kommt. Dem immer steiler werdenden Grat anfangs zu Fuß, dann versichert (A) zu einer Rampe (bis B) folgen, die zum Abschlusspfeiler führt. Unmittelbar davor noch eine exponierte Ecke (B/C). Auf Leitern (B/C), dann leichter zum Ende des Pfeilers. Eine letzte exponierte, versicherte Stelle (A) führt zum Biv. della Bernardina, 2320 m. Kurz davor zweigt rechts die Ferrata Berti ab. **Via ferrata Màrmol** (B/C, 570 Hm, mäßig schwierig): Einstieg und bis zum Wegweiser auf 1855 m wie bei der Ferrata Zacchi, dann rechtshal-

Nicht gerade top ausgerüstet in der Via ferrata Marmol

English Version

Two routes located right above Alpini hut, which are known as the core of the fixed rope routes in the area of the Schiara basin. The adventurous Ferrata Zacchi, with a great finale at an exposed pillar of rock, is a very popular start for a Schiara traverse. Ferrata Màrmol is the classic descent route for all those who have ascended on Sperti or Zacchi and have done Schiara summit traverse on Ferrata Berti.

Route: At Rif. 7° Alpini (can be reached from parking area within 2½ hours on path 501), behind the hut on the left, starts path 503-514 (marked red/white/red), which leads you northwards to the common beginning of climb past a meadow slope. See topo. The routes split up at a platform with a lot of mountain pines. You have to begin with Ferrata Zacchi, then take Ferrata Berti to cross Monte Schiara and at the end return to the hut on Ferrata Màrmol.

L2

Via ferrata Zacchi - ferrata Màrmol Schiara-Gruppe

1: Ferrata Zacchi, 2: Ferrata Màrmol

Rif. 7° Alpini, 1502 m; Mitte Juni bis Mitte Okt. an den Wochenenden bew. Tel. 0039 0437 941631; Infos: www.rifugiosettimoalpini.it

Bivacco della Bernardina, 2320 m, einfache Notunterkunft.

Bivacco Bocco - Màrmol, 2266 m, einfache Notunterkunft.

tend eine Schlucht überqueren (A u. B). Am Ende des Bandes links hinauf (bis B) und über eine kurze Gehpassage zu den Felsen mit der bereits sichtbaren Leiter. Nach der Leiter auf schmalem Band (B/C – Schlüsselstelle) in einen Geröllkessel und bis zur Rampe. Über Felsstufen (A u. A/B), die von Gehpassagen unterbrochen sind, hinauf zur Rinne hinter einem vorgelagerten Fels mit einer kl. Scharte am Ende. Über eine Wand (bis B), danach rechts halten und in wenigen Minuten zum Biv. de Màrmol, 2266 m.

Abstieg: Entweder über den Aufstiegsweg wieder zurück oder über die Via ferrata Berti (C, 250 Hm, schwierig 1½ Std. bis zur gewählten Abstiegs-Ferrata) auf den Monte Schiara (2565 m) und auf der jeweils anderen Ferrata zurück ins Tal. Nach der Via ferrata Màrmol würde sich auch die Besteigung des Monte Pelf (2502 m) über den **Sentiero alpinistico Marino Guardino** anbieten.

Ausrüstung: Komplette Klettersteigausrüstung und Helm.

Bemerkung: Die Via ferrata Zacchi ist deutlich ausgesetzter als die Ferrata Màrmol, bei Nässe sind beide Steige heikel. Am beliebtesten ist der Aufstieg über die Via ferrata Zacchi, danach auf der Via ferrata Berti auf den Monte Schiara und über die Via ferrata Màrmol absteigen.

Ausstieg Ferrata Màrmol - unten Belluno

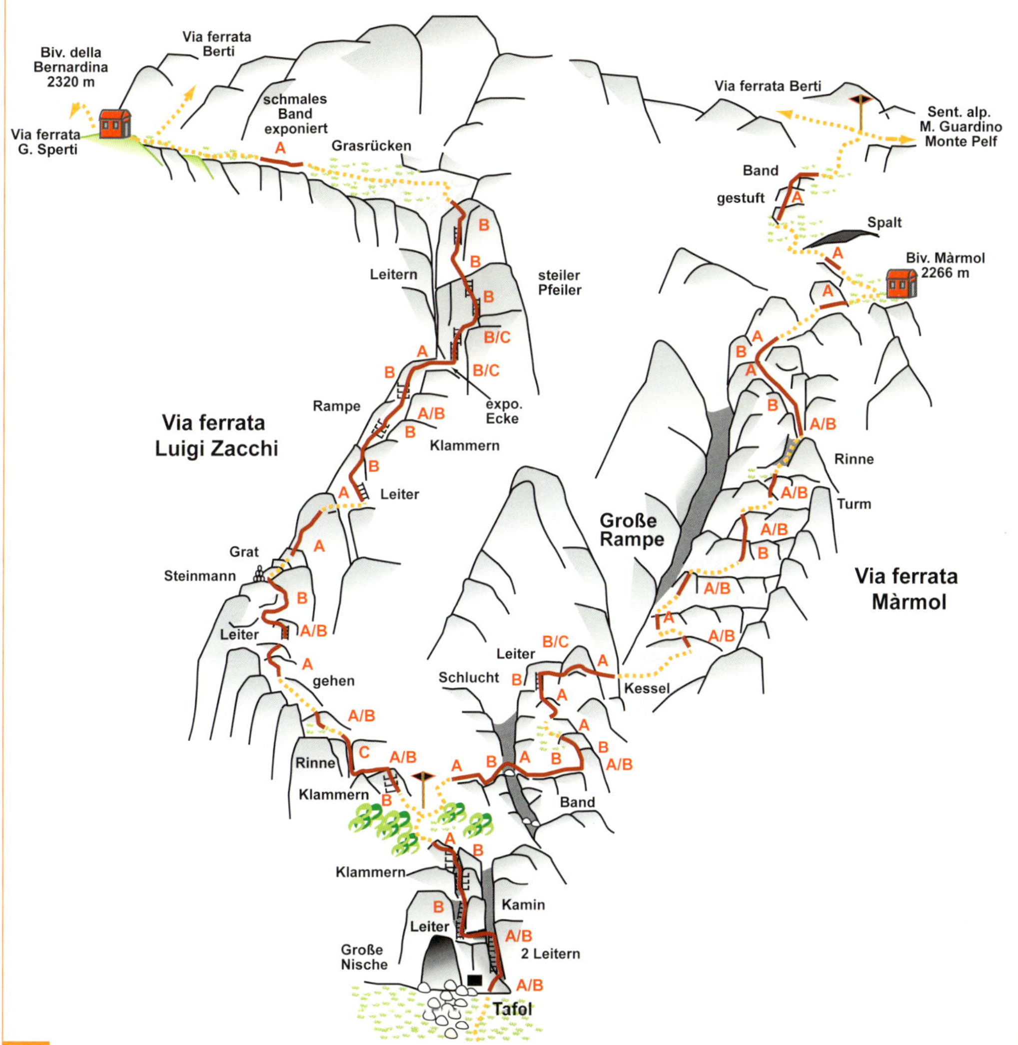

Topo

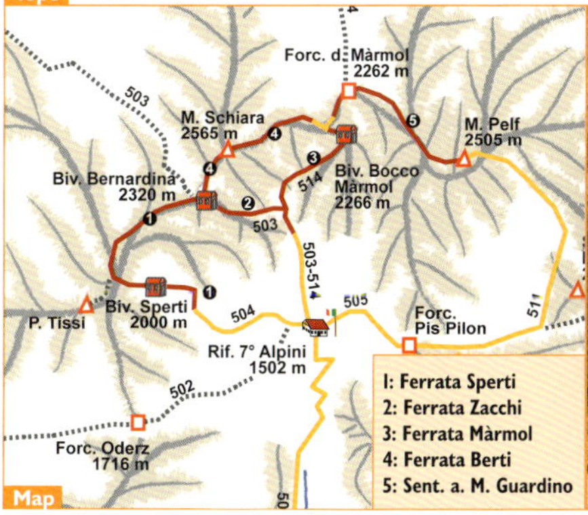

Map

Leiter in der Ferrata Marmol

Via ferrata Berti Schiara-Gruppe

Dem Monte Schiara direkt auf's Haupt geklettert

Monte Schiara, 2565 m

Auf dem Grat kurz vor dem Gipfel

schwierig 2

Sehr schön

Gut

Diff. C

7¼ Std.

1140 Hm

250 Hm
1 Std.

2¾

3½ Std.

W, O

ab 14 J.

Juli - Sept.

2565 m

P N 46.18299
E 12.19568

E N 46.22823
E 12.18007

Gehzeiten/Time
Biv. Bernardina - Gipfel des Monte Schiara: 1 Std.
Gipfel - Biv. Bocco: ¾ Std.;
Biv. Bocco - Ferrata Màrmol - Rif. 7° Alpini: 2½ Std.

Besonderheiten: Die Ferrata Berti ist der Gipfelklettersteig der Schiara-Gruppe und wird gerne in Verbindung mit der Ferrata Zacchi und der Ferrata Màrmol gemacht. Der Steig hat ein paar anstrengende Vertikalpassagen, die nach dem langen Aufstieg über die Ferrata Zacchi durchaus fordernd sein können. Auch ist der Steig auf dem Gipfel noch nicht zu Ende – ein langer Grat leitet hinüber zum Nachbarbiwak, perfekter Panoramablick auf Belluno bis hin zum Meer.

Info

Talort: Belluno, 241 m

Ausgangspunkt: Parkplatz Case Bortot über Bolzano-Bellunese, 730 m

Karten: Tabacco 024, Prealpi e Dolomiti Bellunesi; Kompass WK 77, Alpi Bellunesi

Anreise und Zustieg: Siehe Via ferrata Zacchi bzw. Via ferrata Màrmol.

Route: Direkt hinter dem Bivacco della Bernardina (erreichbar auf der Via ferrata Zacchi, Beschreibung siehe dort, ca. 2¾ Std. vom Rif. 7° Alpini) steigt man in östlicher Richtung auf ein Band (Markierung) und folgt diesem über Schrofen zu den ersten Seilsicherungen bei einer kleinen Leiter (B). Ein weiteres Band leitet nach links zu einer steilen Stufe unterhalb einer Rinne. Auf der dort angebrachten, schweren Leiter (C) in die Rinne

Auf dem langen, leichten Abstiegsgrat

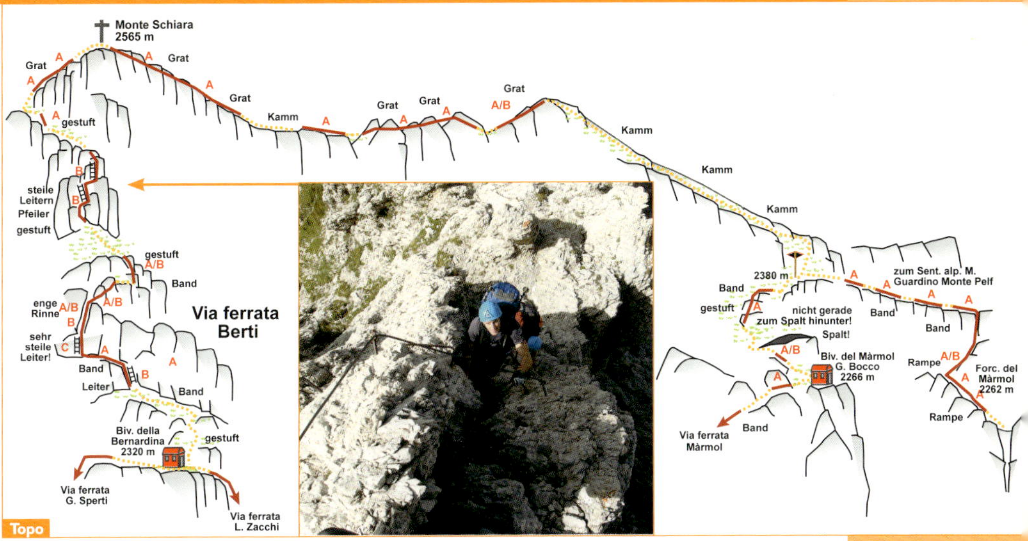

Topo

(A/B), an deren Ende rechts auf Bandsystemen (A/B) und über gestuftes Gelände (A/B) auf einen schönen Wiesenabsatz. Der Markierung zur nächsten steilen Stufe folgen, die mit Hilfe zweier Leitern (B) überwunden wird. Über Grat und Schrofen erreicht man den Grat (A), der direkt unter dem Gipfel im Schutt endet.

Abstieg: Vom Gipfel östlich über den langen Grat (auf- und absteigend, Stellen bis A/B) auf eine Wiesenkuppe und über den Kamm hinunter zur Abzweigung zur Forc. del Màrmol (Tafel). Von der Tafel leicht rechts halten und über gestuftes, grasiges Gelände (A) hinunter zur letzten Wandstufe (A) und zum Biwak Bocco-Màrmol (2066m). Achtung: Am Ende nicht direkt zu dem Spalt hinunter, dieser kann nicht überschritten werden!

Ausrüstung: Komplette Klettersteigausrüstung und Helm.

Bemerkung: Die Via ferrata Berti sollte nur bei sicherem Wetter gemacht werden (man bewegt sich meist direkt auf dem Grat). Die Tour ist im Grunde kein eigenständiger Klettersteig, sondern dient primär als Gipfelklettersteig nach einem der beiden zentralen Schiara-Ferratas (Zacchi oder Màrmol).

Übersicht der Ferrata Berti ab Biv. d. Bernardina

English Version

Ferrata Berti is the summit route of the Schiara group. You can combine it very well with Ferrata Zacchi and Ferrata Màrmol. It has a few exhausting vertical passages, which can become really demanding after the long ascend on Ferrata Zacchi.

Route: See topo – the route connects both of the fixed bivouacs in the centre of the Schiara group.

Bivacco della Bernardina, 2320 m, Notunterkunft.

Bivacco Bocco - Màrmol, 2266 m, Notunterkunft.

L4

Sentiero alpinistico M. Guardino Schiara-Gruppe

Einsame Überschreitung des Monte Pelf

Monte Pelf, 2505 m

Schlüsselstelle über der Forc. d. Màrmol

schwierig 2,4

Schön

Gut

Diff. B/C

7½ Std.

1250 Hm

370 Hm 1¾ Std.

3¼ Std.

2½ Std.

N, S

ab 15 J.

Juli - Sept.

2505 m

P N 46.18299 E 12.19568

E N 46.23120 E 12.19954

Gehzeiten/Time

Rif. 7° Alpini - Biv. Bocco/Màrmol: 2¾ Std.
Biv. - Forc. d. Màrmol: ½ Std.
Forc. Màrmol - Pelf: 1¾ Std.;
Pelf: - Rif. 7° Alpini: 2½ Std.

Besonderheiten: Der Weg für die Alpinisten ist – wie der Name schon sagt - ein nicht zu unterschätzendes Abenteuer! Oft bewegt man sich auf ungesichertem Schrofengelände bzw. in den an beiden Seiten recht steil abfallenden Gratpassagen und ein fast nicht enden wollendes Auf und Ab führt schlussendlich zum Gipfel. Für erfahrene Konditionstiger die perfekte Abrundung der Schiara-Überschreitung!

Info

Talort: Belluno, 241 m

Ausgangspunkt: Parkplatz Case Bortot über Bolzano-Bellunese, 730 m

Karten: Tabacco 024, Prealpi e Dolomiti Bellunesi; Kompass WK 77, Alpi Bellunesi

Anreise: Siehe Via ferrata Zacchi bzw. Via ferrata Màrmol.

Zustieg: Vom Rif. 7° Alpini (erreichbar in 2½ Std. vom Parkplatz) über die Ferrata Màrmol (B/C, oft leichter, 810 Hm ab dem Rifugio) zum Biv. Bocco-Màrmol aufsteigen. Hinter dem Biwak den Markierungen folgen, bis nach einer kurzen versicherten Passage eine Abzweigung (Tafel) kommt. Dort rechts, auf dem Weg 514, zuerst auf einem Band (A), dann über Rampen (A/B) in die Forc. del Màrmol (2262 m) absteigen. In der Scharte östlich zum Einstieg bei roter Markierung.

In der unteren Steilstufe vor dem Grat

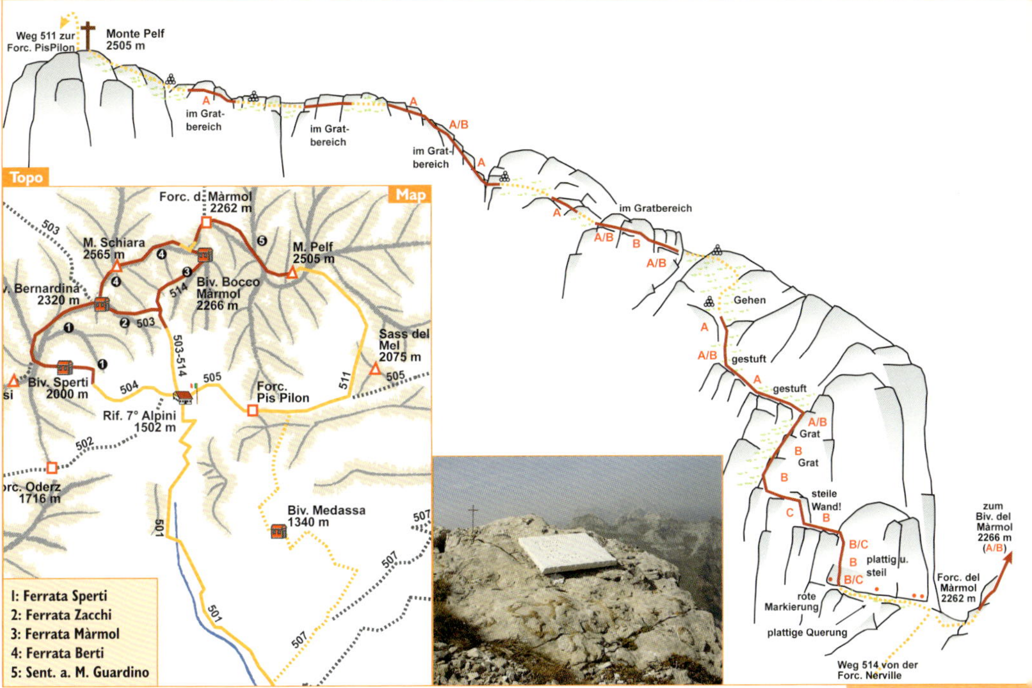

Route: Siehe Topo, die Route ist rot markiert, die Schwierigkeiten sind gleich am Anfang bei der Steilstufe oberhalb der Forc. del Màrmol - oben sehr viel Gehgelände.

Abstieg: Vom Gipfel folgt man dem Weg 511 (tlw. steile Wiesenhänge und Schrofen) hinunter zum Sass del Mel. Danach trifft man auf den Weg 505, und folgt diesem bis zur Forc. Pis Pilon. Von der Scharte steigt man zum Rif. 7° Alpini ab (kurze Seilsicherung). Schöne Abstiegsvariante ins Tal - vor der Forc. Pis Pilon links über das Biv. Medassa absteigen - unten auf dem Weg 501 zum Parkplatz.

Ausrüstung: Komplette Klettersteigausrüstung und Helm.

Bemerkung: Die lange Tour erfordert Alpinerfahrung - bei Nässe sehr heikel!

Übersicht des Sentiero alpinistico M. Guardino

English Version

As its name already indicates this path for alpinists should not be underestimated! You have to move a lot on unsecured areas with broken rocks or between ridges that have steep slopes on both sides.

Route: The route begins in Forc. del Màrmol. The best way to get to the gap is to ascend on Ferrata Màrmol (see topo). From the summit you first have to take path 511 and later path 505 to descend to Rif. 7° Alpini.

Bivacco Bocco - Màrmol, 2266 m, Notunterkunft.

Neuer (Südwand) Klettersteig Ortlergruppe

Über spannende Linienführung auf einen 3000er — Tschenglser Hochwand, 3375 m

Stahlseilakt mit Gletscherblick

schwierig 2

Sehr schön

Gut

Diff. C

8 Std.

1700 Hm

330 Hm 1½ Std.

3½ Std.

3 Std.

S

ab 13 J.

Juli - Sept.

3375 m

P N 46.52521 E 10.59432

E N 46.56036 E 10.62809

Gehzeiten/Time

Sulden - Düsseldf. Htt.: 2 Std.
Kanzel - Düsseldfhtt.: 1½ Std.
Hütte - Einstieg: 1½ Std.
Einstieg. - Gipfel: 1½ Std.
Gipfel - Sulden: 3 Std.

Besonderheiten: Der 2002 errichtete „neue Klettersteig" führt in spannender, zum Teil recht luftiger Linienführung durch die Südabstürze der Tschenglser Hochwand. Technische Höhepunkte sind die steile Einstiegswand und eine Leiter im oberen Teil. Der knapp einen Kilometer lange Steig ist einer der höchst gelegenen Klettersteige der Alpen. Im oberen Teil entspricht die Routenführung dem Erich-Otto-Klettersteig bzw. dem alten Normalweg. Vom Gipfel eröffnet sich ein herrliches Panorama auf Königsspitze, Ortler und zahlreiche Dreitausender. Der Blick auf das 2400 Meter tiefer liegende Tschengls bzw. zum Kleinen Angelusferner ist ebenfalls beeindruckend.

Info

Talort: Sulden, 1857 m

Ausgangspunkt: Parkplatz Kanzel-Sessellift in Sulden, 1845 m

Karten: Tabacco 08, Ortles-Cevedale Ortlergebiet; Kompass WK 072

Anreise: Auf der Autobahn A22 bis zur Ausfahrt Bozen Süd. Weiter auf der Staatsstraße 38 über Meran in den Vinschgau und nach Prad am Stilfser Joch. Von Prad bis Gomagoi und dort links nach Sulden abbiegen. Beim Kanzel-Sessellift südöstlich des Ortszentrums parken. Zufahrt auch über den Reschenpass möglich.

Zustieg: Von Sulden auf dem Weg 5 durch das Zaytal zur Düsseldorfer Hütte (2721 m) und weiter zur Abzweigung von Weg 5a (Wegweiser) aufsteigen. Am besten beim Wegweiser den Helm aufsetzen. Weiter auf dem Weg 5 zur Abzweigung des „Neuen Klettersteiges" (Wegweiser) und zum Einstieg. Die alternative Auffahrt mit dem Sessellift verkürzt die Zustiegszeit um etwa 30 Minuten.

Der Gletscherbruch des Kleinen Angelusferners

Route: Der erste Aufschwung (C) nach dem Einstieg stellt gleich die Schlüsselstelle dar. Nach einem

In einer der steileren Platten

erdigen Flachstück (A) folgt eine Plattenquerung (B) und leichtes Gelände (A/B) führt zu einem ausgesetzten Eck (B). Nach einem weiteren leichten Stück (A/B) wird ein Pfeiler (B) erklommen. Nach einer ansteigenden Querung (B) geht es direkt an der Felskante (zuerst B/C, dann B) empor. Eine leichte Querung (A) und plattiges Gelände (B) führen zur Vereinigung mit dem Erich-Otto-Klettersteig. Auf einen Absatz und im blockigen Gehgelände nach rechts queren (zuletzt A/B) und über die Plattenrampe (B) auf einen Absatz. Eine Leiter (A/B) führt auf den blockigen Grat (B), wo man auf den Normalweg trifft. Dem breiten, plattigen Kamm (A/B) zum Absatz folgen und über den unten überhängenden, nur mit Klammern versicherten Block (A/B) auf einen kleinen, blockigen Grat. Über eine Rechtsquerung (A) zum Ausstieg (A/B) unterhalb des Gipfels.

Abstieg: Vom Gipfel ein Stück über den Klettersteig absteigen, dann dem alten Normalweg über den SW-Grat (rote Markierung) folgen. Über eine Geröllhalde zurück zum Aufstiegsweg und weiter ins Tal. Die alternative Sesselliftfahrt spart etwa 30 Minuten.

Ausrüstung: Komplette Klettersteigausrüstung, Helm.

Bemerkung: Am Hohen Angelus (3521 m) gibt es noch den Nordwestgrat Steig (Reinstadler-Route) - dieser ist kein gesicherter Klettersteig (Felskletterei bis zum 2. Grad).

Unterhalb des Gipfels der Hochwand

English Version

The so-called "new ferrata" was built in 2002 and leads in an exciting partly quite exposed way through the south face of Tschenglser Hochwand. Technical highlights are the steep beginning of the climb and a ladder near the top. This almost one kilometer long route is one of the highest situated ferratas in the Alps. From the summit you have a wonderful vista to Königspitze, Ortler and numerous other 3000-meter peaks. The view to the town Tschengls 2400 meters below and to small Angelus glacier is also impressing.

Route: Ascend trail 5 via Düsseldorfer hut to the foot of the rock wall. A sign guides the way to the beginning of the climb. Route see topo! Descend the ferrata until the normal route branches off. Follow the normal route (red marks) to the ascent.

M1 Neuer (Südwand) Klettersteig Ortlergruppe

Rifugio/Hütte
Düsseldorfer Hütte, 2721 m, CAI Milano; Juni – Sept. bew. Telefonnr.: +39 0473 613115. Infos: www.duesseldorferhuette.com

Otto-Erich Klettersteig

Tschenglser Hochwand, 3375 m

Alpine Kletterei auf die Hochwand

M2

Im oberen Teil der Otto-Erich Route

Besonderheiten: Einfache alpine Tour über den leichten „Klettersteig" - ohne Eiskontakt - auf die Tschenglser Hochwand. Vom über 3000 Meter hohen Gipfel hat man einen perfekten Blick hinab in den Vinschgau.

Info

Talort: Sulden, 1857 m

Ausgangspunkt: Parkplatz Kanzel-Sessellift in Sulden, 1845 m

Karten: Tabacco 08, Ortles-Cevedale Ortlergebiet; Kompass WK 072

Anreise: Auf der Autobahn A22 bis zur Ausfahrt Bozen Süd. Weiter auf der Staatsstraße 38 über Meran in den Vinschgau und nach Prad am Stilfser Joch. Von Prad bis Gomagoi und dort links nach Sulden abbiegen. Beim Kanzel-Sessellift südöstlich des Ortszentrums parken. Zufahrt auch über den Reschenpass möglich.

Zustieg und Route: Siehe Neuer (Südwand) Klettersteig. Die Tour folgt dem Grat direkt oberhalb der Abzweigung zum Neuen Klettersteig und ist an einigen Stellen mit Leitern und Seilen versichert, es gibt aber auch ungesicherte Blockkletterei. Oben Zusammenschluss mit dem Neuen Klettersteig (siehe Topo „Neuer Klettersteig").

Abstieg: Siehe Neuer (Südwand) Klettersteig. **Ausrüstung:** Klettersteigset und Helm.

Bemerkung: Der Otto-Erich Klettersteig ist zwar an den heiklen Stellen gesichert, sollte aber nur von Geübten und im Aufstieg begangen werden.

mäßig schwierig 2,4

Schön	
Mittel	
Diff.	B, 2-
	8 Std.
	1700 Hm
	330 Hm 1½Std.
	3½ Std.
	3 Std.
	S
	ab 15 J.
	Juli - Sept.
	3375 m
P	N 46.52521 E 10.59432
E	N 46.56013 E 10.62742

Gehzeiten/Time

Sulden - Düsseldf. Htt.: 2 Std.
Kanzel - Düsseldfhtt.: 1½ Std.
Hütte - Einstieg: 1½ Std.
Einstieg. - Gipfel: 1½ Std.
Gipfel - Sulden: 3 Std.

English Version

Erich Otto is an alternative to "Neuer Klettersteig" onto the very scenic Tschenglser Hochwand. From the more than 3000 meters high summit you have a perfect vista down into Vinschgau. This ferrata is recommended for ascent only because it is secured just in tricky sections.

Route: Ascent, route and descent see "Neuer Klettersteig".

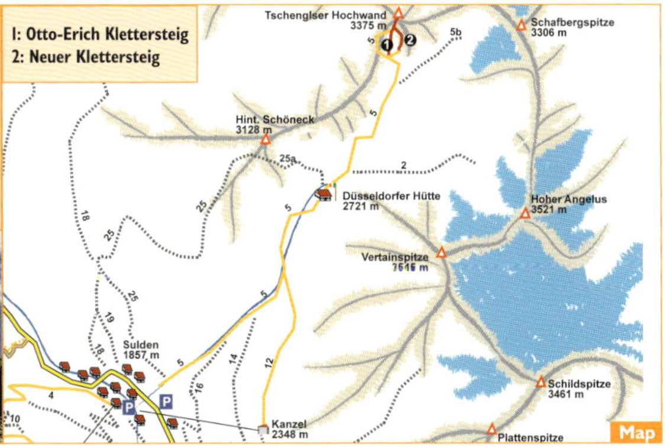

M3 Tabaretta Klettersteig Ortlergruppe

Gewaltige Extrem-Ferrata im Schatten der Ortler Nordwand — **Tabarettaspitze, 3128 m**

Die extreme Schlüsselstelle „gele Knott"

extrem schwierig 2,9

Sehr schön

Gut

Diff. E

7½ Std.

1230 Hm

500 Hm 2½ - 3 Std.

2½ Std.

2½ Std.

0

ab 15 J.

Juli - Sept.

3040 m

P N 46.52582 E 10.58555

E N 46.52636 E 10.54738

Gehzeiten/Time

Sulden - Tabarettahtt.: 2 Std.
K2 Htt. - Tabarettahtt.: 1 Std.
Tabarettahtt. - Einstg.: ½ Std.
Einstieg - Payer Htt.: 3 Std
Payer Htt. - Sulden: 2½ Std.

Besonderheiten: Das wilde Ambiente der Ortler-Nordabbrüche lässt beim Zustieg bereits erahnen, was auf den Begeher dieses Klettersteiges zukommt. Schon beim ausgesetzten Querungssteig ab der Tabarettahütte ist sehr gute Trittsicherheit gefragt. Die über 500 Meter hohe und glatte Felswand erfordert eine enorme Kraftanstrengung. Der Klettersteig zeichnet sich durch sehr lange - nur mit einem Stahlseil gesicherte - Steilpassagen, luftige Kanten und ausgesetzte Quergänge aus. Nur selten gibt es breite Bänder, auf denen gerastet werden kann. In dieser Höhenlage stellt der Klettersteig somit eine echte Herausforderung dar - auch für gute Geher! Die landschaftliche Kulisse der Bergriesen um Sulden und der perfekte Ausblick auf die berühmte Ortler-Nordwand macht den Steig zur Ultra-Ferrata, die man gemacht haben sollte!

Info

Talort: Sulden, 1857 m

Ausgangspunkt: Parkplatz Kanzel-Sessellift in Sulden, 1845 m

Karten: Tabacco 08, Ortles-Cevedale Ortlergebiet; Kompass WK 072

Anreise: Auf der Autobahn A22 bis zur Ausfahrt Bozen Süd. Weiter auf der Staatsstraße 38 über Meran in den Vinschgau und nach Prad am Stilfser Joch. Von Prad bis Gomagoi

Hinten Nordwand und Ortler Gipfel

Immer senkrecht hinauf

und dort links nach Sulden abbiegen. Je nach Möglichkeit nahe des Ortszentrums parken. Zufahrt auch über den Reschenpass möglich.

Zustieg: Von Sulden auf dem Weg Nr. 4 zur Tabarettahütte aufsteigen, gleich bei der Hütte zweigt der luftige Steig zum Einstieg ab (orange markiert). Alternativ kann man auch mit dem Sessellift zur Langenstein Hütte auffahren und zur Tabarettahütte hinübergehen (Weg 10, dann 4; Zeitersparnis ca. 1 Std.), oder vor Sulden im Bereich der großen Schutthalde zur Tabarettahütte aufsteigen (markierter Weg).

Route: Vom Einstieg die sehr steile und glatte Verschneidung (C/D) hinauf, bis nach einem Flachstück ein Überhang (D) kommt. Dieser führt zu glatten Platten (C), die zu einem Flachstück leiten (A/B). Danach folgt ein sehr steiler Riss (D) und nach einer kurzen leichten Passage (A/B) kommt man zu einer ansteigenden Rechtsquerung (C) und einer Steilpassage (C/D). Dann vom Band sehr steil (D/E) in die glatte und trittlose Querung (E) bis zu einem Rastpunkt an der Kante. Ab dort sehr steil (C und C/D) aufwärts, bis man wieder flaches Gelände (A und B) erreicht. Diese längere leichte Passage wird durch eine glatte Platte (C) nur kurz unterbrochen und führt zur langen leichten Rechtsquerung (A). Danach zuerst an der Kante (B/C) aufwärts, dann über die sehr steile, glatte und luftige

Hoch über der Tabarettahütte

English Version

Tabaretta fixed rope route is one of the most difficult fixed rope routes in Europe. Even smooth parts of the rock wall have only a safety rope without any artificial steps. Because of the great difficulties just under 3000m a good endurance is required.

Route: From Sulden ascend path 4 to Tabaretta hut. Behind the hut starts an exposed path to the beginning of the climb. Route see topo. Descend the normal Route right hand to Payer hut and from there on path 4 back to Sulden.

Tabaretta Klettersteig Ortlergruppe

Ausstieg bei der Julius Payer Hütte

Tabarettahütte, 2556 m, privat; Mitte Juni bis Mitte Okt. bew. Tel: +39 347 2614872; Infos: www.tabaretta.com

Julius Payer Hütte, 3029 m, CAI; Mitte Juni bis Mitte Sept. bew. Tel: +39 0473 613010; Infos: www.sulden.com

Verschneidung (D) zu einer Platte (C). Nach der Platte folgt gestuftes Gelände (B und A), das nur durch einen kurzen Überhang (C) unterbrochen wird. Weiter über flaches Schuttgelände (A) zum Ausstieg auf dem Grat im Nahbereich der Julius Payer-Hütte.

Abstieg: Der Klettersteig trifft auf den breiten Normalweg zum Ortler, auf diesem nach rechts zur nahen Payer-Hütte. Von der Hütte über den markierten Weg Nr. 4 wieder zur Tabarettahütte absteigen und zurück nach Sulden.

Ausrüstung: Komplette Klettersteigausrüstung, Klettersteighandschuhe, Helm und evtl. Kletterschuhe. Für schwächere Geher ein kurzes Sicherungsseil.

Bemerkung: Der Tabaretta Klettersteig gehört zu den schwersten und eindrucksvollsten Klettersteigen in Europa! Nur bei sicherem Wetter einsteigen und auf jeden Fall nur mit Helm klettern! Bei Schneelage und Nässe nicht zu empfehlen, auch die Gipfelhöhe (über 3000 m) sollte berücksichtigt werden. **Achtung:** In der Tour gibt es keinerlei Notausstiege oder Fluchtmöglichkeiten!

Tipp: Man zieht sich die Ausrüstung gleich bei der Tabarettahütte an, da hat man weniger Aufenthaltszeit im sehr ausgesetzten Einstiegsbereich - Steinschlag. Der Steinschlag spielt auf diesem langen Klettersteig eine große Rolle (Schuttbänder)!

Abstieg gegen den Ortleransturm

Übersicht des Tabaretta Klettersteiges

Topo

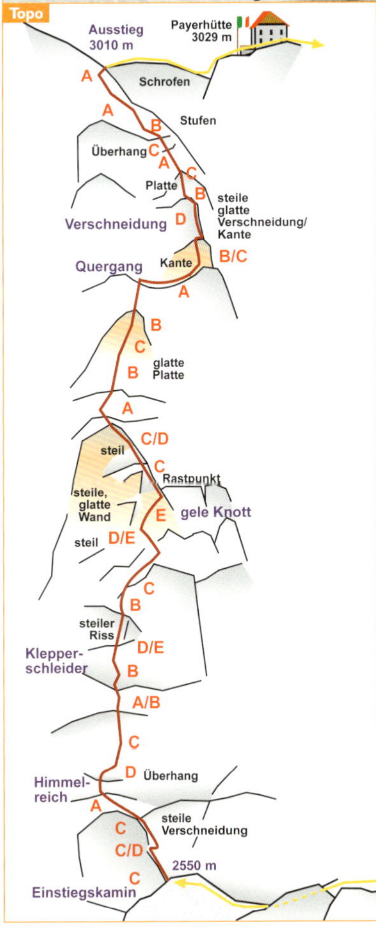

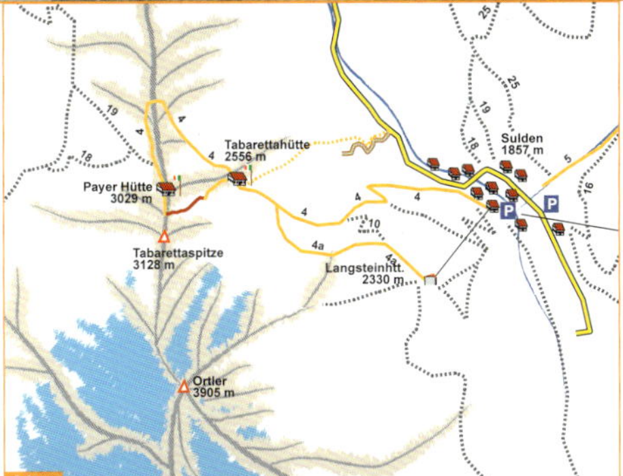

Map

Ortler-Blick von der Payerhütte

Fennberg-Klettersteig Nonsberggruppe

Langer Anstieg hoch über dem Etschtal

Unterfennberg, 1047 m

Lange Leiternpassage im unteren Teil

schwierig 1,5 3 2 1

Mittel

Gut

Diff. C

6 Std.

1000 Hm

750 Hm
2½ Std.

15 Min.

3 Std.

SO

ab 8 J.

März - Nov.

1167 m

P N 46.25655 E 11.20439

E N 46.25714 E 11.20360

Gehzeiten/Time
Parkplatz - Einstieg: 15 Min.
Einstieg - Ausstieg: 2½ Std.
Ausstieg - Margreid: 2 Std.
Margreid - Parkplatz: 1 Std.

Besonderheiten: Interessante Via ferrata an den Osthängen des Etschtals, direkt an der Grenze zwischen Südtirol und dem Trentino. Technische Höhepunkte sind die steilen Wandstellen im unteren Teil, die mit drei Leitern und zahlreichen Klammern überwunden werden. Landschaftlich bietet der Klettersteig zwar keine besonderen Felsformationen, dafür aber eindrucksvolle Ausblicke ins Etschtal. Wird der Klettersteig im Frühsommer begangen, entschädigen blühende Blumenwiesen für das sehr lange Gehgelände im Mittelteil - im Sommer ist es in der Regel zu heiß.

Info

Talort: Margreid an der Weinstraße, 241 m

Ausgangspunkt: Straße Margreid – Rovere auf halbem Weg (Provinzgrenze), 208 m

Karten: Tabacco WK 049, Südtiroler Weinstraße; Kompass WK 74

Anreise: Auf der Autobahn A22 bis zur Ausfahrt Neumarkt-Auer. Weiter gut 5 km auf der Staatsstraße 16 in südlicher Richtung. Rechts über die Etsch und nach Margreid. Im Ort links und knapp 4 km bis zur Provinzgrenze.

Zustieg: Vom Ausgangspunkt dem Wegweiser folgend einen schmalen Pfad zum Einstieg hinauf.

Route: Siehe Topo, die Schlüsselstelle ist der Einstiegskamin (C), oben gibt es dann noch eine kurze Steilstufe (B/C).

Abstieg: Vom Ausstieg zuerst ein Stück aufsteigend, dann absteigend durch den Wald zur Siedlung Unterfennberg. Der Asphaltstraße ein Stück bis in den

Übersicht Fennberg-Klettersteig

Plattenquergang hoch über dem Etschtal

Wald folgen und scharf rechts in einen unscheinbaren Waldweg abbiegen (etwa 250 m nach dem Haus mit den Sonnenuhren, bei N 46.27160, E 11.19012). Der Waldweg führt in Kürze zu einer weiteren Asphaltstraße. Dort kurz rechts und bei Maria im Schnee links auf den alten Fennerweg (Weg 3). Über diesen – teils forststraßenähnlichen – Wanderweg nach Margreid absteigen (Asphalt ab der Fenner Schlucht) und auf der Straße zurück zum Ausgangspunkt (evtl. Autostopp). Alternativer Abstieg Rovere - siehe Karte.

Ausrüstung: Komplette Klettersteigausrüstung, Helm.

Bemerkung: Aufgrund des langen, wenig attraktiven Abstiegs (mehrere Kilometer Asphaltstraße) empfiehlt es sich, ein zweites Fahrzeug in Unterfennberg abzustellen. **Tipp** „Auto+Fahrrad“: Man parkt das Auto in Unterfennberg und fährt mit dem Fahrrad zum Ausgangspunkt hinunter. So hat man den Genuss einer rasanten Talfahrt mit dem Fahrrad und braucht außerdem nur ein Auto.

English Version

Interesting ferrata at the east slopes of Etsch valley. Technical highlights are the steep walls in the lower part with leaders and cramps. Even the ferrata offers no special rock formations it allows impressive views into Etsch valley. If you climb the ferrata in the early summer, blooming flower meadows compensate for the very long walking terrain in the middle.

Route: Follow the signpost a narrow path up to the beginning of the climb. Hike to Unterfennberg and Maria Schnee and descend trail 3 to Margreid. Take the street back to your car.

N2

Via ferrata Burrone Giovanelli Nonsberggruppe

Sehr eindrucksvoller und leichter Klammklettersteig

Monte, 900 m

Der direkte Leiterneinstieg

mäßig schwierig 1,3

Sehr schön

Gut

Diff. B

4 Std.

730 Hm

440 Hm 1½ Std.

15 Min.

1 - 2½ Std.

S

ab 8 J.

März - Nov.

920 m

P N 46.226871 E 11.096760

E N 46.22864 E 11.09623

Gehzeiten/Time

Parkplatz - Einstieg: 15 Min.
E. - Baita dei Manzi: 2 Std.
B. d. Manzi - Monte: ½ Std.
B. d. Manzi - Parkpl.: 1 Std.
Monte - Parkplatz: 1½ Std.
Talstation - Parkpl.: ½ Std.

Besonderheiten: Sehr schöne und äußerst lohnende Route durch eine wildromantische, im Mittelteil sehr enge Klamm. Fast schon beklemmend, wenn man im Mittelteil durch die sehr schmale und hohe Klamm aufwärts geht! Highlight ist dann der riesige Wasserfall, bei dem man gut rasten kann. Die versicherten Passagen sind mäßig schwierig und von einigen schönen Leitern geprägt. Der direkte Einstieg mit zwei langen Eisenleitern ist auf jeden Fall zu empfehlen. Oben wählt der Interessierte den Abstieg über Monte, von dem Terrassendorf liegt einem das weite Etschtal zu Füßen. Von Monte schwebt man dann mit der kleinen „Selbstbedienungsseilbahn", die an der Bergstation ganz ohne Personal auskommt, wieder hinunter nach Mezzocorona.

Info

Talort: Mezzocorona, 219 m

Ausgangspunkt: Parkplatz nordwestl. des Ortes, 199 m

Karten: Kompass WK 75, Altopiano di Pine 1:35.000

Anreise: Auf der Brennerautobahn bis zur Ausfahrt „San Michele Mezzocorona", durch den Ort Mezzocorona in Richtung Mezzolombardo. Vor der Brücke zweigt rechts ein Sträßchen ab, dem man durch die Weinberge zu einem Parkplatz (Picknickplatz) folgt.

Zustieg: Vom Parkplatz (199 m, Hinweistafeln) auf dem Steig durch den Wald, nach ca. 5 Min. zweigt rechts der alte, „normale" Weg ab. Man hält sich aber links und gelangt zum Bach. Dort auf der anderen Bachseite dem Steiglein zum Einstieg in der Schlucht folgen.

Vor der sehr engen Schlucht

Die Madonna vor der engen Klamm

Route: Auf dem Band (A) in die Schlucht, weiter in einen Kessel. Auf der anderen Bachseite führen drei sehr luftige, lange Leitern aus der Schlucht (B) und nach ein paar Schrofenpassagen (A) erreicht man wieder den Steig. Auf diesem eine längere Strecke bergan, kurze leichte Kraxelstellen sind zu bewältigen. Bei einem Spalt geht es auf einer kurzen Leiter (A) weiter, über Schrofen (A) erreicht man erneut Gehgelände. Auf einem sehr schmalen und glatt polierten Band (A/B) gelangt man wieder in die Schlucht, eine kurze Leiter (A) muss zum Bach abgeklettert werden. Auf der anderen Bachseite eine steile Leiternreihe (B) bis zu einem Band (A) und vorbei an der Madonna neuerlich zum Bach. Ab dort eine Gehpassage durch die enge Klamm aufwärts, bis die Schlucht wieder breiter wird. Vor den nächsten Versicherungen kann man rechts zum Wasserfall abzweigen (lohnend). Links gelangt man leicht (A) zu einer Leiter mit einer Plattform am Ende (A/B), nach weiteren kurzen Leiternpassagen und Seilsicherungen (A bzw. A/B) führt der Steig rechts aus der Schlucht bis zu einem Schotterfahrweg.

Abstieg: Von der Baita dei Manzi (876 m) entweder links über den steilen Fahrweg zurück zum Parkplatz (ca. 1 Std.), oder man folgt dem Weg 505 zur schönen Terrassensiedlung Monte (Einkehrmögl.). Von dort entweder mit der Seilbahn hinunter nach Mezzocorona oder man wählt den Weg 504, der tlw. recht kühn hinunter in den Ort führt.

Unter dem großen Wasserfall

English Version

Very nice and good climb through a romantic and in the middle very narrow gorge where you might get claustrophobia. The highlight of the route is a huge waterfall with a good rest. The rope-fixed sections are moderately difficult and show up with some nice ladders. Take the direct beginning with the two long ladders!

Route: From the parking lot (199 m, sign) follow a path through the wood. After 5 minutes the "normal path" leads right but you stay left where you get to the river. Cross the river and follow it upstream to the beginning of the route. Route see topo! Descent from Baita dei Manzi (876 m) left on a steep path (1 hour) or follow path 505 to the nice terrace village Monte and from there descend by cable car.

Via ferrata Burrone Giovanelli Nonsberggruppe

Ü-Bild: Ferrata Burrone Giovanelli

Schwierigkeit: Mäßig schwieriger Stieg, der auch gut mit Kindern zu machen ist.

Ausrüstung: Kompl. Klettersteigausrüstung; für kleine Kinder Sicherungsseil.

Bemerkung: Der Steig ist auch gut mit Anfängern und Kindern zu machen. Trotz der Schlucht im Hochsommer oft sehr heiß. Den Steig auf keinen Fall nach Regenfällen oder bei Hochwasser gehen, da die Route oft direkt im Bachbett verläuft und der teilweise recht glatte Fels im feuchten Zustand unangenehm ist! Für kleinere Kinder ist die gesamte Tour trotz der Seilbahnfahrt recht lang, vor allem der Rückweg von der Talstation zum Parkplatz zieht sich etwas (evtl. zweiten PKW deponieren oder nach einer Mitfahrgelegenheit Ausschau halten). Beim Picknickplatz ist auch ein kleiner Teich. Sonst ist die Tour für Kids, abgesehen von der langen Gehpassage nach dem dir. Einstieg, recht abwechslungsreich. In Mezzocorona kann man noch das in die Felsen gebaute Castello di San Gottardo oberhalb des Ortes besuchen. Der Zustieg ist nicht markiert, die Burg wird wegen Steinschlagprobleme nicht beworben – also ein kleines Abenteuer.

Steile Leiternpassage vor der Madonna

Stufe im oberen Teil

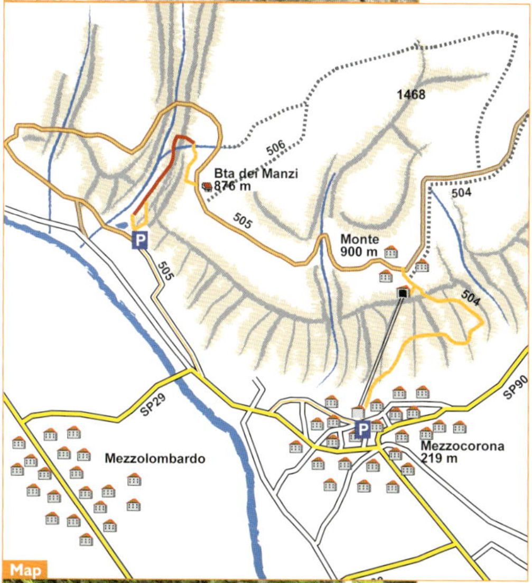

Map

Einstieg der direkten Variante

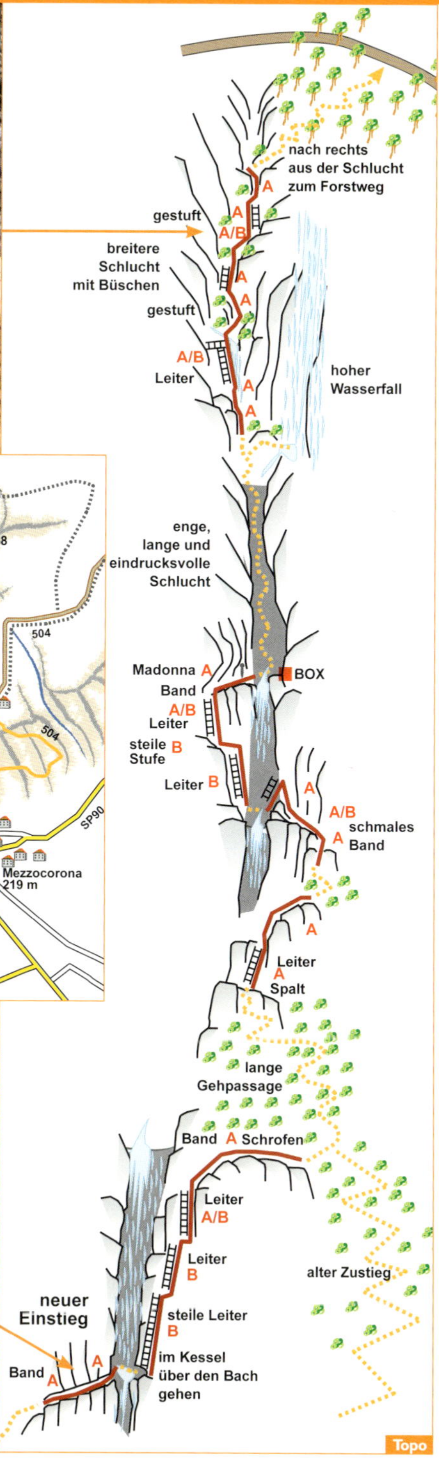

Topo

Via attrezzata Rio Secco **Fleimstaler Alpen**

Eindrucksvolle Schlucht-Ferrata im Etschtal — **Dosson, 719 m**

Im engen Canyon des Rio Secco

sehr schwierig 1,5

Sehr schön

Gut

Diff. D

3 Std.

450 Hm

260 Hm
2 Std.

¼ Std.

¾ Std.

W

ab 14 J.

April - Nov.

670 m

P N 46.21738
E 11.153011

E N 46.21685
E 11.15560

Gehzeiten/Time
Parkplatz - Einstieg: ¼ Std.
Einstieg - Ausstieg: 2 Std.
Über Schnellabstieg: ¾ Std.
Fadeo - Landsitz Monreale - Parplatz: ca. 1½ Std.

Besonderheiten: Rassiger und origineller Canyon-Klettersteig, der deutlich besser ist, als es auf den ersten Blick aussieht. Die schöne Steiganlage verläuft immer rechts oder links eines tiefen Canyons, man bewegt sich teilweise höhlenartig im Berg. Der Steig hat zahlreiche kurze knackige Steilstufen für die viel Armkraft nötig ist. Highlight ist neben dem „Höhlenambiente" aber die „Steinmännchen-Siedlung" im oberen Teil der Schlucht. Eine Begehung ist im Herbst zu empfehlen, da man zu dieser Zeit nicht nass wird. Im Frühjahr führt der Canyon Wasser - zum Teil recht viel - die Steinmännchen vom Vorjahr sind dann weggespült.

Info

Talort: San Michele all' Adige, 228 m

Ausgangspunkt: Parkplatz bei der Häusergruppe in Cadino, 214 m

Karten: Kompass WK 75, Altopiano di Pine 1:35.000

Anreise: Von Salurn auf der Staatsstraße 12 in Richtung San Michele all' Adige bis ca. 5 km nach Salurn in Cadino (kleine Häusergruppe mit Gasthof und Kapelle) ein großer Betonparkplatz bei einem Gasthof (Pizzeria) kommt, nicht direkt vor dem Gasthof parken. Alternative Zufahrt auch von der A22 Abfahrt San Michele all' Adige möglich.

Die steile Schlüsselstelle der Tour

Ausgesetzt geht es aufwärts

Zustieg: Vom Parkplatz kommt man auf der anderen Straßenseite zu einer Kapelle. Gleich hinter dem Kirchlein führt ein markierter Steig (Hinweistafel) durch Buschwerk hinauf zu einer Holzbank. Bei der Bank wird angeseilt und nach ein paar Schritten erreicht man die dahinter beginnenden Drahtseile.

Route: Vom Anseilpunkt hinab in den Canyon (A) und zum ersten Steilstück (B/C), dann flacher (B) in den nächsten Gumpen. Dort ist wieder eine Steilpassage (B/C), die nach einem Flachstück (A) in eine rinnenartige Verschneidung (C) führt. Beim Ausstieg aus der Verschneidung kommt man zum Aussichtsplatz „Belvedere" (A), von diesem etwas aufwärts und in den Canyon zurück (B). Nach einer kurzen steilen Wandpassage (B, dann C) steigt man auf der anderen Seite aus und folgt kurz dem Weg zum neuerlichen Einstieg in die Schlucht. Dort befindet sich eine schöne „Fotoecke" (Seilstück wurde extra für die Fotografen in den Gumpen gelegt). Danach folgt eine kraftraubende Querung (C/D) die in den nächsten Gumpen führt. Dort sehr steil (D; Gumpenstelle) aufwärts zu einer steilen Kante (C/D), die in den breiten Schluchtabschnitt leitet. Dort ist links ein Notausstieg (Wegweiser), man folgt aber rechts der Markierung (kurz A) und kommt in die „Steinmännchen-Siedlung". Nach der Errichtung eines eigenen Steinmannes geht es steil am rechten Rand weiter (C) und man gelangt nach einer Flachpassage (A) zur Höhle

Im unteren Teil des Rio Secco

English Version

Rio Secco is a very nice fixed rope route through a deep canyon with numerous short but challenging escarpments. The highlight is a colony of cairns in the upper part of the gorge. To avoid getting wet it is recommended to ascend in autumn.

Route: From the parking lot go to a chapel on the other side of the road. On the back side of the chapel follow a path (sign) to the beginning of the route (bench). Route see topo! At the end of the climb ascend to a junction at 590 m. Either take the left path (partly fixed ropes) back to the parking lot or the right one southwards to the village Faedo. From there hike on country lanes passing the nice country estate Monreale back to the parking lot (a bit longer 1 ½ h, but sunny and nicer).

Via attrezzata Rio Secco Fleimstaler Alpen

Ü-Bild: Via attrezzata Rio Secco

(Steigbuch). Danach steiler bis zur großen Grotte (C) und über die mit drei Klammern versehene, steile Schlusswand (C) zum Ausstieg bei einem großen Block.

Abstieg: Vom großen Block (Steigende) einige Meter der Schlucht folgen, bis links ein markierter Steig (kurz A) aus der Schlucht herausführt. Diesem folgt man bis zu einem Wegweiser (590 m) und wählt dann je nach Abstieg den Weiterweg. Entweder oben links über den westseitigen Abstieg (tlw. versichert; B) direkt zum Parkplatz hinunter, oder oben bei der Abzweigung nach rechts und südseitig zum nächsten Dorf (Faedo) und dann auf Feldwegen - vorbei an einem schönen Landsitz (Monreale) - zurück zum Ausgangspunkt (etwas länger, jedoch schöner und vor allem sonnig; ca. 1½ Std.).

Schwierigkeit: Sehr schwerer Sportklettersteig, eine Stelle D, sonst oft im Bereich C. Fluchtmöglichkeit in der Steigmitte.

Ausrüstung: Komplette Klettersteigausrüstung und Helm. Für schwächere Geher ein kurzes Sicherungsseil.

Bemerkung: Im Frühjahr bei Schmelzwasser nicht ungefährlich bzw. sogar unmöglich, da man diverse Gumpen (in denen dann Wasser ist) queren muss; nach starken Regenfällen verwandelt sich die Schlucht in einen gefährlichen Sturzbach!

My best friend is a Steinmann

Die Steinmännchen-Siedlung

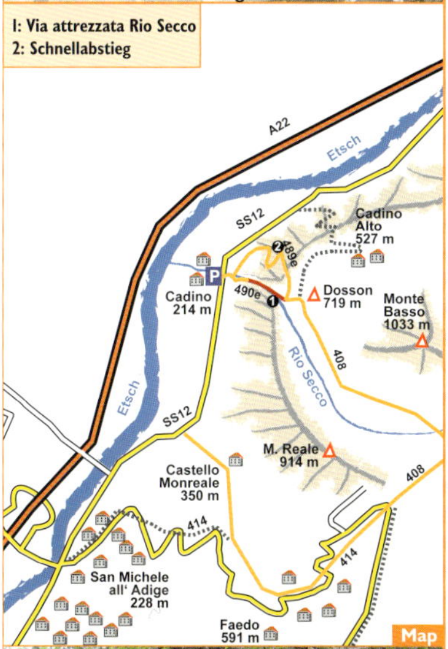

Einstieg hinter der kl. Holzbank

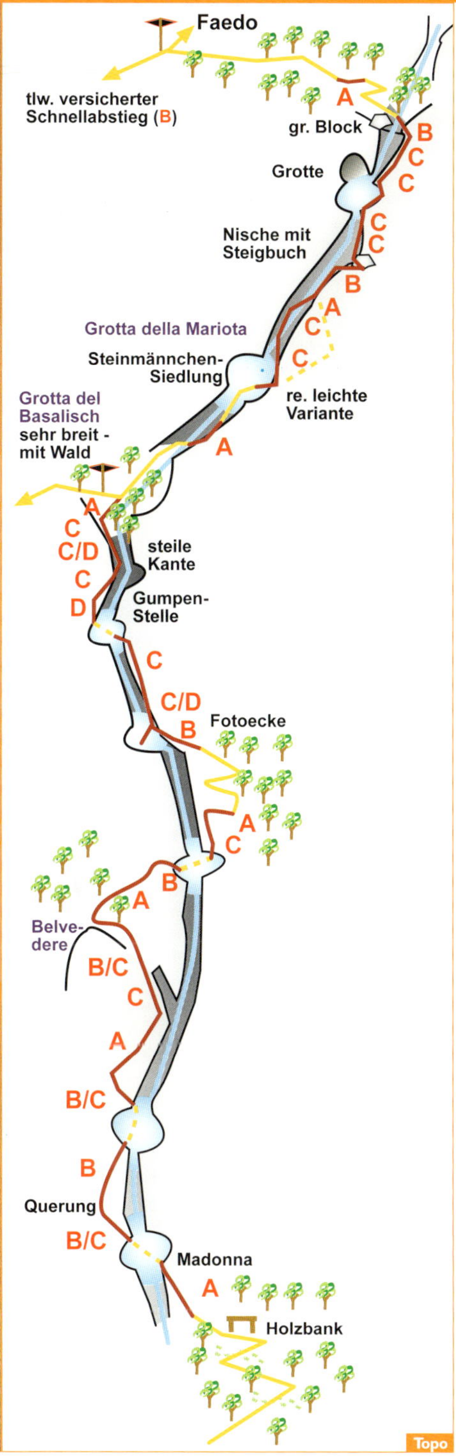

Brentagruppe

Cima Tosa, 3173 m

Die mächtigen Brentagipfel

Besonderheiten: Die Brentagruppe gehört zweifelsfrei zu den besten Gebieten, die in diesem Buch beschrieben sind. Weit über die italienischen Grenzen bekannt ist die Via delle Bocchette im Süden der Brentagruppe. Dieser Höhenweg ist einer der einzigartigsten Panoramasteige der Dolomiten. Die Via delle Bocchette verläuft zwischen dem Grostèpass und der XII Apostel Hütte entlang des Brentakamms auf einer durchschnittlichen Höhe von ca. 2500 bis 2700 m und gliedert sich in einzelne Teilabschnitte, wobei die Route, die stets über Grate und schmale Bänder mit berauschenden Tiefblicken verläuft, dementsprechend gut besucht ist. Ganz anders der Norden der Brenta, dort dominieren lange und alpinistisch anspruchsvolle Klettersteige, die etwas weniger spektakulär, dafür aber bedeutend ruhiger sind. Eine Handvoll Wanderwege mit Versicherungen (tlw. Seilsicherung) runden die Möglichkeiten ab. Optimaler Ausgangspunkt ist Madonna di Campiglio.

Anreise mit öffentlichen Verkehrsmitteln: Mit der Staatsbahn nach Mezzocorona oder Trento und evtl. weiter mit der Nonstalbahn nach Dimaro. Mit den Linienbussen der Trentino Trasporti (www.ttesercizio.it) zu den jeweiligen Ausgangspunkten.

Anreise mit dem Auto: Siehe Beschreibung bei den jeweiligen Touren.

i Touristeninfo

Tourismusbüro: Madonna di Campiglio

Web: www.campiglio.to

Azienda per il Turismo Madonna di Campiglio, Pinzolo, Val Rendena
Via Pradalago, 4
I-38086 M. di Campiglio TN
Tel. +39 0465 447501
Fax +39 0465 440404
E-Mail: info@campiglio.to

i Brentainfos

dolomitibrenta.it

Internetseite mit sehr umfangreichen Brenta-Informationen. Sowohl zu den Klettersteigen als auch zu den Schutzhütten.

Autonome Provinz Trient

Region: Trentino-Südtirol

Einwohner: ca. 513000

Fläche: ca. 6.200 km²

Berg: M. Cevedale, 3769 m

Web: www.provincia.tn.itt

Auf einem Band - Bocchette Centrale

Durchquerung

Via delle Bocchette – in 4 Tagen durch die Brenta: 1. Tag: Passo del Grostè - Sentiero Alfredo Benini zum Rifugio Tuckett; **2. Tag:** Sentiero Bocchette Alte zum Rifugio Alimonta; **3. Tag:** Via delle Bocchette Centrale zum Rifugio Pedrotti-Tosa; **4. Tag:** Sent. Brentari und Sent. dell'Ideale zum Rifugio XII Apostoli und Abstieg nach Madonna di Campiglio.

Weitere nicht detailliert beschriebene Brenta Steige:

Sent. attrezzato Passo Bregàin (A/8,5 Std./90 m versichert): Nette Aussichtsquerung, mit kaum Eisen. Ausgangspunkt Ortsteil Senaso, 781 m, in San Lorenzo in Banale (Anfahrt über Trento und Sarche). Entweder weglos links über Le Mase oder rechts auf der Straße, die zum Rif. Alpenrose führt, bis zum Weg 351. Auf diesem zur Forcella (Passo) Bregàin und unter dem Doss Alto über steile Flanken (bei Nässe gefährlich!), die auf knapp 100 Meter seilversichert sind, zur Malga Ben. Ca. 500 m danach auf dem Weg 351b zur Ponte de Paride ins Val d'Ambiéz absteigen und zurück über das Ristoro Dolomiti nach Senaso.

Sentiero Donini (A/4,5 Std./250 m versichert): Schöner Rundweg im Val delle Seghe. Ausgangspunkt: Parkplatz am Eingang des Val delle Seghe Molveno (Anfahrt A22 Mezzocorona - Andalo – Molveno). Zur Baita Ciclamino und links zur Malga Ceda di Andalo. Der Weg ist kurz vor der Malga di Andalo versichert. Dann rechts auf dem Weg 332 zum Rifugio Selvata, 1657 m (3¼ Std. von Molveno); auf knapp 150 m versichert ist ein Band am Fuß der Croz di Selvata. Abstieg/Rückweg auf dem Weg 319 (1½ Std.).

Sent. Palmieri Alto (Weg 320b; A/2,5 Std.): Eine angenehme Verbindungsroute, ohne große Höhenunterschiede zwischen Rif. Pedrotti/Tosa und Rif. Agostini, die etwas rassiger ist als der darunter liegende, unversicherte Sentiero Palmieri, Weg 320.

Sent. Fino Serafini (A/3 Std./100 m versichert): Als Steig ist die Querung unter dem Monte Spinale nicht lohnend. Doch in Verbindung mit dem Besuch der drei Wasserfälle im Val Vallesinella (Alte, Mezzo u. Sotto) ergibt sich eine schöne Runde von Madonna di Campiglio.

English Version

Brenta is one of the best areas in this book and Via delle Bocchette ridgeway in the southern half of Brenta at the main crest, lasting several days, is internationally famous. It is remarkable for its unique rock ledges and ladder passages. Besides this highlight, there are many more interesting routes and hikes. If you want to avoid the many mountaineers on Via delle Bocchette, you can find loneliness north of Passo del Grostè.

Tour combinations:

Via delle Bocchette (4 days): Day 1: Passo del Grostè – Sentiero Alfredo Benini – Rifugio Tuckett Day 2: Sentiero Bocchette Alte – Rifugio Alimonta; Day 3: Via delle Bocchette Centrale – Rif. Pedrotti/Tosa, Day 4: Sent. Brentari – Sent. dell'Ideale – Rifugio XII Apostoli – descent to Madonna di Campiglio.

01 Sentiero Gustavo Vidi Brentagruppe

Kurze Querung mit schönem Ausblick in der nördlichen Brenta **Sperone degli Orti, 2517 m**

Auf einer der Leitern des Sentiero Vidi

leicht 1,4

Schön

Gut

Diff. A/B

3 Std.

400 Hm

100 Hm 1½ Std.

½ Std.

1 Std.

SW

ab 12 J.

Juli - Sept.

2700 m

P N 46.23766 E 10.83638

E N 46.21987 E 10.89876

Gehzeiten/Time
Pso. Grostè - Einstieg: ½ Std.
Klettersteig: 1½ Std.
Ausstieg - Rif. Graffer: 1 Std.
Rif. Graffer - Passo Grostè (Seilbahn): ½ Std.

Besonderheiten: Unschwierige, kurze Querung in der Südflanke auf Bändern unter der Pietra Grande und tolle Ausblicke auf die zentrale Brentagruppe. Die Tour wird gerne als Nachmittagsunternehmung bzw. als Zustiegsvariante für den Sentiero Costanzi gemacht – ideal zum Reinschnuppern in die Brenta Sentieros.

Info

Talort: Madonna di Campiglio, 1522 m

Ausgangspunkt: Bergstation der Grostè Seilbahn, 2446 m

Karten: AV-Karte Nr. 51, Brentagruppe; Kompass WK 73, Gruppo di Brenta.

Anreise: Auf der Autobahn A22 bis zur Ausfahrt „San Michele Mezzocorona“, dann weiter auf der SS43 (Passo del Tonale) bis Dimaro. Dort zweigt man auf der SS239 nach links Richtung Madonna di Campiglio ab. Parken bei der Grostè Seilbahn (gebührenpflichtig).

Zustieg: Von der Bergstation Passo Grostè, 2446 m (Seilbahn ab Campo Carlo Magno), in wenigen Schritten nach Norden zur Abzweigung Sentiero G. Vidi, Sentiero Palete. (Wegweiser), dann auf dem Weg 390 links über Wiesen zu den Felsen aufsteigen (Tafel) und über ein Band zu den ersten Versicherungen, 2653 m.

Route: Über Blöcke in einem markanten Spalt, und dann unversichert auf dem Grat bis zum Steinmann, der den Wechsel auf die Südwestseite signalisiert. Leicht absteigend hinab zu den ersten drei Leitern bei einem Felsenfenster, über diese (A/B) zur nächsten Querung (A) und über eine letzte Leiter in eine Rinne und zur Felsnische mit Bank absteigen (A) (Ende der Versicherungen). Von dort unversichert

Der enge Spalt zu Beginn der Tour

Übersicht des Sentiero Vidi

über das markante Band zum Sperone degli Orti, 2517 m, mit Abzweigung des Sentiero Claudio Costanzi (Wegweiser N46.23044, E10.89007).

Abstieg: Am Ende steigt man auf dem Weg 336 linkshaltend zum Rif. Graffer ab. Von der Hütte entweder Aufstieg zum Passo Grostè, 2446 m (½ Std.) oder Abstieg zur Mittelstation (20 Min.).

Ausrüstung: Komplette Klettersteigausrüstung und Helm.

Tipp: **Rundtouren:** Der Sent. G. Vidi lässt sich gut mit dem Sent. Claudio Costanzi verbinden (11 Std.). Etwas kürzer ist die Runde - Sentiero delle Palete - Sent. di Val Gelada - Passo di Val Gelada - Sent. G. Vidi (6½ Std.).

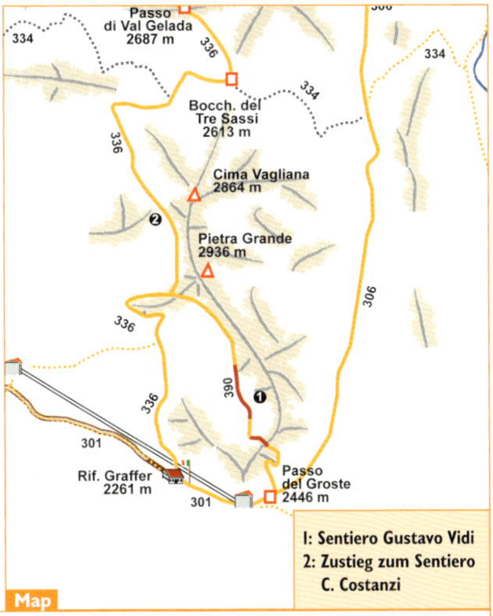

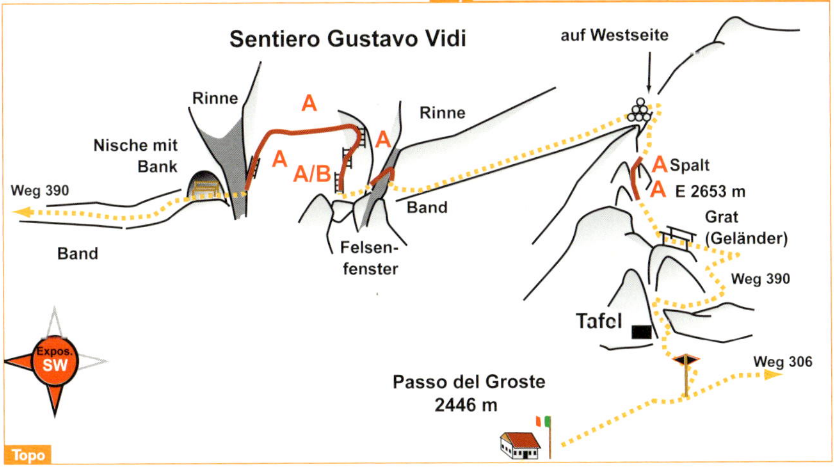

English Version

An easy and short traverse at the south side on ledges below Pietra Grande and a great view on the Central Brenta Group. The tour is popular as an afternoon undertaking or alternative access to Sentiero Costanzi – ideal for getting a taste of "Brenta Sentieros".

Route: Within a few steps to the north you get from Passo del Grostè at 2446 m (reached by cable car from Campo Carlo Magno) to diversion Sentiero G. Vidi, Sentiero Palete (signpost) Then follow path 390 to the beginning of climb at 2653 m. For the fixed rope route see topo. At the end descend to Rif. Graffer on path 336 keeping left. From there either descend to the middle station or ascend to the top station of the cable car.

02 Sentiero delle Palete Brentagruppe

Lange Brentaquerung mit wenig Eisen

Passo d. Palete, 2317 m

Klammernpassage im Sentiero delle Palete

leicht 2 3 2 1

Schön

Gut

Diff. A/B

8 Std.

400 Hm

100 Hm
8 Std.

5 Min.

10 Min.

0

ab 14 J.

Juli - Sept.

2317 m

P N 46.23766
E 10.83638

E N 46.24821
E 10.90743

Gehzeiten/Time
Pso. Grostè - Pso. di Palete 2¼ Std.; Pso. di Palete - Cima Uomo 2½ Std.; Cima Uomo - Rif. Peller: 3 Std.; Rif. Peller - Cles: 3½ Std. (oder mit PKW)

Besonderheiten: Einsame Brenta Route vom Passo Grostè zum Rif. Peller, die nur auf knapp 100 Hm vor dem Passo di Palete versichert ist. Die reine Klettersteigpassage lässt sich mit dem Sentiero di Val Gelada und dem Sentiero Gustavo Vidi zu einer attraktiven kleinen Brenta Nord Runde verbinden. Die Route verläuft an einem Osthang und bietet unvergleichliche Blicke auf den Tovelsee und das Val di Non.

Info

Talort: Madonna di Campiglio, 1522 m

Ausgangspunkt: Bergstation der Grostè Seilbahn, 2446 m

Karten: AV-Karte Nr. 51, Brentagruppe; Kompass WK 73, Gruppo di Brenta.

Anreise: Auf der Autobahn A22 bis zur Ausfahrt „San Michele a. A. - Mezzocorona", dann auf der SS43 und SS42 bis Dimaro. Dort zweigt man links auf die SS239 nach Madonna di Campiglio ab. Parken bei der Grostè Seilbahn (gebührenpflichtig).

Zustieg: Von der Bergstation in wenigen Schritten nach Norden zur Abzweigung Sentiero G. Vidi und Sentiero Palete. (Wegweiser). Dort auf dem Weg 306 über die Ostflanke der Pietra Grande ins Val delle Giare (links Aufstieg zur Bocch. del Tre Sassi – Sent. G. Vidi möglich). Dann nordwärts unter dem Gran de Formenton in die bereits sichtbare Rinne zwischen Gran de Formenton und dem vorgelagerten Palete; Beginn der Versicherungen. (2210 m; siehe Einstiegskoordinaten = Beginn d. Versicherung). **Rif. Peller** erreicht man mit dem PKW. Von Cles zum Ristorante/Pizzaria Bersaglio und über eine Schotterstraße 17 km bis kurz vor die Hütte.

Die Steilstufe im Sent. d. Palete

Route: Aufstieg zum Passo di Palete - siehe Topo. Vom Passo di Palete steil in die Livezza Grande und zur Livezza Piccola absteigen. Man überwindet nach dem Val Pestacavre eine Steilstufe und wandert hinauf zur Mulde Prà Castron di Tuenno

Versicherter Teil Sentiero d. Palete

(2220 m). Ausgesetzte Stellen überwindend überquert man die Cima dell'Uomo (herrlicher Blick auf die Flavona und den Tovelsee), geht über den gleichnamigen Pass und kommt auf den Pian della Nana. Dort biegt der Weg nach Norden ab und führt zum Nana Pass (2195 m), wo er auf den Weg 336 zur Peller Hütte trifft.

Abstieg: Vom Rif. Peller in 3 ½ Std. auf dem Weg 313 ins Tal absteigen oder mit dem PKW nach Cles fahren. Wer zum Passo Grostè zurück muss kann auf dem Weg 336 zur Malga Tassulla zurück, dann auf dem Weg 311 zur Malga Tuenno. Dort entweder auf dem Weg 380 und dem Palete Weg weiter zum Passo Grostè oder auf dem Weg 309 zum Tovelsee absteigen und auf den Wegen 314 und 311 zum Passo Grostè (jeweils ca 8 Std.).

Ausrüstung: Komplette Klettersteigausrüstung und Helm.

Bemerkung: Gute Kondition und Orientierungsfähigkeit ist nötig. Beim Rif. Peller kann man am Anreisetag den Monte Peller, 2320 m (nördlichster Brentagipfel) über den **Sent. attrezzato del Monte Peller** machen. (Gesamt 1 ½ Std./A).

Rundtour: Lohnend und mit mehr Eisen ist die Runde Sentiero delle Palete bis Passo di Palete, 2317 m - Sentiero di Val Gelada - Passo di Val Gelada - Sentiero G. Vidi (6½ Std.) - siehe Karte Costanzi.

Topo

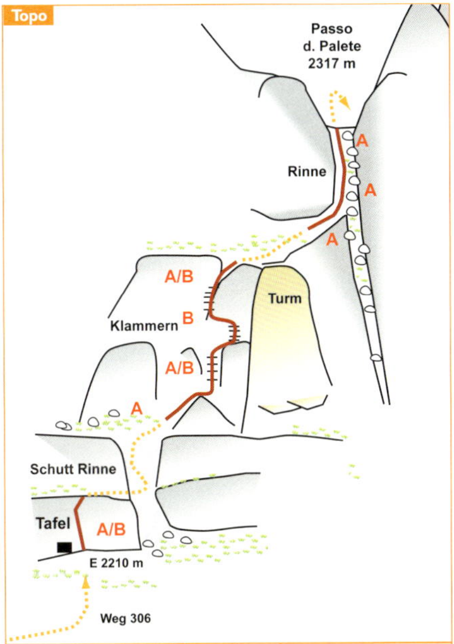

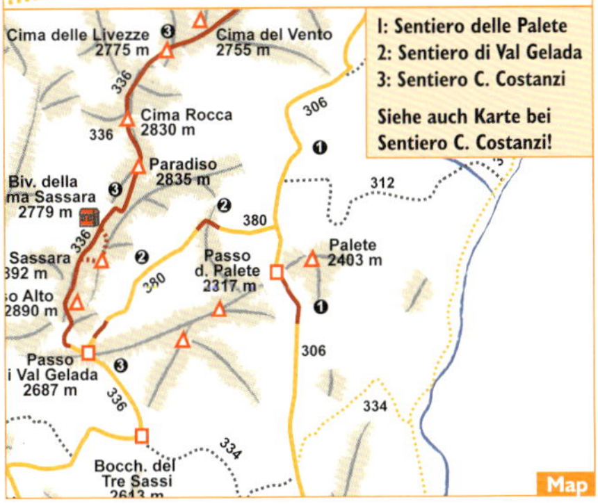

Map

English Version

A lonely Brenta route from Passo del Grostè to Rif. Peller, which is only secured at nearly 100 metres of height in front of Passo di Palete. The pure fixed rope route section can be combined with Sentiero di Val Gelada and Sentiero Gustavo Vidi to make it an attractive small north Brenta route.

Route: The tour begins right after Passo del Grostè and follows path 306 via Passo di Palete to Rif. Peller.

Rifugio Graffer, 2261 m, CAI; Mitte Juni - Mitte September bew. Tel: +39 0465 441358. Infos: www.graffer.com

Rifugio Peller, 2202 m, CAI; Mitte Juni - Mitte Sept. bew. Tel: +39 0463 536221. Infos: www.cai.it

Biv. Pinamonti, 2090 m - Notunterkunft

03 Sentiero Claudio Costanzi Brentagruppe

Einsame alpine Querung durch die nördliche Brenta

Cima Sassara, 2892 m

Auf dem Band unterhalb des Sasso Alto

schwierig 2,8

Schön

Mittel

Diff. B/C u. I

10½ Std.

1500 Hm

1000 Hm 4½ Std.

3 Std.

3 Std.

N, S

ab 16 J.

Juli - Sept.

2892 m

P N 46.23766 E 10.83638

E N 46.24627 E 10.89170

Gehzeiten/Time
Rif. Graffer - Pso. Val Gelada: 3 Std.; Pso. Val Gelada - Pso. di Prà Castron: 4½ Std.; Pso. Prà Castron - Rif. Peller: 3 Std.; Passo Prà Castron - Madonna di C.: 3 Std.

Besonderheiten: Großartige, ernste und extrem lange Brenta-Querung zwischen Rif. Graffer und Rif. Peller, die stets einem Grat durch eine für die Brenta untypische Gebirgslandschaft folgt und den Massen des Bocchette-Weges ausweicht. Die Klettersteigpassagen befinden sich zwischen Passo di Val Gelada und Passo di Pra Castron und erfordern, trotz der nur mäßigen technischen Schwierigkeiten, ein hohes Maß an alpiner Erfahrung und 100%ige Trittsicherheit.

Info

Talort: Madonna di Campiglio, 1522 m (Cles, 658 m)

Ausgangspunkt: Bergstation Grostè Seilbahn, 2446 m (Rif. Graffer, 2261 m)

Karten: AV-Karte Nr. 51, Brentagruppe; Kompass WK 73, Gruppo di Brenta

Anreise: Auf der Autobahn A22 bis zur Ausfahrt „San Michele a. A. - Mezzocorona", dann auf der SS43 und SS42 bis Dimaro. Dort zweigt man links auf die SS239 nach Madonna di Campiglio ab. Parken bei der Grostè Seilbahn (gebührenpflichtig).

Zustieg: Von der Grafferhütte (diese erreicht man von der Bergstation am Grostè Pass in 20 Min. bzw. vom Rif. Vallesinella in 3 Stunden) folgt man dem Wanderweg Nr. 336 Richtung Norden, bis man beim Sperone degli Orti, 2517 m, auf den Sentiero G. Vidi (Weg 390) trifft. Dann um den Westgrat der Cima Vagliana herum und zur Bocchetta dei Tre Sassi aufsteigen. Von dort weiter über Schrofen zum Passo di Val Gelada, 2687 m.

Einstieg - unten der Passo Val Gelada

Route: Vom Passo di Val Gelada in nördlicher Richtung

Kurz vor dem Gipfel der Cima Sassara

über eine Geröllhalde aufwärts zu den ersten Versicherungen mit Leiter (A/B), die zum Sasso Alto (A) hinaufführen. Von dort steigt man leicht ab (A) und quert unter den Sassara Gipfel, 2892 m – Gipfelabstecher + 10 Min. – zum Bivacco della Cima Sassara (auch Bivacco Bonvecchio genannt), 2779 m. Es folgt der Abstieg (A) in die Scharte und der Wiederaufstieg (A/B) an der Ostseite auf den Paradiso- und Rocca Gipfel. Vom Rocca Gipfel entlang des Gebirgskammes (anfangs leicht), dann vor der Scharte (B/C – schwierigste technische Stelle) absteigen und Wiederaufstieg (A) zur Bocchetta delle Livezze. Weiter über den Vento Gipfel (A) auf dem Wanderweg zum Tuena Gipfel und stets dem Gratrücken folgend über den Monte Benon zum Pra Castròn Pass, 2505 m, auf dem der schwierige Teil der Strecke endet.

Abstieg: Vom Passo Pra Castròn gibt es mehrere Möglichkeiten: a) Auf dem Weg 329 nach Westen, anfangs im Gras, schwierig zu finden, links oberhalb am Biv. Costanzi, 2369 m, vorbei zur verlassenen Malga di Scale, 1563 m, absteigen. Dort LINKS (keinesfalls rechts!) auf dem Weg 355 zur Malga pra del Mazza und über die Straße nach Madonna di Campiglio zurück, 3 Std.. b) Auf dem Weg 336 (Weiterführung des Sentiero C. Costanzi) in 3 Std. zur Peller Hütte. c) Nach Osten auf dem Weg 310 zur Malga Tuenno, 1737 m, und auf dem Weg 309 zum Tovelsee absteigen (2 Std.).

Abstieg zum Passo Pra Castròn

English Version

A great, serious and extremely long Brenta traverse between Rif. Graffer and Rif. Peller which keeps following a ridge through a mountainous region untypical for Brenta and avoids the huge crowds of the Bocchette path. Despite its moderate difficulty, the climb requires a high level of alpine experience and a 100% sure footedness.

Route: From Rif. Graffer below Passo del Grostè take path 336 to Passo di Val Gelada. Shortly after that (keep going on path 336) begins the fixed rope route, which only provides few securings. You reach the end at Passo Pra Castròn after passing numerous summits and Bivacco Sassara. The return to Madonna di Campiglio (path 329 and 355) takes a while. From Pso. Pra Castròn you can also reach Rif. Peller within 3 hours.

03 Sentiero Claudio Costanzi Brentagruppe

Übersicht des Sentiero Costanzi

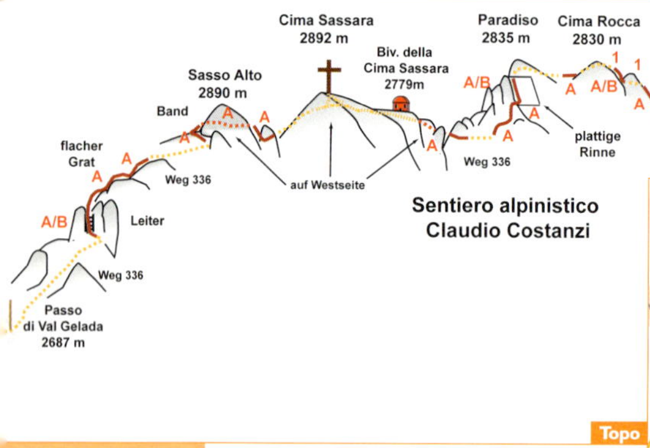

Topo

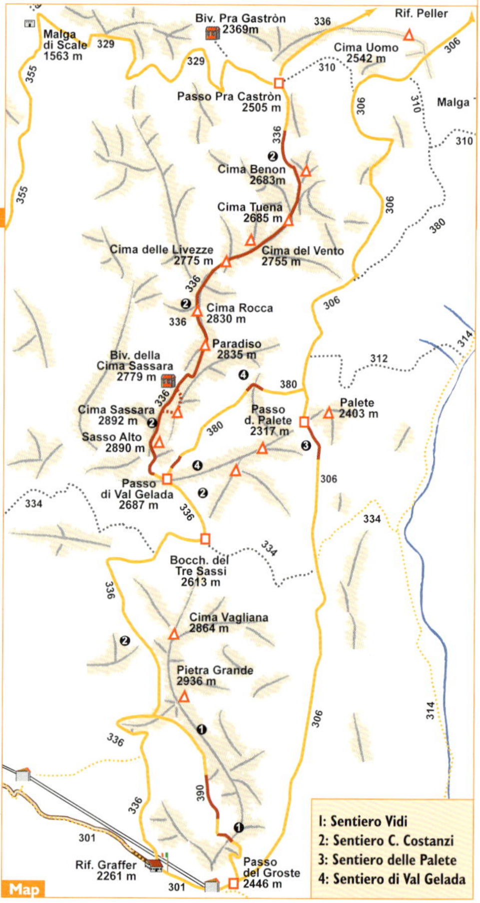

Map

Rifugio Graffer, 2261 m, CAI; Mitte Juni - Mitte September bew. Tel: +39 0465 441358. Infos: www.graffer.com

Rifugio Peller, 2202 m, CAI; Mitte Juni - Mitte Sept. bew. Tel: +39 0463 536221. Infos: www.cai.it

Biv. d. Cima Sassara, 2779 m; Biv. Pra Castron, 2369 m; Biv. Pinamonti, 2090 m - alle 3 Bivaccos sind Notunterkünfte!

Ausrüstung: Komplette Klettersteigausrüstung, Helm.

Bemerkung: Sehr lange, ernste und alpine Tour, die nur bei perfektem Wetter und mit entsprechender Erfahrung gemacht werden sollte. Besonders lohnend und kaum länger ist die **Kombination** mit dem Sentiero Gustavo Vidi (A/B), Start am Passo Grostè, 2446 m (für Leute mit sehr guter Kondition, die am Morgen mit der Seilbahn auffahren).

Tipp: Wer vom Rif. Peller kommt, kann am Anreisetag noch den Monte Peller, 2320 m (nördlichster Brentagipfel) über den **Sent. attrezzato del Monte Peller** machen. (Gesamt 1 ½ Std./A). Das Rif. Peller erreicht man mit dem PKW. Von Cles zum Ristorante/Pizzaria Bersaglio und über eine Schotterstr. 17 km bis kurz vor die Hütte.

Sentiero di Val Gelada

Lohnendes Bindeglied in der nördlichen Brenta Runde

Auf der ersten Eisenleiter

Besonderheiten: Interessanter Verbindungsweg zwischen Sentiero delle Palete und Sentiero Vidi bzw. Sent. Claudio Costanzi, der eine nette echte Eisenrunde in der nördlichen Brenta ermöglicht.

Info

Talort: Madonna di Campiglio, 1522 m

Ausgangspunkt: Bergstation der Grostè Seilbahn, 2446 m

Karten: AV-Karte Nr. 51, Brentagruppe; Kompass WK 73, Gruppo di Brenta

Anreise: Siehe Sentiero Costanzi.

Zustieg: Den Einstieg erreicht man über **Sent. d. Palete** (B) - Pso. di Palete, 2317 m. Abstieg in die Livezza Grande und bevor man auf den Wiesenboden kommt links über ein kleines Weglein zur Felsstufe. Bei schlechter Sicht besser ganz absteigen und links über die Wiesen zum Einstieg. **Route:** Siehe Topo

Ausrüstung: Klettersteigset u. Helm.

Abstieg: Vom Passo di Val Gelada zwei Möglichkeiten: a) Links auf Weg 336 zur Bocc. del Tre Sassi und weiter zum Sperone degli Orti absteigen. Von dort entweder über den Sent. Vidi (Weg 390) zurück zum Pso. Grostè (2 Std.) oder zum Rif. Graffer absteigen (1½ Std.). b) Sent. Costanzi (siehe dort).

English Version

An interesting route between Sentiero delle Palete and Sentiero Vidi or Sent. Claudio Costanzi respectively, which allows a nice real fixed rope route in the north of Brenta.

Route: You can reach the beginning of climb by taking Sent. d. Palete - Pso. di Palete (see there). At the end of the route on Passo di Val Gelada there are various possibilities to descend, the most popular one leads you back to Pso. Grostè on the Sent. Vidi fixed rope route.

Topo

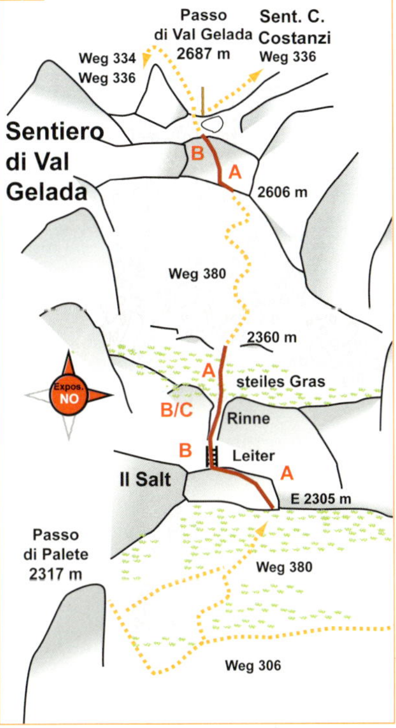

mäßig schwierig 1,7

Schön: ★★★

Gut: XXX

Diff. B/C

6½ Std.

420 Hm

100 Hm 2 Std.

2½ Std.

2 Std.

0

ab 12 J.

Juli - Sept.

2687 m

P: N 46.23766 E 10.83638

E: N 46.25368 E 10.90106

Gehzeiten/Time

Pso. Grostè- Einstieg: 2½ Std.
Einstieg - P. Val Gelada: 2 Std.
Passo Val Gelada - Passo Grostè: 2 Std.

Sentiero SOSAT Brentagruppe

Leichte Erdgeschoss-Variante zum Bocchette Alte

Band der Punta di Campiglio, 2465 m

Aufstieg auf der sehr langen Leiter

mäßig schwierig 1,6

Sehr schön

Gut

Diff. B

3 Std.

300 Hm

160 Hm
2 Std.

20 Min.

½ Std.

N, W, S

ab 15 J.

Juli - Sept.

2465 m

P N 46.20649
E 10.85208

E N 46.18949
E 10.88809

Gehzeiten/Time
Parkpl. - Rif. Tuckett: 2 Std.
Rif. Tuckett - Einstg.: 20 Min.
Klettersteig: 2 Std.
Abstieg Rif. Brentei: ½ Std.
Rif. Brentei - Parkpl.: 2 Std.

Besonderheiten: Die leichte und ansprechende Alternative zu dem darüberliegenden Brentaklassiker Bocchette Alte folgt mit geringem Höhenunterschied dem Weg 305b vom Rif. Tuckett zu den Hütten Brentei und Alimonta. Das b nach 305 steht für „basso", der niedrigeren Alternative zum Bocchette Alte, sowohl in Höhenmetern als auch Schwierigkeit. Der Hauptteil der Versicherungen ist im Val Brenta Alta, gestartet wird aber in der Regel vom Rif. Tuckett mit einer kurzen versicherten Stelle. Dazwischen gibt es viel Gehgelände (vorbei an großen Blöcken) und eine herrliche Aussicht auf die Adamello-Presanella-Gruppe. Am Ende des Steiges hat man einen einzigartigen Blick auf die Tosa Nordrinne, eine berühmte Eistour und schwierige Skisteilabfahrt.

Info

Talort: Madonna di Campiglio, 1522 m

Ausgangspunkt: Rifugio Tuckett, 2272 m

Karten: AV-Karte Nr. 51, Brentagruppe; Kompass WK 73, Gruppo di Brenta

Anreise: Auf der A22 bis zur Ausfahrt „San Michele a. A. - Mezzocorona", dann auf der SS43 und SS42 bis Dimaro. Dort zweigt man links auf die SS239 nach Madonna di Campiglio ab. Im Ortszentrum über den Bach in den Ortsteil Palu (südlich der Talstation der Spinalebahn) und auf schmalem Sträßchen bis zum Parkplatz beim Rif. Vallesinella (1513 m) fahren.

Zustieg: Vom Rifugio Tuckett (dorthin in 2 Std./760 Hm; auf dem Weg 317) auf dem Weg 303 ca. 400 m Richtung Bocca di Tuckett. Dann bei einem Wegweiser auf dem Weg 305b über den Talboden zum Einstieg bei einer Leiter queren.

Einstieg - hinten das Rif. Tuckett

Auf dem kurzen Kriechband

Route: Eine kurze Leiter und versicherte Passagen (A u. B) leiten auf das plateauähnliche Felsband unter der Cima Massari. Auf dem Band quert man markiert zu den abfallenden Abbrüchen der Punte di Campiglio. Bei einem markanten Spalt mit Felsblock leiten die Versicherungen den Abstieg ein. Zuerst durch den Spalt und über zwei Leitern (B) hinab, dann eine Querung (A) nach links zu weiteren zwei Leitern (B u. A/B) bei einer Rampe, der man nach rechts (A) auf ein kleines Band hinabfolgt. Nach dem Band links und über zwei Leitern (A/B) und eine Wandstelle (A) zum Ende der Wand (Block in Schlucht). Auf der anderen Seite über eine 20 m hohe, steile Leiter (B) auf ein Band, dem man anfangs versichert (A) und später auf einer kurzen Kriechstelle um die Ecke folgt. Dann bequem nach Osten weiter, bis man auf eine letzte versicherte Passage (A/B) mit zwei Leitern in einer kaminähnlichen Rinne (A/B) trifft. Auf 2404 m enden die Versicherungen (Punkt: N46.17823, E10.88319; Tafel „S.O.S.A.T).

Abstieg: Nach ca. 300 m mündet der Weg 305b in den Weg 323, auf dem man in jeweils einer ½ Stunde die Rifugi Brentei und Alimonta erreicht. Vom Rif. Brentei auf dem Weg 318 zum Rif. Casinei, 1825 m, und über den Weg 317 zum Rif. Vallesinella, 1513 m, absteigen bzw. auf dem Weg 318 nach der Galleria Bogani auf ca. 2050 m über den Weg 328 wieder zum Rif. Tuckett aufsteigen.

Letzte Leiter vor dem Rif. Brentei

English Version

The easy and attractive alternative to the Brenta classic Bocchette Alte, which is right above it. From Rif. Tuckett it follows path 305b with a slight difference in height to the moutain huts Brentei and Alimonta. The b after 305 stands for „basso", which is the lower and easier alternative to Bocchette Alte. It offers a great view on the Adamello-Presanella mountain group.

Route: From Rifugio Tuckett (where you get on path 317 within 2 hours) follow path 303 for 400 m in the direction of Bocca di Tuckett. Then, at a fingerpost traverse to the beginning of climb at a ladder taking path 305b across the valley floor. You reach a big ledge, which you have to follow as far as to the crevasse – for the rest see topo. From the exit you can reach Rif. Brentei or Rif. Alimonta within half an hour each.

Übersicht des Sentiero SOSAT

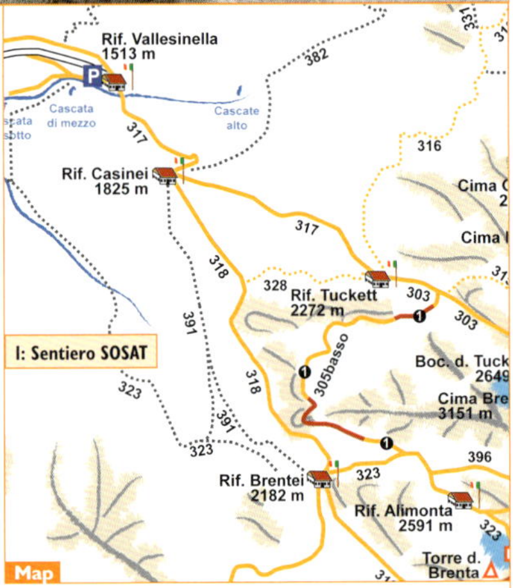

Map

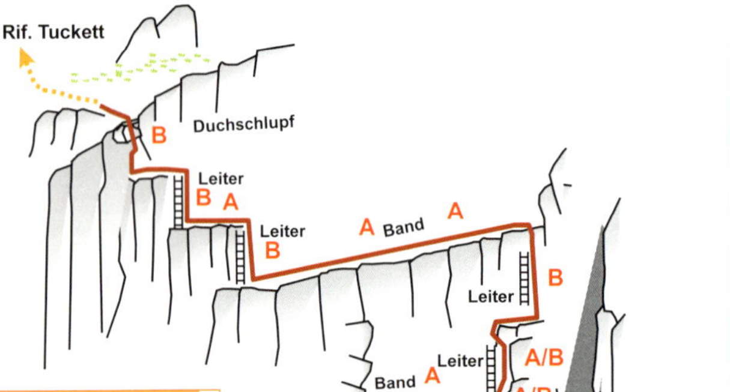

Topo

Rifugio Tuckett, 2272 m, CAI-SAT; Ende Juni bis Ende Sept. bewirtschaftet. Tel: +39 0465 441226; rifugiotuckett.campiglio @tin.it

Rifugio Brentei, 2182 m, CAI; Mitte Juni - Ende Sept. bew. Tel: +39 0465 441244.

Brentagruppe Sentiero Osvaldo Orsi

Leichte Alternative zum Bocchette Alte und Bocchette Centrale

Auf den Bändern des Sent. Orsi

Besonderheiten: Die leichte, zentrale Brenta Runde ist all jenen zu empfehlen, die nicht die hohen Schwierigkeiten der Bocchette Wege auf sich nehmen wollen. Die Tour verläuft parallel zu dem Bocchette Weg, aber östlich darunter.

Info

Talort: Madonna di Campiglio, 1522 m

Ausgangspunkt: Rifugio Tuckett, 2272 m

Karten: AV-Karte Nr. 51, Brentagruppe; Kompass WK 73, Gruppo di Brenta

Anreise: Siehe Sentiero SOSAT.

Zustieg und Route: Auf dem Weg 317 über Rif. Casinei in knapp 2 Std. zum Rif. Tuckett. Weiter auf Weg 303 in die Bocca d. Tuckett, 2649 m, aufsteigen, 1 Std. Von dort steil nach Osten (A/B) ins Val Perse absteigen, bis auf 2500 m bei einer Tafel der Sent. O. Orsi rechts abzweigt. Nahezu waagrecht, tlw. kurz auf- und absteigend (A/B, kurze Stelle I-) unter der Cima Brenta zum Rif. Pedrotti/Tosa, 2483 m.

Abstieg: Vom Rif. Pedrotti/Tosa auf dem Weg 318 über die Bocchetta di Brenta zum Rif. Brentei (1 Std.) und weiter auf dem Weg 318 zum Rif. Casinei. Dort über den Weg 317 zum Parkplatz absteigen. **Ausrüstung:** Klettersteigausrüstung und Helm.

Bemerkung: Vorsicht bei Altschneeresten bei der Bocca d. Tuckett und Bocca d. Brenta (evtl. Steigeisen)! Tour ist auch von Süden (Rif. d. Selvata od. Rif. Croz) zu erreichen. Leichte Umrundung der C. Brenta in Kombination mit dem Sentiero SOSAT möglich!

English Version

The easy central Brenta route is recommended for everybody who does not want to take on the great difficulties of the Bochette paths. The tour proceeds parallel to the Bocchette path, but below it to the east. Be careful with rests of snow which has been lying for some time!

Route: From Boc. d. Tuckett descend steeply to the east to Val Perse to 2500 m, where at a signpost Sent. O. Orsi sets off to the right. It is a nearly horizontal tour to Rif. Pedrotti/Tosa at 2483 m, which is ascending and descending on some small sections below C.Brenta.

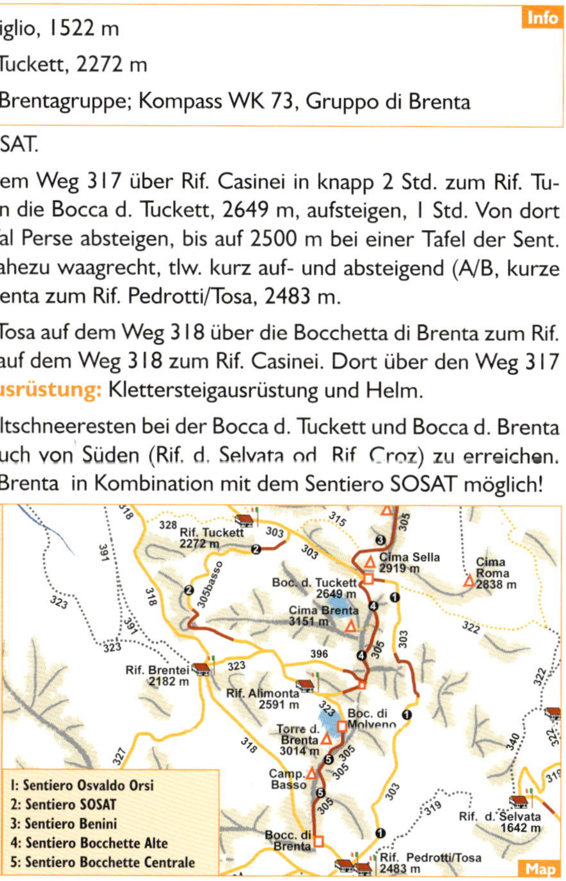

leicht 1,5

- Schön
- Gut
- Diff. A/B, I-
- 5½ Std.
- 1140 Hm
- 120 Hm 3½ Std.
- 1 Std.
- 1 Std.
- W, O
- ab 12 J.
- Juli - Sept.
- 2649 m

P N 46.20649 E 10.85208

E N 46.18550 E 10.90119

Gehzeiten/Time

Parkpl. – Rif. Tuckett: 2 Std. Rif. Tuckett – Bocca d. Tuckett: 1 Std.; Bocca d. Tuckett – Rif. Pedrotti: 3 ½ Std.; Rif. Pedrotti – Rif. Brentei – Rif. Casinei – Parkpl.: 3 Std.

Sentiero Alfredo Benini Brentagruppe

Auftakt vom Grostè-Pass zur Bocca Tuckett (Tag I Bocchette Weg)

Cima Falkner, 2988 m

Auf dem Band zu Beginn des Steiges

mäßig schwierig 1,7

Sehr schön

Gut

Diff. B

4 Std.

650 Hm

360 Hm
1¾ Std.

1½ Std.

¾ Std.

SO

ab 12 J.

Juli - Sept.

2905 m

P N 46.23766
E 10.83638

E N 46.19981
E 10.90911

Gehzeiten/Time
Pso. Grostè- Einstieg: 1½ Std.
Einstg. - Bc. Tuckett: 1¾ Std.
Abstieg Rif. Tuckett: ¾ Std.
Rif. Tuckett - Giro d. Brenta - Pso. Grostè: 2 Std.

Besonderheiten: Die gegen Ende immer schwerer werdende Ferrata Benini bildet den Auftakt der eindrucksvollen Brenta-Durchquerung und ist der jüngste Teil der Wegkette „Sentiero delle Bocchette". Beginnend bei der Bergstation der Seilbahn auf dem Grostè Pass quert die Ferrata meist an der Sonnenseite den mächtigen Brentastock. Durch die sog. Gamsscharte erspäht man die weißen Gipfel der Eisriesen der Adamellogruppe. Der Steig endet auf dem Bandsystem mit einem Leiternfinale, das in die Bocca del Tuckett führt, von der man zum Rif. Tuckett absteigt. Wird keine Durchquerung gemacht, kehrt man von der Hütte über den Giro del Brenta zur Grostè Seilbahn zurück.

Info

Talort: Madonna di Campiglio, 1522 m

Ausgangspunkt: Bergstation der Grostè Seilbahn, 2446 m

Karten: AV-Karte Nr. 51, Brentagruppe; Kompass WK 73, Gruppo di Brenta

Anreise: Auf der Autobahn A22 bis zur Ausfahrt „San Michele a. A. - Mezzocorona", dann auf der SS43 und SS42 bis Dimaro. Dort zweigt man links auf die SS239 nach Madonna di Campiglio ab. Parken bei der Talstation der Grostèbahn (gebührenpflichtiger Parkplatz).

Leiternabstieg zur Boc. d. Tuckett

Panorama beim Passo del Grostè

Zustieg: Von der Bergstation der Grostè Seilbahn am Passo del Grostè folgt man dem Weg 305 (Sent. Benini) und geht in südlicher Richtung auf den schon sichtbaren Felsblock der Cima Grostè zu. Unter den Nordabbrüchen folgt man der Markierung links an die Kante zum Einstieg mit Tafel auf 2726 m (Vorsicht, noch vor den Nordabbrüchen zweigt links ein Weg zum Gipfel der Cima Roma ab, dieser wird oft fälschlicherweise benutzt).

Route: Zu Beginn des Steiges folgt man einem leicht ansteigenden Band, das meist Gehgelände, aber auch kurze versicherte Passagen (A) aufweist. Vorbei an der Gamsscharte steigt man auf dem Band (kurze A) höher und erreicht bei einer Tafel den höchsten Punkt des Steiges (2905 m, dort zweigt auch der ungesicherte Gipfelanstieg zur Cima Falkner, 2988 m ab). Es folgt Abkletterei (A/B), bei der es unten zwei Var. gibt (A/B bzw. B). Weiter über Schutt auf ein Bandsystem (A), das bei einer Ecke etwas schmaler wird (B, man muss kurz auf die Knie). Danach, primär im Gehgelände, erreicht man Schuttgelände an der Nordseite der Cima Sella. Man folgt der Markierung bis zu einer Abzweigung, dort kann man rechts auf dem Weg 315, dem Sent. Dallagiacoma, in ca. 45 Min. zum Rif. Tuckett absteigen. Hält man sich links (auf dem Weg 305), gelangt man nach einer kurzen versicherten Passage (A) zu einer Leiternreihe. Anfangs leichtere Leitern (A/B), dann vier Leitern (bis B), über die man teilweise recht luftig hinunter in die Bocca d. Tuckett turnt.

B-Stelle unter der Cima Falkner

English Version

The Benini fixed rope route, which gets more difficult towards the end, is the beginning of the impressive Brenta transition and the youngest section of the „Sentiero delle Bocchette". Starting from the top station of the cable car on Passo del Grostè, the fixed rope route is mostly on the sunny side of the enormous Brenta massif. It ends with beautiful ladders going down to Bocca d. Tuckett. Like on the other Bocchette paths, the weather also plays an important role on this tour!

Route: From Passo del Grostè follow path 305 to the beginning of climb. Next is the fixed rope route – see topo. From Bocca del Tuckett you will have to descend for aproximately 1 hour (path 303) to Rif. Tuckett (there already is a possibility to descend on the west of Cima Sella). For the further path on Bocchette Alte to Rif. Alimonta you have to calculate about 4½ hours!

Eine der schmaleren Bandpassagen

Abstieg: Von der Bocca del Tuckett steigt man in ca. 1 Std. über die mit Schutt bedeckten Reste des Gletschers (Weg 303) zum Rif. Tuckett (2272 m) ab (für den Weiterweg über den Bocchette Alte bis zum Rif. Alimonta muss man ca. 4½ Std. rechnen!). Bergsteiger, die nicht die Durchquerung machen, gehen auf dem Giro del Brenta (Weg 316) retour zum Grostè Pass - Bergstation (ca. 2 Std.). Von der Bocca d. Tuckett kann man auch über den Sent. Orsi (A/B u. 1-; Weg 303) zum Rif. Pedrotti/Tosa gehen, Dauer ca. 3 Std..

Ausrüstung: Komplette Klettersteigausrüstung, Helm.

Bemerkung: Bei genügend Kletter- und Alpinerfahrung kann man im leichten Gelände auf die Cima Grostè, 2898 m (kurz vor dem Einstieg zweigt der Weg zum Gipfel ab, ca. 50 Min. bis zum Gipfel) und auf die Cima Falkner, 2988 m (durch eine Rinne, ca. ½ Std. bis zum Gipfel; Abzweigung auf dem Steig; Steinschlag!) klettern. Wie bei den anderen Bocchette-Wegstrecken, spielt auch bei dieser Tour das Wetter eine große Rolle! Notabstieg ist erst im letzten Steigabschnitt zum Rif. Tuckett (Weg 315) möglich. Bei rechtzeitiger Auffahrt mit der Grostè-Seilbahn lässt sich diese Tour evtl. noch am Anreisetag verwirklichen (in diesem Fall sollte man aber das - eher spätere - Eintreffen im Rif. Tuckett ankündigen). Gerne wird auch - als leichte Alternative zum Bocchette Alte - vom Rif. Tuckett auf dem Sentiero SOSAT (B) zum Rif. Brentei weiter gegangen - Zeitaufwand ca. 2½ Std..

Rast in der Bocca d. Tuckett

Rifugio Giorgio Graffer, 2261 m, CAI-SAT; Mitte Juni - Ende Sept. bew. Tel: +39 0465 4413. Infos: www.graffer.com

Rifugio Tuckett, 2272 m, CAI-SAT; Ende Juni bis Ende Sept. bewirtschaftet. Tel: +39 0465 441226; rifugiotuckett.campiglio@tin.it

Siehe DVD-ROM Tour als Film

Abstieg Bocca d. Tuckett

Langes Band zu Beginn

Topo

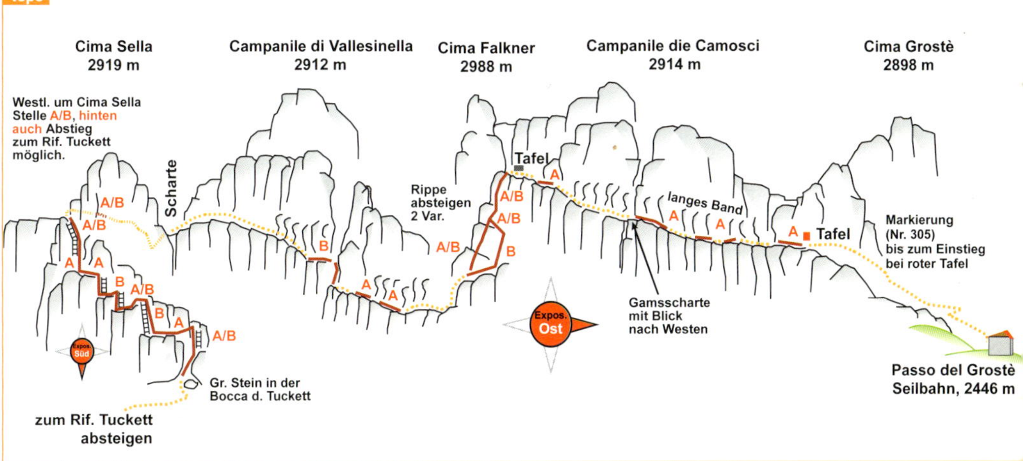

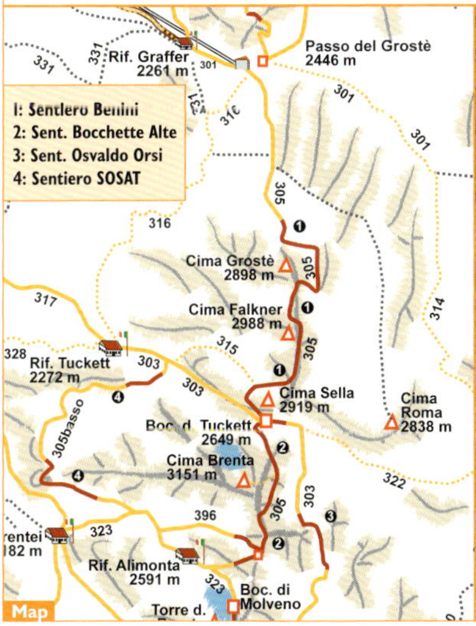

Map

Blick zurück zur Cima Grostè

Brentainfos

dolomitibrenta.it

Internetseite mit sehr umfangreichen Brenta-Informationen. Sowohl zu den Klettersteigen als auch zu den Schutzhütten.

Sentiero Bocchette Alte Brentagruppe

Die Königsetappe der Brentadurchquerung (Tag 2 Bocchette Weg)

Spalla di Brenta, 3020m

Das Garbari-Band unterhalb der C. Brenta

schwierig 2,6

Sehr schön

Gut

Diff. C

6 Std.

860 Hm

490 Hm 4½ Std.

1 Std.

bis ¾ Std.

Div.

ab 15 J.

Juli - Sept.

3020 m

P N 46.23766 E 10.83638

E N 46.18550 E 10.90119

Gehzeiten/Time

Rif. Tuckett - Einstieg: 1 Std.
Einstg. - Boc. Massodi: 4 Std.
Sent. Detassis - Rifugio Alimonta: 1 Std.
Sent. Quintavalle - Rifugio Alimonta: 1½ Std.

Besonderheiten: Die wohl kühnsten Klettersteigmeter des Bocchetteweges und somit das vertikale Highlight der Brentadurchquerung. Fantastisches Auf und Ab über ausgesetzte Leitern und schöne Querpassagen auf den „Brentabändern" - Dolomitenfeeling der Extraklasse! Am Ende des langen Steiges kann man über eine sehr steile, aber gut mit Leitern gesicherte Abstiegsvariante zum Rif. Alimonta absteigen. Dieser Abschnitt ist von vielen Leitern geprägt, Scala degli Amici bzw. Scala degli Dei sind die mit vielen Sprossen ausgestatteten Höhepunkte.

Info

Talort: Madonna di Campiglio, 1522 m

Ausgangspunkt: Rif. Tuckett, 2272 m bzw. Bergstation Grostè Seilbahn, 2446 m

Karten: AV-Karte Nr. 51, Brentagruppe; Kompass WK 73, Gruppo di Brenta

Anreise: Auf der Autobahn A22 bis zur Ausfahrt „San Michele a. A. - Mezzocorona", dann auf der SS43 und SS42 bis Dimaro. Dort zweigt man links auf die SS239 nach Madonna di Campiglio ab. Parken bei der Grostè Seilbahn (gebührenpflichtig).

Zustieg: Die Bocca d. Tuckett wird vom Rif. Tuckett erreicht (in 2 Std. steigt man über den Giro del Brenta - Weg 316 - zum Rif. Tuckett). Vom Rif. Tuckett in einer Stunde auf

„Schwimmbadleiter" des Sent. Detassis

Abstieg vom höchsten Punkt der Tour

dem Weg 303 zum Einstieg in der Bocca d. Tuckett. Alternativzustieg über den Sentiero Benini (siehe dort; 3 Stunden). Das Rif. Tuckett erreicht man auch vom Tal, Ausgangspunkt ist der Parkplatz beim Rif. Vallesinella (1¾ Std./760 Hm).

Route: Vom Einstieg steigt man zuerst gestuft (A/B) über Absätze bis zu einer langen Leiter (A/B). Danach wechseln kurze, tlw. recht steile Stufen (bis B/C) mit Leitern, die zum sog. Garbari-Band führen, knapp unter der 3000er Marke. Über Bandsysteme (A) und Schrofen (I-, bei Schnee heikel!) erreicht man das Ende des Bandes und steigt über eine Leiternrinne (B) in eine Schlucht (Eisrinne, siehe Topo) ab. Danach über Bänder (A) bis zum höchsten Punkt (3020 m), dort über Leitern (B) bis zu einem Spreizschritt (A/B). Danach steigt man über die lange Leiter „Scala degli Amici“ (Leiter der Freundschaft) auf und vom Plateau auf 3004 m gestuft, aber nicht allzu schwierig (bis B) zu einem Band ab. Eine Querung und Leitern (bis B) leiten den Abstieg ein. Eine Leiter nach der anderen (B) wird bis zur Abzweigung in die Bocca dei Massodi (Tafel) abgestiegen. Dort zwei Möglichkeiten: 1) **Sent. Umberto Quintavalle:** Ausgesetzt (C) in die enge Scharte und auf der anderen Seite über eine Leiter (B) auf ein Schuttplateau, von diesem zum Rand des Sfulmini Gletschers absteigen (Stellen B, viel gehen). 2) **Sentiero Oliva Detassis:** Von der Tafel sehr steil über eine fast 100 Hm lange Leiternreihe abwärts. Die steilste Leiter

Im Mittelteil des Bocchette Alte

English Version

Probably the most adventurous metres of the Brochette path and therefore the vertical highlight of the Brenta transition. A fantastic up and down using exposed ladders and beautiful traverse passages on the „Brenta ledges“. At the end of the long route you can take an alternative descent to Rif. Alimonta (Sent. Detassis), which is very steep but well secured by ladders. All in all a serious and very high situated undertaking!

Route: Bocca d. Tuckett can be reached from Rif. Tuckett (you get to Rif. Tuckett on Giro del Brenta – path 316 – within 2 hours). From there follow mark 305 to the south – see topo. At Bocca del Massodi (signpost) there are two possibilities, one of which, Sent. Detassis, is a bit more difficult, but also shorter. At the end of the fixed rope route you can reach Rif. Alimonta within aproximately 30 to 45 minutes.

Auf der sehr steilen Scala degli Dei

Siehe DVD-ROM Tour als Film

Rifugio Tuckett, 2272 m, CAI-SAT; Ende Juni bis Ende Sept. bewirtschaftet. Tel: +39 0465 441226; rifugiotuckett.campiglio@tin.it

Rifugio Alimonta, 2591 m, Mitte Juni - Ende Sept. bew. Tel: +39 0465 440366.

Rifugio Brentei, 2182 m, CAI; Mitte Juni - Ende Sept. bew. Tel: +39 0465 441244.

ist die Scala degli Dei (C) „Götterleiter“, viele Leitern B, dazwischen gibt es auch die eine oder andere Rastposition. Der kühne Abstieg endet bei einem Spalt.

Abstieg: Je nachdem welchen Weiterweg man von der Bocca dei Massodi gewählt hat, steigt man entweder auf dem Weg 396 (Sent. O. Detassis, danach 20 Min. bis zum Rif.) oder auf dem Weg 323 (Weg zum Rand des Sfulmini Gletschers, dort 35 Min. bis zum Rif.) ohne Gletscherberührung zum Rif. Alimonta ab.

Ausrüstung: Komplette Klettersteigausrüstung, Helm.

Bemerkung: Ernste Klettersteigunternehmung - am Ende wählt man je nach Kraftreserven entweder den direkten Detassis Abstieg oder die etwas längere, aber nicht ganz so anstrengende Variante zum Sfulmini Gletscher. Vor allem bei diesem Teil spielt das Wetter eine entscheidende Rolle: Bei Nässe oder Schnee tlw. heikle Passagen, auch die Leitern sind naturgemäß rutschiger. Der Aufstieg zur Cima Brenta sollte nur von guten Alpinkletterern gewagt werden (bis 2-, evtl. Firnfelder, Abzweigung beim Garbari-Band). **Beliebte Runden:** Rif. Tuckett - Sent. O. Detassis - Sent. U. Quintavalle - Rif. Tuckett, ca. 3½ - 4 Std. oder Rif. Tuckett - Bocchette Alte und Bocchette Centrale zum Rif. Pedrotti, ca. 8 Std. bzw. Grostè Pass - Sent. Benini - Bocchette Alte - Rif. Alimonta, ca. 8½ Std.. **Nachbarklettersteige:** Sentiero SOSAT, Zustieg zwischen Rif. Brentei und Rif. Alimonta.

Auf der langen Scala degli Amici

Die beiden Abstiegsvarianten

Topo

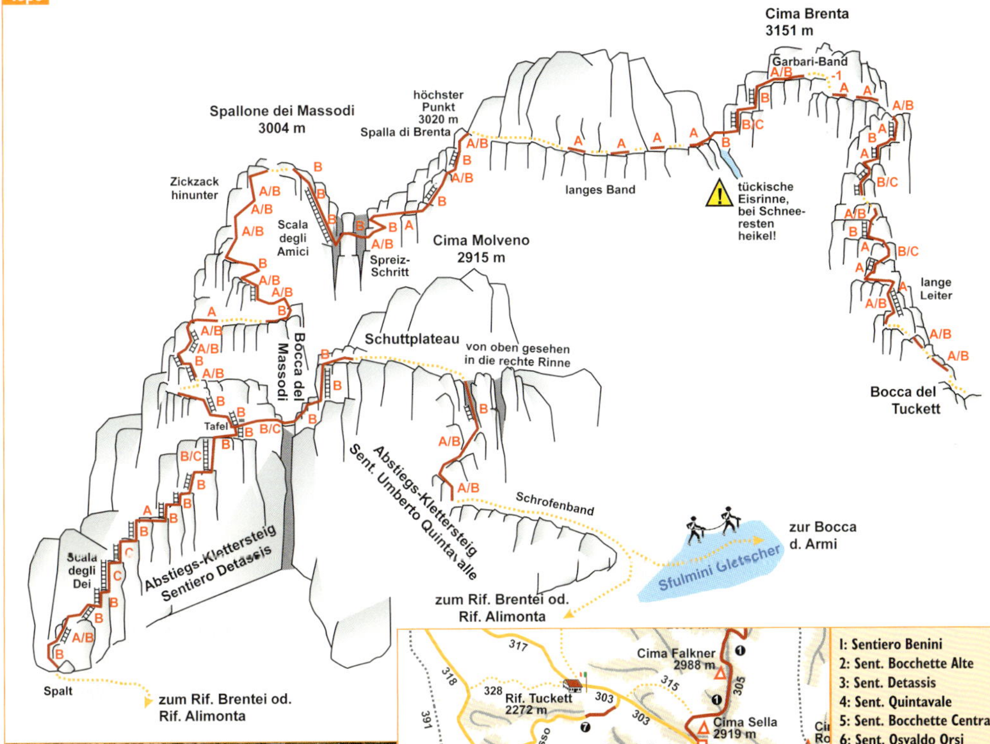

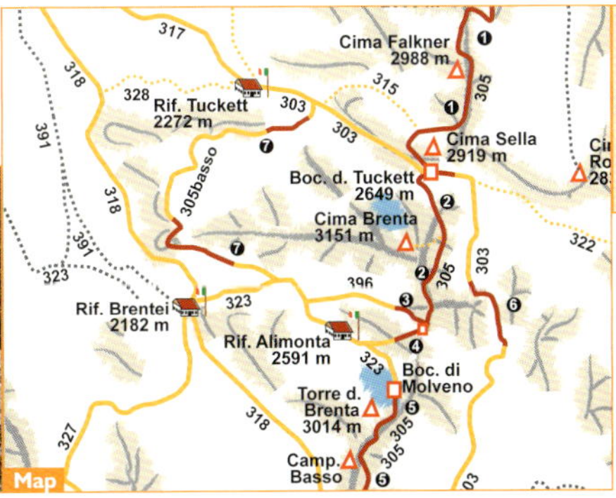

1: Sentiero Benini
2: Sent. Bocchette Alte
3: Sent. Detassis
4: Sent. Quintavale
5: Sent. Bocchette Centrale
6: Sent. Osvaldo Orsi
7: Sentiero SOSAT

i Brentainfos

dolomitibrenta.it

Internetseite mit sehr umfangreichen Brenta-Informationen. Sowohl zu den Klettersteigen als auch zu den Schutzhütten.

09 Via delle Bocchette Centrale Brentagruppe

Fantastischer Bänderweg im Herzen der Brenta (Tag 3 Bocchette Weg) **Bocchette-Bänder, 2790 m**

Auf dem schmalen, aber leichten Felsband

mäßig schwierig 2,3

Sehr schön

Gut

Diff. B

4 - 5 Std.

820 Hm

150 Hm
2 Std.

1½ Std.

¼ - 1 Std.

Div.

ab 14 J.

Juli - Sept.

2790 m

P N 46.20649
E 10.85208

E N 46.16762
E 10.89898

Gehzeiten/Time
Parkpl. - Rif. Brentei: 2½ Std.
Rif. Brentei - Einstieg: 1½ Std.
Rif. Alimonta - Einstg.: ½ Std.
Einstg. - Boc. d. Brenta: 2 Std.
Abstieg zum Rif. Brentei: 1 Std.
Abstieg z Rif. Pedrotti: 15 Min.

Besonderheiten: Der wohl berühmteste Bänderklettersteig im Herzen der Brenta ist nicht sonderlich schwer - gerade dieser Umstand macht diesen Bocchetteweg zum beliebtesten Brentasteig. Auf diesem Abschnitt wird alles geboten - super Aussicht anfangs nach Südosten und im zweiten Teil nach Westen, schmale aber immer gut gangbare Felsbänder, die wie mit dem Lineal gezogen die Felswände teilen und schöne Eisenleitern. Mitten drin dann der Felszapfen des Campanile Basso, an dem man mit etwas Glück den Kletterern zuschauen kann. Fazit: Eine der wohl besten Touren in Trentino/Südtirol.

Info

Talort: Madonna di Campiglio, 1522 m

Ausgangspunkt: Rifugio Brentei, 2182 m (Rifugio Alimonta, 2591 m)

Karten: AV-Karte Nr. 51, Brentagruppe; Kompass WK 73, Gruppo di Brenta

Anreise: Auf der Autobahn A22 bis zur Ausfahrt „San Michele a. A. - Mezzocorona", dann auf der SS43 und SS42 bis Dimaro. Dort zweigt man links auf die SS239 nach Madonna di Campiglio ab. Im Ortszentrum über den Bach in den Ortsteil Palu (südlich der Talstation der Spinalebahn) und auf schmalem Sträßchen bis zum Parkplatz beim Rif. Vallesinella (1513 m) fahren.

Der Einstieg auf dem Sfulmini Gletscher

Gratpassage oberhalb des Einstieges

Zustieg: Vom Rif. Brentei (dorthin vom Parkpl. auf dem Weg 318 in 2½ Std./770 Hm) steigt man auf dem Weg 323 vorbei am Rif. Alimonta zur Bocca degli Armi (2749 m) auf.
Route: Nach dem Einstieg in die Scharte wird ein Vorbau mit vielen kurzen, steileren Leitern (max. B) überwunden. Ein kurzer Spreizschritt (B) führt auf das meist schon von der Sonne beschienene, schmale, fantastisch ausgesetzte Felsband (A). Kurz auf- und absteigend (A/B) quert man eine Schlucht (gute Fotopassage, da man schon auf das gegenüberliegende Felsband sieht!) und folgt dem langen Band (A, Stellen A/B) bis in den Nahbereich einer Scharte beim Campanile Basso. Gestuft (A) und im Schutt steigt man ab - eine kurze, oft feuchte Passage (A/B) erfordert etwas Konzentration - und man erreicht die Bocchetta d. Camp. Basso. Dort steht man fast direkt am Fuß des mächtigen, komplett freistehenden Felsturmes. Von der Scharte geht es auf das Bandsystem der Westseite, kurz ansteigend (A und A/B) erreicht man eine Gehpassage, auf der man zu einer Leiter gelangt. Über die Leiter (B) und kurze Stufen (B) steigt man auf ein langes Felsband ab. Auf diesem geht man horizontal (nie schwerer als A - viel Gehgelände) auf die schon sichtbare Bocca di Brenta zu. Nach dem Passieren einer Quelle (wasserhahnähnliche Röhre in der Felswand) kommt man zu einer steilen Leiter (B), über die man das Band verlässt. Am Fuß der Leiter gestuft (A) zum Ende des Steiges im Blockgelände.

Rast auf einem der Bänder.

English Version

The probably most famous fixed rope route on ledges situated in the heart of Brenta is not very difficult – which is what makes this Bochette path the most popular one of the Brenta fixed rope routes. On this section you can find everything – a great view, first to the south east and on the second part to the west, rock ledges, seperating the rockfaces like drawn with a ruler, that are narrow but always easy to walk and beautiful iron ladders.

Route: From Rif. Brentei (can be reached from the parking area at Rif. Vallesinella within 2½ hours) ascend to Bocca degli Armi (2749 m) on path 323 passing Rif. Alimonta. The tour just follows the system of ledges to Bocca di Brenta, passing the cone shaped rock formation of Campanile Basso. From Bocca di Brenta descend once again to Rif. Brentei or ascend to Rif. Pedrotti (Brenta transition).

Via delle Bocchette Centrale Brentagruppe

Leiternabstieg beim Camp. Basso

Rifugio Alimonta, 2591 m, Mitte Juni - Ende Sept. bew. Tel: +39 0465 440366.

Rifugio Brentei, 2182 m, CAI; Mitte Juni - Ende Sept. bew. Tel: +39 0465 441244.

Rifugio Pedrotti-Tosa, 2483 m, CAI-SAT; Ende Juni bis Mitte Sept. bewirtschaftet. Tel: +39 0461 948115. Der Winterraum ist in der etwas unterhalb liegenden Tosa Hütte (Bild unten).

Abstieg: Vom Ausstieg über Blockwerk der Markierung (305) folgen, bis man in die Bocca di Brenta, 2549 m, gelangt. Dort gibt es zwei Möglichkeiten: 1) Auf dem Weg 318 über kurze Wandstufen durch das Val Brenta Alta an der Westseite zurück zum Rif. Brentei (ca. 1 Std. von der Bocca di Brenta) und weiter zum Parkplatz (2 Std.). 2) Auf dem Weg 318 auf die Ostseite und auf einem schmalen Band (kurz versichert A) zum Rifugio Pedrotti-Tosa, 2483 m (ca. 15 Min. ab der Bocca di Brenta).

Ausrüstung: Komplette Klettersteigausrüstung und Helm. Steigeisen könnten evtl. für den Sfulmini Gletscher je nach Zustand nötig sein (flacher, kurzer Gletscher; Stand Herbst 2008 - evtl. im Rif. Alimonta den Gletscherzustand telefonisch erfragen).

Bemerkung: Trotz der geringen Schwierigkeiten sollte man den Klettersteig nicht unterschätzen! Oft kommt es zu kleineren Staus am Anfang der Tour (Felsaufschwung bei der Bocca degli Armi). Das Überholen bzw. das Vorbeilassen entgegenkommender Kletterer ist auf den schmalen Bändern nicht immer ganz leicht - am besten einer der Beteiligten hockt sich kurz hin. **Nachbarklettersteige:** Sentiero Bocchette Alte (von der Bocca Tuckett kommend), Sentiero Orsi (von der Bocca Tuckett kommend), Sentiero Palmeri und Sentiero Palmeri Alto (führen zum Rif. Silvio Agostini), Sentiero dell'Ideale (führt zum Rif. Silvio Agostini).

Auf dem letzten schmalen Band

Letzter Abschnitt Bocchette Centrale

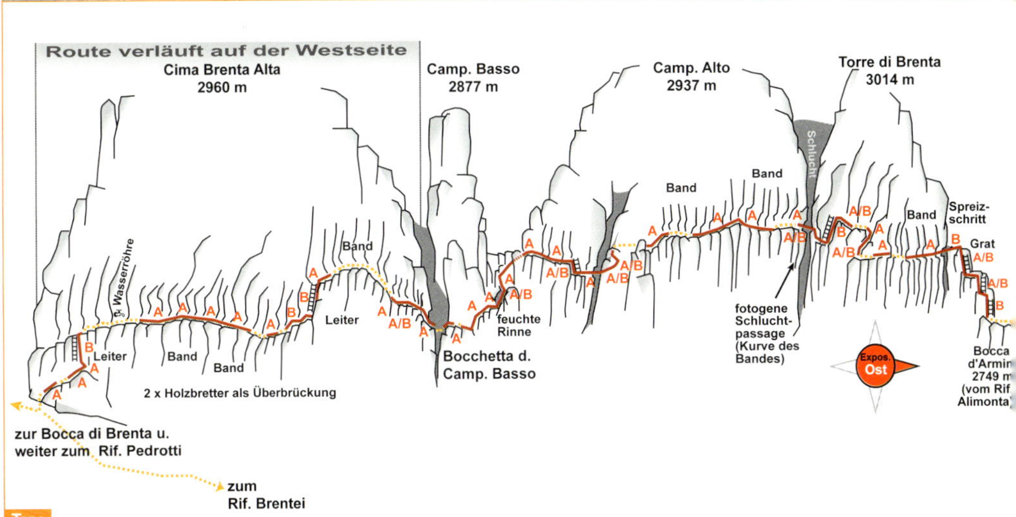

Topo

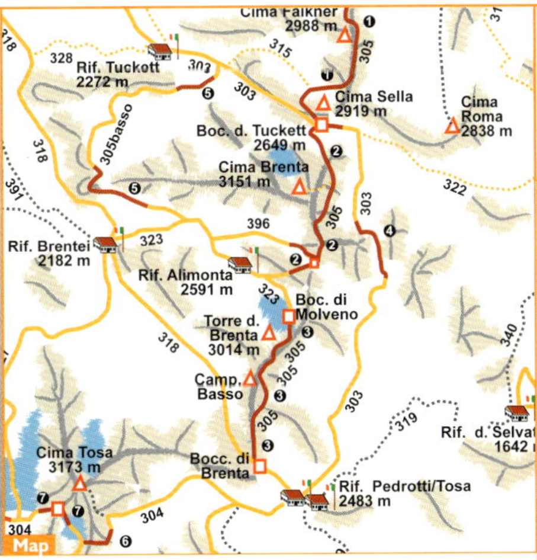

Map

1: Sentiero Benini
2: Sent. Bocchette Alte
3: Sent. Bocchette Centrale
4: Sent. Osvaldo Orsi
5: Sentiero SOSAT
6: Sentiero Brentari
7: Sentiero dell'Ideale

Siehe DVD-ROM
Tour als Film

i Brentainfos

dolomitibrenta.it

Internetseite mit sehr umfangreichen Brenta-Informationen. Sowohl zu den Klettersteigen als auch zu den Schutzhütten.

010

Sent. Brentari/Sent. dell'Ideale **Brentagruppe**

Der südliche Bocchetteweg Abschnitt (Tag 4 Bocchette Weg)

Bocca d' Ambiez, 2860 m

Auf dem Band zu Beginn des Steiges

schwierig 2,6

Sehr schön

Gut

Diff. C

5 - 7 Std.

750 Hm

200 Hm 2½ Std.

1½ Std.

1 - 2 Std.

Div.

ab 15 J.

Juli - Sept.

2860 m

P N 46.20649 E 10.85208

E N 46.15109 E 10.87693

Gehzeiten/Time

Rif. Pedrotti - Einstg.: 1½ Std. Einstieg - D'Ambiez Gletscher: 1 Std.; Sent. Ideale zum Camosci Gletscher: 1½ Std. Zum Rif. Apostoli: 1¼ Std. Zum Rif. Brentei: 2 Std.

Besonderheiten: Beide Steige zählen zu den ältesten Brentasteigen und stellen den letzten Teil der Brentadurchquerung dar, die vor allem von den beiden Gletschern geprägt ist. Der Abstieg auf den d'Ambiez Gletscher und der Beginn des Aufstieges zur Bocca d'Ambiez gehören wegen des Gletscherrückganges zu den schwierigsten Passagen des gesamten Bocchette Weges. Für Freunde steiler Eisenleitern bietet sich die Variante über die Ferrata Ettore Castiglione an. Vom Endpunkt beim Rif. XII Apostoli bereitet man sich auf den landschaftlich schönen, aber langen Rückweg vor.

Info

Talort: Madonna di Campiglio, 1522 m

Ausgangspunkt: Rif. Pedrotti-Tosa, 2483 m

Karten: AV-Karte Nr. 51, Brentagruppe; Kompass WK 73, Gruppo di Brenta

Anreise: Auf der Autobahn A22 bis zur Ausfahrt „San Michele a. A - Mezzocorona", dann auf der SS43 und SS42 bis Dimaro. Dort zweigt man links auf die SS239 nach Madonna di Campiglio ab. Im Ortszentrum über den Bach in den Ortsteil Palu (südlich der Talstation der Spinalebahn) und auf schmalem Sträßchen bis zum Parkplatz beim Rif. Vallesinella (1513 m) fahren.

Auf der kleinen Brücke beim Einstieg

Brentagruppe Sent. Brentari/Sent. dell'Ideale

010

Gruppe bei der Bocca d. Tosa

Zustieg: Vom Rif. Pedrotti (erreichbar vom Parkplatz, vorbei am Rif. Casinei u. Rif. Brentei auf dem Weg 318 in 3½ Std./980 Hm) folgt man dem Weg 304 an die Ostseite der Cima Tosa und steigt schlussendlich über breite Bänder linkshaltend zum Einstieg auf.

Route: **Sentiero Brentari:** Der Einstieg ist bei einer kleinen Holzbrücke (A). Danach erreicht man ein Band (A), welches zu einer Leiter (A/B) führt. Auf einem weiteren Bandsystem (A) kommt man zu zwei Leitern (B und A/B), über die man zur Bocca d. Tosa absteigt - Beginn des Abstiegs zum d'Ambiez Gletscher. Über ein Band (A/B) und eine längere Leiter (B) erreicht man eine Stufe (B), von der man neuerlich über eine kurze Leiter (B) auf ein Band absteigt. Nach kurzer Querung (A) eine lange Leiter abklettern, am Fuß der Leiter befindet sich ein alter Wegweiser (ehem. Gletscherstand!). Über gestuftes Gelände (B) zusehends glatter abwärts, bis man unten über sehr steile und glatte Platten (C) eine Aluleiter (B) erreicht, deren Fuß das Steigende markiert. Kurz über den Gletscher abwärts (links auf dem Weg 358 zum Rif. Agostini/Ferrata Castiglione), dann rechtshaltend (tlw. Markierungen, Weg 304) unter die Bocca d'Ambiez. **Sentiero dell'Ideale:** Am linken Rand, je nach Schneehöhe, mit Hilfe eines Textilseiles (B/C) auf einen Absatz. Auf Bändern (meist B) vorbei an einer Tafel zu einer nicht versicherten Passage und im Zickzack höher (kurz A/B) zu einer Rampe, die ansteigend (B) in die Scharte führt. In der

Der Wegweiser mitten in der Wand

Siehe DVD-ROM
Tour als Film

English Version

Both fixed rope routes are among the oldest one's of Brenta and form the last part of the Brenta transition, which above all is marked by the two glaciers. Due to glacier retreat the descent to the d'Ambiez glacier and the beginning of the ascent to Bocca d'Ambiez are some of the most difficult passages of the whole Bocchette path. Fans of steep iron ladders might prefer the alternative route on Ferrata Ettore Castiglione.

Route: From Rif. Pedrotti (can be reached from the parking area at Rif. Vallesinella within 3½ hours) follow path 304 to the east side of Cima Tosa and at the end ascend to the beginning of climb on broad ledges, always keeping left. At the end you can either descend to Rif. XII Apostoli (path 304) or a bit before to Rif. Brentei (path 327).

Felskapelle beim Rif. XII Apostoli

Siehe DVD-ROM Tour als Film

Rifugio Pedrotti-Tosa, 2483 m, CAI-SAT; Ende Juni bis Mitte Sept. bewirtschaftet. Tel: +39 0461 948115. Der Winterraum ist in der etwas unterhalb liegenden Tosa Hütte (Bild unten).

Rifugio XII Apostoli, 2489 m; Mitte Juni - Ende Sept. bew. Tel: +39 0465 5013 09; www.dodiciapostoli.it

Scharte rechts und über Bänder (A) und Stufen (B) zu einer langen Leiter (B). Kurz leichter, dann aber sehr steil hinunter (B/C, Klammern) zu einer Rampe (A). Den Steigspuren hinunter zu den Überresten des Camosci Gletschers folgen. Über den Gletscher quert man linkshaltend auf dem Weg 304 (re. auf dem Weg 327 Abstieg zum Rif. Brentei - Rif. Vallesinella/Parkplatz möglich, kürzerer Abstieg - wird oft gemacht, 3½ Std.) zu einer Scharte. Über eine kurze Seilversicherung erreicht man das Steigende in der Scharte.

Abstieg: Auf dem Weg 304 zum Rif. XII Apostoli absteigen (1¼ Std.). Von der Hütte auf dem Weg 307, dann auf dem Weg 324 ins Val d'Agola hinunter. Vorbei am oberen Parkpl. (1323 m, bis dorthin 3 Std.), entlang der Straße talauswärts, bis man nach der Brücke (1172 m) rechts nach Mad. di Campiglio abzweigt. Aufstieg zum Rif. Vallesinella - vor der Brücke re. über die M. Brenta Bassa - möglich (jeweils ca. 1¼ Std. ab Wanderparkpl.).

Ausrüstung: Komplette Klettersteigausrüstung, Helm. Der Gletscher ist in der Regel ohne Ausrüstung machbar, das hängt aber stark von den Verhältnissen ab.

Bemerkung: Ernste Klettersteigunternehmung - vor allem bei Nässe oder Schneelage heikel. **Variante:** Viele Bergsteiger, die gerne etwas mehr Leiternaktion wollen, wählen ab dem d'Ambiez Gletscher den Weg 358 zum Rif. S. Agostini, steigen über die Ferrata E. Castiglione (Weg 321) auf und gehen danach zum Rif. XII Apostoli.

Auf dem d'Ambiez Gletscher

Die drei schweren Abschnitte

Topo

Map

1: Sent. Bocchette Alte
2: Sent. Bocchette Centrale
3: Sent. Osvaldo Orsi
4: Sentiero SOSAT
5: Sentiero Brentari
6: Sentiero dell'Ideale
7: Via ferrata Castiglione

Brentainfos

dolomitibrenta.it

Internetseite mit sehr umfangreichen Brenta-Informationen. Sowohl zu den Klettersteigen als auch zu den Schutzhütten.

Via ferrata Ettore Castiglioni Brentagruppe

Leitern-Direttissima oberhalb der Agostini Hütte

Bocc. d. Due Denti, 2859 m

Auf der langen Leiter der Castiglioni

schwierig 1,6

Sehr schön

Sehr gut

Diff. C

2½ Std.

450 Hm

160 Hm
1 Std.

½ Std.

1 Std.

0

ab 14 J.

Juli - Sept.

2859 m

N 46.14466
E 10.86259

Gehzeiten/Time

D'Ambiez Gletscher - Rif. S. Agostini: ½ Std.
Rif. Agostini - Einstg: ½ Std.
Klettersteig: 1 Std.
Abstieg Rif. Apostoli: 1 Std.

Besonderheiten: Der direkte Verbindungsweg zwischen dem Rif. Agostini und Rif. XII Apostoli ist eine lohnende und kühne Alternative zum Sent. dell' Ideale, denn der Steig zieht steil durch die Ostabstürze der Cima di Val Agota. Viele senkrechte Leitern lassen das Herz des ambitionierten Klettersteiggehers höher schlagen. Schade, dass die Turnerei nach 160 Hm schon vorbei ist. Die Tour wird in der Regel als Variante der Brentadurchquerung gemacht, der Anstieg vom Tal, von San Lorenzo, ist sehr lang.

Info

Talort: Madonna di Campiglio, 1522 m

Ausgangspunkt: Rifugio Agostini, 2410 m; Rifugio XII Apostoli, 2489 m

Karten: AV-Karte Nr. 51, Brentagruppe; Kompass WK 73, Gruppo di Brenta

Anreise: Siehe Sentiero Brentari und Sentiero dell'Ideale.

Zustieg: Vom Rifugio Agostini auf dem Weg 321 in einer ½ Stunde zum Einstieg. Auf dem Weg dahin ist ein versicherter Felsvorbau (A) zu überwinden. Wer vom Rif. Pedrotti/Tosa über den Sent. L. Brentari kommt steigt auf dem Gletscher Vedretta d'Ambièz auf dem Weg 358 zur Agostini Hütte ab. Achtung: Kurz vor der Hütte nicht auf den alten Pfad rechts hinauf, sondern noch etwas weiter zum Wegweiser absteigen (½ Stunde ab der letzten Leiter/Gletscherbeginn).

Route: Über eine kurze Leiter (B) auf den ersten Absatz und auf einer sehr steilen Leiter (C) zur längsten schrägen Leiter (B). Nach einer weiteren kurzen Leiter (B) führt eine luftige leichte Querung (A) in die Rinne unter der Bocchetta dei Due Denti. Über eine lange (B) und zwei kurze Leitern gelangt man zum Ende der Rinne (Nische). Davor führt noch einmal eine sehr steile Leiter (C), danach flachere Leitern zur Scharte Bocchetta dei Due Denti, 2859 m.

Leiter kurz vor dem Ausstieg

Übersicht Ferrata Ettore Castiglioni

Abstieg: Von der Bocchetta dei Due Denti auf dem Weg 321 zur XII Apostoli Hütte absteigen, wobei 20 m versichert (A/B) sind. Von der XII Apostoli Hütte zwei sinnvolle Möglichkeiten: a) Über den Sent. dell' Ideale bis zur Bocca di Camosci, 2784 m, aufsteigen und auf dem Sent. D. Martinazzi/ Weg 327 (anfangs Gletscher!!) zur Brentei Hütte, von dort zum Rif. Vallesinella absteigen (ca. 5 Std.). b) Auf den Wegen 307 und 324 ins Val d'Agola absteigen, bis zum Wanderparkplatz 3 Std.. c) Auf den Wegen 307 und 357 zum Doss del Sabion, 2101 m, und mit der Seilbahn nach Pinzolo (3 Std.).

Tipp: Bei dem Rif. XII Apostoli unbedingt einen Blick auf die schöne Kapelle werfen (ca. 100 m neben der Hütte).

Map

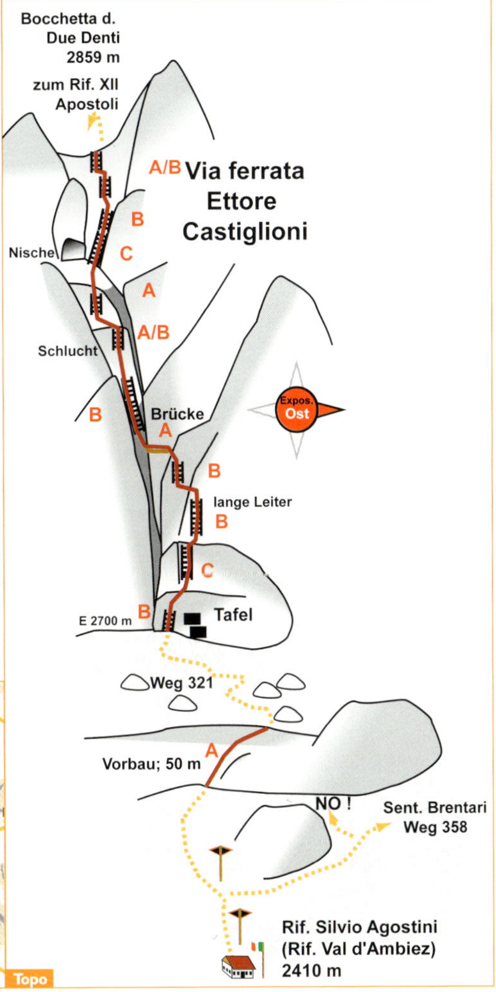

Topo

English Version

The direct route from Rif. Agostini to Rif. XII Apostoli is a worthwhile and steep alternative to Sent. dell'Ideale. It has a lot of vertical ladders!

Route: You can reach the fixed rope route from Rif. Agostini (path 321). You get to Rif. Agostini when you divert from Sentiero Brentari on the d'Ambiez glacier and follow path 358. Fixed rope route - see Topo!

Rifugio XII Apostoli, 2489 m; Mitte Juni - Ende Sept. bew. Tel: +39 0465 5013 09; www.dodiciapostoli.it

Rifugio S. Agostini, 2410 m; CAI; Mitte Juni - Ende Sept. bew. Tel: +39 0465 73413; Information: www.rifugioagostini.com

Via ferrata dell' Amicizia - unten Riva

Touristeninfo

Tourismusbüro: Riva del Garda

www.gardatrentino.it

Tourist Office nur in Riva del Garda

Largo Medaglie d'Oro al Valor Militare 5, I-38066 Riva del Garda

Tel. +39 0464 554444
Fax +39 0464 520308
info@gardatrentino.it

Besonderheiten: Wenn in den Dolomiten das schlechte Wetter hängt, zieht es alle Bergsteiger zum Gardasee, denn Pizza, Gelati, Sonne, Palmen und kompakte Felswände sind die Merkmale von einem der Topklettergebiete Europas, das durch die südliche Lage am Nordufer des Sees oft wetterbegünstigt ist. Alles trifft sich dann, gezeichnet von den großen Dolomitentouren, im kleinen Ort Arco, wenige Kilometer nördlich von Riva del Garda, wo sich ein Bergsportgeschäft an das nächste reiht und am Abend stets Partystimmung herrscht. Natürlich sind in Arco die Alpinisten in der Überzahl, doch die Region hat auch ein sehr interessantes und abwechslungsreiches Ferrata-Angebot. Die Palette reicht vom Ernesto Che Guevara Steig durch die 1400 m hohe Ostwand des M. Casale, über die großartigen Steige Susati, Via ferrata dell' Amicizia direkt über den Fluten des Gardasees bei Riva, bis zum kurzen Schluchtklettersteig in Drena. Dazwischen gibt es alles was das Herz begehrt, in jeder Schwierigkeit und Steiglänge, wobei im Norden des Gebietes mit der Ferrata Rino Pisetta ein echtes Highend-Testpiece auf Bezwinger wartet, die davor auf der Via attrezzata Monte Albano schon ihre Kräfte messen können. Neben dem Klettersteiggehen und Klettern ist die Region ein Eldorado für Surfer und Mountainbiker; und dort wo Palmen wachsen, ist es im Frühling und Herbst noch angenehm warm, im Sommer hingegen oft zu heiß. Der kühle See und die Gelati-

Zustieg Ferrata Giulio Segata - hinten die Brenta

Blick auf das Nordufer des Gardasees

Buden helfen aber über diesen kleinen Nachteil hinweg. Als Ausgangspunkt empfehlen wir die Bergsteigerstadt Arco, von dort lässt sich alles perfekt ansteuern.

Anreise mit öffentlichen Verkehrsmitteln: Mit der Bahn nach Trento oder Rovereto und weiter mit den Linienbussen der Trentino Trasporti (www.ttesercizio.it) zu den jeweiligen Ausgangspunkten bzw. in deren Nahbreich.

Anreise mit dem Auto: Siehe Beschreibung bei den jeweiligen Touren.

Tourentipp

Es bieten sich keine mehrtägigen Touren an. Als lange Tagesrunde über Riva empfehlen wir: Aufstieg **Via ferrata dell' Amicizia** und hinüber zur **Bocca Pasumer**. Von dort entweder zum **Sentiero Camminamenti** auf die Cima Rocca und über die **Via ferrata Foletti** zum Ausstieg der **Via ferrata Susati** auf der Cima Capi queren, oder gleich links über einen versicherten Weg (Ferr. Cima Capi A/B) zum Ausstieg der Susati, dann absteigen und schlussendlich auf dem Wanderweg zurück nach Riva. Ansonsten kombiniert man in diesem Gebiet nur Pizza mit Gelati :-)

Autonome Provinz Trient

Region: Trentino-Südtirol

Einwohner: ca. 513000

Fläche: ca. 6.200 km²

Berg: Monte Cevedale, 3769 m

Web: www.provincia.tn.it

Provinz Brescia

Region: Lombardei

Einwohner: ca. 1,2 Mio.

Fläche: ca. 4.700 km²

Berg: Presanella, 3556 m

Web: www.provincia.brescia.it

English Version

In bad weather, this alternative destination, offering pizza, palm trees and great climbing walls is literally flooded with mountaineers. It offers a variety of good fixed rope routes. From the short gorge route in Drena to the 1400 wall Ernesto Che Guevara fixed rope route proceeds through. In the north, you can find a real via ferrata test piece in Rino Pissetta. In summer it gets very hot in this area, spring and fall, however, offer perfect conditions. Starting point is the mountaineer metropolis of Arco.

Tour combination:

Long daytrip above Riva: Riva - Via ferrata dell' Amicizia - Bocca Pasumer - Sentiero Camminamenti - Cima Rocca - Via ferrata Foletti - Via ferrata Susati - Riva - pizza and gelati :-)

PI

Via ferrata Rino Pisetta Gardaseeberge/Brentagruppe

Einer der wenigen Prüfsteine für wirkliche Experten

Dain Picol, 971 m

Sehr luftig und hoch über dem Ort Sarche

extrem schwierig 2,5

Sehr schön

Gut

Diff. E

5 Std.

715 Hm

430 Hm
2 ¾ Std.

45 Min.

1½ Std.

SO

ab 14 J.

GJ

971 m

P N 46.049721
E 10.953906

E N 46.052625
E 10.952210

Gehzeiten/Time

Sarche - Einstieg: 45 Min.
Einstieg - Gipfel: 2¾ Std.
Gipfel - Sarche: 1½ Std.
Gipfel - Ranzo - Val Busa - Sarche: 2¼ Std.

Besonderheiten: Der Rino Pisetta Klettersteig gehört zu den extremsten Klettersteigen im Ostalpenraum und ist nach wie vor einer der wenigen Prüfsteine für wirkliche Experten. Der 1982 erbaute Klettersteig galt lange Zeit als schwerster Klettersteig der Alpen und nimmt noch heute einen der vorderen Plätze in der Schwierigkeitsskala ein. Nur mit einem Drahtseil versichert geht es teilweise extrem luftig und ausgesetzt die glatte Südwand des Picol Dain hinauf – es gibt fast keine Trittstifte. Somit stellt der Steig hohe Anforderungen an Armkraft und Klettertechnik und so mancher Klettersteigfreak hat auf diesem Steig schon das Handtuch geworfen. Die sehr schöne und vorbildlich angelegte Route bietet neben dem Vertikal-Erlebnis auch wunderbare Ausblicke auf das Sarcatal und den malerischen Lago di Toblino.

Info

Talort: Sarche, 259 m

Ausgangspunkt: Parkplatz im Ort Sarche, 259 m

Karten: Kompass WK 73, Gruppo di Brenta bzw. WK 687, Mt. Stivo-Monte Bondone

Anreise: Auf der Autobahn bis nach Trento Nord, weiter in Richtung Gardasee bis man im Sarcatal nach Sarche kommt. Direkt im Ort oder im Bereich einer Autowerkstatt bzw. eines Supermarktes parken.

Zustieg: Vom Parkplatz im Ortszentrum (große Infotafel Picol Dain) auf einem schwach markierten Steig aufwärts. Am Ende über Schutt zum Einstieg bei der Tafel.

Route: Vom Einstieg gleich sehr schwer über eine glatte Wand aufwärts (D – wer diese Stelle nicht schafft, kehrt am bes-

Der enge Spalt im oberen Teil

Meist nur Drahtseil, selten Trittstifte

ten sofort um) und leicht linkshaltend zur ersten glatten Schlüsselstelle (E). Danach etwas leichter (eine Fluchtmöglichkeit nach rechts ist vorhanden), teilweise querend (bis C) zu einer Plattenzone (C/D), die man mit Hilfe eines glatten Risses (C/D) überwindet. Danach eine Gehpassage, die zu einem glatten Risskamin (C/D) führt. Es folgt leichtes Gelände (A) und man erreicht nach einer Rinne (B) und leichter Blockkletterei (A und B) eine Gehpassage (evtl. Rastmöglichkeit). Von dieser steil hinauf (C) und dann wieder leichter (A) zu einer Kante queren. Dort kommt die härteste Stelle der Tour - neben der Schwierigkeit D/E ist diese glatte Plattenpassage sehr ausgesetzt und steil. Über diese gelangt man zu einer weiteren Steilwand (D) und zum nächsten Gehstück. Ab dort geht es leichter weiter - über ein kurzes Steilstück (C) und mit leichter Kletterei (B/C und A) gelangt man zu einem engen Spalt (A). Danach kommt man zum Steigbuch. Kurze Blockkletterei (B/C) im Nahbereich einer Kante führt in das Schuttgelände (A), das zum Gipfelgrat (A) leitet. Mit leichter Kletterei zum höchsten Punkt (Bank mit der Madonna) des Picol Dain (Monte Garzole, 971 m).

Abstieg: Vom Gipfel auf dem markierten Weg in Richtung Ranzo absteigen. Noch vor dem Dorf nach links und bei der Kapelle San Vigilio auf einem breiten Weg wieder in Richtung Sarche. In einem Flachstück verlässt man den Weg und gelangt auf einem Steig

Glatte Platten über dem Toblinosee

English Version

Rino Pisetta is one of the most difficult fixed rope routes and ist still one of the few touchstones for real experts. The route leads through the south face and is only secured with one single cable. Good arm power and climbing techniques are recommended.

Route: From the centre of Sarche (big info sign „Picol Dain“) ascend a small path to the beginning of the route (rubble at the end). Route see topo! From the summit descend on a marked path towards Ranzo. Before you reach the village turn left and follow a wide path at the chapel San Vigilio towards Sarche. Leave this path at a plane section to the left and descend on a path to Sarche (one short rock section with fixed ropes). A nice alternative is the descent through Val Busa canyon to Lago di Toblino (see map)!

Via ferrata Rino Pisetta Gardaseeberge/Brentagruppe

Gleich beim Einstieg ist es sehr steil

(leicht, tlw. versichert) wieder zum Zustiegsweg und in den Ort. Eine schöne Alternative bietet der Abstieg durch die kleine Schlucht im Val Busa, die zum Toblinosee führt. Dem See entlang zurück nach Sarche.

Schwierigkeit: Extrem schwerer Sportklettersteig, mit einigen sehr ausgesetzten Passagen E, sonst meist um C.

Ausrüstung: Kompl. Klettersteigausrüstung, Lederhandschuhe und Helm. Kletterschuhe sind auch von Vorteil. Für schwächere Geher ein kurzes Sicherungsseil.

Bemerkung: Wegen des mediterranen Klimas ist dieser Steig auch im Winter durchaus machbar. Im Sommer sollte man aber die Mittagshitze meiden: die Wand liegt ab ca. 15.00 Uhr im Schatten (an heißen Tagen speichert der Fels recht lange die Energie). Bei Nässe sind die schon recht glatt polierten Platten tabu! Kletterer, die sich im ersten Steilstück schwer tun, sollten auf jeden Fall über den Fluchtweg wieder absteigen! Den Steig sollte man - anders als in anderen Führern beschrieben - nicht im Abstieg begehen!

Ferrata Rino Pisetta mit dem Abstieg

Via ferrata Rino Pisetta

Beim „Libro di Via“

Abstieg durch den Wald

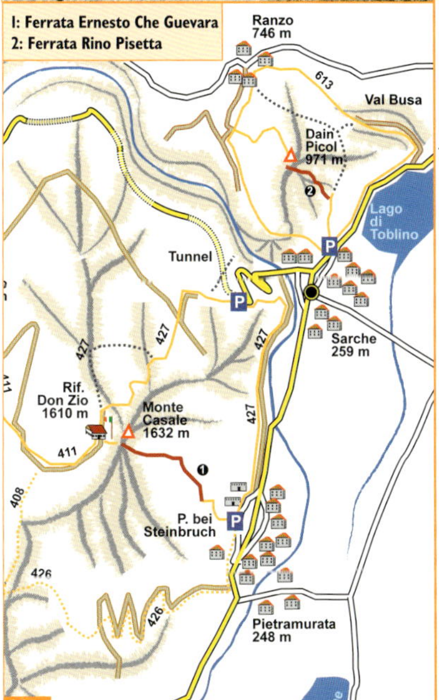

Map

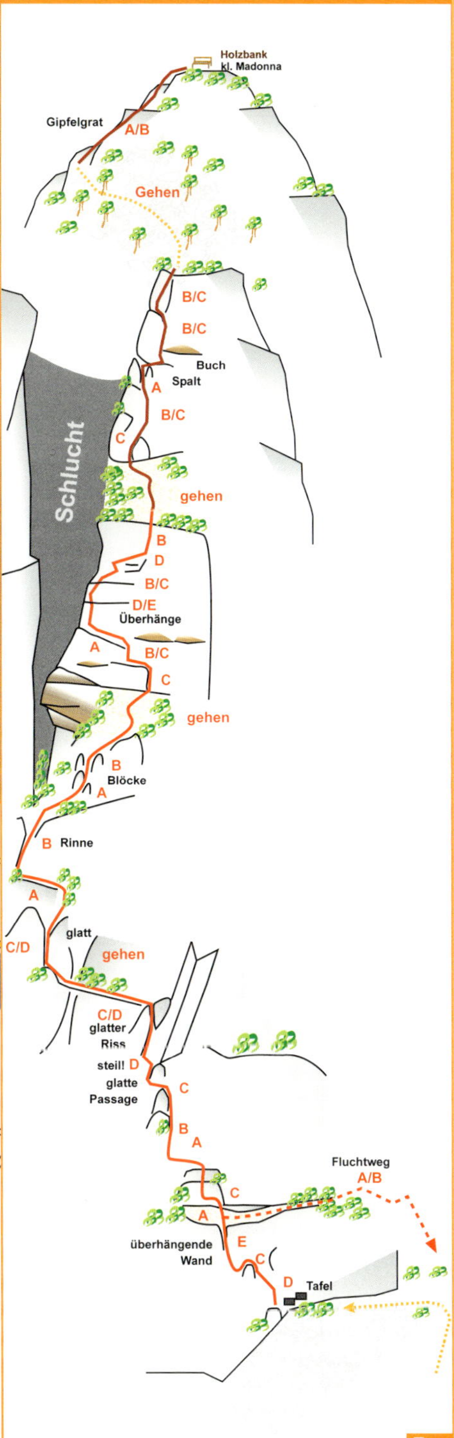

Topo

P2 Via ferrata Ernesto Che Guevara Gardaseeberge

Die 1400-Meter-Ferrata der Superlative am Gardasee

Monte Casale, 1632 m

Die Platten im oberen Teil

schwierig 2,6

Sehr schön

Gut

Diff. C u. I-

7½ Std.

1400 Hm

1200 Hm 4 Std.

25 Min.

3 Std.

SO

ab 14 J.

April - Nov.

1632 m

P N 46.026394 E 10.944121

E N 46.028644 E 10.937619

Gehzeiten/Time

Parkplatz - Einstieg: 25 Min.
Einstieg - Gipfel: 4 Std.
Gipfel - Hütte: 7 Min.
Hütte - Parkplatz: 3 Std.

Besonderheiten: Wer war Ernesto Che Guevara – ein kubanischer Revolutionär und Guerillakämpfer! Genau diese Gedanken schießen dem Begeher dieses Klettersteiges der Superlative durch den Kopf. Revolutionär, eine Steiganlage entlang der fast 1400 Meter hohen Felswand zu legen und was für ein Kampf, wenn man sich die letzten Meter hinauf zum Gipfelplateau quält. Der Steig ist nicht schwer, aber extrem lang. Die meiste Zeit klettert man in der Sonne und die schwersten Passagen kommen erst zum Schluss. Wer sich mit diesem Umstand anfreundet und auch genug zu Trinken mitnimmt, erlebt ein gewaltiges Klettersteigabenteuer, das seinesgleichen sucht.

Info

Talort: Pietramurata, 248 m

Ausgangspunkt: Parkplatz im Industriegebiet von Pietramurata, 254 m

Karten: Kompass WK 071, Alpi di Ledro - Valli Giudicarie, 1:50.000

Anreise: Brennerautobahn Richtung Verona bis nach Trento (Abfahrt Lago di Garda Nord) und durch das Sarcatal nach Pietramurata. Im nördlichen Ortsteil von Pietramurata (beim Steinbruch) im Industriegebiet parken - der Beschilderung „Via Ferrata" zum Parkplatz folgen.

Zustieg: Vom Parkplatz im Industriegebiet zu einer Bauruine (Aufschrift „Klettersteig" und „Via Ferrata" auf alten Metallkisten). Rechts an der Ruine vorbei und den Steigspuren über einen Damm folgen. Im lichten Wald ansteigend zum Einstieg.

Im glatten Mittelteil der Tour

Route: Nach dem Einstieg in der Rinne (A) zu einem Absatz. Dort steil (B/C) über

Kurz nach dem Einstieg wird es steil

glatten Fels aufwärts, bis das Gelände plattiger (B) wird. Bei einem Flachstück quert man rechts zum nächsten Aufschwung (B). Nach diesem über gestuftes Gelände (A und I-) auf ein Band (550 m). Dort kurz gehen, dann steil (B) und schrofig (A und I-) zu einer Schuttquerung. Man quert links zu einem Wald (Rastmöglichkeit; Schatten) und folgt dann den Steigspuren zu einem Pfeiler (I-). Kurz vor der Pfeilerspitze quert man links zu einem ebenen Platz (ursprünglicher Einstieg mit Aufschrift und Tafel; 675 m). Über Platten (B, dann A/B) erreicht man ein Band (735 m) und wieder über Platten (A/B) gestuftes Gelände (820 m). Leicht kletternd (A) bzw. gehend kommt man zu einer Ecke (kurz I-), von dieser links zu Drahtseilen. Steiler (B und A/B) gelangt man zur „Tiramisu-Ecke" und links zu einem Steilstück (B/C; 905 m), das auf den Pfeilerkopf (940 m) führt. Kurz steil (B) weiter, dann über etwas brüchiges Gelände (A/B) zu einer langen, leichten Plattenquerung (A). Diese führt zur langen, sehr schönen Klammerplatte (A/B), über die man dann wieder gestuftes Gelände (A) erreicht. Über Schrofen (A und A/B) kommt man zum Band mit dem Steigbuch (1200 m). Danach gelangt man in eine große Geröllrinne (kurzes Drahtseil), die man queren muss (A). Ab dort viel Gehgelände, aber auch noch zwei schwerere Steilstufen (B/C, dann sogar C!). Zum Schluss führt eine erdige Rinne (A/B) auf ein Wiesengelände.

Im Hintergrund der Toblinosee

English Version

This fixed rope route through this nearly 1,400 m tall rock face is a battle and a phenomenal first-rate trip at the same time. The route is not difficult but extremely long. Most of the time you climb in the sun and the most difficult sections come at the end.

Route: Walk from the parking area to a construction ruin. Leave the ruin to your left and follow the trail on a dam. Ascend through sparse woodland to the beginning of the climb. Follow the trail from the exit to the plateau. Descend to Rifugio Don Zio and take a right on trail 427 towards Sarche/Pietramurata. Head for Sarche/Pietramurata when you come to a fork. On the valley floor keep right and get back to your starting point in at least 20 minutes. Trail 426 is not recommended because of the dangerous terrain.

Gipfelplateau des Monte Casale

Abstieg: Vom Ausstieg mit wenigen Schritten dem Pfad auf die Hochfläche folgen. Zum Rifugio Don Zio absteigend queren und dort rechtshaltend dem Weg 427 Richtung Sarche/Pietramurata folgen. Vom Abstieg über den Weg 426 (sehr steiles Absturzgelände) raten wir ab. Bei einigen Abzweigungen immer Richtung Sarche/Pietramurata gehen. Auf dem Talboden rechts halten und in gut 20 Minuten zurück zum Ausgangspunkt. Wenn auf den Bergen des Sarcatals oben noch viel Schnee liegt, sollte man den Steig nicht machen. Die Hütte ist nicht bewirtschaftet und der Abstieg ist bei Schneelage sehr unangenehm.

Ausrüstung: Klettersteig-Set, Helm und genug Flüssigkeit mitnehmen.

Tipp: Es gibt zwei Möglichkeiten den Abstieg zu verkürzen. 1.: Man stellt ein Mountainbike auf den Parkplatz unterhalb des Rif. Don Zio, auf ca. 1480 m (vom Rif. in 20 Min. zu erreichen, das letzte Stück ist aber mautpflichtig). 2.: Man stellt ein Auto oder Mountainbike auf den Rastplatz direkt in der Kehre vor dem langen Tunnel auf der Straße Sarche - Tione. Man verkürzt so etwas den Abstieg und den Rückweg nach Pietramurata.

Rifugio Don Zio Pisoni, 1610 m (CAI-S.A.T., Sekt. Toblino), nur an Wochenenden (Juni - Sept.) geöffnet! Infos: www.sat.tn.it

Der alte Einstieg mit dem „Schattenmann“

Via ferrata Ernesto Che Guevara

I. Ferrata Che Guevara; 2: Abstieg

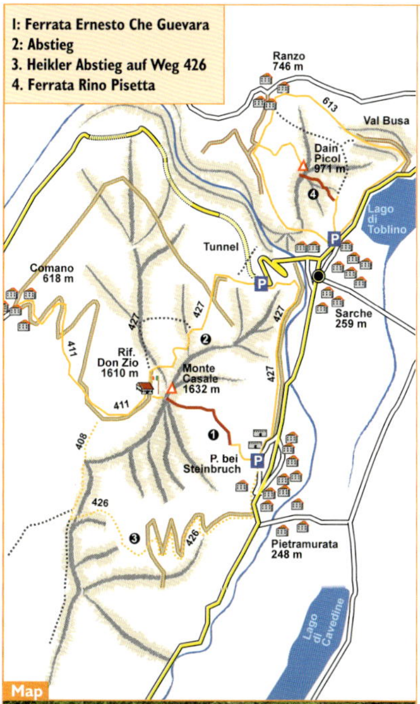

„Wegweiser“ zum Einstieg

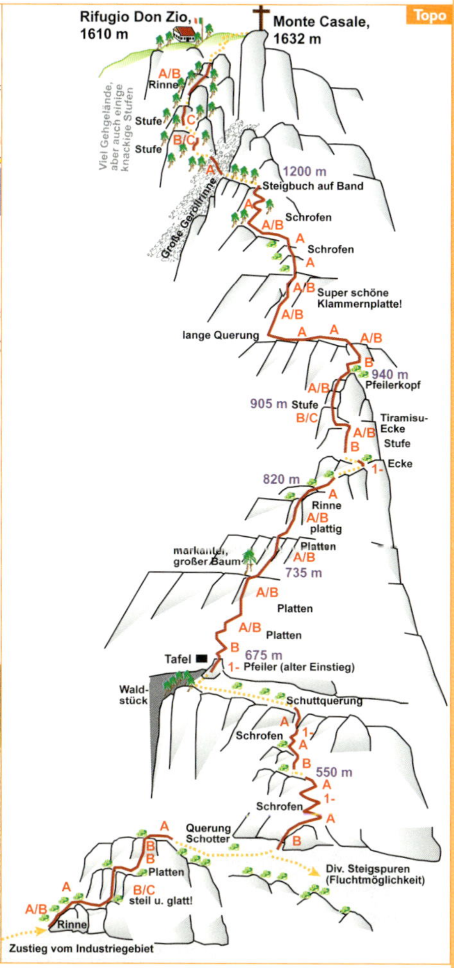

P3

Via ferrata Giulio Segata Gardaseeberge

Kurze Extremferrata mit schöner drei Gipfelrunde

Doss d'Abramo, 2140 m

Die sehr steile und glatte Rinne

extrem schwierig 1,5

Schön

Gut

Diff. D/E

4½ Std.

600 Hm

80 Hm ½ Std.

2¼ Std.

1¾ Std.

S

ab 14 J.

Mai - Nov.

2140 m

P N 46.015428 E 11.038320

E N 45.98990 E 11.03832

Gehzeiten/Time

Parkplatz - Einstg.: 2¼ Std.
Einstieg - Gipfel: ½ Std.
Gipfel - Parkplatz: 1¾ Std.
Gesamtzeit 3 Gipfelrunde: ca. 5 - 5½ Std.

Besonderheiten: Kurzer, aber extrem knackiger Sportklettersteig, der neben steilen Vertikalpassagen auch zwei Höhlenteile zu bieten hat, und somit als Start in die schwere Oberliga zu empfehlen ist. Nach dem ersten kürzeren Teilstück kann man auf einem versicherten Band aus der Route flüchten. Der Steig lässt sich ideal mit der Besteigung der „Tre Cime del Bondone" verbinden. Hierbei werden die Gipfel Monte Cornetto (2180 m), Doss d'Abramo (2140 m; auf diesen führt der Klettersteig) und der Cima Verde (2102 m) bestiegen. Die beliebte Dreigipfelrunde liegt in einem Naturpark und beschert grandiose Ausblicke auf die Brenta und die Dolomiten.

Info

Talort: Sarche, 259 m

Ausgangspunkt: Parkplatz im Ort Sarche, 259 m

Karten: Kompass WK 687, Monte Stivo-Monte Bondone

Anreise: Man kann von Trento (kürzester Weg), Aldeno (zwischen Trento und Rovereto) und Lasino (im Sacratal) zum Monte Bondone hinauffahren. Genau dort, wo sich diese drei Möglichkeiten treffen, ist ein Gasthaus mit Parkmöglichkeit. Der Parkplatz bei der östl. gelegenen Schotterstraße spart noch ein paar Minuten Zustieg.

Zustieg: Vom Parkplatz (1554 m) südwärts auf dem Weg (Nr. 607) über den grasigen Kamm „Costa dei Cavai" aufwärts. Am besten man besteigt zuerst den rechten Gipfel „Monte Cornetto" und steigt dann in die Scharte vor dem Doss d'Abramo ab (man kann aber auch vor dem Cornetto links auf Steigspuren in die Scharte). Dort führt ein Steig (Schild Giulio Segata) rechts um den Berg herum zum Einstieg bei einer gelben Tafel.

Das Loch gleich über dem Einstieg

Via ferrata Giulio Segata

Übersicht der Ferrata G. Segata

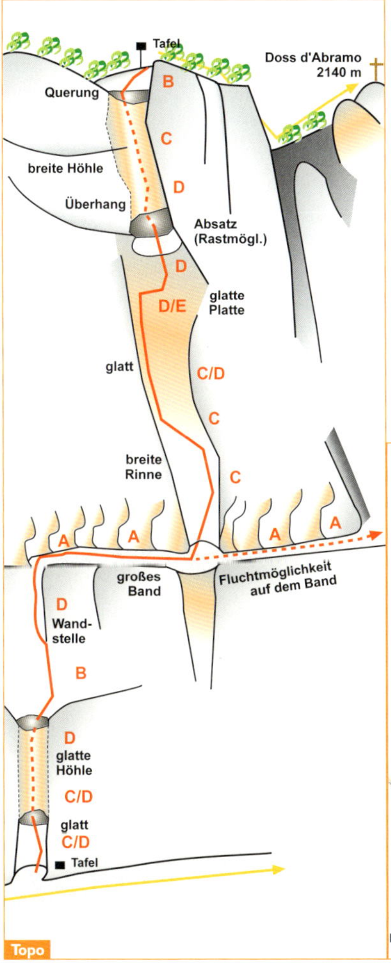

Topo

Route: Siehe Topo, wem das Einstiegsloch (D) schon zu schwer ist, sollte auf dem Band (A) nach rechts flüchten.

Abstieg: Vom Gipfel nordöstlich dem Weg (anfangs kurze Drahtseilpassage, A/B, in einer Rinne) zur Cima Verde (2102 m) folgen. Von dort steigt man über den Weg Nr. 636 in nördlicher Richtung zum Parkplatz ab.

Ausrüstung: Klettersteig-Set und Helm, für Schwächere Sicherungsseil.

Bemerkung: Vor allem für Kletterer interessant, die einen Partner haben, der nicht so extreme Klettersteige gehen kann – bei dieser Tour haben beide etwas davon (der eine wandert und der andere geht extremere Wege).

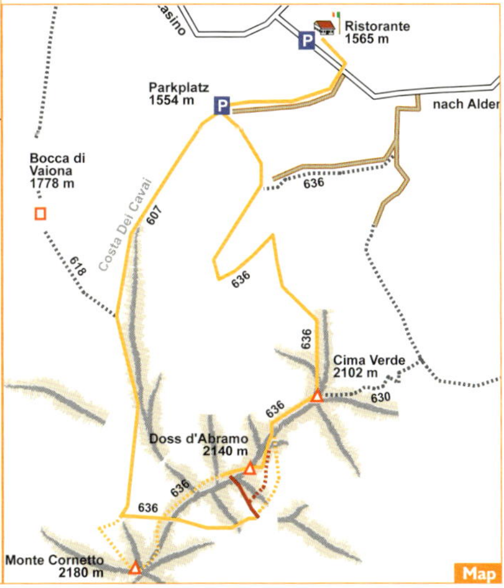

Map

English Version

Via ferrata Giulio Segata is a short but very difficult fixed rope route high above Trento. It is best to combine the route with the hike "Tre Cime del Bondone" (three summit loop - Monte Cornetto, Doss D' Abramo and Cima Verde).

Route: From the parking lot take path 607 up to the grass shoulder „Costa dei Cavai". It's better to go to the top of „Monte Cornetto" first and then descend to the gap in front of Doss d'Abramo. From there follow a path (sign Guilo Segata) below the east faces to the beginning of the climb. Route see topo. From summit descend a path with a short fixed rope section in a gully, A/B in north-eastern direction to Cima Verde (2102 m). From there follow path 636 to the parking lot.

P4

Via ferrata Rio Sallagoni Gardaseeberge

Tolles Schluchtabenteuer mit Zwergentod

Castello Drena, 405 m

Eine der steilen Stellen zu Beginn

schwierig 1,5 3 2 1

Sehr schön

Gut

Diff. C

2 Std.

200 Hm

180 Hm
1 ¼ Std.

15 Min.

30 Min.

W

ab 13 J.

GJ

400 m

P N 45.97301
E 10.93521

E N 45.97000
E 10.93419

Gehzeiten/Time

Parkplatz - Einstieg: 15 Min.
Einstieg - Ende Teil 1: 45 Min.
Gesamte Ferrata: 1¼ Std.
Abstieg Parkpalz: 30 Min.

Besonderheiten: Toller und sehr beliebter Abenteuerklettersteig durch eine wildromantische, enge Schlucht unterhalb des Castello Drena. Im Hochsommer ein ganz heißer Abkühlungstipp! Man tänzelt anfangs teils sogar leicht überhängend direkt über dem Wasser, bis man in der lichten Schluchtmitte zu zwei Seilbrücken gelangt. Ein schönes Naturschauspiel bietet der Wechsel zwischen enger und breiter Klamm, der fast dschungelähnlichen Schlucht im Mittelteil. Aber auch der obere, etwas anspruchsvollere Teil ist landschaftlich sehr reizvoll, der kurze Vorbeimarsch an der Kläranlage stört kaum.

Info

Talort: Arco, 85 m

Ausgangspunkt: Parkplatz beim Schießstand auf der Straße nach Drena, 254 m

Karten: Kompass WK 071, Alpi di Ledro - Valli Giudicarie, 1:50.000

Anreise: Brennerautobahn Richtung Verona bis nach Trento (Abfahrt Lago die Garda Nord) und durch das Sarcatal nach Dro. Von Süden bei Rovereto (Autobahnausfahrt Rovereto Sud/Lago di Garda Nord) über Mori nach Torbole und Arco bis Dro. In Dro nach Drena abbiegen. Nach einer Kehre kommt ein Sportplatz, gegenüber ist ein Schießstand - in diesem Bereich Parkmöglichkeiten. Die Burg (Castello Drena) mit der unterhalb liegenden Klamm ist gut von Dro aus zu sehen.

Der Einstieg des Klettersteiges

Zustieg: Vom Parkplatz folgt man einfach der Straße ein Stück abwärts bis man zu einem Feldweg mit einer Schranke gelangt. Dem Weg folgt man Richtung Schlucht, die nach der Tafel auch sofort erreicht wird.

Route: **Teil 1:** Beim Eingang in die Schlucht steigt man an der linken Wand recht steil

Licht und Schatten im oberen Teil

aufwärts (C), eng geht es durch die Schlucht. Eine kurze bügellose Passage (B/C) führt erneut zu einer fast horizontalen Steigpassage (C), dort hängt das Seil sehr hoch über den Klammern (in diesem Bereich ist ein Notausstieg, links aus der Schlucht). Danach kommt die Klemmblockpassage, der Steig führt direkt unter einem mächtigen Klemmblock hindurch (C), Spreizschritt auf die andere Schluchtseite genau unter dem Klemmblock. Danach folgt man dem Seil (B/C) bis zum Ende der Schlucht, wo man zum Bach absteigt. Kurz dem Bach entlang, man hält sich links und steigt zur schon sichtbaren Dreiseilbrücke (A/B) auf (die kann man auch durch Aufstieg rechts vom Bach auslassen). Danach folgt man einer leichten Rampe (A) bis zum Ende der Seilsicherung. Dann am rechten Schluchtrand auf dem Pfad aufwärts, durch einen markanten Felsspalt hindurch (ein riesiger Felsblock steht angelehnt an der Wand), bis man zu einer Flachpassage bei der zweiten Dreiseilbrücke kommt. Man überquert den Bach und geht zum Fuß der Felswand, steil aufsteigend (A, dann B) erreicht man ein Band, das um die Ecke zur Seilbrücke (A/B) führt (auch diese Passage mit der Seilbrücke kann auf der rechten Bachseite umgangen werden). Danach folgt man dem Steig zu einer Brücke (Ende Teil 1, dort kann man auf einem unten etwas erdigen Pfad über eine Rampe zum Castello Drena aufsteigen).

Teil 2 (nur Klammern, keine Seilsicherung!): Man folgt den blauen Markierungen (Stellen

Auf der zweiten Dreiseilbrücke

Siehe DVD-ROM Tour als Film

English Version

This great and very popular fixed rope route proceeds through a wild and romantic narrow gorge below Castello Drena. First skipping right above the water, partially even a bit overhanging, you get to two rope bridges in the middle of the gorge. The upper and slightly more demanding part also has a very attractive landscape, which almost makes you forget about the sewage-works on the way. It is great for cooling down a bit in midsummer! It is not recommendable for children, because the securing rope is very high!

Route: From the parking area above the sports field follow a gravel path southwards until you reach a signpost on the left indicating the beginning of climb. See topo! From the castle descend northwestwards to the parking area on a path crossing the roads.

P4 Via ferrata Rio Sallagoni Gardaseeberge

Das Klammernklettern im Teil 2

Siehe DVD-ROM Tour als Film

A), bis man bei blauer Aufschrift wieder in die enge Schlucht gelangt, es müssen zahlreiche Stufen (B) im Bach überwunden werden. Kurz vor dem Ende kommt noch einmal eine etwas größere Stufe (B, Kinder dort unbedingt an ein Sicherungsseil), danach wird die Schlucht wieder weiter, man steigt je nach Möglichkeit im Bereich einer kleinen Brücke aus. Durch Weinberge kommt man zurück zum Castello Drena.

Abstieg: Direkt vom Weg, welcher von der Straße hinauf zum Eingang des Castellos führt, zweigt man rechts ab. Man geht anfangs links neben der Asphaltstraße hinunter. Vorbei an einem Picknickplatz, die Fahrstraße oben ein paar mal querend, gelangt man auf einen Pfad, diesem folgt man hinunter bis zum Zustiegsweg und erreicht auf dem Weg wieder das Auto.

Bemerkung: **Für Personen unter 150 cm Körpergröße könnte der Steig zum großen Problem werden**, da das Sicherungsseil oft hoch über den Trittklammern verläuft (Zwergentod). Der Steig ist vor allem an Wochenenden sehr stark frequentiert. Absteigen über den Steig sollte man eher nicht, da das aneinander Vorbeiklettern in der engen Schlucht nicht optimal funktioniert. Im Frühjahr ist der Wasserstand zu beachten, bei viel Wasser sollte man den oberen Teil nicht begehen!

Übersichtsbild Rio Sallagoni

Klemmblock im Teil I

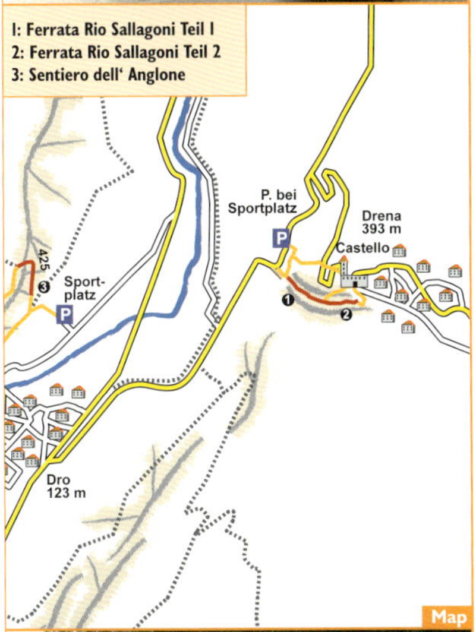

Die enge Schlucht vom Teil I

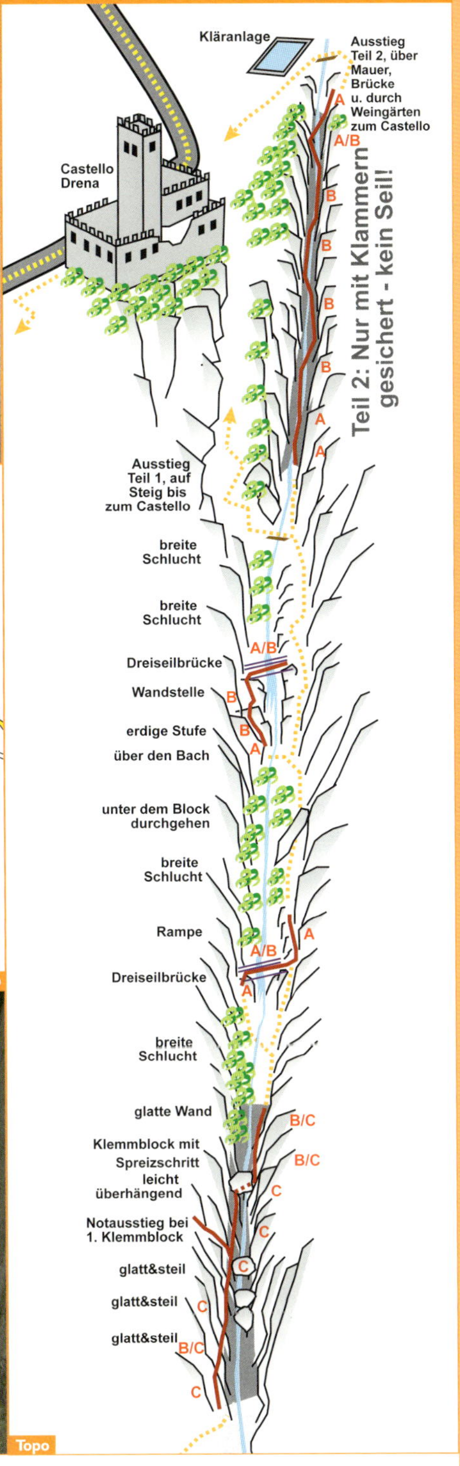

Sentiero attrezzato Colodri Gardaseeberge

Beliebte Einsteiger-Ferrata auf den Hausberg von Arco

Colodri, 400 m

Oberer Teil des Sentiero Colodri

mäßig schwierig 1,2

Schön

Gut

Diff. B/C

2¾ Std.

310 Hm

190 Hm
1 Std.

20 Min.

1¼ Std.

0

ab 9 J.

März - Nov.

400 m

P N 45.927110
E 10.891979

E N 45.92744
E 10.88845

Gehzeiten/Time

Parkplatz - Einstieg: 20 Min.
Einstieg - Gipfel: 1¼ Std.
Gipfel - Parkplatz: 1 Std.

Besonderheiten: Schöner Klettersteig entlang der imposante Felswand rechts des Burgfelsens von Arco. Der Anstieg ist bis auf eine kurze Passage vor dem Ausstieg meist leicht, und somit auch für Kinder gut geeignet. Oben kommt man auf ein schönes Karstplateau und steigt dann auf der Rückseite des Berges wieder ab. Lohnend ist auf jeden Fall der Tiefblick ins Sarcatal und auf den Gardasee! Der Rückweg führt durch die schöne Altstadt von Arco - vorbei an einem Eisgeschäft.

Info

Talort: Arco, 92 m

Ausgangspunkt: Parkplätze bei der Brücke oder dem Freischwimmbad, 92 m

Karten: Kompass WK 690, Alto Garda e Ledro, 1:25.000 bzw. Kompass WK 071

Anreise: Brennerautobahn Richtung Verona bis nach Trento (Abfahrt Lago di Garda Nord) und durch das Sarcatal nach Arco. Alternative Zufahrt über Rovereto (Abfahrt Rovereto Süd/Lago di Garda) und dann über Mori in Richtung Torbole, vor Torbole biegt man in Nago rechts nach Arco ab. Bei der Brücke über den Fluß, dann aber gleich rechts abbiegen und entweder beim großen Parkplatz im Brückenbereich oder ca. 500 m weiter hinten beim Freischwimmbad (erster Campingplatz) parken.

Eine der Bügelplatten im Mittelteil

Der Ausstieg auf dem Karstplateau

Zustieg: Vom Parkplatz beim Freischwimmbad (zu Fuß erreichbar in ca. 15 Minuten von der Brücke) folgt man auf der anderen Straßenseite einem Steig (Markierung, Fitnessparcours) durch lichten Pinienwald zum Einstieg des Klettersteiges.

Route: Vom Einstieg über kurze, recht anregend zu kletternde Steilstücke (A/B) nach rechts zu einer Flachpassage (A). Dort über wegähnliche, teilweise auch ungesicherte und kurz versicherte Passagen (A) aufwärts. Man kommt zuerst rechts nahe zu den Felsen, dann wieder zurück bis zu einer Plattenpassage (A/B). Auf den Platten (gleichbleibend A/B) bis zu einem kleinen Steilaufschwung (A/B - B), der zur Schlusswand führt. Über diese recht steil, mit Hilfe von Klammern aufwärts (kurz B/C) zum Ausstieg auf das Karstplateau.

Abstieg: Vom Ausstieg zuerst über die Karstfläche der Markierung folgen und rechts zum Gipfelkreuz aufsteigen (nicht nach links oder gerade). Vom Kreuz über den markierten Weg hinunter nach S. Maria di Laghel und zurück nach Arco. In Arco durch die Fußgängerzone - vorbei an den Eisgeschäften und dem Cafe am Hauptplatz - zum Parkplatz bei der Brücke bzw. dort weiter auf der Straße zum Freibad.

Ausrüstung: Klettersteig-Set und Helm; für Kinder evtl. ein Sicherungsseil.

Die kurze Schlüsselstelle

English Version

A beautiful fixed rope route leading you right through the imposing rock face to the right of the castle rock of Arco. Except for a short passage before the exit, most of the ascent is easy and also recommendable for children. On top you will find a beautiful karst plateau and then descend at the rear of the mountain.

Route: From the outdoor swimming pool follow a route (marking, fitness trail) on the other side of the road to the beginning of climb. For the route see topo. From the exit follow the marking to the summit cross. From the cross return to Arco on the marked path down S. Maria di Laghel.

Sentiero attrezzato Colodri **Gardaseeberge**

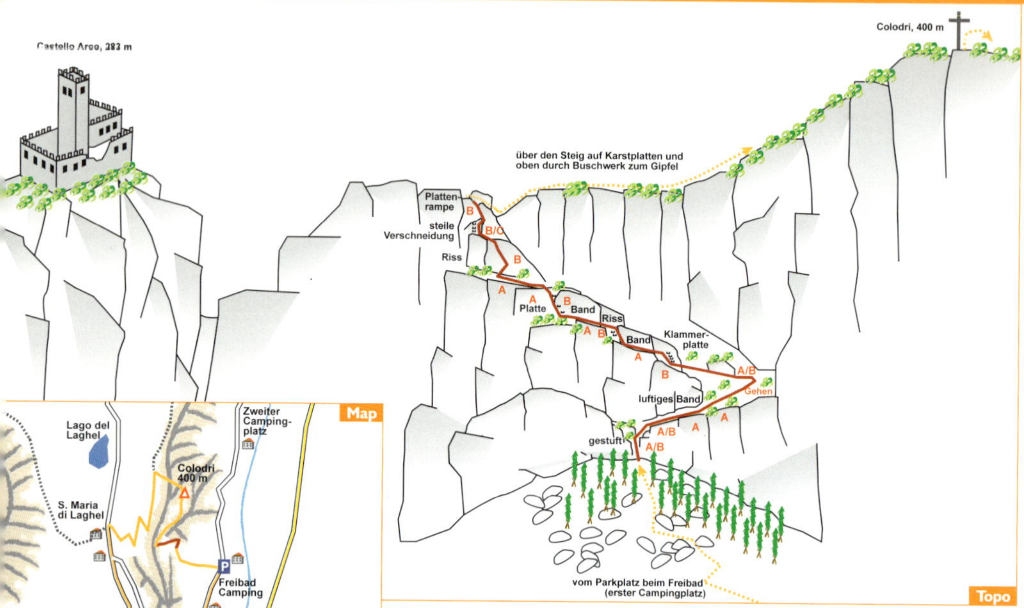

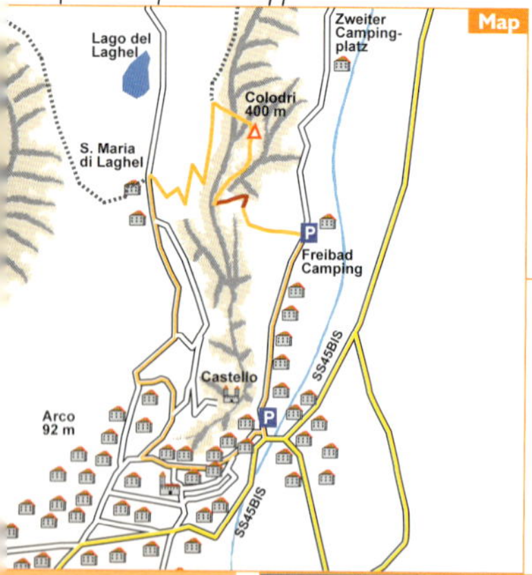

Tipp: Da meistens sehr viele Bergsteiger unterwegs sind sollte man auf jeden Fall mit Helm klettern! Den „Sentiero attrezzato Colodri" kann man auch noch nach einer stundenlangen Anreise als Auflockerung machen. In den Sommermonaten ist es sehr heiß. Der Klettersteig ist auch gut mit einem Besuch des Castello Arco zu kombinieren - in Laghel hält man sich links und steigt kurz zur schön hergerichteten Burganlage auf.

Übersicht Colodri-Klettersteig vom Freibad

Sentiero Scaloni

Coste dell' Anglone, 455 m

Schöner Pfad mit kurzen, leichten Ferratastellen

Aufstieg auf dem Sent. d. Anglone

Besonderheiten: Mehr Wanderung als Klettersteig. Die Rundtour ist aber schön hergerichtet und hat auch historisch interessante Abschnitte. Gut mit Kindern machbar. Der Auf- bzw. Abstieg über den Felsriegel erfolgt auf einem kurzen Mini-Klettersteig.

Info

Talort: Dro, 123 m

Ausgangspunkt: Parkplatz beim Sportplatz von Dro, 140 m

Karten: Kompass WK 071, Alpi di Ledro - Valli Giudicarie, 1:50.000

Anreise: Brennerautobahn Richtung Verona bis nach Trento (Abfahrt Lago di Garda Nord) und durch das Sarcatal nach Dro. Bei der Sportanlage (auf einem Hügel) parken.

Zustieg und Route: Vom Parkplatz steigt man zuerst über den Weg 425 (Hinweistafel Cavre - Lastoni) auf - kurze versicherte Stellen auf dem **Sentiero dell' Anglone** (A) - dann folgt man dem Weg 428 b und erreicht nach längerer Wanderung den Abstiegsweg (Sentiero Scaloni). Mit Hilfe von wenigen Seilsicherungen (A) erreicht man auf dem Sentiero Scaloni wieder den Talboden. Entlang des Baches geht man zurück zum Ausgangspunkt.

Ausrüstung: Nur für Ungeübte und Kinder Klettersteig-Set nötig.

Bemerkung: Der Pfad wurde von der Gemeinde liebevoll instand gesetzt und ist als Wanderung interessant. Klettersteigfreaks zieht es eher zur nahen Ferrata Rio Sallagoni.

English Version

It is more a hike than a climb, but well prepared and with some historically interesting parts. Recommendable for children.

Route: From the parking area take path 25 (signpost Cavre - Lastoni) which has short secured parts on Sentiero dell' Anglone. Then follow path 428 b until, after a longer hike, you will reach the path to descend (Sentiero Scaloni). With just a few rope securings you will reach the valley floor again and can return to the starting point walking along the creek.

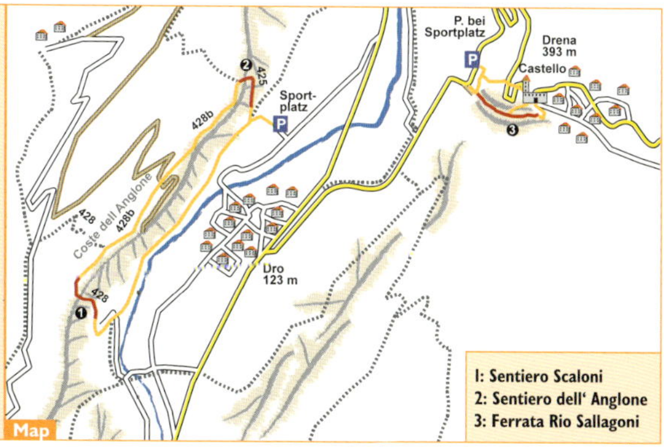

leicht 1,1 3 2 1

Schön

Gut

Diff. A

3½ Std.

390 Hm

200 Hm 2½ Std.

¼ Std.

¾ Std.

SO

ab 9 J.

März - Nov.

455 m

P N 45.96849 E 10.91350

E N 45.97037 E 10.91111

Gehzeiten/Time

Sportplatz - Einstieg: ¼ Std.
Rundwanderung: 2½ Std.
Rückweg zum Sportplatz: ¾ Std.

P7

Via dell' Amicizia Gardaseeberge

Die Top-Ferrata hoch über dem Gardasee

Cima SAT, 1246 m

Im ersten Teil, unten der Gardasee

schwierig 2

- Sehr schön
- Gut
- Diff. B/C u. I-
- 6 Std.
- 1220 Hm
- 640 Hm 2¼ Std.
- 1½ Std.
- 2¼ Std.
- 0
- ab 14 J.
- GJ
- 1246 m

P N 45.885781 E 10.837873

E N 45.884064 E 10.828802

Gehzeiten/Time

P. bei Hafen - Einstieg: 1½ Std.
Einstieg - Gipfel: 2½ Std.
Gipfel - P. bei Hafen: 2½ Std.

Besonderheiten: Lange und steile Leiternreihe, hoch über dem tiefblauen Wasser des Gardasees! Eine der besten Gardasee-Ferratas wartet am Nordufer, direkt über dem Touristenort Riva del Garda. Die Ferrata ist eine der ältesten Steiganlagen in der Region, bei der die zwei steilen Leiternpassagen ein wahres Highlight sind. Vom Gipfel genießt man einen fantastischen Ausblick auf den Lago und das Städtchen Riva, nördlich tun sich die Weiten des Sacratals auf. Die Ferrata gehört zum Pflichtprogramm am Gardasee. Um wirklich Spaß zu haben, sollte man aber etwas Kondition für die fast 650 Hm hohe Steiganlage mitbringen und einen Tag mit nicht allzu heißem Wetter wählen.

Info

Talort: Riva del Garda, 78 m

Ausgangspunkt: Parkplätze an der Hauptstraße in der Nähe des Hafens von Riva

Karten: Kompass WK 690, Alto Garda e Ledro, 1:25.000 bzw. Kompass WK 071

Anreise: Brennerautobahn bis Rovereto Süd/Lago di Garda Nord und dann bis nach Torbole am Gardasee. Von dort weiter nach Riva del Garda. In Riva hält man sich Richtung Brescia/Limone bis man im westlichen Ortsteil in den Bereich des Hafens gelangt. Dort, wo die Straße zum Hafen abfällt, beginnt man mit der Parkplatzsuche.

Zustieg: Bei einer großen Übersichtstafel an der Straße beginnt der anfangs gepflasterte Weg 404 zur Bastione (211 m). Von der weißen Festung auf dem Steig weiter bis zur Capanna (Hütte auf 560 m). Von der Hütte in Richtung Kapelle S. Barbara, vor einem Tunnelloch zweigt rechts der markierte Weg (404 B) zum Einstieg ab.

Route: Vom Anseilplatz über eine kurze Schrofenpassage zum eigentlichen Einstieg bei einer Tafel. Dort quert man leicht (A)

Leiter im letzten Steigabschnitt

Gehpassage am Beginn eines der Bänder

auf einem Band nach links und gelangt nach einer Gehpassage zur nächsten Steilstufe. Nach einer kurzen Blockpassage (A) folgt man einem Band (B) und erreicht dann gehend wieder die Stahlseile. Sanft ansteigend (A), dann über eine Steilstufe (B) und über Bänder (A) gelangt man zum Ende des ersten Felsaufschwunges. Zu Fuß durch Wald und Buschwerk zur nächsten Stufe. Dort über eine steile, lange Leiter (unten B, dann B/C) auf das nächste Flachstück. Leicht rechtshaltend (längeres Gehstück) erreicht man Blockgelände (A), welches zur nächsten Leiter (B) führt. Danach kommt eine kurze steile Wandstelle (B/C), es folgt eine sehr lange, luftige Leiternreihe (B), die oben in eine erdige Rinne (A) führt. Gehend - kurz im Bereich einer Gratpassage - erreicht man das letzte Steilstück unter dem Gipfel (man kann dieses auch auslassen und gerade durch den Wald zu Fuß weiter aufsteigen). Über eine Rampe (A) gelangt man an die Kante, auf einer Leiternreihe (B u. B/C) steigt man höher und erreicht schlussendlich genau den Gipfel der Cima SAT mit der Fahnenstange.

Abstieg: Vom Gipfel kurz dem Grat folgen, dann sehr steil (B/C!; mit Seilen gut abgesichert) hinunter zu einer Scharte (in der Nähe ist ein Helilandeplatz). Von dieser kurz zu einem Wegweiser aufsteigen - ab dort zwei Möglichkeiten: **a)** Rechts immer durch sehr steilen Wald auf dem „Sentiero Grazidei" absteigen und unten auf einem Forstweg

Die Kapelle Santa Barbara

Siehe DVD-ROM Tour als Film

English Version

A long and steep row of ladders high above the deep blue water of Lake Garda! One of the best routes of Lake Garda right above Riva del Garda. It is one of the oldest routes in the region with two steep ladder passages as a highlight. From the summit you have a fantastic view on the lake and the town of Riva and on the vast Sacra valley to the north. Do not do this tour on hot days and take water with you.

Route: To get to the beginning of climb, you have to take path 404 at a big summary table in the direction of S. Barbara chapel and branch off to path 404 B when you are almost there. For the route see topo. To descend you can either take path 418 on the right or paths 413 and 404 on the left. If you are very fit you can also descend on Ferrata Susati (see there).

Das Leiternfinale am letzten Turm

Siehe DVD-ROM Tour als Film

zurück nach Riva bzw. zur Bastione (der steile Abstieg ist oben bei Nässe heikel!). **b)** Alternativ kann man bei der Kreuzung nach links abbiegen, es folgt eine weitere Kreuzung (rechts geht es zum R. Giochello). Man hält sich links auf dem Weg 413, später dann auf dem Weg 404 und erreicht wieder die Kapelle S. Barbara. Von dieser wie beim Zustieg hinunter nach Riva del Garda absteigen. **Über den Rocchetta Giochello, 1519 m:** Von der Kreuzung bei Var. b rechts zum Gipfel, von dort schöner Ausblick. Abstieg über den Sent. Rino Zanotti zur Bochet dei Concoli, dort links zum Weg 404, weiter wie bei Var. b) (Mehraufwand ca. 1½ Std.).

Ausrüstung: Klettersteig-Set und Helm, für Schwächere Sicherungsseil.

Bemerkung: Der Steig sollte wegen seiner Länge nicht unterschätzt werden. Die Leitern sind sehr ausgesetzt, aber nicht sonderlich schwer. An heißen Tagen genug Flüssigkeit mitnehmen. Die Tour ist am Vormittag in der Sonne. Konditionstiger können zur Bocca Pasumer, dann z.B. auf dem Sent. Camminamenti (A/B) und Ferrata Foletti (B) oder um den Gipfel der Cima Rocca herum und gleich über die Ferrata Susati (B) absteigen, schlussendlich auf dem Wanderweg zurück nach Riva gehen (Details siehe dort).

Rifugio/Hütte
Capanna Santa Barbara, 540 m; tlw. an Wochenenden einfach bewirtschaftet.

Rastplatz vor der B/C-Leiter

Unten Riva, oben die Ferrata

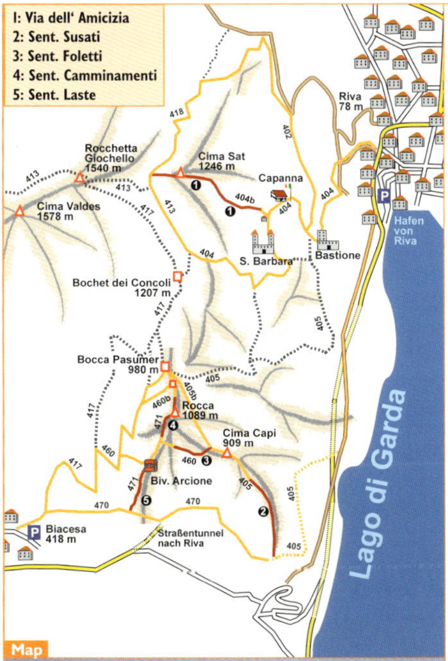

Map

Gipfel der Cima SAT

Topo

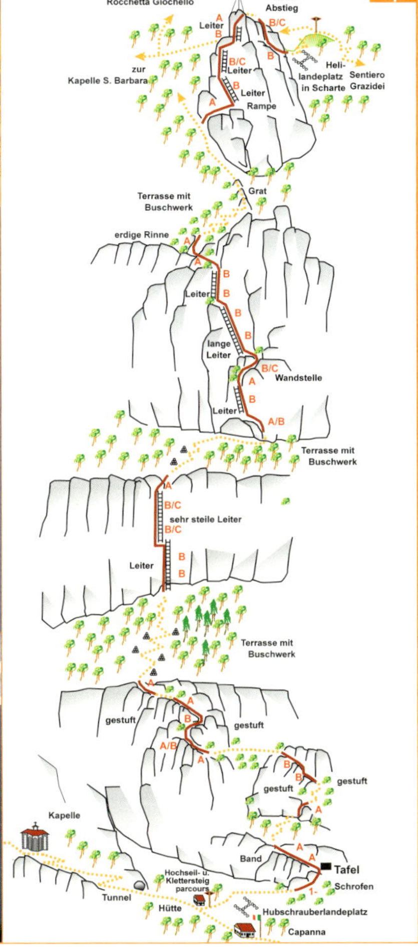

P8

Ferratarunde Cima Rocca Gardaseeberge

Die Ferratas und Sentieros Susati, Foletti, Camminamenti und Laste

Cima Rocca, 1089 m

Im Gratbereich der Ferrata Susati

mäßig schwierig 1,2

- Sehr schön
- Gut
- Diff. B u. I-
- 5¾ Std.
- 850 Hm
- 500 Hm 2¾ Std.
- 1½ Std.
- 1½ Std.
- S
- ab 12 J.
- März - Nov.
- 1089 m

P N 45.86618 E 10.80622

E N 45.86648 E 10.82943

Gehzeiten/Time

Biacesa - E. Susati: 1½ Std.
Ferrata Susati - Gipfel: 1 Std.
Gipfel - Foletti - Biv.: ¾ Std.
Bivacco - C. Rocca: 1 Std.
C. Rocca - Biacesa: 1½ Std.

Besonderheiten: Unweit der Seemetropole Riva del Garda klettert man hoch über den blauen Fluten des Gardasees an der Südkante zum Gipfel der Cima Capi empor, von dort führen zwei weitere, sehr schön hergerichtete, leichte Klettersteige auf das Dach der Runde, den Gipfel der Cima Rocca. Egal ob man von Biacesa oder direkt von Riva del Garda zum Einstieg aufbricht, taucht man durch dichten Buschwald zu leichten, aber schönen Kletterpassagen und luftigen Graten empor. Oben dann das kühle Finale im Inneren der Cima Rocca. Der Gipfel des Berges lässt sich entweder über steile, versicherte Schützengräben oder in einem markierten Kavernensystem aus dem Ersten Weltkrieg im Inneren erforschen. Egal ob unter- oder oberirdisch, die landschaftlich schöne Klettersteigrunde ist vor allem bei Einsteigern sehr beliebt!

Info

Talort: Biacesa, 418 m

Ausgangspunkt: Parkplätze vor und in Biacesa, 418 m

Karten: Kompass WK 690, Alto Garda e Ledro, 1:25.000 bzw. Kompass WK 071

Anreise: Brennerautobahn bis Rovereto Süd/Lago di Garda Nord und dann bis nach Torbole am Gardasee. Von dort weiter nach Riva del Garda. In Riva in Richtung Val di

Der Südeingang der Kaverne

Die Plattenpassage der Ferrata Foletti

Ledro durch den langen Tunnel bis nach Biacesa (Biacesa liegt gleich am Ende der ersten langen Tunnelpassage), vor dem bzw. im Ort parken.

Zustieg: Im Ort rechts den Beschilderungen folgen (Weg 470). Nach kurzer Zeit auf gepflastertem Fahrweg geht es rechts auf dem Sentiero dei Bech (Weg 470) in Richtung Klettersteig. Bei einer Abzweigung (dort zweigt links der Sent. Laste ab, Weg 471), gerade weiter leicht ansteigend aufwärts, bis man nach alten Kriegsstellungen auf einen Rücken unter dem Südgrat der Cima Capi kommt (dorthin auch auf der alten Ponalestraße und durch das Val Sperone in ca. 1¾ Std. von Riva aus). Vom Rücken durch Gebüsch, Schützengräben und Stellungen zum Einstieg der Ferrata Susati hinauf.

Route - Klettersteigrunde: **Via ferrata Susati:** Bei der Tafel gestuft aufwärts zu den ersten Seilsicherungen (A u. A/B), danach folgt eine schöne Gratpassage (A). Leichtes Gelände (A) und kurze Kletterstellen (I-) führen auf den Grat vor dem Gipfel, über eine kurze Seilpassage (A) zur Fahne. Zuerst etwas absteigen, dann auf sehr schmalem Grat (exponierter Grat!) zur Abzweigung (rechts geht es zur Bocca Pasumer). **Via ferrata Foletti:** Durch einen Stellungsgang erreicht man die Sicherungen (A) bei einer Platte, steigt dann auf ein Band (A/B) hinauf und quert wieder eine schöne Platte (A). Zuletzt steiler Abstieg (B) zum Ende des Steiges. Auf dem Weg 460 zur Biwakhütte Arcione mit der Ka-

Leiter des Sent. dei Camminamenti

English Version

Close to the lake town of Riva del Garda, high above Lake Garda, you will climb up the south face to the summit of Cima Capi. Up there, two more very beautiful and easy fixed rope routes lead you to the roof of the tour, the summit of Cima Rocca. A very popular, easy tour!

Route: Still in town, take Sent. del Bech (path 470) in the direction of the fixed rope route. You will reach a turn-off (with Sent. Laste, path 471, to your left) where you keep going straight ahead, slightly ascending past old war emplacements, until you reach the beginning of climb of Ferrata Susati on a crest beneath the south ridge (you can also reach it from Riva within aprox. 1¾ hours taking the old Ponale road and Val Sperone). From the crest ascend to the beginning of climb. For the routes and the descent see topo/map.

Auf dem Grat der Ferrata Susati

pelle (von dort Abstieg nach Biacesa möglich, Weg 460). **Sent. dei Camminamenti:** Im Zickzack aufwärts zu einem Stollen, dessen Ausstieg eine Leiter (A/B) ist. Weiter gestuft (A/B) und durch einen Stollen (gehen) erreicht man die Abzweigung der Gallerie d. Guerra. Entweder zuerst durch den Tunnel (gehen; Lampe) und dann über den Gipfel (kurze Stellen A/B) zurück oder umgekehrt. Wenn man den Steig nicht mehr absteigen will, kann man vom Nordausgang des Tunnels leicht (Stellen A) zur Boc. Pasumer und noch davor nach Biacesa absteigen. **Sent. delle Laste:** Ein leichter Zu- bzw. Abstiegsklettersteig zur Biwakhütte (kurze Stellen A/B), wenn man den unteren Teil des Sent. dei Camminamenti zurückklettert, kann man diesen in die Routen einbauen. Schwächere oder Familien mit Kinder wählen diesen Weg gerne für den Zustieg zur spannenden Gallerie d. Guerra.

Ausrüstung: Klettersteig-Set und Helm, für unsichere Geher und Kinder für die Ferratas Susati und Foletti ein Sicherungsseil.

Bemerkung: Wegen der ungesicherten Kletterpassagen ist die Ferrata Susati der anspruchsvollste der vier Steige. Auch die Ferrata Foletti ist etwas ausgesetzt. Sent. Camminamenti und Laste werden gerne als „verschärfte" Wanderungen gemacht.

Bivacco Arcione, 858, einfacher Notunterstand neben der Kapelle S. Giovanni, nicht bewirtschaftet.

Querung Foletti - hinten die Cima Capi

Cima Rocca
Cima Capi
Biv.
Übersicht der Ferratas

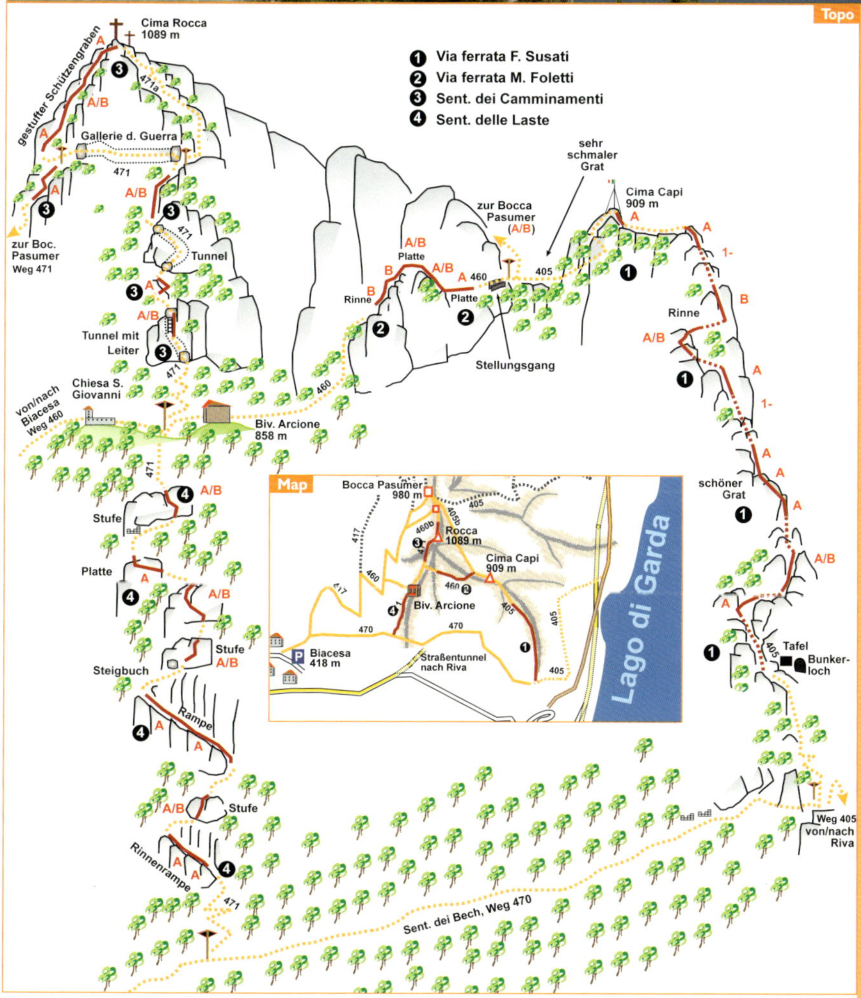
Topo
Cima Rocca
1089 m
1 Via ferrata F. Susati
2 Via ferrata M. Foletti
3 Sent. dei Camminamenti
4 Sent. delle Laste
gestufter Schützengraben
Gallerie d. Guerra
471
zur Boc. Pasumer Weg 471
Tunnel
Tunnel mit Leiter
Chiesa S. Giovanni
von/nach Biacesa Weg 460
Biv. Arcione
858 m
zur Bocca Pasumer (A/B)
sehr schmaler Grat
Cima Capi
909 m
Platte
Rinne
Stellungsgang
schöner Grat
Tafel
Bunker-loch
Stufe
Platte
Steigbuch
Rampe
Rinnenrampe
Weg 405 von/nach Riva
Sent. dei Bech, Weg 470
Map
Bocca Pasumer
980 m
Rocca
1089 m
Cima Capi
909 m
Biv. Arcione
Biacesa
418 m
Straßentunnel nach Riva
Lago di Garda

Via attrezzata Monte Albano Gardaseeberge

P9

Einer der ersten Sportklettersteige der Alpen

Monte Albano, 695 m

Die erste steile Querung

sehr schwierig 2,2

Sehr schön

Gut

Diff. D u. 2+

3½ Std.

510 Hm

210 Hm 2 Std.

20 Min.

1 Std.

S

ab 15 J.

GJ

695 m

P N 45.85563 E 10.96938

E N 45.85821 E 10.98092

Gehzeiten/Time

Mori - Einstieg: 20 Min.
Klettersteig: 2 Std.
Ausstieg - Mori: 1 Std.

Besonderheiten: Die Ferrata auf den Monte Albano bei Mori unweit von Arco gehört zu den ersten Sportklettersteigen in den Alpen und kann sich immer noch bei den anspruchsvollen Routen einreihen. Der Steig ist nach wie vor extrem beliebt und dementsprechend auch blank poliert. Der glatte Fels steigert den Schwierigkeitsgrad. Der Steig hat einige sehr ausgesetzte Querungen (z.B. das so genannte Engelsband) und eine lange, extrem steile Verschneidung. Aufgrund der südseitigen Ausrichtung ist der Klettersteig nahezu das ganze Jahr begehbar. Die Via attrezzata Monte Albano gehört zu den Highlights der Klettersteige am Gardasee.

Info

Talort: Mori, 204 m

Ausgangspunkt: Parkplätze im westlichen Ortsteil von Mori, 245 m

Karten: Kompass WK 101, Rovereto - Monte Pasubio

Anreise: Auf der Brennerautobahn bis nach Rovereto (Autobahnausfahrt Rovereto Süd/ Lago di Garda Nord) und weiter in Richtung Riva del Garda. Nach dem langen Tunnel der neuen Umfahrung von Mori biegt man rechts in den Ort ab. Dort der braunen Beschilderung (Via attrezzata Monte Albano) folgen, bis die Fahrmöglichkeit endet - je nach

Im unteren Teil der Albano Ferrata

Auf dem ausgesetzten „Engelsband“

Möglichkeit parken. Man kann auch irgendwo im Ort parken und dann durch die engen Gassen zur schon sichtbaren Wallfahrtskirche unter den Felsen aufsteigen.

Zustieg: Vom Parkplatz auf dem leicht ansteigenden Weg (beschildert) zur Wallfahrtskirche Santa Maria di Monte Albano aufsteigen. Auf der Wiese daneben befindet sich ein großes Hinweisschild zum Klettersteig mit den Zu- und Abstiegsmöglichkeiten. Dann weiter auf markiertem Weg zum Einstieg.

Route: Zuerst 2-3 Meter (2+) zu den ersten Versicherungen emporklettern, dann gleich über eine schwere Stelle (C/D) zu einem kurzen Raststück (B) und einem Überhang (D). Danach wird es leichter und man kann auch nach rechts flüchten. Weiter in einer Rechtsquerung (C), die in die lange Verschneidung (D und C/D) führt. Danach wieder zurück nach links - sehr exponiert, aber „nur“ C - zu einer kleinen Eisenbrücke. Weiter über einen Rücken (C, dann B) hinauf zum großen Band - auf diesem rund 150 m entlang, bis man zu einem Pfeiler mit Kamin kommt. Den Pfeiler aufwärts (C) und dann wieder 50 m gehen, bis bei einem Block, den man hinten umgeht, die Versicherungen wieder beginnen. Nach dem Block kommt eine glatte Plattenstelle (C), die zum Wandbuch führt. Beim Wandbuch geht es noch einmal senkrecht und schwer (D), links vorbei an einem

Kurz nach dem Einstieg

English Version

One of the first sport ferratas in the Eastern Alps. Still very popular because of the warm climate and the closeness to the climbing hot spot Arco. Short ascent, photogenic traverses and sometimes polished rock. Descent via another ferrata (B/C) possible.

Route: From the parking lot ascend a marked (signs “via attrezzata monte albano”) smooth upwarding path to the pilgrimage church Santa Maria di Monte Albano. From a meadow with a big ferrata-info-sign a paths goes up to the beginning of the route. Route see topo! At the end of the climb you might descend by foot (left) or via the descent-fixed rope route (B/C, with some slabs) back to the pilgrimage church.

Massentourismus am Monte Albano

markanten Dach, aufwärts zur Abschlussverschneidung (C). Der Steig endet mit einer schönen kurzen Rechtsquerung (C).

Abstieg: Bei einer Tafel trennen sich die Abstiegswege :

a) Nach rechts führt der „**Rientro attrezzato**“ (Abstiegs-Klettersteig), ein gar nicht so leichter (B/C) Klettersteig über eine glatte Platte und einen schönen Grat zurück zur Wallfahrtskirche.

b) Nach links führt ein Fußweg zurück zur Wallfahrtskirche.

Ausrüstung: Kompl. Klettersteigausrüstung, Lederhandschuhe und Helm. Kletterschuhe sind auch von Vorteil. Für schwächere Geher ein kurzes Sicherungsseil.

Bemerkung: Sehr schwerer Sportklettersteig, der leider oft von vielen unterschätzt wird. Am Einstieg sind wenige Meter 2+ zu klettern. Im Sommer kann es zu Mittag sehr heiß werden (man verbrennt sich an den Stahlseilen fast die Finger) - wer trotzdem einsteigt, sollte genug Flüssigkeit mitnehmen. Der Steig ist sehr glattpoliert und bei Nässe nicht zu empfehlen. Die Wand ist nach Süden hin ausgerichtet - man kommt am besten am frühen Vormittag oder am späteren Nachmittag. Der Fußabstieg ist deutlich angenehmer als der schon sehr glatt polierte Abstiegsklettersteig.

Die D-Stelle nach dem Einstieg

Via attrezzata Monte Albano

1. Via attrezzata Monte Albano, 2: Abstiegs Klettersteig

Topo

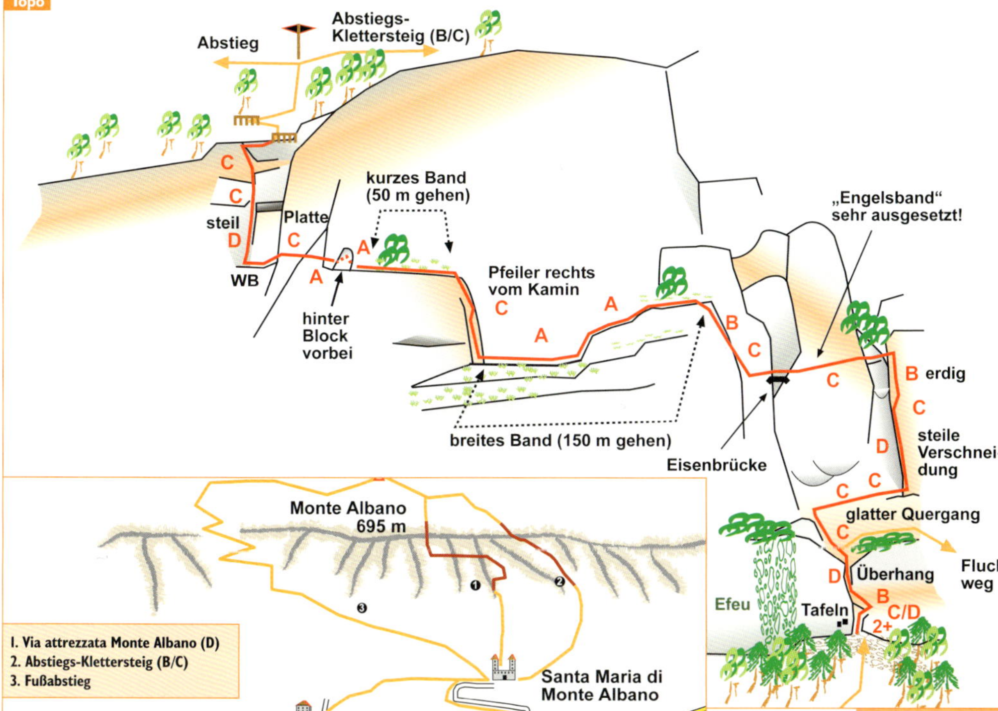

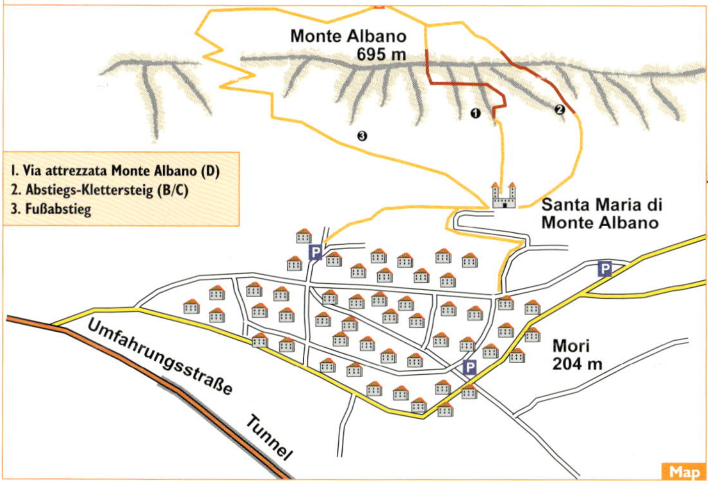

Map

Via ferrata Gerardo Sega Gardaseeberge

Entlang des gewaltigen Felsdoms hoch über Avio

Corno Gallina, 1172 m

Auf der ersten Leiter zu Beginn

schwierig 2

Sehr schön

Sehr gut

Diff. B/C

6 Std.

1320 Hm

360 Hm 1½ Std.

1¾ Std.

2¾ Std.

0

ab 14 J.

Mai - Nov.

1170 m

P N 45.74770 E 10.91449

E N 45.75272 E 10.90536

Gehzeiten/Time

Parkplatz Valle d. Molin - Einstieg Klettersteig: 1¾ Std.
Klettersteig: 1½ Std.
Ausstieg - Parkplatz Valle d. Molin: 2¾ Std.
Pso. P. d.Cola - Einstg.: 2¾ Std.

Besonderheiten: Steht man in dem gewaltigen, überdachten Kessel am Einstieg der Ferrata, glaubt man in einer anderen Welt zu sein. Fast andächtig, wie in der Kirche, hört man dem Widerhall des Vogelgezwitschers zu - kaum zu glauben, dass man wenig später einen Stock höher entlang dieses riesigen Gewölbes geht. Bei dieser Ferrata steht neben den sehr guten Kletterstellen, vor allem die landschaftliche Komponente im Vordergrund. Auch der lange Zu- und Abstieg ist recht abwechslungsreich, das garantiert einen schönen Klettersteigtag!

Info

Talort: Avio, 131 m

Ausgangspunkt: Parkplatz erste Brücke Valle dei Molini, 335 m

Karten: Kompass WK 101, Rovereto-Monte Pasubio

Anreise: Brennerautobahn bis Avio und im Ort weiter ins Valle dei Molini (Monte Baldo), bei der ersten Brücke (Kehre) ist links ein Picknickplatz - dort parken. Alternativ kann man - vorbei am Lago Pra da Stua - zum Passo Pozza della Cola (N 45.75853, E10.89573) hinauffahren und in diesem Bereich je nach Möglichkeit parken (man startet von oben - siehe Karte - die Gesamtgehzeit verkürzt sich um ca. 1½ Std.).

Die kurze Steilwand oben

Das schmale Band nach der Leiter

Zustieg: Man steigt vom Parkplatz an der Brücke auf dem Weg 652 zuerst steil, dann flacher bis zur Abzweigung Ferrata Gerardo Sega (Weg 685m, 750 m) auf. Dort rechts, vorbei am Preafessa-Wasserfall, auf einem Bandsystem zum Einstieg. Alternativer Zustieg vom Pso. P. d. Cola: Auf den Wegen 653 und 685 zum Kirchlein Madonna della Neve, weiter zur Villa Arvedi, 1069 m, dort hinunter (Weg 652) nach Avio, bis man bei der Abzweigung auf ca. 750 m links auf den Weg 685 zur Ferrata abbiegt.

Route: Vom Einstieg bei einer Tafel unter den mächtigen Überhängen kurz steil (B/C) zu einer Leiter (B), nach der man über eine sandige Rinne (A/B) das lange Querband erreicht. Über das Band (A) nach links aus dem Felsdom heraus. Weiter gestuft (A, Stellen B) nahe eines Baches höher, bis man dann wieder nach rechts in Richtung Felsdom quert. Eine luftige, aber leichte Ecke (A/B) führt zu einem breiten, ungesicherten Band im oberen Stock des Felsdoms. Kaum zu glauben, man quert den gigantischen Kessel hoch oben auf einem Band – tolle Aussicht hinunter ins Tal! Auf der anderen Seite wieder ein kurzes Seilstück (A), danach im Gehgelände bis zu einer sperrenden Steilstufe (B), über diese aufwärts und rinnenartig, gestuft (A/B) zum Steigbuch aufsteigen. Weiter gestuft (A/B) in eine erdige Rinne, in der man gehend einen Absatz erreicht. Dort rechts auf Steigspuren zu einer Plattenwandstufe, die unten etwas steiler ist (B/C, dann B). Danach gratartig,

Der Spreizschritt am Steigende

English Version

Standing beneath the enormous overhangs at the beginning of climb of this fixed rope route, you could almost feel like being in another world. It is hard to believe that short after that you will be walking right through this great vault one floor above. Besides the very good climbing parts, it is the landscape which is in the centre of attention in this tour. The rather varied ascent and descent guarantee a beautiful day on a fixed rope route!

Route: From the parking area at the bridge you have to ascend on path 652 as far as to turn-off Ferrata Gerardo Sega (at 750 m, path 685). Past Preafessa waterfall further on the right, you will find the beginning of climb. To descend, take path 685 to the little Madonna della Neve church and further on to Villa Arvedi, where you have to take path 652 to return to the parking area. For the fixed rope route see topo.

Das breite, ungesicherte Band

gestuft (A/B, eine Stelle B) aufwärts. Am Ende noch ein kurzer Spreizschritt (A/B) hinüber zum Waldboden – das war's.

Abstieg: Der Markierung „Ritorno Avio" folgend, zuerst auf einem Fahrweg, der dann später in eine Schotterstraße mündet – Bergsteiger, die ihr Auto am Passo haben, zweigen auf der Schotterstraße rechts auf den Weg 653 ab und gehen zurück zum Auto. Die Aufsteiger vom Tal folgen dem Weg 685 über schöne Almwiesen, vorbei an einzelnen Hüttchen, bis zum Kirchlein Madonna della Neve. Kurz danach auf einer Betonstraße hinunter und in die Schlucht zum Weg 652, auf dem man dann entlang des oben selten wasserführenden Baches wieder zur Abzweigung vor dem Preafessa-Wasserfall absteigt. Von dort auf dem Aufstiegsweg bis zum Parkplatz bei der Brücke im Valle dei Molini.

Ausrüstung: Klettersteig-Set und Helm.

Bemerkung: Lange Klettersteigtour, die man auch mit konditionsstarken Anfängern machen kann - Trittsicherheit und Schwindelfreiheit sind erforderlich (Gehdisziplin auf den leichten, aber sehr ausgesetzten Bändern nötig!).

Rifugio Monte Baldo u. Albergo Alpino, 1113 m; Mitte Mai bis Mitte Okt. bewirtschaftet. Tel: +39 0464 391553. Info: www.rifugiomontebaldo.it

Vor dem Preafessa-Wasserfall

Corno Gallina
Colaz
Übersicht Ferrata Gerardo Sega

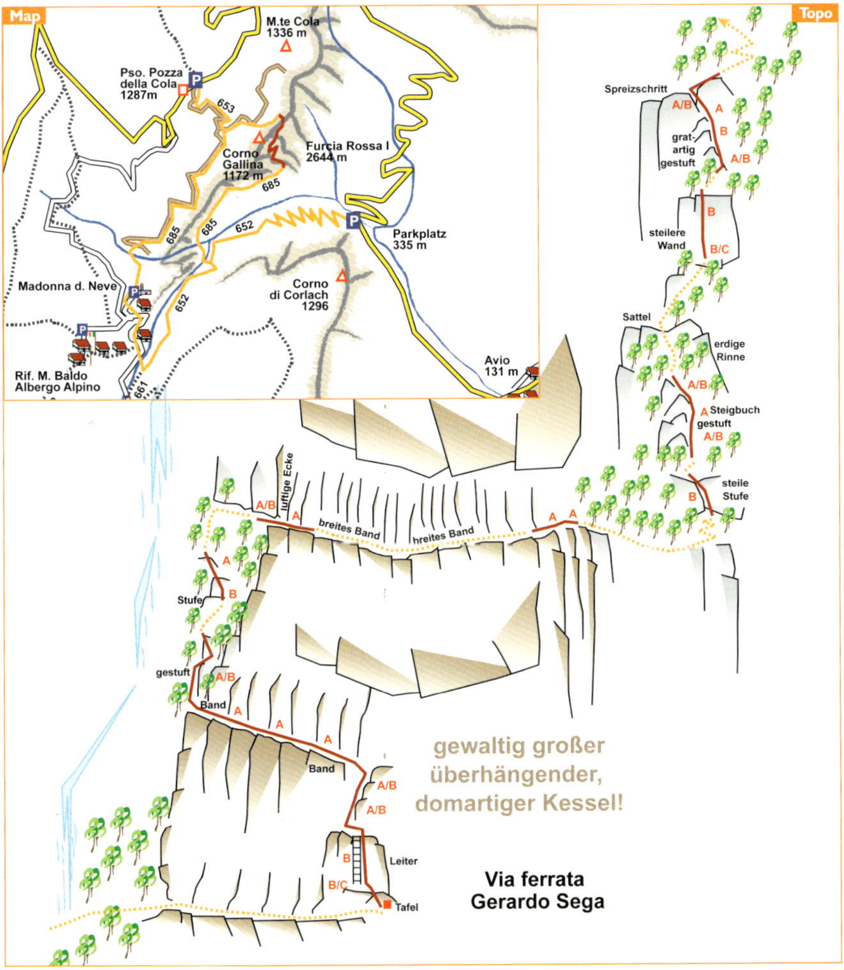
Map
M.te Cola
1336 m
Pso. Pozza
della Cola
1287m
653
Corno
Gallina
1172 m
Furcia Rossa I
2644 m
685
652
Parkplatz
335 m
Madonna d. Neve
Corno
di Corlach
1296
652
Rif. M. Baldo
Albergo Alpino
661
Avio
131 m
Topo
Spreizschritt
A/B
A
B
grat-
artig
gestuft
A/B
B
steilere
Wand
B/C
Sattel
erdige
Rinne
A/B
A Steigbuch
gestuft
A/B
steile
Stufe
B
A/B
luftige Ecke
A
breites Band
breites Band
A
A
A
Stufe
B
gestuft
A/B
Band
A
A
A
Band
A/B
A/B
B
Leiter
B/C
Tafel
gewaltig großer
überhängender,
domartiger Kessel!
Via ferrata
Gerardo Sega

PII

Ferr. Spigolo Bandiera u. E. Franco Gardaseeberge

Zwei knackige Kurzferratas am südlichen Seeende

Rif. G. Pirlo, 1165 m

Schlüsselstelle Spigolo Bandiera

sehr schwierig 1,4

Schön

Sehr gut

Diff. C/D u. D

4 Std.

710 Hm

80 Hm ¾ Std.

1½ Std.

1¼ Std.

S

ab 16 J.

Mai - Nov.

1215 m

P N N45.66218 E 10.54219

E N 45.67632 E 10.55749

Gehzeiten/Time

Parkplatz - Einstg.: 1½ Std.
Einstieg - Hütte: ¾ Std.
Hütte - Ferr. Franco: ¼ Std.
Abstieg Passo di Spino zum Auto: ca. 1¼ Std.

Besonderheiten: Die beiden, sehr schweren Kurzferratas als Klettersteigtour zu bezeichnen wäre übertrieben - mit dem Zustieg auf dem alten Karrenweg, der unten meist in Bachnähe verläuft, und dem Gipfelaufstieg auf den Monte Spino lohnt die Tour aber allemal. Die zwei Hüttenferratas haben es in sich, schon in der Via ferrata Spigolo Bandiera muss man im oberen Teil einen knackigen Wulst überklettern, wem das noch nicht reicht, der kann sich dann beim Abstieg auf der Ferrata Ernesto Franco die Finger langziehen (in der Hoffnung, dass von der nahen Hochspannungsleitung bei Bedarf etwas Power herüberspringt). Die genussreiche Wanderung zum Monte Spino beginnt beim Rifugio - in einer Stunde erreicht man den Aussichtsgipfel (1485 m).

Info

Talort: San Michele oberhalb von Salo, 375 m

Ausgangspunkt: Parkplatz im Val di Sur, 540 m

Karten: Kompass WK 102, Lago di Garda - Monte Baldo

Anreise: Am Westufer des Gardasees nach Salo, am nordwestl. Ortsrand zweigt von der Straße Brescia/Riva ein Sträßchen nach San Michele ab (Auffahrt auch von Gardone möglich). Im Ort bei einer Brücke links abbiegen (Rif. G. Pirlo/Monte Spino ist angeschrieben), links vor dem Albergo Colomber auf einem Schotterweg zur Parkmöglichkeit vor einer Steigung (540 m).

Zustieg: Entlang der Straße, dann auf einem alten Karrenweg bzw. auf einem Steig in Richtung Rif. G. Pirlo, bei einer Abzweigung (Schild) gerade (steiler) hinauf, bis ein weiteres Schild links zum Einstieg der Ferrata Spigolo Bandiera leitet.

Route: **Ferrata della Spigolo Bandiera** (C/D, 60 Hm, ½ Std.): Nach kurzer Querung im Pfeilerbereich aufwärts (B/C)

Die Platte in der Ernesto Franco

1: Ferrata Spigolo Bandiera, 2. Ferrata Ernesto Franco

und gestuft zu einer kl. Höhle, kurz steil (B/C), dann gestuft höher. Über den luftigen Schlussblock (C/D) zum Ausstieg. **Ferrata E. Franco** (D, 40 Hm, ¼ Std., N45.67633, E 10.56232): Ein kurzer Überhang (D) und eine Querung (C/D) führen zu zwei weiteren, sehr steilen Passagen (D), danach leichter (B/C) zum Ausstieg.

Abstieg: Vom Ende der Ferrata E. Franco kurz gesichert (A), dann zu Fuß zum Passo di Spino und auf dem Weg Nr. 1 zurück zum Parkplatz.

Ausrüstung: Klettersteig-Set und Helm.

Bemerkung: Die Touren sind nichts für Anfänger! Zustieg von il Pirello zum Pso. di Spino in ca. 45 Min. möglich - Straßenzustand auf jeden Fall vor Auffahrt im Albergo Colomber erfragen!

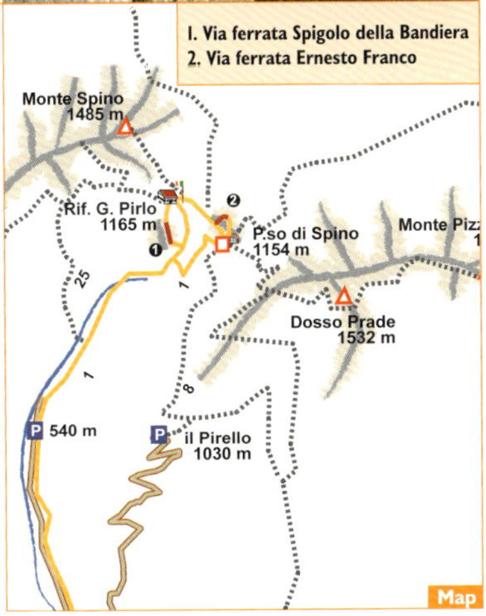

English Version

You can not really call these two very difficult short fixed rope routes a tour, however, they are worth a tour if you start from the old roadway along a creek and ascend to the summit of Monte Spino.

Routes: You get to the beginning of climb by following path 1 as far as to the turn-off to Ferrata Spigolo just before Rif. G. Pirolo. Ferrata E. Franco is located a few minutes from the hut at Passo di Spino, from where you can descend on path 1. For the routes see topo. We recommend you to begin with Ferrata Spigolo.

Rifugio Giorgio Pirlo, 1165 m, C.A.I. Salo, Sa. u. So. immer, bzw. Mitte Juni - Mitte Sept. durchgehend bew., Tel.: +39 0365 651177, Infos: www.rifugiopirlo.com

Wörterbuch/Dictionary/Dizionario

Deutsch	English	Italiano
Abbruch	rupture	rottura
abklettern	climb down	scendere in arrampicata
Abkürzung	short cut	scorciatoia
Absatz	platform	gradino, terrazino
absteigen	descend	scendere
Abstieg	descent	discesa
abwärts	downwards	verso il basso
Achtung	attention	attenzione
Almhütte	cottage, cabin	capanna, casera, malga
Alpenverein (AV)	alpine club	club alpino (C.A.I)
Anfänger	beginner	principiante
aper	snow-free	senza neve
aufsteigen	ascend	salire
Aufstieg	ascent, rise	salita
aufwärts	upward	verso l'alto
ausgesetzt	exposed	esposto
Ausrüstung	equipment	equipaggiamento
Ausstieg	exit, escape	uscita
Band	shelf, ledge	cengia
Baum	tree	albero
Begehung	ascent	ascensione
Berg	mountain	monte
Bergrettung	mountain rescue	soccorso alpino
Bergschrund	rimaye	crepaccio periferico
Bergschuhe	mountaineering boots	scarponi da montagna
Bergsteiger	mountaineer	alpinista
bewirtschaftet (Hütte)	with service (hut)	rifugio gestito
Biwak	bivouac	bivacco
Biwaksack	bivouac sack	sacco da bivacco
Biwakschachtel	fixed bivouac	bivacco
Block	block, log	blocco
Bohrhaken	bolt	chiodo a pressione
brüchig	brittle, fragile	friabile
Brücke	bridge	ponte
Couloir	couloir	canalone
Dach	roof	tetto
Drahtseil	wire rope	fune metallica
Durchgang	passage	passaggio
Einsenkung	saddle	depressione
Einstieg	beginning of climb	inizio della scalata

Deutsch	English	Italiano
Einstieg	beginning of climb	inizio della scalata
Eis	ice	ghiaccio
Eispickel	ice axe	piccozza
Eisschraube	ice screw	vite da ghiaccio
Fels	rock	roccia
Felsblock	boulder	masso di roccia
Felsturm	rock tower	torre, cima
Felswand	rocky wall	croda, parete
flach	flat, plain	piano
Fluss	river	fiume
Fußweg	trail	sentiero
Gefahr	danger	pericolo
gefährlich	dangerous	pericoloso
Gehgelände	walking terrain	terreno di marcia
Gehzeit	walking time	tempo di marcia
Geröll	rubble, scree	detriti, pietrame
Gestein	rock, stone	roccia
Gipfel	summit, top	cima
Gras	grass	erba
Grat	ridge	cresta
Gurt	strap	cinghia
Haken	piton	chiodo
Helm	climbing helmet	casco
Höhenunterschied	difference in height	dislivello
Höhle	cave	caverna, grotta
Hubschrauber	helicopter	elicottero
Hütte	mountain hut	rifugio
Joch	saddle	passo
Kamin	chimney	camino
Kamm	crest	cresta
Kante	edge	spigolo
Kar	cirque	circo
Karte	map	carta geografica
Klamm	gorge	forra
Klammer	cramp	fittone/fittoni
Klemmblock	chockstone	blocco incastrato
Klettergürtel	harness	imbragatura
klettern	climb	arrampicare
Klettersteig	fixed rope route	via ferrata
Klettersteigkarabiner	carabiner for fixed rope route	moschettone per via ferrata

Deutsch	English	Italiano
Kuppe	notch	calotta
Lager	camp	campo
Lampe	lamp	lampada
Landkarte	map	carta topografica
Lawine	avalanche	valanga
leicht	easy	facile
links	on the left	sulla sinistra
markiert	marked	segnato
Markierung	mark	marcatura
mäßig schwierig	moderate	poco difficile
Mulde	basin	conca
Mure	mudflow	frana di disgredazione
Nacht	night	notte
Nadel	needle	ago, guglia
nass	wet	bagnato
Nebel	fog, mist	nebbia
Nische	niche	nicchia
Norden	north	nord
Notausstieg	escape	via di fuga
Notsignal	signal of distress	segnale di soccorso
Orientierung	orientation	orientamento
Osten	east	est
parallel	parallel	parallelo
Pass	pass	passo, colle
Pfad	path	sentiero
Pfeiler	rock pillar	pilastro
Pickel	ice axe	piccozza
Platte	slab	placca
Quergang, Querung	traverse	traversata
Rampe	ramp	rampa
Rand	edge	bordo
Randkluft	rimaye, schrund	crepaccio terminale
rechts	to the right	sulla destra
Regen	rain	pioggia
Richtung	direction	direzione
Rinne	channel, groove, gutter	canale, canalone, gola
Riss	crack	fessura
Route	route	via
Sattel	saddle, col	sella
Scharte	gap	forcella

Deutsch	English	Italiano
Schi	ski	sci
Schilift	ski lift	sciovia
Schlucht	gorge, ravine	gola
Schlüsselstelle	key to climb	punto chiave
Schnee	snow	neve
Schneefeld	snow field	superficie innevata
Schrofen	broken rocks	gradoni
Schulter	shoulder	spalla
Schutt	scree	detrito
Schuttrinne	gully filled with scree	canalone detritico
Schutzhütte	shelter, mountain hut	rifugio, capanna
schwierig	difficult	difficile
Schwierigkeit	difficulty, hardness	difficolta
Schwierigkeitsgrade	Grade of difficulty	scala delle difficoltà
See	lake	lago
sehr schwierig	very difficult	molto difficile
Seil	rope	corda
Seilbahn	cable-car	funivia
Selbstsicherung	self-securing	autoassicurazione
senkrecht	vertical	verticale
Sessellift	chairlift	seggiovia
Sicherung	securing	assicurazione
Sommer	summer	estate
Spalt, Riss	split, fissure	fessura
Spalte	crevasse	crepaccio
Stahlseil	iron rope	cavo (mettalico)
Steig	path	sentiero
Steigeisen	crampons	rampone
Steigung	gradient	salita
steil	steep	ripido
Stein	stone	sasso, pietra
Steinmann	cairn	ometto di pietre
Steinschlag	rockfall	caduta sassi
Stirnlampe	head lamp	lampada frontale
Süden	south	sud
Tal	valley	valle
Tour	trip,tour	via, giro
Tunnel	tunnel	galleria
Überhang	overhang	strapiombo
Überschreitung	crossing	traversata

Klettersteig- und Gipfelindex

Klettersteig- und Gipfelindex